每天的生活，都是靈魂的精心創造

You create your own reality.

You create your own reality.

每 天 的 生 活 ， 都 是 靈 魂 的 精 心 創 造

賽斯書 23

私人課 1

The Personal Sessions Book 1

作者——Jane Roberts
譯者——楊孟華
總編輯兼翻譯召集人——李佳穎
責任編輯——張郁琦
美術設計——唐壽南
發行人——許添盛
出版發行——賽斯文化事業有限公司
地址——新北市新店區中央七街 26 號 4 樓
電話——22196629
傳真——22193778
郵撥——50044421
版權部——李宜懃
數位出版部——李志峯
行銷業務部——楊婉慈
網路行銷部——高心怡
法律顧問——北辰著作權事務所
印刷——鴻柏印刷事業股份有限公司
總經銷——大和書報圖書股份有限公司
地址——新北市新莊區五工五路 2 號
電話——89902588 傳真——22997900
2024 年 10 月 1 日 初版一刷
2025 年 4 月 1 日 初版二刷
售價新台幣 620 元（缺頁或破損的書，請寄回更換）

ISBN 978-626-7332-80-1
賽斯文化網站 http：//www.sethtaiwan.com

The Personal Sessions Book 1

私人課 1

1965年11月15日~1971年 12月6日

Jane Roberts 著
楊孟華 譯

關於賽斯文化

發行人　許添盛 醫師

我是個腳踏實地的理想主義者。賽斯文化，是為了推廣賽斯心法及身心靈健康理念而成立的文化事業，希望透過理性與感性層面，召喚出人類心靈的「愛、智慧、內在感官及創造力」，讓每位接觸我們的讀者，具體感受「每天的生活，都是靈魂的精心創造」（You create your own reality）。我們計畫出版符合新時代賽斯精神之書籍、有聲書、影音商品及生活用品，並提攜新進的身心靈作家，致力於賽斯思想及身心靈健康觀念的推廣，期待與大家攜手共創身心靈健康新文明。

私人課1

目錄

The Personal Sessions Book 1

〈賽斯書〉

策劃緣起

許添盛

欣見賽斯文化將出版賽斯書全集。

二〇〇九年七月，賽斯早期課的學生瑞克（Rick Stack）來台舉辦靈魂出體工作坊，與我在花蓮賽斯村有一場東西方的交流對話。那時，許多賽斯家族朋友們見我在講座上莫名流下激動的淚水，老實說，我自己也頗感意外。不過各位想想，在台灣、大陸、香港、馬來西亞、美加的華人地區默默努力推廣賽斯思想一二十年的我，和在美國、歐洲推廣賽斯思想不遺餘力的瑞克，有朝「相逢」在台灣花蓮賽斯村，你說，這場面能不令我感慨萬千嗎？

其後邀請瑞克夫婦到我新店山上的家小聚，我才又靈光乍現，脫口而出：「一切都是我！」那年，初遇賽斯，心弦震動，彷彿風雲全為之變色，隨後找上中文賽斯書譯者王季慶，死纏爛打，自願擔任她的翻譯助理，將一本又一本賽斯書譯成中文，也找上當年的方智出版社合作。由於出版社擔心書的銷路，所以最早的版權費還是王季慶自掏腰包呢！終於促成中文賽斯書的出版。

王季慶是隱士型的人，不想出鋒頭，更不願找麻煩，但因為我對賽斯書的熱愛，於是在她內湖家中成立台灣最早的一個賽斯讀書會，隨後伴同陳建志南下台中、高雄成立賽斯讀書會分支。

因著我的堅持，雖然不願意，王季慶依然支持我由讀書會走向成立「中華新時代協會」。剛開始就只有讀賽斯書，後來才有人陸續帶進奧修、克氏、光的課程、靈氣等，而我始終如一，獨鍾賽斯。當年的我尚年輕資淺，於是王季慶擔任理事長在先，二屆之後才由我接任，開始大力推廣賽斯思想，以及經我整理賽斯書精髓並融合醫學專業（家醫科與精神科）的身心靈健康觀念。

這樣說來王季慶應該不會反對——我是一切的「元兇」，所有華人地區賽斯書的出現及推廣，我即是那背後最強大的推動力。當然，王季慶是我早期最大的愛護者及支持者。在我生命中最孤單、最無助、最關鍵的十五年練功期，她的呵護陪伴我成長茁壯。

我告訴瑞克這段往事，他似乎有所領會，自二〇〇七年起，「花蓮賽斯村」、「賽斯文化」、「賽斯身心靈診所」、「新時代賽斯教育基金會」、「賽斯花園」，陸續在我的熱情推動下成立，這些年來隨我打天下的工作同仁們，也都功不可沒。

其時，我並不知道美國賽斯書版權主要是由瑞克夫婦處理的——於是這麼一來，想當然爾，瑞克夫婦當然信任由我們賽斯文化兼具專業與熱誠的編輯團隊來出版，加上新時代賽斯教育基金會同步大力推廣賽斯思想，真是再完美不過了。

這就是賽斯文化出版全系列賽斯書的源由。事後看起來理所當然，卻也是創造實相的成功典範，正如我常說的：「結果先確定，方法自然來，輕鬆不費力，信任感恩加行動，但要有耐心！」

〈推薦人的話〉

切身問題的「神解說」

許添盛

期待已久的賽斯資料最終回——《私人課》，經過多年的醞釀，終於面世了。

身為專業的精神科醫師及心理治療師，當我看到《私人課》中，賽斯是如何以「信念創造實相」觀念為核心，進行所謂的個人心理治療、夫妻（伴侶）治療及家庭治療，其深刻的洞見、直截了當卻又充滿關愛的表達，每每令我嘆為觀止、拍案叫絕。

許多人研讀賽斯資料多年，卻往往不得其門而入，知道賽斯資料深具智慧，卻不知如何應用在日常生活當中，舉凡療癒疾病、創造財富，甚至解決人生中大大小小的難題。

而在《私人課》裡，賽斯以教師及治療師的立場，針對珍（魯柏）及羅（約瑟）夫婦，在每天的日子裡，如你我般的人生，所能遇到的每件事，以卓越的思考角度切入，提供絕妙的智慧觀點，超越了世間所有一切的精神分析及心理治療。賽斯並不著重於講解深奧的學問，反之，在如何生活化、具體化、簡單化、治療化方面下足工夫，來幫助珍與羅這對夫妻；同時，卻也好像為每一位讀者作出示範——如何幫助自己及他人。

《私人課》更像是具體的操作手冊，把似乎深奧的心理學說、似乎遙遠的宇宙真理、似乎飄渺的轉世理論，全部降落到我們的日常，串起了自我與心靈的對話，也協助了生活中最切身問題的解決。

作為一個不喜歡開藥的精神科醫師，以及一生鑽研賽斯資料並腳踏實地幫助人們的推廣者，《私人課》對我而言，簡直就是把賽斯資料具體運用在生活裡的「神書」，希望大家能藉由閱讀，親身體驗賽斯的「神解說」及「神治療」，並且像我一樣在其中體會「神開悟」。

〈前言〉

他們在心靈上與我同在

羅勃・柏茲

二〇〇二年九月二十日。真是奇怪，當我準備寫這篇前言時，我察覺自己思緒湧現，想到的是，在我開始出版這一系列由我太太珍・羅伯茲為賽斯口述的私人課和摘錄之際，三十七年的時光即將消逝。賽斯是她在出神狀態下為其進行講述的「能量人格元素」。

在回顧這些課和摘錄時，我很欣喜地察覺到，它們一如既往那般鮮活，依然富於創意和洞察力。就讓我們如同賽斯經常做的那樣，來談談「時間」的伸縮性吧！在一種終極神秘的屬性中，我們利用生命的每一刻，建構我們的宇宙、我們的星球、我們每個人身心兩面最微小的部分，而對於那種屬性，我們在意識層面上了解多少，或者以為自己了解多少？在那必然產生的宇宙中，我們日夜都在極其巧妙地四處游移，而根據賽斯的說法，我們也創造那宇宙——而且其中一切都是同時創造，絲毫不減！如同賽斯在一九六四年一月二十三日第二十節中告訴我們：「親愛的朋友，時間和空間都是偽裝模式，所以內在感官可以駕馭時間和空間，這一事實並不令人訝異。對於心智及其潛意識，對內在感官而言，時間或空間都不存在……」如果我們真能在意識層面上領會那些我們如此珍視卻又不當回事的固有特質，那該多好！如此說來，我認為，我寫這篇前言，本質上是一種不受時間影響的表現。

我還認為，珍以自己獨特的私下和公開方式探索時間，相較於他人的經驗，同等出色且同樣感染人心。這種說法有欠謙虛，我同意，不過我很榮幸能共同參與她的創作，並且獻上《私人課》系列，見證她在自身所有作品中尋求實現的目標——在我看來，確實都已實現。

顯然，這篇前言不會涵蓋齊全。它也會是相當地非正統——更像是一系列有意識和無意識的回憶和自由聯想，來回移動於時間中，我從各種角度探討多方面的想法，同時試圖更深入地了解我太太，即使如今已是她過世的十八年後。珍的逝去也許已是客觀事實，不過她依然活著，依然在提供著深刻見解，依然讓我在哀悼她逝去的同時，努力理解和成長。她在五十五歲時過世。倘若她在物質層面上選擇存留，甚至再多十年之久的話，在我們的偽裝實相中，她有可能增添何種成就？精湛非凡的事物洞察力，我確信就是這種成就——而且我相信，她的確正在「目前她所處的地方」如此進行。

那麼，在二〇〇二年九月五日，珍十八年前去世的同一天，我收到出版商瑞克・史塔克（Rick Stack）寄來的《私人課一》待審版面校樣，或者校對樣本，我是否認為這是一種「巧合」？

不，我認為那件看似無傷大雅的小事再次顯示，我們正在全體共同創造的這個實相，如何以其一貫神秘且又往往遭到忽視的方式運作。

有些人會不同意我感受到的這種論點，這當然是他們的權利。不過，在我同珍一起運作她持續二十多年所產生的賽斯資料，其中複雜交織的眾多面向，使我不再相信「偶然」或「巧合」。我想提的淺見是，以未知的方式，在未知的場域，眾多相關連結、直觀感知、呢喃細語、鼎沸喧聲，以及各種真實景況，在在明確地顯示出我們更大實相的深度和本質，不受我們對空間和時間的通俗意識概念影響。我們個別和集體創造並與之共存的種種相互連結，引人入勝而且永無休止，對於那些我越來越努力保持開放態度，尤其在珍一九八四年九月五日去世以來更是如此。

因此，幾年前，我敞開心門請求瑞克透過他的新覺知網絡公司（New Awareness Network, Inc.）出版九冊的《早期課》。現在，我更加坦率地看待他出版《私人課》系列。這些課通常充當「例行」課的「刪除」或未公開部分，隨著它們逐漸積累，珍和我理所當然地認為，既然它們具備私人屬性，就會保持這種狀態。每一回的課顯然皆帶私人取向，因為全都是由珍所講述，不過，現在的我樂觀其成，讓這些整體而言有隱密性的私人課自由地展現其私密內容——當然，我知道這樣做不僅會幫助到他人，也會幫助到我自己。

另一方面，在這一系列中，我會不時加入一些主題較為外在導向的課——比較像是珍已出版的賽斯書中那些課。《私人課》後面幾冊也會加入一本完整的書，由珍為我講述，談論十七世紀偉大的荷蘭藝術家林布蘭・哈爾門斯・范・賴恩（Rembrandt Harmensz van Rijn）。這本書從未出版過。它並非賽斯書，而是珍以己之力頻入極富創造力的藝術界人士，所得的三本「世界觀」

著作之一，作為禮物送我。另外兩本則是《保羅・塞尚的世界觀》（*The World View of Paul Cézanne*，一九七七年）和《一個美國哲學家的死後日誌：威廉・詹姆士的世界觀》（*The Afterdeath Journal of an American Philosopher: The World View of William James*，一九七八年）。當我們觸及本系列中關於林布蘭的資料時，我會針對珍那些逸趣橫生的世界觀素材提供我自己的詮釋。

我要補充的是，那些著作都沒有強調轉世輪迴，也沒有聲稱珍或我（或我們兩人）同那三位名聞遐邇的人士當中任何一人，以往有過或目前存在心靈上的關聯。我的妻子那時只不過是了解，我對那些極富創造力的人們深感興趣。目前我依然是如此。我知道，除我以外，今昔以來，他們作品滋養過的對象大有人在。一樁個人的事例是，多年以來，我隨身攜帶一本破舊的詹姆士平裝本著作《宗教經驗之種種》（*The Varieties of Religious Experience*），放在我的福特金牛座老爺車前座上。不帶自負地說，我同樣覺得他們三人的作品和思想，以其特有的方式讓人聯想到賽斯資料。（我不認為珍有過任何時候想要提出這樣的說法！）

接下來，我的目標轉為出版珍的所有作品，或者至少盡可能地多出版些，不僅包括賽斯資料，也包括她的詩歌、小說、筆記和日誌——最終得以在我們所謂的「未來」，提供她的整體作品作為研究用途。原因在於，倘若一個人的畢生心血無人知曉，內在蘊含的各種人類錯縱複雜面，他人最終如何得知其中真正價值所在？有時我覺得自己學習速度較慢：例如，我花上一段時間才明白，透過郵件和親臨現場對賽斯資料作出的各種回應——現在還加入電子模式——實際上都是那份成品的無盡延伸，以其各種不同樣式呈現出那份成品所引出的問題和答案，同時也呈現出珍從一九六三年十二月二日實際進行她的初次課節以來，對許多通訊交流過的人所產生的有益影響——以及那些仍在通訊交流的人。任何類型的郵件都極其美好！我很少不回信而度過一天。我很樂意做這件事，即使當我遠遠落後進度時依然如此。

在經歷我們稱為珍的各種身體「症狀」階段的那些歲月裡，他人的善意開始變得格外有所助益——涵蓋那些身體症狀讓我們在情感上不斷擴增的困惑和折磨，中間出現成功解脫，然後再三經歷折磨。我們逐漸了解到，所有那一切最終都顯現為我們所創造並參與的諸多重大挑戰之一，已經融入我們在其他方面的成就和挫折。

珍的症狀包括遍佈性的靈活性喪失——最初無甚危害而幾乎未加以注意——隨著時間推移，逐漸讓身體變得日益虛弱。最終，她無法再行走。

且慢，先說件事：一九六三年十一月下旬有一天，珍坐在她的客廳寫字桌前，而我則到公寓後方我的工作室內畫畫。在我們不必出門時，經常依循這種日常慣例。我太太喜歡邊工作邊收聽一家播放古典音樂的廣播電臺；她把音量調得很低，以免打擾到我。那天，經過一段時間後，我察覺到外頭客廳那裡悄然無聲——太安靜了。當我出去查看珍在忙什麼事時，迎面瞧見她那突破性的成果——委婉地說，那份成果即將為我們的生活帶來非常意想不到的挑戰和成長：珍捧起一疊打字紙，上面她已用斗大字跡潦草寫下一篇短文，內容降臨於她速度之快和她振筆疾書相當：〈物質宇宙即意念的建構〉（*The Physical Universe as Idea Construction*）。她不知道那份作品從何而來，也不知道她是如何創作出來的。那時她覺得自己有段時間彷彿脫離自己的身體，向外來到一樓門廊的屋頂上朝內觀看自己。「這是意味什麼？」在我們討論的同時，她一邊問。她欣喜若狂，好奇著迷，然後謹慎地琢磨其中的概念——例如，以最私人的角度而言，我們每個人都在本質上創造自己的實相。

她毫無疑問極熟悉她的創造性自我在寫作時所扮演的自發角色，尤其是在她的詩作中。然而，這份作品？我們即將了解到，她的那些領悟覺察，在步調上具備理性又帶有直覺力，受到她的心靈精心安排：一次剛好就這麼多。在我終於明白珍在她的短文中真正說些什麼之後的頭幾天，我無法接受其中的想法，說是我們每個人都實質上千真萬確地創造出自己的實相。我回應她，傳統思維根本不能，也不會接受這一點，儘管我不認為自己是傳統思維的人。不過，她的這項突破已為我們接下來的人生設好輕重緩急：意念建構，好吧！

那次最初的啟示後不久，在一九六三年十二月二日時，珍和我坐在靈應盤旁，開始實際上課。參閱《早期課一》。從易於使用的流行玩意，到意念建構之類遠更私人且涵蓋更廣的東西，這種心靈和心理上的進展，不可能是「巧合」。無論如何，靈應盤已在其中發揮效用。甚至還可以說，珍在意念建構方面的基本直覺知識，最初產生引領作用，我們才得以使用靈應盤。

我們從房東詹姆斯・史帕日尼（James Spaziani）那裡借來這張靈應盤，他和他的家人一起使用以來都未曾成功過。他後來直接把這張靈應盤送給我們。吉米（已故多年）是一位和藹直率的房東和餐館老闆，他同她的妻子和三位子女住的地方，位在西華特街（West Water Street）四百五十八號他所擁有的一棟公寓住宅，珍和我當時就住在那裡，他們則住那棟公寓後方改建的老式馬棚和馬車房二樓。他另外在艾爾麥拉擁有一家聞名的歌舞餐廳，叫做麗帛晚餐俱樂部（Lib's Supper Club），在我太太出現症狀前，我們經常前往光顧。吉米是麗帛的主廚。儘管他很忙碌，不過，每當我們走進他的廚房打聲招呼時，他總是欣然接待我們。

珍讀過通靈板的相關資料，興致顯得浮泛，倒是不曾設法取得；當地也沒有供應商。我們後來好奇的是，有什麼樣意識和非意識層面的交流產生，使得她向吉米提到靈應盤？總之，這算是哪一種「巧合」？在艾爾麥拉的所有出租公寓中，為何珍選擇那一間？她找到那間公寓。在我開始替藝術（Artistic）卡公司工作後，她和我一起來到艾爾麥拉，找尋我們住的地方，這樣我們就可搬離塞爾，每週五天下來，每天都可節省三十英里通勤的時間和費用。她在尋屋的第一天，就找到位於四百五十八號的五號閒置公寓。下班後我去接她時，她帶我到那間公寓，一切就這樣定案。

吉米很久以前就已經對通靈現象失去興趣。事實上，他還得從他那凌亂的閣樓裡把靈應盤翻找出來送給我們。不過，最初是他探究這個話題，而在〈意念建構〉之後，他的禮物明確地讓我們往前踏上道途。我們甚至都不必訂購靈應盤！

當初我們會自力完成那件事嗎？這些課原本還可能會如何啟動——珍的〈意念建構〉當初是否會引領我們產生我們所知的這些課？應該回溯到多久以前的偽裝時間來花工夫追蹤這些關聯？

在靈應盤上，我太太生疏地聯繫到一位名為法蘭克．渥茲（Frank Watts）的人格，這位美國教師告訴我們，他於一九三一年時去世。在我們前三次上課期間，他給我們的回應非常簡短，遲疑不決，時而斷斷續續。然而，在第三次上課時，法蘭克．渥茲告訴我們，珍有「過多的攻擊性」。她曾在一次前世中當過一位「靈媒」。她今生「在膽怯中夾帶的憤怒根源」來自「過往未解決的怨恨」，而她「現在必須加以克服」。當我向法蘭克．渥茲問及那些未解決的怨恨時，他回答：「不允許直接提供任何訊息。」

回想起來，很容易注意到，這些言詞提供線索，明確地顯示或傳達出一些至少是有可能的問題，需要我們深入探討，不過，靈應盤這整件事情對於我們來說如此陌生，以致我們缺乏經驗，不覺得有迫切性，連最起碼設法進行一下也沒有。我們沒有經驗可以借鑑。

賽斯當初有配合這項冒險嘗試嗎？珍和我連問一下都未曾想過。我們跳脫法蘭克．渥茲說的那句「在膽怯中夾帶的憤怒根源」。在接下來的第四次課中，賽斯宣示他的存在：「我比較不想讓人稱呼為法蘭克．渥茲。那位人格十分枯燥無趣（靈應盤上拚出的字是collarless）。」另外又說：「我身為法蘭克．渥茲的那一次，是為了學習謙遜。」因此，在我們明確同意下，賽斯憑藉他那睿智且流暢的多樣性論述，在接下來二十年又八個月的時光中，成為透過珍來進行講述的非肉身存在體。我能肯定的是，我逐漸地相信，那位「能量人格元素」在其所能和受允許的範圍內，總是誠摯地盡其最大努力來幫助我的妻子。這不僅是因為珍在這一世早年的強烈恐懼，而如同法蘭克．渥茲所指出，也是基於她有過的諸多過去世。當我用自創的速記法記錄課節時，心裡在想，她那極富創造力的人格中，兩種主要組成部分之間展現出來的衝突如此明朗化，卻又同時擁有潛力幫助這麼多人，這是何等地不尋常。而她辦到了。就像我們當中的每一人，珍正經歷各種挑戰，而且我能確信，她的種種努力和這世界有密不可分的關聯，恰如我們正在創造我們人類版本的地球及其實相。這告訴我們，即使有天分者如珍，仍有更多並且總有更多的事物必須創造和學習。這是何等令人興奮而又同時讓人沮喪！不帶自誇地說，似乎有許多事物我們能加以進行、感受、希求，並奉獻給他人。光是我們的郵件就開始以文字訊息清楚表明這點，幾乎總是表示讚許，這是我們始料未及的事。我們當初怎能知道會出現這種情況？如同我們尚未經歷的其他瑣事一樣，我們在意識層面上仍不了解許多細節——我們得聰明得驚人才能預知所有一切！如同我們當中的每一人，珍身為物質生物體，仍須實際走過她的道路來獲得經驗和知識。

在她（和我）的人生旅程中，我協助她出版十九冊的賽斯資料、小說和詩歌，而在她於一九八四年去世後，目前為止我已另外增加十二冊，包括這本《私人課一》。我很肯定，珍知道我在做些什麼，也對我展開這項最新的出版行動時體會到的感傷有所共鳴。正是那樣的感傷讓我這份長期努力的價值得以提昇，我相信，對其他人來說也會如此。

我目前同一位秀外慧中且年輕得多的女士結為連理，她以自身獨特方式給予我珍貴的愛、協助和扶持。蘿柔·李·戴維斯（Laurel Lee Davies）是愛荷華州本地人，一九八五年八月二十三日，珍去世十一個月後，她從加州到我這裡，我常覺得，她帶給我巨大的轉變。儘管那樣，也絕不是巧合！雙方通信一段時間後，一九八五年二月二日那天，我打電話給蘿柔。那年八月二十五日，我們在艾爾麥拉的那間坡居見面。從一開始，我們之間的關係就顯得十分自然，彷彿我們一直以來彼此熟識。（我們感受到轉世的關聯，不過尚未加以探索。）蘿柔讓我恢復往昔活力；我們共同度過的歲月一直都很充實，蘊含創意，並且成果豐碩——沒錯，有時也會意見不合。然而，她總是扶持我，如同我相信自己也總是扶持她。我仍訝異的是，在一切萬有那種不可思議的美和神秘之下，兩個凡人會為自己創造出諸多挑戰，並且加以解決。我們兩人都湧現創造力，一切萬有則賦予我們如此進行的至高無上特權——因而，我感受到，一切萬有不斷地給自己帶來驚奇。

偽裝模式歲月在幸福的步調中流逝，蘿柔和我則細細品味當中所有的錯綜多元。我們結伴共行的旅程伴隨著新見解、新挑戰以及新理解持續下去。我們於一九九九年十二月三十一日結縭。感謝你，蘿柔。我愛你。

我注意到，在這私人系列中有許多課都不算是完整，而是從已出版的課中刪節出來的摘錄。

多年以來，在賽斯努力以各種方式幫助我們的同時，珍和我也時常設法均衡各堂課的主題。我認為，這種方法有涵蓋到珍允許賽斯說出來的內容。

於是，這種整體安排是依照我們三人的需求、能力和許可程度而形成——當中兩人有物質形體，另外一位則無。隨著課程日積月累，以及各種書籍出版，公開資料和私密資料間的平衡似乎變得十分自然；這實際上成為珍能力的另一部分，在創意上自動和各堂課中的任何其他層面並駕齊驅：倘若私人課唾手可得，何不從善如流？這些課時常助益甚大，在我努力出版所有賽斯資料的過程中，會顯示於記錄內。如此一來，珍以多重方式同時成長。

回想起來，這一點似乎是顯而易見。她的眾多才華也顯現於她開設的超感官知覺（ＥＳＰ）課，持續期間從一九九六年到一九七五年，在那之後則有數次非正式的聚會。當我完成這些私人課輯錄時，我將偕同瑞克・史塔克的新覺知網絡公司，把那些永遠熱鬧非凡、極其活躍，而又擁擠嘈雜的眾多聚會留下的文字記錄加以出版：裡面充滿諸多賽斯課、成員間的對話和答辯，以及每週課程期間所迸現的議題，那些課是珍在我們公寓的小客廳內進行。其中大部分的課我都沒有參與。通常在星期二的上課之夜，我會蟄居在我們二樓公寓後方的工作室內，按照我的筆記把珍前一晚為我們兩人進行的課打好字；之後，我會碰上接踵而來的週三晚間課。

時常，我能透過兩扇緊閉的門聽到賽斯剛勁的嗓音。而且，我們不止一次地了解到，在天氣溫暖而我們的窗戶打開時，西華特街上的鄰居和路人也能聽到。不過，那些場面相較而言算是小巫見大巫：看看屋內的情況才是！這棟老房子是上世紀之交一座典型的「豪宅」，位於艾爾麥拉商業區以西三個街區距離的主要街道上，很久以前，屋內的三層樓已改造成八間公寓。珍和我住在那裡的十五年期間（賽斯在那些後期的十一年中），每一間公寓都持續有人住。周轉率算偏低，而且我們認識大多數的其他租客，不過，不論在任何時間點，對於我們初期上課，而後加入超感官知覺課，其中究竟從事什麼，他們當中只有一兩位略微知曉。即使時至今日，我仍同其中兩位「前房客」持續通信——他們確實是忠實的朋友！

當我想到一九六六年課程開始後，珍、賽斯以及他們的學生製造出那些不厚道的喧騰，心中仍然困窘不安。那棟老房子的地板和天花板都不隔音。在我們租用那裡的整段期間內，沒有一位房客曾向我們房東吉米・史帕日尼訴苦，抱怨我們在那九年課程期間，每週一次讓那些遭綁架的聽眾臣服於噪音中，現在回想起來，我既深感抱歉，同時也滿懷感激。

珍和我以及賓客們在我們公寓的週五晚間聚會時表現較為自制，不過，我提到這一點並非試圖藉此合理化課堂上的行為。一群優秀的年輕朋友們逐漸開始聚集，他們的興趣相較於我們有些地方相似，有些則截然不同，當中每一人，每一對，在工作週結束時順道來放鬆和聊天。當然，他們都聽說過珍的能力，還有她持續進展的生涯以及隨之而來的知名度，不過，在範圍廣泛的各種討論中，這只是一項次要話題。賽斯偶爾會傳輸過來——不過通常只有在受邀時——而且那種情況絕非固定模式。還有太多其他事情無法詳述！蘇・華京斯（Sue Watkins）是一位情誼深厚的朋友，她在搬到鄉下之前，就在這條街上住過一段時間，日後，她會根據賽斯材料，撰寫幾本書來描述珍的工作。（蘇的最新一本著作名為《說起珍．羅伯茲》〔*Speaking of Jane Roberts*〕，許多關於珍和我的訊息洋溢其中，率真而流露關愛，只是這裡我沒有足夠篇幅來講述）。蓓•加拉格（Peggy Gallagher）和她的先生比爾（Bill）在艾爾麥拉星報（*The Elmira Star-Gazette*）工作；蓓是一位記者，寫過幾篇關於珍和賽斯資料的文章都廣受歡迎。加拉格夫婦是任何人所能擁有的最好朋友，不過，我們珍惜所有的人，尤其是當我們開始意識到，擁有這些朋友，彌補珍和我在早期關係中，在很大程度上所錯過的那些同他人的互動。很有價值！

逢週六晚上，當珍還有能力辦到的時候，我們經常到當地的舞廳跳舞，就我們兩人而已——而我至今依然喜歡搖滾舞曲。

鑑於我們的情況，我盡自己所能照顧我太太。隨著歲月流逝，我們的生活在行動上變得越來越受限制。珍越來越難以在公共場所行走。例如，當我們去採買食物時，她會坐在停車場的車內，也許看一點書，我則推著購物車在通道上來回走動。就一般旅行的定義而言，我們逐漸對度假這件事不再抱持希望。說也奇怪，症狀問題在旅行這層面上對我們困擾最少：在日常生活中，我們極其專注於全職或兼職的工作（剛開始時），而且始終專注於寫作、繪畫、賽斯資料、超感官知覺課程、探望朋友，諸如此類。當加拉格夫婦在加勒比群島度假時，珍真的同他們達成幾次相當成功的長距離實驗。我們對她的意識印象相關日期和時間加以註記，以便我們這兩位朋友回來時，她可以加以檢核。解釋這些意識印象有時頗為困難。珍的確有直接命中清單所列，不過，也有一些意識印象，蓓和比爾則無法就特定活動的準確性及時間安排達成共識。此外，他們偶爾表示，有些意識印象完全錯誤。

閱讀這些私人課時，人們大可合理地問：「好吧，如果珍・羅伯茲如此聰明，而賽斯又對所有那些私人資料拿手的話，為什麼她起初就出現這些症狀？為什麼他不能治好她，或至少幫助她？」我這裡的回應是，在這些私人課中，珍、賽斯和我自己已盡最大所能，在過去回答出那些問題，且現在仍持續在回答，儘管我同時記得法蘭克・渥茲提到珍「在膽怯中夾帶的憤怒根源」來自「過往未解決的怨恨」。這些課會多樣並多次詳細說明，為何我的愛妻即便對自己選擇的道路有種種創造性的貢獻，最終卻仍承受她那變得難以治癒的身體損傷。如同我已指出，部分答案在於，受到她自幼時就存在的強烈恐懼影響，珍不允許賽斯告訴我們他所能告訴我們的一切。這並不是說，她在意識層面上察覺到自己為何拒絕，同時也並不是說，僅僅消除那道障礙就可神奇地抹掉我們兩人正在創造的種種艱難挑戰。不過，我知道，自己一次次地感覺到，其中涵蓋轉世因素，不僅涉及珍、賽斯和我，也涉及我們三人當中任何一人在「過去世」和各種偽裝時間架構的一些其他人格和影響來源。那麼，既然賽斯堅持認為一切都是現在，來自「未來」的影響又是如何？我並沒有苛求珍在心靈上更加坦率。我看到她的艱難掙扎（我自己也有很多）。我感受到那當中的銅牆鐵壁、重重障礙，以及各種錯縱複雜。其中一些源自於她的獨特處境。畢竟，她人在這裡，卻替一位向我們自稱上一次生存世間是在三百年前丹麥那裡的人格進行講述——即使沒有時間這類東西！

以下短篇是賽斯在一九六四年五月十八日第五十四節中所述，連同底線劃記：「我不能在一開始就直截了當說魯柏就是我自己。因為你們會直接下結論說我是魯柏的潛意識心，而這並非如此。當你們瞭解存有的建構時，就會瞭解這是怎麼一回事了。魯柏現在不是我自己，在他的這一世；無論如何，他是我曾經所是的那個賽斯的一個延伸和物質化。沒有任何事物是保持不變的，尤其是人格和存有……我明白這有點難懂，但……魯柏現在是我曾經所是的那個賽斯產生的結果，因為我從那之後已經改變了。」

這節課充滿神奇的資料，請參考《早期課二》。

但我知道賽斯能說的還有更多；如果珍能允許她自己更全面地合作——但絕非臣服——她心靈中充滿創造性的賽斯部分必能幫助她更多。而且是多很多。然而，我也可以誠實地坦言，我們兩人從未對我們自己或其他的人有任何責怪之意。

取而代之的是，我認為賽斯早就知道，從某種意義來說，即使他曾經是——我確信現在仍是——珍心靈的一部分，身為曾經是而現在仍是的、她的傑出對等人格，他也以自己的方式、自己的各種理由，渴望去滿足珍在這一世所選擇的背景，連同她的恐懼與備受限制的成長環境，而且是從他明顯的優勢這樣做，畢竟他對我們三個的生命經驗——過去、現在、未來——有著更為詳盡許多的整體知識。然而，珍與我並未要求他為我們預測國家或全球性的事務。儘管我們當時很無知，但我們也從沒想過該要求他預測，甚至「僅僅」問起攸關我們自己物質生命的諸多可能性，當然更不會去問我們物質身體的死亡。我們應該也得不到任何答案！賽斯只曾經告訴我們，這是我們的最後一世。我們為什麼不追問更確切的答案？他必定會多說一些吧，既然他向來是如此地雄辯滔滔！

然而，珍與我那時已開始真正地理解：生活中的諸多挑戰、潛在性及可能性，早已輕易地超出我們掌握它們的日常能力。我們開始感覺到，單以我們可以創造並探索的可能實相為例，從一般的角度去看，就已「無窮無盡」。多年後的現在，我對此則是完全確信。

一九三一年於紐約州撒拉托加溫泉市，珍的父親德爾默．羅伯茲（或德爾），選擇執行離開妻子瑪麗及未滿三歲的女兒珍這個可能性。瑪麗的母親梅琳芬，或稱米妮，過來與這一家同住，並常擔任珍的保母。珍是第二個孩子，母親之前曾有一次流產。此時瑪麗已有關節炎症狀。珍與我對於她母親在丈夫離開後如此迅速便無法下床——且終生如此——一點也不感到意外。梅琳芬於某個冬天冰冷的傍晚想去街角雜貨店買麥片給小外孫女當晚餐時，被一名肇事潛逃的摩托車騎士撞死——瑪麗為此悲劇一輩子責怪女兒。兩人開始接受社福機構的照顧。一連串的家務服務員，各式各樣的能力、脾氣、揮之不去的公權力，在那些年間籠罩於她們身上。小小年紀的珍，曾在母親住院的那兩年由一家天主教女子孤兒院收容。珍告訴我，有些家服員當過妓女，或許當時也還是。她們處理瑪麗的生理需求——這些工作在珍的青少年後期便經常由她負責。經由社福機構的協助，臥床的瑪麗經營一個替當地醫生回覆電話的服務。因為每星期日會有當地教會領袖前來米德大道九十二號（位於撒拉托加溫泉市一個低收入區）這棟住了兩家人的房子吃晚飯，母女兩人的天主教觀念因他們的經常鞏固，而變得甚至更加嚴謹。

然而，不需多久，已在寫些尚未成熟之詩作的珍，便開始與嚴厲的教士發生了創作方面的衝突。她跟我說，其中一位老教士最後還氣到在後院的焚化爐燒掉了她的一些「禁書」，包括她特別喜歡的：愛德華．吉朋的《羅馬帝國衰亡史》。還有些她並未讓母親知道的衝突：她不只一次告訴我，當她逐漸成熟，某些很堅持的暗示和要求隨之出現，用以交換一名年輕教士提出的好處，但她都直覺地拒絕了。儘管瑪麗刻薄地反對，珍仍在十九歲時離開了教會。

雖然個人與家庭的生活如此動盪，珍經常告訴我，她與矮小而被她暱稱為「小爹地」的外公約瑟夫．博多的關係，是她那時強而有力的救贖。即使還很年幼，她已充分覺知她與外公有著心靈方面的連結。約瑟．博多與妻子梅琳芬的關係多年來已很疏遠。他沉默寡言，然而，他在他的外孫女身上培養出一種她餘生都很珍惜的、對大自然的摯愛。在《未知的實相》卷一的附錄一，我引用了賽斯對博多的部份說法：「他是個非常強而有力的存有之一部分。不過，在這一生極端的不擅表達，那是由於無法合成在過去世中所獲得的東西……那是說，在他與一切萬有的一體感裡，他排除了其他人類……」他住在租來的房間，在城裡不同的地方工作；他是個門房，一個看守的人。他在當地賭場喝酒賭博，在撒拉托加溫泉市著名的賽馬場賭馬。他帶珍去附近的樹林散步。賽斯說：「當他講到風，她覺得自己就像那風，就好像任何的孩子會不自覺的與自然力認同一樣。」他在一九四八年過世，享年六十八歲，那年珍二十歲。

一年之後，珍犯了個天真的錯誤，想藉由與一位新朋友的婚姻尋求慰藉，但出身單親家庭的華特・澤（Walter Zeh）有他自己的生命困難。兩人那時是撒拉托加溫泉市史基摩學院的同學。珍因為寫作的天賦與作品，領有文學院的獎學金；她的丈夫則是二戰退伍軍人，以政府輔導的就學計畫主修哲學。史基摩學院在珍大三的時候，因為她與三位教授及三名同學參加一場通宵宴會而取消了她的獎學金；當場除了哲學的討論，還有抽菸和喝酒，但她的參與都不多。我們在一九五四年初認識的時候，她的婚姻已瀕臨破裂。我對那段關係毫無評斷，華特跟我也處得不錯。

關於「過去、現在、未來」在賽斯同步時間的概念之中如何演化與結合，我在此做個註記。珍於一九五四年與華特・澤離婚，一九七二年《靈魂永生》出版，一九七四年《個人實相的本質》出版（譯註：皆為英文版之出版年），而她在一九八四年過世。在這段時間裡，我們很正常地沒有跟華特有任何聯繫，雖然我們經常談起他，也祝願他一切安好。然而，在珍過世大約一年之後，華特寫信給我，然後我們開始了一段頗為有趣的通信，即使不曾見面。華特給我與珍之歷史有關以及他自己的一些背景資料，而且我也很高興地得知他已再婚，並有好幾個小孩。他在阿爾伯尼市的紐約州政府工作，愛好研究鐵路運輸，退休後與妻子乘坐火車到處旅行。

華特把他找到的賽斯資料在家人之間流傳。我們的通信逐漸減少，然後停止。最後，他的兒子之一捎來他的死訊。這個兒子對珍的作品也有興趣，問了許多問題。我回答了，但再也沒有聽到澤家的消息。我經常想起他們。

至於珍和我又是如何認識的呢？我也是二戰退伍軍人，在空軍運輸司令部服役三年之後，一九四二年退役。起初幾年，我在賓州塞爾市成為接案的自由藝術工作者，並與我的父母老羅勃及艾絲黛兒（我父親稱她史黛拉）同住。我看見他們逐漸變老，覺得自己應該保護他們；我的兩個弟弟都已離家，其中一個已經結婚。我喜歡小城生活，但是對於工作的選項只有：替當地一家著名的醫院繪製醫學插圖（其中一些曾在巡迴展中獲獎）、電台的短暫工作、看板繪畫之類，已經感到胃口盡失。後來，我重拾以郵寄方式替紐約市幾家出版社繪製漫畫書的工作。最後，我決定返回大城市去做收入高得多的廣告插畫，而且並不預定歸期。我告訴自己，我必須回到外面的世界去。

離開塞爾市的前一天，我收拾好行李及美術工具。那天的晚餐時間，二戰前曾與我在布魯克林唸藝術學校的老同學艾德・羅賓斯打電話給我。那次通話的結果有如及時雨，不只將要改變我的一生——也改變了珍的一生！艾德提供了一份工作，地點在撒拉托加溫泉市東邊十一英里、哈德遜河畔、他紐約州北部的家鄉蘇勒維爾。他在那裡為他的朋友米奇・斯皮蘭（Mickey Spillane）編寫及繪製每日及每周日的麥克・海默（Mike Hammer）連環漫畫（譯註：後有改編成電影），因為該系列被分售給東西兩岸的多家報社登載，他正因為趕不上無情的截稿日期而焦頭爛額。艾德知道我畫過漫畫書，問我是否有興趣去協助他趕上交稿進度？報酬很不錯。他說我可以先住他家，如果我們的安排可行，再尋找自己的住處。

我對父母解釋說，嗯，報酬不會像我去紐約市工作那麼多，不過生活費將低廉許多。而且我可以更常回來探視他們，我毫無損失，對吧？反正，我隨時可以去紐約。直到後來我才明白，艾德那通狀似無辜的電話引發了一連串的事件，這些事件將一一神奇地到位，並創造出一個更大、更長、更深入的整體經驗。我以前並不曾很有意識地從這些角度去思考。

艾德告訴我，他的車送廠維修。他將於次日從蘇勒維爾搭公車去撒拉托加溫泉市，把這星期的工作成果送交該市郵局的快遞服務，寄給分售中心。他建議我開車北上，傍晚在郵局與他碰面，然後我們一起返回他家。當我開了二百英里的車與他見到面，時已薄暮。我們重逢之後，艾德突然靈機一動。我簡述他的對話內容，即使我的記憶很好：「鮑勃（譯註：羅勃的暱稱），有對夫妻你一定要見見——太太是珍．澤，丈夫叫華特。她寫詩，也在《撒拉托加報》寫專欄。我認為她是真有能力。他們住在市區，而她母親住在米德大道。我想看看她成長的地方——既然剛好在我們出城的路上……」艾德還說澤氏夫妻下個星期六晚上，將到他與愛麗在蘇勒維爾的家參加他們一群朋友的聚會。

艾德引導我開車穿過撒拉托加溫泉市較為貧窮的區前往米德大道。這時天色幾乎黑了。窄窄的米德「大道」只有艾德那邊有人行道，我這邊則是在一道鐵絲網圍欄內的廢棄紅磚小學。

艾德想找到九十二號，那棟珍所描述、住有兩戶人家的兒時故居。我們沿著路爬到大約一半時，我的車燈掃過兩盞黯淡街燈之間一位女性身影，正與我們同方向前行。真的，我都已經開過去了，而艾德回身望去並大叫：「嘿，等等，鮑勃——那是她呀！珍就在那裡。靠邊停——」他一邊放下車窗。沒錯，那正是珍．澤，她來到車邊，以清晰如音樂的聲音表達她對如此「巧合」碰面的驚喜。艾德介紹說我將替他工作時，我只看得到她的部分側影。珍沒有駕照，她說如果改天有去蘇勒維爾一定會去艾德的工作室打聲招呼。（她的確來了，但那是好幾星期之後。）她告訴我們，她當時正要去探望臥床的母親，這是她每天這個時間必做的事。她指著就在幾棟屋子之外的九十二號。我漫不經心地說很期待下星期六可以見到她和她的丈夫。

如此這般，我與未來妻子的第一次見面只曾聽到她的聲音，並沒有真的見到她……

首次透過珍說話後的第四節課，一九六四年十二月八日，賽斯不只說出他的存有名稱——當然就是賽斯——還有珍和我的：魯柏與約瑟。對於珍並不特別喜歡魯柏這個名字，他覺得很好玩。「怪名配怪人，」他告訴我們。請看《早期課一》。而魯柏與賽斯是在某些共同的基礎上相遇，再以多年的時間讓這些共同點深入發展。的確，我們每個人的「這一趟」都有需探索的特殊生命品質——記憶、情緒、事件。我很確信珍和賽斯，我們這三人小組的兩個部分，也各自從她和他的非物質觀點，相對地正在參與他們死亡之後的挑戰。一如我在這個我協助創造的地球環境

一九五四年二月二日：珍的美讓我如此震懾，在紐約州撒拉托加溫泉市認識她不久，我便請求她讓我畫她。直到一九六三年十二月六日她才開始傳述賽斯資料。

中盡力而為——可能也是準備在我們的時間條件、所謂「以後」去加入他們。而我確信，那是我若能選擇、我會很樂於去執行的一項權利。

我從未看到我的妻子因為她有那些症狀而責怪賽斯，我也從未以除非她擺脫這些症狀，來拒絕協助她進行賽斯課。那似乎是一種下意識的狀態，我們三個都堅持要不顧所有障礙地獻身於這些創造性的成長，不管這些障礙的成因、本質或所涉及的偽裝時間有多長。

同樣的，呈現這些私人課以及珍與我的辛勤及努力，也不是為我個人尋求同情。相反的，我高度熱衷於介紹我們與賽斯的工作，是想要以任何可能的方式促進大家對我們共同創造這個實相的瞭解。而，親愛的讀者們，你們每個人在這份努力中的參與使得這個目標成為可能。為此我感謝你們每個人和所有的人。

我還感覺到，現在，以地球時間的多年之後，珍與賽斯已然放開了彼此，卻比以前更加緊密地連結一起。而我呢？沒錯，我選擇創造性地參與（顯然，我此刻仍是），出自我直覺的理由——不僅因為我原本就是專注又有高度興趣的觀察者兼記錄者，也因為我是個藝術家。我的許多藝術根植於賽斯資料，其方式之多元，真的不是我與珍一起工作前所能預料。賽斯有次曾說，若沒有我對珍的穩定影響力，珍或許無法發展出我們所知道這些課。這話可能不假，但我也相信她還是會以其他也是文學的方式，來表達她內在特有的創造力——或許也以通靈的方式！為什麼不呢？看看她的**物質宇宙即意念的建構**。但也還有一些更容易被大家所接受、她從很小就開始使用的表達方式，例如她「一般的」散文，尤其是她的詩。

另一種形式是我們一九五四年十二月二十七日結婚後的前面九年，她所寫的小說。她從一九六三年十二月開始傳賽斯課。

我從三歲開始畫畫——實驗性的塗鴉——小學開始寫故事，大多是粗略畫在學校黃色作業本上，有關牛仔、印地安人、偵探和世界冒險的故事。我還保存著這些既純真又奇特的作品集。（我對馬匹最為著迷，但從未騎過！）我在大二時寫了一本小說也打在黃紙簿上，甚至裝訂成冊希望可以出版，但並未成功。這本書也還在。

珍與我常說，我們一見鍾情絕非偶然。不只因為我們對彼此單純的愛和共同的興趣——更因為即使在當時，我已瞭解，我們能直覺地感知，我們的意識將一同參與後來成為賽斯課的這趟美好的創意冒險。（但我們並未去想什麼轉世，更別提與我們相關的這類連結。）即使是珍於一九八四過世十八年後的現在，我仍一本初衷地獻身於我們的工作。當我太太開始釋放隨後有如泉湧的巨大創造力時，我並沒有任何理由或動機要自己表現得非常謹慎，或要求她小心。在我稍微遲疑便接受她「意念建構」這個主題的意涵之後，我便任由它穿越我們的生活，創造出它面向多元的路徑。一九六三年十一月二十六日，當珍和我經由一個借來的靈應盤接收到第一則語焉不詳的「訊息」，我們的世界觀開始改變、擴大。而越來越多地，賽斯資料與我的視覺藝術及珍的寫作藝術便深深地交織為一。

即使賽斯課先是從表面湧出這麼多的興奮，然後穩定成長且日見複雜，我仍無法不深深關注她的那些症狀。相反的，我們變得更加深入地探索一段漫長的過程，試圖去理解我的妻子在這些年來所受到的傷害，以及最後它們終究沒有離她而去。賽斯多次告訴我們，珍並非如她母親瑪麗那般地罹患關節炎，而是因為在混亂又沒有父親的環境長大，結果便是在幼小的時候啟動很深沉的防衛機制以自我保護。

即使她與「小爹地」外公的直覺連結，幫助也如此有限。而在這些早期的恐懼之上，後來還持續添加一些害怕被拒絕的恐懼，先是擔心不管她的書有多好，書裡那些「通靈」的本質依然會使它們被主流出版社拒絕——然後是她所選擇表達內在巨大創造力的獨特方式，亦即賽斯資料，會被大多數的一般世界拒絕。賽斯也曾告訴珍，她母親是「一位宿敵」，從而暗示了一段轉世的關係，但我們並未在那麼早的時期要求知道更多細節。珍也不想知道。再次的，我感覺其中必有更多這種未知的衝突。

請原諒我不斷地重複這句話，隨著時間過去，以及她在艾爾麥拉聖約瑟醫院的兩次短期住院，珍終於對傳統醫療的協助價值深感懷疑。醫院並未幫助到她。關於她母親的臥床、暴躁的脾氣、有真有假的兩次自殺未遂、一連串家服員帶來的困難、缺少一個父親、瑪麗住院時她在孤兒院度過的兩年、摯愛外公的過世，這一大串高壓事件充塞在一個早慧又敏銳的小孩成長環境裡，還有她與教會的教條及教會人士的衝突，所有這些疊加起來，必定會造成極其強而有力的影響。

也有鄰居伸出援手，某人從市立收容所帶回一隻可愛的公牧羊犬送給她。珍替牠取名為米夏，牠在未來的好多年，替她和我帶來許多慰藉。而我終於學會，那些症狀不僅是原生於我太太體內的一種可能性，也是後來許多年將她從體內活生生腐蝕的一股力量。珍曾經帶我去老家見她母親三次。第一次，瑪麗在她的床上詛咒我；另外兩次她根本沒理我。

艾德與我繪製的偵探連環漫畫因為分售中心的政策有所改變，在幾個星期之後宣告終止。我們兩人都失業了。我甚至還沒在蘇勒維爾找到自己的地方安頓下來！我替艾德的工作結束，以及珍告訴艾德，她與華特即將分開的事同時發生，當然是一個「巧合」。艾德談起他與家人將搬到往南約一百一十英里、哈德遜河畔一個名為新波特茲的小社區，他在那裡的朋友或可協助他找到一份商業工作。我考慮返回父母在塞爾市的家，重拾接到艾德那通改變生命的電話之前的計畫，前往紐約市工作。

我自認為我把對珍的強烈感情隱藏得很好，至少我是這樣想的，然而思及從此再也見不到她，我的內心真是無比絕望。對於如何處理與他人的私人互動關係，我是完全的外行。我去珍與華特位於撒拉托加溫泉市的公寓拜訪他們，並說明我將離開這個地區。珍談起她已經與華特做好的決定。然後，她直接對著我說：「有你或沒你，我都要離開這裡了。所以，你怎麼說？」我毫無心理準備，但立刻知道我的答案會是什麼。即使我絲毫不想涉入他們複雜的關係，或從中佔取便宜。我仍可看見華特坐在他們二樓公寓小客廳的窗邊，雖然對珍的話點頭，但雙眼含淚。我們

我於一九五四年十二月二十七日結婚之前的幾個星期為珍畫的像。我們向來專注地獻身於我們的藝術，但對於珍帶來的賽斯資料這份禮物將對我們的生命產生多麼大的改變，以及那又將多麼巨大地幫助我們自己及其他人，在我畫她的當時我們著實一無所知。

之間從未惡言相向。珍的狗米夏睡在她的腳邊。那是直到珍於幾年之後開始傳遞賽斯資料，我們才瞭解分別來自功能失常家庭的珍與華特為了彼此創造性的學習目的，選擇在適當的時間在一起，而在我認識他們的時候，這學習目的業已完成，兩人準備往前邁進了。然而，在當時，我尚未準備很有意識地去瞭解這種交織的情感關係，即使我也參與其間。

要在一九五〇年代的紐約州離婚困難重重，但在佛羅里達州則很容易。珍的父親德爾開著他的拖車從洛杉磯來到佛州的戴通納海灘與我們碰面；然後，我們開車跟著他去到基斯島的馬拉松市，我們帶著米夏、德爾帶著他的大丹狗布布，在此度過意圖在佛州離婚必要居住的幾個星期。我找了個畫招牌的差事，同時準備之後要去紐約市找工作時給藝術總監看的廣告藝術樣品。珍除了進行自己的寫作，也在一家新開幕的食品超市工作，卻因經理對她的騷擾而在幾天後辭職。她的離婚因無人提出異議順利獲准，文件也簽署妥當。德爾付了費用。我們道謝後向他及布布道別，開著我古老的凱迪拉克北上。我們希望有足夠的錢抵達我父母在賓州塞爾市的家，幸好路上只有過一次爆胎。

珍與我在一九五四年十二月二十七日於我弟弟羅倫及他的妻子貝茨位於塞爾市南方五十五英里、賓州特和納市的家結婚。由貝茨的父親、衛理公會的牧師李奧納・米克先生為我們主持婚禮。我父親老羅勃在晚年成為傑出的職業攝影師，他替我們拍攝並製作了一本我至今仍珍藏著的相片簿。我們在塞爾市租了一間公寓。我畫招牌，並為當地一家印刷廠設計服裝標籤，週末則畫畫和寫作。

珍售出了她的科幻短篇故事。她也騎著她那輛老式二手腳踏車替城外的兩家工廠挨家挨戶銷售餐具及家庭用品，而且成績斐然！其中一家工廠甚至邀她擔任地區經理，但她婉拒了。我們於一九六〇年搬過賓州州界來到十五英里外紐約州的艾爾麥拉，住進了西華特街吉米・史帕日尼的出租公寓。我替一家全國知名的卡片公司設計問候卡片，並在那幾年斷續地為他們工作。珍在艾爾麥拉阿諾藝廊擔任兼職的秘書，寫了兩本後來都獲得出版的小說——其中一本銷路很不錯。珍非常不喜歡她的《反叛者》被出版社連同另一位作者的書以雙書版本的方式出版了平裝本。她對另一個作者毫無意見，只是不喜歡必須與人分享她的第一本書。

她於一九六三年十二月二日開始賽斯課，然後一九七〇年出版《靈界的訊息》。不過，在這個令人高興的事件之前，我們已經利用那五年兩個月的時間舉行過五百一十節課，主要是我們自己想要設法理解，在她以替賽斯說話、並進行相關的寫作來發展她最不尋常的能力，這種非正統的創意行為，究竟代表著什麼意義。我們從閱讀瞭解，它是一項「心靈遊戲」，而我們從未要求這個領域的其他人協助我們去玩這項遊戲。我們只想做我們自己的事。米夏過世了，我將牠埋葬在我們稱為四五八號房子後院的花床下；我們還有兩隻貓。那五百一十節課如今已由瑞克・史塔克的新覺知網絡出版社出版為九冊的《早期課》。（最後一冊有我畫的米夏畫像。）珍那起先狀似無害的心靈衝突——她的症狀——是在《靈界的訊息》出版後的好一陣子才出現。

我父親於一九七一年在安養院過世，我母親是一九七三。兩人都葬在賓州特和納的家族墓園。對於我的父母一生都視我的能力為理所當然，卻似乎對珍的工作毫無興趣（雖然他們都很愛她），我從未有任何看法或怨言。招牌、商業藝術和畫作很容易看見；他們只知道珍寫詩、寫小說，但不曾在我們送去的書之外要求閱讀她的其他作品。

職業寫作真的不在他們的經驗範圍。他們的確理解我們與多項藝術有著創造性的關係，以及我們顯然彼此相愛。但無論出於何種心理及心靈因素，「雙方」這種溝通缺乏倒也各安其所。例如，我就不記得珍與我曾把任何賽斯資料拿給我的父母閱讀，然後試圖解釋我們想從其中尋找什麼。在我們舉行早期課那整個的六年裡，當我們一邊摸索著我們的道路，我們也不曾想過要去跟我的父母提起這些課。我們也不曾拿賽斯偶爾透露、與他們有關的訊息去找他們討論。因為我的父母得先理解賽斯資料到底是什麼，討論才有可能。雙方對這種情況毫不介意，對於該如何應付也缺乏有意識的好奇心；雖然如今想來，我們四個人之間應該還是有著心靈感應式、無意識的理解與接受。

珍的母親瑪麗也在這段時期失去了紐約州撒拉托加溫泉市的家，被送至附近米德格羅夫的一家安養院。這對母女經由信件修補了她們搖搖欲墜的關係，並開始頗為定期地相互通信。珍從未把賽斯資料或自身的症狀告訴母親。瑪麗甚至已可以接受我是她女兒的丈夫。她們會互送聖誕禮物。珍送母親睡衣、文具，以及其他實用的小禮物。瑪麗總是回贈她用因病而變形的手指艱辛編織的毛衣；難以避免地，這些毛衣總是太大。賽斯建議珍無論如何都不要穿這些衣服，因為幾乎從珍一出生，兩人之間就存在著激烈的情緒，來自母親的禮物可能仍攜帶著那些感覺。母親與女兒後來從未再見：瑪麗在不久後的一九七五年過世。那時珍已經不方便出門，所以我們並未執行這趟來回將近四百英里的旅行，前去參加她的葬禮。後來，這家安養院也被州政府關閉。一位共同的朋友給我們寄來一張安養院的照片，那是一棟百葉窗緊閉、陰鬱的巨大三層樓紅磚建築，孤零零地坐落在樹林中的雪地裡。

而你猜怎麼著：隨著珍的症狀開始緩慢增長，我終於明白她有權利做出她的選擇，並停止我那她完全可以向外求援、但她怎不尋求幫助的諸多暗示。賽斯比我更有先見之明。我不記得那位可敬人士曾經直接向我太太建議，要她尋求醫療的協助，更不用說堅持要她這樣做。這是不是因為即使他想說，珍也不會允許他說？如前所述，有時我覺得是這樣。我們很容易宣稱，我們人類並未活出所有潛能——但如果該潛能並不存在，我們怎可能感覺到它們，或受到它們的啟發？但，當我堅持，每個生命都如此強烈地真實，要我們真的相信它可以換一種方式——甚至好幾種方式去活，真的很難！這種想法絕非我的原創。我們在**這個**物質／非物質存在中的挑戰，是如此至高無上，大可不必去管，例如：轉世或時間旅行等其他可能的長期影響。或者——沒錯——甚至是宗教：一個我倘若能創造出幾年的偽裝時間，我會很想深入探索的主題。因此，即使賽斯果真出手幫忙，珍仍舊會選擇活在她自己那非常有創意的人格所呈現的面目及力量之中。賽斯確實曾提供許多深刻的見解，某些我們非常喜歡且充滿創意深度的洞見，但我認為他一路以來都很清楚，這個——願意**允許他**——透過她說話的年輕美麗女子同時有她自己的議題與進程。儘管我們同意涉及我們三人及我們家人有關的轉世資料，但對我的妻子而言，在**這一世**走她自己的路，也是極為個人的事。

我也相信，即使在珍處理某些長期的挑戰時，**她的堅持維持自我也影響了賽斯**，或許以我們無從得知的方式。我並不記得我曾把相關的可能性記錄在案，也為自己沒問賽斯這個問題，而且是詳細地問，感到遺憾。

誠如我寫過，珍兩次無效的住院，使她對醫院針對她病況所能提供的幫助深表懷疑。她非常不願意重返聖約瑟醫院，但是她的症狀變得如此嚴重，而我無法在一七三〇號照顧她時，她在一九八三年四月再次入院。最後的一次，而且一住就是一年九個月，直到她過世。在所有這些偽裝的時間裡，我只曾一次錯過每天在三三〇病房與她相處的幾個小時。那天艾爾麥拉地區下了超過一英呎的雪，我沒法把車從車庫裡開出來；街上尚未剷雪，商店全都關閉。收音機的廣播勸所有人若無緊急事件不要出門。我也沒法打電話給我太太。我有時會在晚上很晚的時間打電話鼓勵她。

然而，即使在最後的這次住院，珍依然很有生產力。即使速度緩慢，她依然與賽斯聯手傳述了《健康之道》這本書。也為她自己口述她的詩。我每天都帶書迷的信去唸給她聽，並私下討論該如何回覆。她有時會有極小幅度的動作改善，但都維持不久。各式各樣的藥物小有幫助（但有時有些副作用），基本上醫療機構已無計可施。珍所得到的最大放鬆是充滿愛心的工作人員每天幫她洗澡。我們與其中的幾位成為朋友；他們協助我們在三三〇病房慶祝生日和一些節日。我們從未讓任何人知道我們正在寫些什麼，或它所謂的非物質來源。工作人員只知道珍經常對著我口述、我們收到很多信件，以及我做了大量的筆記。幾個當地的朋友曾來探望，但我們迅速得知許多人都盡可能避免前往醫院。我們對此毫無意見，珍也曾盡力遠離醫院，而我同意她的決定。外面世界的人有著他們自己的挑戰。

我很想記錄下來的是，收到讀者來信確實讓我們備感欣慰，而我們也因此收到一份意外的大禮——一份即使我們想要也不敢奢求的禮物。茉德．卡德威（Maude Cardwell）是德州奧斯汀市一位喜愛賽斯的老讀者，多年來她辦了一份討論賽斯資料、名為《實相交換》（*Reality Change*）的月刊。當我把珍住院的事寫信告訴茉德，她並未事先告訴我而是逕自上雜誌呼籲她的讀者，捐錢幫助我付醫院的帳單。那是我有天大的膽子也不敢說的話。聖約瑟醫院從未因醫藥費而拒我們於門外，現在也不會。我們可觀的每日費用正逐漸增加，但我們在情感上把它的重要性暫放到背景。我用平日節省下來的版稅多少支付了一些，但出版社給的版稅每年只付兩次，所以有時難免捉襟見肘。當《實相交換》的讀者開始捐款，想像一下這讓我們多麼驚訝；有些金額很小、有些中等，偶爾會有比較大額的支票。我把這些信件以及我發自內心感謝的回信，都集中於一個特別的資料夾，並計畫將它們整理成一個單元，添加到已送往耶魯大學圖書館收藏的珍與我的作品集那份檔案裡。

即使我們在三三〇病房進行了所有的創造性活動，珍的健康狀況仍緩慢地持續惡化，支票繼續抵達。隨著時間推移，我越來越看清楚她的身體正日漸接近死亡。請參閱我在她過世十三年後，一九九七年才出版的《健康之道》書中最後幾節課的註記。問題？問不完的，到現在都還有。例如，為什麼我在她過世的那天晚上待到特別晚——因而當她睡著之後，我也在床邊的椅子上睡著？我通常在晚間十點之前離開三三〇病房。當我最後突然驚醒時，珍已經走了，大約是一九八四年九月五日凌晨兩點八分。我親愛的妻子瀕臨死亡之前有著怎樣的反應，和感覺？她死亡**之後**的那個片刻呢？在那些同樣轉瞬即逝的間隔中，賽斯怎樣反應？他們兩個如何迎接彼此，或如何在一起？倘若他曾在那些珍貴的最初幾個片刻後跟我說話，賽斯能否把珍不管為了什麼理由不要我們從他那裡得知的訊息告訴我？當我替我那終於安息、如此平靜地躺在床上的美麗妻子繪製兩幅鋼筆速寫時，珍和賽斯可曾在場看著我？（我仍計畫根據這份速寫繪製畫像。）

如果他們選擇一起這樣做，珍和賽斯如何本著以往的承諾，去探索新的實相？而我除去在珍過世的接下來幾年繪製她的死後畫像，也能在我的夢中實相簡短地參與他們那個實相，並或許也記錄它的幾個面向嗎？我能問賽斯他對我在一九六八年繪製他的畫像，他真正的感覺是什麼嗎？我那時看到的他有點胖、中年並禿頭。

他在一個月後、七月七日的一六八節課曾經告訴我，那件作品有很高的相似度；珍從我一開始畫就很喜歡它。但我怎麼從未想過把他們兩個畫在一起？我或許也可以把我自己塞進去，既然我是這三人工作小組的第三個成員。簡單來說，我相信在我們選擇去創造及探索的任何實相之中，我們的能力都是沒有盡頭的。

除去我的諸多問題及推測，我認為很重要的是，珍一直等到她製作賽斯資料一年十一個月後的第二〇七節課，才真正地開始允許賽斯傳來與她個人確切相關的資料——彷彿這兩人先要學習藉由跨越空間以及我們的線性或偽裝時間來了解對方。這套目前還不知將有幾冊的《私人課》系列始自一九六五年十一月十五日第二〇八節課的摘錄。在這之前的將近兩年裡，賽斯也曾經非常零散地提及珍個人的挑戰，這些簡短的插曲，我們大多在出版時將之刪除。當然，我們兩人誰也不曾考慮可能會在多年之後出版這些私人課。

例如：在《早期課九》一九七〇年一月十九日第五一〇節，賽斯說：「好。我一直在幫助魯柏。當他在睡眠時，我把原先會置入課中的能量轉而用來和他進行私人對話。這些都已促成他自己的必要見解，而這些見解本身會促進能量從內我釋放出來。」我的註記如下：（在過去數日中，珍一直向我描述，她在睡眠和清醒兩種時段持續經歷一連串的體會和領悟。她認為這些都相當有助益，並且已經立即開始加以應用。她覺得自己最近領悟到她從前所不了解的一系列真理，等等。）

甚至在珍更有意識地選擇就她創造出來的限制之內，從賽斯那裡獲得更直接的幫助之前，信任已於那時以一種獨特的方式進入。一如我所註記的，在最後的長住聖約瑟醫院之前，她總是盡力遠離醫生和醫院。

不論理由為何，她一路都堅持以自己的方式走自己的路——只有兩個例外。她會定期去找既是牙醫也是朋友的安迪．克魯奇（Andy Colucci）洗牙（她有一口完美的牙），他的診所就在我們住的西華特街轉角；而非常偶然的，我們之一或我們兩人會一起去找山姆．賴文（Sam Levine）醫生，他的診所位在四五八號隔壁他的房子一樓。我們會去找他打預防針，或治療感冒之類的。在夏天，當窗戶敞開，賴文醫生有沒有聽到賽斯宏亮的聲音，或者星期二晚上ESP班那些學生所發出的喧鬧聲？有的，他對珍提起過，但他不知道發生什麼事——只知道星期二晚上附近會多出很多輛汽車。而珍也尚未準備如此解釋：「嗨，山姆。嗯，那是我以一種出神狀態替一位名叫賽斯之非物質存有說話——而他是我三百年前就在丹麥認識的一個傢伙呢。我在想，不知你能不能幫我應付我所謂的一些症狀。它們或許與我的通靈工作有關……」根本不可能！山姆是位非常和善、每天幫助很多人的保守猶太醫生。但我確實認為，即使他不接受珍的通靈能力本身，他也會承認這是她整個心靈的一部份。

然而，即使試圖將珍的所有成就考慮在內，當我一本一本地校著瑞克．史塔克的新覺知網絡公司送來的校對樣本，我依然一再撞見新的資料。而不管大小的每個發現，都將是一個新的真

這張圖是從我一九六八年為賽斯繪製的全彩、近乎真人大小的肖像畫轉印過來。原畫為半身像，畫中的他正把觀眾召喚過去——羅。

相。多年來與賽斯一起工作，這種情況其實屢見不鮮。也有許多讀者寫信來描述他們類似的經驗。我從不假裝我記得住總數多達一萬六千五百頁打字稿的賽斯課全部內容與註記。我只知道並感覺到，這些資料將幫助我和其他的人，所以我真的很感激每位讀者的參與。

許多人寫過信來，現在也還有許多。我喜歡每一封信，即使偶爾那些不贊同的，而我都盡力答覆。有時我會送出素描或畫作的複本。我向來都很感激對珍的作品提出感想的信件，珍也一樣，我知道她到現在都還是一樣感激。然而，對於她的成功，我向來不敢聲稱我有任何功勞。我只是協助她。至於公眾對賽斯資料的反應，我不只高興也很敬佩。那些反應對賽斯資料的重要性與幫助，多於我自己的感受——儘管我顯然也很清楚這些感受，並尊敬它們！

珍與我對於《靈界的訊息》立刻得到接受，當時是非常驚訝的，接著是《靈魂永生》和《個人實相的本質》。既然我們都沒有處理「粉絲來信」的經驗，所以我們不曾期待，但隨著賽斯的作品和珍自己的書陸續出版，她開始花費許多個週末回覆這些受她歡迎的信件。我則利用騰打賽斯課完成後的時間盡力幫忙，但我經常還必須至少做些商業藝術的兼職工作，並嘗試繪畫。這些信件很快便教導我們學到謙恭。來信者用最具體的方式打開了若非看到他們的信、我們永遠也不可能認識的世界，而且他們不只從國內這樣做，還有來自外國的。我寫這段文字時，共有十七種語言。那確實非常有趣，看到每個人果真以遠非我們平常所能接受並了解的複雜方式，在也是我們所有人創造出來並結合一切——萬事萬物——的宇宙整體實相中，創造我們的個人實相。時間必然是旅行的；不只旅行過心靈也旅行過時間——即使賽斯的確稱呼這個我們如此熟悉的品質為「偽裝時間」！

在回覆信件之後，我會定期地把它添加到耶魯大學圖書館的賽斯資料檔案庫，成為珍這份偉大作品整體中不可或缺或隨時加強的部分。這份檔案在圖書館受到很好的保存。我推測最後或許會有某人寫本書來呈現讀者對賽斯資料多樣化的反應。它將成為由我太太開始這項工作的重要補充，並因此幫助這個工作延續下去。製作這樣一本充滿了愛的綱要，將需要大量的研究。而且是一份持續不斷的工作，只要有更多郵件持續抵達……

我相信賽斯和珍，不管他們是否在一起，都會對我在這裡的工作感到十分有趣——並從他們所在的不知何處對我充滿慈悲及分擔。我很樂於相信，在我寫作這篇前言時，他們已在心靈上與我同在，而且他們知道我一直努力地保持客觀。我也感覺到，當我進入這件事的最後一段插曲，亦即蘿柔及我與一群訪客非常有趣的會面時，他們也將與我同在。

****

那麼，最後：二〇〇二年十月底我正忙於這篇前言，來自德州休士頓賽斯團體的五位成員來找蘿柔和我：溫特・科瓦特、德瑞莎・史密斯、吉姆與黛比・索瑞夫婦和雅薇蒂・席瓦。我曾與該團體的幾位成員通信，吉姆與他太太之前曾經來訪。陪這五位過來的李察・坎德爾是珍ESP班的老朋友——珍以前所愛暱稱的紐約男孩之一。李察現已搬去康乃狄克州的西港市，去年夏天才與瑪麗・狄爾曼來看過我和蘿柔兩次。

我們的客人，連同沒來塞爾市的其他人，已經去過康州新海文市的耶魯大學圖書館參觀過賽斯資料收藏。這批收藏包含四十六冊以三環大資料夾裝訂的賽斯資料打字稿完整副本、賽斯書和珍「自己」的書、以英文及其他翻譯文字發行的各種版本、她已出版及未出版的小說、她的筆記和詩、她的註記和文件以及我的、各種已出版的賽斯筆記、網絡上的論文與網站（有的友善，有的不那麼友善），加上例如來自國內外讀者的來信等等，其他相關且令人回味無窮的資料。我仍往這份收藏添加東西，而它是對外開放的。

瑪麗・狄爾曼是在圖書館管理及照料這批收藏的志工。她從以前到現在都是整理這一大批資料的重要幫手，她以我太太「老早之前」傳述賽斯課時未曾想過的有趣方式，為研究者整理、搭配這些資料並把它們電腦化，那些即使我們有偽裝時間執行它們、但在當時也不可能做到的方式。來自現代科技的眼花撩亂速度以及深度的連結方式，那時都尚未存在。

吉姆・索瑞在他們離開耶魯之前已用電子郵件與蘿柔及我確認了他和這幾位朋友的來訪。他們同時也計畫再去上紐約州及緬因州後才返回德州。蘿柔與我總是發現，這種並不常有的聚會如此引人入勝——我們可以看到，珍的作品觸及多元個人的獨特標記，而且各個皆有他或她自己的創意及直覺技巧。看到珍的愛與靈感幫助過這麼多的人，而且現在依然持續，不只讓人謙卑也感到非常有價值。

我們與客人聊著大多與心靈及心理相關的許多事，但也還有其他。德瑞莎·史密斯出示她正在進行一些非常原創的現代藝術作品的彩色照片，並談起她的目標。我鼓勵她繼續發展。然後，我把珍及我的畫作拿給這些人看。

從傳統意義來說，我應該是我們兩人之中的藝術家；然而，我向來覺得珍那些簡單得驚人但色彩絢麗的彩色藝術是我望塵莫及的，她的作品如此真實地反映了她與生俱來、但又似乎無視其存在的心靈知識。不過，我已逐漸知道，她完全沒有忽視它們，因為她創造並探索了一個令她拋開所有顧忌、純真又充滿自發性的實相。她的藝術蘊含著我們的起源，我感覺，藉由強烈地呼喚觀者去注意她顯然充滿創造力及直覺性的知識。例如，她畫一棵樹從土地裡升起，樹上掛著色彩鮮艷的蘋果。畢竟，這就是我們的實相引導我們去創作、去享受的一個縮影。還有什麼能比這更好？她並沒有被那些世俗的透視規則所束縛，這個日常規則讓我們一般人不得翻身，永遠無法超越或征服；但她每次作畫都自行創造出如真似幻、一個充滿童趣的世界。我可以這樣不斷地說下去。以任何標準來說，珍的作品都不是磅礡的大作。我的目標之一是設法讓她的藝術，她的所有藝術作品，都複製為價錢合理的8.5×11英吋（譯註：比A4略寬略矮的美式尺寸）彩色畫片作品集。片刻點出版社的蘇珊·芮伊（Susan Ray of Moment Point Press）曾選用珍的三張畫作做為她三本書的封面，分別為《珍的神》、《意識的探險》及《心靈政治》。

我還給訪客看了我根據一九六八年的心像或靈視（vision）所繪製的賽斯畫像，以及珍生前及死後我為她畫的一些畫。後者有些來自我的靈視或我對她的回憶，以及想起她似乎想要告訴我什麼，或我試圖去理解些什麼。我也出示我針對我自己過去的幾世、有男有女的畫像，有些轉世是賽斯告訴我的，有些則是我自己經由夢境調進那個頻率後得知的。我向這一小組人強調的重點，主要是我基本的非傳統興趣。另外，我也從事抽象藝術。如今除了偶爾涉足之外，我對單純的肖像、靜物或風景畫的本身已不再有持久的興趣。不過，我也曾問，還有什麼冒險行程會比調查自己的前世今生，不管是男是女，更有意義？我是在珍開始替賽斯說話的一段時間之後，才開始這樣想。而這個主題是無止境的，以其獨特的諸多方式不受時間、年齡及風格的限制。在此，我又再度想像自己出版我的作品集，而且加上必要的文字說明。我認為珍和我的藝術作品正以它們非常原創的方式，加強著賽斯資料。

就算是我自得其樂，我忍不住要在這裡說點題外話。請原諒我。

我必須承認，最近幾年我越來越常猜想，藝術家為什麼不至少畫些他們自己過去世的自畫像。這與傳統的自畫像同樣原創啊。而我認為這些藝術家當然有能力也應該可以洞察到這樣的存在，他們之所以選擇不去探索的幾個理由之一，或許是因為害怕被嘲笑，尤其是以公開的方式！然而，藝術家應該無懼於表達他們的感覺及知識。我覺得那是正敞開著，等待，等待被探索的一個無比豐富、且幾乎未被開發的心靈與心理領域。我也相信打開過去世這個領域，將會使我們所有人都更為豐富。我天真地彷彿可以看到一整個藝術流派的成長。我自己設想中的作品集，便將包括我至少幾個前世的圖像。我都已經畫好了（但隨時可能添加）。我最近剛完成我靈視所見、珍和我以前一位朋友的前世畫像。吉姆尚未看到它；我們於一九七五年搬到坡屋之後就失聯了。但他的前世影像為何於二〇〇二來找我？我畫中的吉姆，瞳孔裡有許多細小的十字，雙眼含淚。我寫下：「每一世都非常虔誠，吉姆心懷對人類的慈悲而哭。」由此產生的油畫成為我最好的作品之一。

當然，對藝術家來說，替身懷這個目的的客戶繪製一幅前世的畫像可能十分棘手。因為問題很多。藝術家能否足夠放鬆，而讓模特兒的相對影像出現在他或她的眼前？萬一客戶不喜歡畫出的結果怎麼辦？外表？時間架構？畫中人的人種、性別、暗示的行為？好吧，首先，客戶總可以說出他的夢想和預感幫藝術家一把，但這也要那位藝術家先相信轉世的可能性……

回到傳統的實相吧。

這群人的有趣探訪來到尾聲，李察和雅薇蒂要返回康乃狄克州，吉姆、黛比、溫特及德瑞莎要入住艾爾麥拉的假日酒店。一九九七及一九九九年，琳達．達爾（譯註：《心想事成創造法》作者）及史丹．烏考斯基在這家旅館主辦盛大的賽斯研討會，我和蘿柔都曾受邀參加。每次返回坡屋經過它，那些聚會的美好回憶便也再次得到滋養。我們與客人約好隔天早上在酒店碰面，再開三輛車到附近一家鄉村餐廳吃早餐。然後由蘿柔開車擔任領隊帶著客人的車，行過陡峭又迂迴的山路，不只欣賞美麗的風景且要前往「採石場農莊」（Quarry Farm），那是一座老式但廣大優美的木造農莊住宅，馬克．吐溫曾經在那裡完成他最好的幾部作品。抵達之後，一面「私人產業．請勿入內」的牌子如此宣稱，所以我們站在路的對面欣賞農莊，及其寬闊靜謐的風景。然後我們返回市區，前去艾爾麥拉學院。一九七二年《靈魂永生》出版之後，珍曾經在此對一個班級發表創意寫作的演講。校園裡的綠色草坪上，佇立著馬克．吐溫住在採石場農莊時、於其中寫作的一座有著許多窗戶的小亭子，多年前校方將它從農莊搬來在這裡重新放置。它果然也大門深鎖，但很容易探看——也被從周遭經過、從事著日常事務的學生與市民所接受。馬克．吐溫一直都是珍非常喜愛的作家。

接下來，應吉姆的要求，我們去了我和珍一九六〇年從塞爾市搬來艾爾麥拉便居住的西華特街四五八號的公寓建築。那是一九七五年我們買下西艾爾麥拉尖峰路一七三〇號的坡屋之前，所居住的地方。它在我們搬出的幾年之後被漆成在社區裡顯得甚為突兀的某種灰綠色，現在它已參差不齊地褪色了，整座占地甚廣的房舍看來破舊，甚至快要坍塌，需要全面的整修。

其實，蘿柔和我從塞爾市開車回坡屋時都會經過四五八號，但我們很少注意它。現在回到它的地盤，專注於珍與我住了十五年的珍貴象徵。我竟然在搬去坡屋的這二十七年從未回來過，真是不可思議！然而，才剛為這一行六人推開沉重的前門，我已經感覺自己像個侵入者，我的腳步正把過去翻攪上來。我們雜沓的步伐上了狹窄有轉彎的樓梯，眼前是一扇守衛著二樓的防火門。經過這扇門來到狹窄的走廊，對面是一扇相似的門，守護著通往屋後的樓梯間。這走廊比我印象中更短也更陰鬱。所有的聲音全擠在這裡；我們站立的空間，感覺如此受限，因為兩邊都是門，也讓我對自己與我親愛的妻子竟能在這座屋子裡住那麼多年感到頗為驚訝。我們租的是相對門的四號與五號公寓（最初幾年我們只負擔得起五號公寓）。四號公寓目前沒人住，短短的門鏈讓我們得以一窺珍與我當年如此熟悉、如今空無一物的客廳。

五號公寓的門緊閉。鎖著？有人在家嗎？眾人站在原地，我也沒打算去弄清楚。一九六三年十二月八日第四節課，賽斯第一次透過珍說話，就是在那裡。三十九年前，多麼難以相信……

我推開後面的防火門，沿著珍和我使用過無數次的露天樓梯下樓。我開始擔心會不會打擾此刻居住在這幾戶舊公寓的人，果然居住在後半部某戶人家的兩隻狗開始憤怒地吠叫，並用力猛抓我知道是廚房窗戶的地方。我們的一個朋友還住這裡（我也仍跟他通信）。我覺得很尷尬；狗兒的狂吠必定驚擾到屋內的每個人。但我們沒看到任何人，吠叫聲也在我們繞到屋子東邊、從一座小停車場回望四五八號時，奇蹟似地停住。這個地點曾經有一片由四根木柱支撐的延伸屋頂、下有石礫及長椅，鐵皮屋頂上覆蓋著多層的長春藤，沿著木柱爬到我們二樓客廳的窗戶。珍常喜歡扔些種子及麵包屑到藤床上等待松鼠和小鳥們來發現。鴿子、紅雀、燕子、藍鵲和其他的鳥會從四分之一街區外的祈夢河飛過來。

在這篇前言的早期，我寫到一九六三年十一月底，珍寫她那篇〈物質宇宙即意念的建構〉文章時曾有一次出體經驗——她從我們窗外的前廊屋頂看向屋內的自己。她說的前廊，就是許久之前曾經存在的這片鐵皮屋頂。

我從停車場向沿屋而行的客人指出二樓五號公寓的窗戶。我們的房東吉米．史帕日尼先生曾經告訴我們，整棟公寓由許多主臥室組成，是一百多年前一位富有的商人為其家人所建造。靠近前門、有三扇小窗戶的廚房原本是儲藏室，珍用來進行賽斯課以及ESP班上課的那間有三扇大凸窗的客廳，原來是主臥室。旁邊則是超大的浴室，配備鑲嵌玻璃窗戶、磁磚地板和八個噴嘴的大理石淋浴間。珍與我都非常享受那套淋浴設備！再來就是被我們當成臥室、只有一扇窗戶開在後牆的小房間。終於來到最後一個房間，它的三面都有窗戶，因為是架在屋子後面的鐵柱上。它最初是一間日光浴室，而且房間下面是開放的。我必須先完成地板的絕緣處理，才能把它當成我的工作室。

我也向訪客描述，後院的梨樹原本長得如此之美，我從工作室的窗戶即可碰觸到一些樹枝及果實。它一定是多年前就死了，一如它的蘋果樹同伴。我畫過那棵蘋果樹，它後來成為珍《靈魂與必朽的自己在時間當中的對話》（一九七五）那本詩集中〈宇宙中本然的你〉那首詩的插畫。

在塞爾市家中，我有一幅大型油畫，畫的是八月初某一天，陽光透過工作室的窗戶傾洩進來：一年中只有這一天，不斷移動的太陽會在空無一物的木質地板投下那種耐人尋味的光影圖案。

我們審視著屋子時，有位年輕黑人男士走下前廊漫步到人行道來。然而，他並未如預期地轉身走到街上，而是隨意地站在那裡，在我們交談及拍照時，轉頭看了我們這群人幾次。顯然我們終究打擾了至少一位房客，以至於派出一位或許是兄弟的人出來看看我們是否有何意圖。或許他做出了我們應該無害的決定，轉身返回屋內。不過我倒真的沒看見任何人往外窺探。

在我們的談話中，吉姆．索瑞問了我一個關鍵問題（我把問題與答案簡述於後）。

「羅，你認為艾爾麥拉這個社區，對這棟房子在珍的工作裡所佔的歷史意義有任何體認嗎？」

這並不難回答，我也毫無批判或怨恨。「不，我並不認為這裡的任何人會對那種事有任何理解。」

事實上，除去我們的一小群朋友、ESP班的同學，外加蓓．加拉格替《艾爾麥拉星報》所寫的很受歡迎的幾篇文章之外，珍與我從未讓我們成為艾爾麥拉的名人，即使在賽斯書開始暢銷之後。我們以充滿創意的方式讓自己基本上成為一種獨行俠（一如現在的我）；我們的熱情向來只專注於，從長遠來看，我們能為自己及其他人學習到什麼，尤其是藉由出版來接觸更多的觀眾。當珍的症狀使她的身體逐漸變得更加受限後，情況更是如此。

我們在社區裡一直都很自在，也很感激我們有機會以自己的方式在那裡生活，儘管最初幾年我們的收入真的很少，幾乎是到週末就口袋空空了，而且沒有任何存款。不過，在我們搬離四五八號之前，珍的書已經開始出現在當地的書店和連鎖書店，來自讀者的有趣郵件也不斷增加，讓我們非常快樂。

不過，柏茲家族在艾爾麥拉是有一點歷史的。若有人有興趣知道，這裡有幾個線索。在十九世紀之前的二十年，我的祖父歐瑞茲與他的妻子在距離紐約州艾爾麥拉五十英里外、賓州威爾斯村的農業社區，養大了他們的四個孩子。我父親老羅勃．柏茲在他十五歲的時候，跟隨他的三個兄姊傑伊、恩尼及愛拉的腳步離開了農莊。他／她們每個人都以自己的方式各有成就。恩尼離開了東北地區，從未結婚。傑伊及愛拉分別結婚後都住在艾爾麥拉。傑伊與他的妻子有小孩。我父親與艾絲黛兒（史黛拉）於一九一七年在紐約州紐華克結婚，兩年之後我在威爾斯村附近的麥斯菲爾出生。

我的父母曾短期住在艾爾麥拉，然後前往加州旅行，之後於一九二三年定居賓州塞爾市。難怪我會在艾爾麥拉找到藝術方面的工作，然後我和珍於五年後搬來這裡居住。我四分之三的親戚都住在艾爾麥拉，即使我跟他們並不親近。我跟大家一樣有錯。珍與我太過於投入我們自己的小世界，幾乎不對外聯絡。不過，我常對自己說我應該去做這些聯絡，即使現在也是。

我們這個小團體的最後一站是坡屋。尖峰路（Pinnacle Road）一七三〇號座落在艾爾麥拉西郊山坡的一個角落，珍和我對它一見鍾情。這是一棟漆成墨綠色的單層住宅，有一座巨大的石砌壁爐、一道外有圍屏的前廊，後院還有車庫。樹林從車庫後面的五十英呎處往外延伸而上。整個環境曾有——現在也還充分享有——私密性，但又不與不遠處的其他住宅隔絕，它有足夠的空間容納我們少許的財產及工作需求。這對我們來說是一種真正的恩寵。

我經常想起一九七五年我們搬進坡屋之後，珍與我所建立起來的生活常規。她那年四十六歲，我五十六。如今想來，真覺得那之後的幾年有如白駒過隙。我們或許建立了常規，但它們也圍繞著我們所熱愛工作的簡單元素不斷改變，並在我們視為理所當然的熟悉環境中，以意想不到的生活自由一一進行：我們寫作與繪畫、進行賽斯課、回覆信件、出版書籍，朋友與書迷來訪，有些甚至遠從歐洲過來。坡屋是我倆各自的這輩子所擁有的第一件房產，然而即使在這樣一個充滿了愛的空間裡，當賽斯資料繼續地愈來愈容易取得，也越來越充滿靈活性，並吸引了越來越廣大的觀眾時，珍的行走依然越來越困難。我們會在後院看見鹿，並替牠們和小鳥放置飼料。（鹿會在狩獵季節躲藏起來。）

我們很快就與隔街的人家成為朋友。他們是約瑟夫及瑪格麗特·彭巴洛夫婦，他們有三個已經長大住在外面的孩子。偶爾回來探望父母的小兒子約翰，曾被珍的工作想法所吸引。（真是巧合！）他那時是，現在也一定還是，非常強而有力且動人心弦的男中音。他同時也是個坐不住的人。就我所記得，我們剛認識的時候，約翰對歌劇事業並不怎麼有興趣，但已經在上職業歌唱的課程，也到處參加試唱。當他過來探望我們時，我會鼓勵他為我們清唱一曲。他偶爾會讓我們如願，而他聲音裡的力量與質地總是讓我如此振奮；我能感覺那聲音在我的內心深處湧動，珍也感覺得到。約翰那充滿陽剛氣概的力量，雖然與珍的賽斯聲音最陽剛時並不相同，卻代表了我個人所曾聽過、唯一能與賽斯的聲音相互媲美的。這兩個聲音都能在我的耳中迴盪，喚起那些通常埋藏在心靈深處、說不出來的根深柢固情緒。珍和約翰，他們都真情流露也充滿了啟發。

我在一七三〇號還有一個如今回想起來有些自私的常規，那就是在深夜裡先是走路、後來跑步的習慣。我向來酷愛運動，後來喜歡與珍一起跳舞，但隨著她的症狀逐漸加深，我越來越不願意讓她獨自在家，除非我必須出去全職或兼職地工作。當我們買下一七三〇號的時候，我們即使大部分力量只專注於賽斯資料、沒有我的外部收入，也已經可以存活。這使我有機會在不舉行賽斯課的夜晚擁有離開屋子的自由，我這樣告訴珍。我一開始是走路，但很快地，我的夜間運動變成在社區的山坡街道跑步。珍不喜歡我深夜外出，但我向她保證她在屋內很安全，而我在屋外也很安全——我們也一直如此。我的單獨跋涉變成非常愉快的活動，無論是在一年裡的任何季節。我開始熟悉從主要幹道柯爾曼大道分出去的每一條沒有出口的路，例如要爬一段階梯上山的尖峰路。我在這些街道上遇見許多野生動物。我告訴珍，最高紀錄是一趟跑步遇見過六隻鹿。我若不動，牠們就不動；雙方在街旁門廊的燈光下大眼瞪小眼……

當珍入院度過她最後的二十一個月時，我可以隨心所欲地跑步。我通常利用早上的時間謄打她前一天下午口述的《健康之道》，回覆信件、跑步，處理雜務。然後在大約中午時分抵達她的病房，待到晚上，一星期七天、每星期如此。我還記得在六月二十號我六十五歲生日那天，我邊跑邊問自己：「我還應該繼續跑嗎？」答案是肯定的，因為這個活動毫無任何個人責任，並能讓我以自己的方式保持與外界的聯繫。珍在那年年底過世。當我從連續去了一年九個月的醫院最後一次返家，約翰去了三三〇病房，非常審慎地收拾了我們這段時間累積在那裡的東西及文件，把它們帶回一七三〇號給我：我的畫作、我貼在牆上的讀者來信（醫院從未抱怨），記錄《健康之道》的筆記本，我們的書、雜誌、報紙和衣服，讀者與一些護士送給我們的花和禮物——所有這些當一個人試圖在任何地方創造一個家時，似乎便會自己累積起來的東西。

約翰終於也「安定下來」，現在與妻兒一起住在華盛頓州的西雅圖。他於幾年後回來探望母親時，我見過他一次。他很驕傲地向我展示當時還非常年幼的長子照片。他的母親瑪格麗特在他父親約瑟夫過世之後，移居佛州過退休生活。我們依然保持聯絡，我將永遠感念她在珍最後長期住院期間對我的特殊善待。

蘿柔與我從二〇〇〇年初開始住在塞爾市，一七三〇號便無人居住了。房子周圍的樹和灌木比以前長得更高更繁茂，使得人們更難從街角看到屋舍，那幾乎就像它們正以自己的方式提供著保護與庇佑。我們雇了人幫忙維護草坪，同時我每年都發誓要整修這個地方。蘿柔比我更常開十五英里的車過來照顧這裡，順道收拾即使我已發出公告依然寄來這裡的垃圾信件，同時也放些飼料給動物和小鳥。她知道我仍對一七三〇號感到哀傷。我有時認為我之所以不敢過來，是因為擔心一不小心情緒仍會不可收拾。情緒當然還是會爆發，但我通常以一種非常低調的方式，毫無掙扎地讓它們出來。直到今天，我與這些客人一起前往四五八號的感覺也依然記憶猶新。

珍與我住在坡屋時，是她出版賽斯資料最成功的一段時期，然後她在一九八三年的四月二十日入院治療。一七三〇號當然還是我生命的一大部分，對蘿柔也是，即使我們目前只用它儲存所有的寶物：例如我的許多畫作，最後要送進耶魯大學圖書館、收藏了各種紀錄的資料夾，我和蘿柔的書，還有她的唱片和所有物——所有那些生命裡的親密記號，如今似乎懸浮在我們所創造出來的空間與時間裡。蘿柔於一九八五年八月二十三日，珍過世的十一個月之後搬進坡屋與我同住。補充一句，她對我的深夜跑步也沒興趣。如今，八十三歲了，我仍會在我自小熟悉的街道走路或跑步——但只在白天進行。我認為能每天這樣運動是我的福氣和幸運。然後我也還畫些畫。我用晚上的時間回覆信件、寫作，或校對例如手邊正在進行的這本書。於此同時，我依然感覺到在一七三〇號時所有那些秘密之深夜時光的拉力……

請原諒我在論及這件事時寫了那麼多日期，親愛的讀者。這來自我與他人溝通時必須盡量保持精確的習慣。

我們的三輛車在一七三〇號的車道及車道附近停妥後，黛比．索瑞立刻替我清空路邊那塞得快滿溢出來的信箱，再把懷裡的信件放入我的休旅車。當我們緩步逛過門廊和車庫區域，開始討論一七三〇號的一些事情時，吉姆禮貌地詢問他和三位客人能否看看屋子內部。蘿柔也同樣禮貌地婉拒了。珍與我曾如此喜愛的舒適屋舍如今看來如此暗淡與冷清。門窗的窗簾緊閉，屋子需要粉刷，門廊的紗門以一種無法阻止任何人入內的方式草率地關著。

然後，一個奇怪的小挑戰開始醞釀。車道上有兩輛車，蘿柔和黛比無意中與我們分了開來，她們站在離道路最近的那輛車後面，而溫特、吉姆、德瑞莎和我則聚集在另一輛車的前面。我們四個人忙著說話，真的沒看到接下來的那一幕小戲劇：蘿柔在它發生後立刻告訴我——她說有一隻非常大的鳥，隼或鷹之類的，從屋子上方低空飛過，幾乎朝著她和黛比正面而來，然後飛到街對面屋後的一棵大樹上，居高臨下蹲踞著。這話插在其他對話之中，我並沒有真正體會其含義，直到第二天蘿柔詳述她們兩人的經歷。那時我們已經返回塞爾市，正自行思考此事所涉及的意涵或信息。

首先，下午的行程雖然不斷地拉長，我們的客人終於還是結束他們最愉快的團體訪問，打算離開了。蘿柔和我與他們度過了極其愉快的時光；我們非常需要從雖然充滿創意、但似乎永無止境的例行工作之中稍事休息。眾人彼此道謝、握手、擁抱。吉姆、黛比，還有德瑞莎與溫特，接著要去拜訪紐約州北部的酒鄉，再到緬因州享受他們的假期，最後才返回西岸的家。蘿柔與我站在一七三〇號的車道目送他們離開。但我們也沒停留太久。她並未攜帶平日會帶的鳥飼料過來撒在屋子四周，所以我們下山去路口附近的商店，再返回門窗緊閉的沉默屋舍……

那晚在塞爾，然後第二天，在蘿柔多次提起與那似隼或鷹的大鳥相遇之後，我們終於靜下心來真正地討論一七三〇號究竟發生了什麼事。我畫了一張從空中俯瞰屋子與周遭庭院的粗略地圖。因為我們所有人都站在屋子的側面或後面，看不到面對尖峰路的屋子正面。蘿柔指著地圖告訴我，大鳥如何從尖峰路突然過來，低低飛過屋子、飛進她們的視野，然後更低地掠過站在車道上第二輛車後的兩位女士。蘿柔現在宣稱，那鳥的巨大羽翼似乎對著她過來。牠並未發出任何聲音，只有空氣的震動穿過牠的羽翼。對於牠狀似友善的行為，我的妻子當然是毫無準備的。

從這段插曲一發生，我倆最感到困惑的是吉姆、溫特、德瑞莎和我距離兩位女士不過兩輛車的距離，即使我們並未朝著她們的方向，但怎會對這樣的插曲毫無所覺。

以下是蘿柔對客人的來訪，以及這次對她——也對我——來說都極不尋常的事件記錄。

****

二〇〇二年十二月二十日　對二〇〇二年十月訪客的描述

蘿柔・李・戴維斯－柏茲

與休士頓賽斯團體的會面，對羅與我來說真是件賞心樂事。吉姆與黛比早在夏天便曾開車順道來找我們，然後透過電子郵件討論這次的探訪。休士頓賽斯團體來訪之前的一個月，德州才剛經歷兩次重大的颶風，而且相隔只有一星期！所以，當我們從幾個月前開始期待這些訪客的同時，也擔心著他們的處境。

星期日那天，大夥兒出去用了早餐，然後逛了與馬克・吐溫相關的幾個歷史景點。（我正在學習通靈，也是賽斯資料的讀者及信徒。多年來，馬克・吐溫與他的妻子〔以及珍・羅伯茲、羅勃・柏茲和賽斯〕把紐約州艾爾麥拉當成他們的家鄉，顯然也仍與這些地點有著心理與心靈上的連結。）

然後我們前往西華特街四五八號。我們那個週末的訪客包括一位電視台的製作人、一位電力公司的設計與建造者，以及財務、法律、寫作及藝術界的相關人士。

這次的訪客一如我們每次接待的人，各個都具有多方面的才華，也帶著個人的觀點和信念系統，前來與羅勃・柏茲、賽斯資料（及我本人）見面，以及探訪羅與珍的公寓和住家。

珍與羅在一九六三到一九八四年間所說和所寫下的賽斯資料，為包括我在內的數百萬人，帶來了啟發與洞察力。而我對於許多寫信及來訪讀者的目標與性格之巨大差異，一直很有興趣。自從一九七九年在二手書店找到《靈魂永生》並開始我第一本賽斯書的閱讀之後，賽斯資料就成了我心目中的魔法書。許多讀者也有相同的感覺。羅和珍和賽斯的魔法，為各式各樣人們的生命帶來新的興趣與目標。確切的讀者數量無從得知，但多年來許多人來找過羅和珍，或寫信給他們。

就在這個十月天，我們與訪客站在尖峰路那房子、珍和羅的車道（現在也是我的車道），羅和大多數訪客開始看向房子的周遭，我和其中一位作家站在車道的入口處說話。

就在我們站著說話時，另一位訪客從天而降，真的，一隻老鷹或年輕的金鷹飛了進來！他或她從西南方向而來，在我們的房頂上方陡然降低高度，朝著我和黛比過來打招呼！這真是一次不可思議的經驗，因為我從未與一隻飛行中的老鷹這樣地面對面過。多年來，飛行生物於我一直有著似乎特殊而正面的象徵意義，而這事件似乎又是另外的一件。黛比也有相同的感覺。這隻老鷹對自己的飛行有著完全的掌控力，黛比與我毫無任何危險，他或她飛進來、確切地與我們正面相對，然後向我們展示那片寬達一公尺（至少三英呎）、完整的飛行中的翅膀，然後拉高飛行角度，就在我們的頭頂上，再度騰空而起。這隻動物接著飛過馬路，高高飛入一棵很高的大樹，停在樹枝上蹲踞下來，然後注視著我們。黛比與我望著那以側面對著我們的鳥——覺得像有新朋友飛進來！我們繼續說話，並未在牠飛走時看著牠，所以也沒看到牠消失於何方。

這個並非每位在場人士都有幸見到、既具象徵意義卻也實際加入的新訪客，成為我從那之後經常想起、很愉快的神奇事件。

或許他或她是強大自然宇宙的神奇象徵，伴隨電視界、電力工業、藝術與金融界的人士前來探訪我們尖峰路的家，同時決定來打聲招呼！

這個特別真實又神奇的事件為我的那個週末增添了極大的樂趣，但它也是賽斯資料充滿趣味的力量象徵，以及這份工作對照到我們這個時代的奇特元素。充滿智慧與力量的不尋常訪客，是那一天的暗語！

但不尋常的訪客總是替珍和羅這些年的工作帶來喜悅，這是你若閱讀多年來的整個賽斯收藏後必會發現的。

我和羅翻閱著家中的鳥類圖鑑，但仍無法確認我們看到的隼或鷹是哪一種鳥。牠比我們在附近常看到的老鷹更大，但又似乎比盤旋於附近山上的黃金棕鷹稍小。或許那是一隻年輕的老鷹或牠是比鳥類圖鑑上的黃金棕鷹更大的隼。牠飛翔時的全然展翅約為三英呎半。

****

蘿柔把信的副本寄給黛比·索瑞，而她在這個如此繁忙的季節，特別於十二月三十日的電子郵件如此回覆：「……我也相信有些人或有些動物對於我們用來溝通彼此關係的『古老方式』與信念，比其他人更為敏感。那隻衝著我們飛過來的鳥真是太壯觀了。他或她知道我們不構成威脅。我認為他或她同時也在測試我們的敏感度，所以這鳥兒才會留在樹上觀察我們。」

珍與我住在坡屋時很習慣看見這樣的鳥，但通常是在高空飛翔或盤旋，可能正用牠們超強的視力搜尋小鳥或小動物。我們從未見到任何一隻鳥出現蘿柔所描述的行為。她說，這是來自宇宙的訊息記號！我考慮畫一張隼或鷹的油畫。我思考著牠巨大的美與能量，那支持著我們所有人的創造性能量，無論我們選擇以何種形式去創造、去生活，並實現我們的目標。感謝你們，蘿柔、珍、四五八號、一七三〇號以及我們的許多訪客，感謝你們在我為《私人課》系列撰寫前言來到尾聲時，讓我想起這件事——而我彷彿感覺它似乎也想要成長成自己的一本書。或許總有一天……？

二〇〇二年十二月於賓州塞爾市

照片說明

二〇〇三年六月。關於《私人課》系列，邁可・谷德（Michael Goode）在其鮮明耀眼的封面設計（英文版）中，所使用到的一些照片，說明如下。

正中央珍的彩色照以及右下角和左下角她和我的照片，都是我們於一九五四年十二月結婚約一年後，由我的父親老羅勃・F・柏茲（Robert F. Butts）在賓州塞爾（Sayre）所拍攝。右上角那張照片是珍在出神狀態為賽斯講述時，由紐約州艾爾麥拉（Elmira）《星報》（*Star-Gazette*）的攝影師瑞區・康茲（Rich Conz）所拍攝（尚有許多其他照片），當時他見證一九六九年十一月二十日的第五〇八節（參閱《早期課九》）。

我不知道展示於左上角那張珍年少時的照片是何人所拍攝，不過歷經那些歲月，她把那張照片存留下來，到她一九八四年九月去世之際由我承接，當時她得年五十五歲。

我那獨具匠心同時多才多藝的父親持續從事攝影，晚年轉為專職，在塞爾地區拍攝過許多婚禮和其他活動（包括在我弟弟羅倫〔Loren〕和他妻子貝茨〔Betts〕位於賓州特和納〔Tunkhannock〕的家中，珍和我舉行的婚禮）。為了協助父親，母親艾絲黛兒（Estelle）訓練自己幫他的黑白照片手工上色，這是由於當時還沒有彩色底片——因此她替珍的肖像上色。此刻讓我琢磨的是，我已故多年的父母、瑞區，以及那位拍攝珍年少時的不知名攝影師，他們是否都知道，我如此深情獻給他們和珍以及所有讀者的一系列書籍，其封面都會有他們的創意所增添的風采？我相信，他們全都以自己的方式知道這一點。

我將《私人課》獻給我太太珍・羅伯茲，
她帶著最大的創造力與最勇敢的膽量，活過她的五十五年。

——羅

第二〇八節（刪除的部分） 一九六五年十一月十五日星期一晚上十點二十九分

（以下為從一九六五年十一月十五日第二〇八節刪除的私人資料。並未包含在定期課記錄裡。應我們的要求傳述。

（珍說得極快，雙眼大部份時間張開著。聲音適中。）

好。我有幾件事想和你們討論。

我們整體的課，自發和自律性的問題，你們自己的恐懼，雖然那很自然，卻關係著任何我可能對魯柏潛意識的影響。

這些都是應該討論的很重要問題。雖然我個人覺得打破盤子的問題也很有趣。然後，還有關於你們，約瑟與魯柏的，健康方面一些獨立的問題。

如今我已明白，你們顯然最關心那些惱人的身體症狀。而既然我們無法涵蓋每一件事，我建議我們先討論這幾點。

我不會想要忽視我們整體的課，還有潛意識影響的問題，不管用什麼方法，我們都要找時間討論這些問題。

通常，一看到你或魯柏出現與健康相關之任何危險的警告信號，我都會立刻糾正，但你們現在若能時不時地直接問我，也是個好主意。

我想建議或許用一節課，或一節課的部份，或許一個月一次，沿著這些路線的導向做些討論。在大多數情況下，像這樣在一節課的尾聲討論一下也很不錯。

好，就你而言，我們將使用羨慕這個詞，而不是嫉妒。（珍微笑。）兩者是有差別的。這與你的朋友（吉姆·史帕日尼）有關，而他的確是位傑出的友人。你對於他所擁有的，感到心癢，而且是真的癢。這件事應該有個清晰的理解，因為羨慕是一種充滿危險之可能性的情緒。想要更多很合理，但這與羨慕那些擁有更多的人，還是有所區別，因為若為後者，你不只傷害了自己，也傷害了你所羨慕的人。

簡單而稀薄的鹽水將有助於清除身體症狀，每天使用兩次。

嚴肅且謙卑地去思考這個男人的問題，或許極為困難，但應該有助於消除對他的羨慕。

（「是。」）

因為他的擁有物也正是他肩上的負擔，而且他以一種近乎無止境的恐慌，持續地擔心他將由於健康狀況不佳而無法繼續保持現狀。這種恐慌如此狂野，彷彿一場颶風。你基本上不會從這個角度去考慮事情。你並不知道，他很早以前就答應要給他的家人他認為可以滿足他們的東西，結果卻只發現，家人並沒有那麼滿意。因為本性使然，為了送出這些東西，他必須剝奪他們其他更重要的考量。

你若在他的處境，會感覺加倍受困。他想要將他所有的與你分享，而在備受他們夫妻倆所期待的探訪中，當你接受他的款待、食物與飲料，他希望能得到一些正義支持。

你們之間有著同類相吸的吸引力。他喜歡認為倘若情況不同，他可能就是過著你的生活。對金錢的需要真確地勒著他的脖子。他想幫助你，這頗為正常，因為即使有些不合邏輯，但也不難理解，他感覺幫助你就像幫助他一部份的自己。因他內在有種孤立的特性，和一份完全沒被開發的天賦，雖然那不是繪畫。

你沒有必要對他的財產感到心癢。因為當你是地主的那一世，你特別討厭擁有土地的人。這也是前一陣子，我強烈建議你購買那件特殊房產的主要原因。這樣的一個過程，將能滿足你天性中那份強烈的需要，但又不至於將你孤立到不健康的程度，因為兩者僅一線之隔。

大小根本無關。然而，任何一塊合理的土地，都可以合理且實際地滿足這個需求。在目前這個點，你也負擔不起大程度的滿足，而在任何情況下，你對土地的渴望必須可以凌駕所有其他的考量，也必須被全然滿足。

現在，讓你好過些：倘若你買了這房子，你將過著和你現在一樣好的生活，不會更多也不會更少。魯柏的書還是會寫出來。他不會留在藝廊，只會多待兩個月。

與地有關的事就這些。

好。既然你理解了，對朋友的羨慕應該很容易消散。不過，羨慕的本身又是另一種東西。我想告訴你如何正面地處理它，因為它可以為你所用。

強烈地想像自己擁有房地產並沒有錯，甚至大有助益。但羨慕地（加底線）想像自己擁有另一個人的財物則為有害。

生動地對自己暗示，你將找到你負擔得起的房地產，將幫助你實現它。

我不知道你有多累。現在或稍後，我們可以討論你的手。

（「儘管說。」）

（大約十點五十三分。這次的傳述始於十點二十九分，在定期課的二〇八節結束之後。我很高興能得到以上的資料，因為它印證了這個星期我經由擺錘得知的事。）

首先，所有這些都與課裡的自發性和紀律問題有所連結，我任何時候都可以講。

（「沒錯。」）

魯柏看起來是似乎太容易也太願意舉行這些課。不過他的自我控制極為嚴格，有時候當我想講這些真正的問題時，卻無法獲得允許。當然，我明白時間的限制，和其他的。

你想要休息嗎？

（「簡短休息一下。」）

（十點五十八分休息。珍如常出離。她的步調很快，眼睛張開又闔起；她以相同的方式在十一點九分重新開始。）

好，盡可能簡短。手與羨慕有連結，還有陰莖的困難。這略微複雜。

羨慕使得你生手的氣，你氣你的手沒有替你帶來滿足該份羨慕所需要的財務成果。因此，你處罰手。潛意識中，你的論證是這樣的：「我若是任何像樣的男人，我的手會帶來我想要的。」而後這個論證轉譯成字面意義，你改變陰莖，讓它不像個樣子。

但是，你看喔，你並沒有使陰莖或手喪失能力。你畢竟沒有那麼自責。（賽斯自得其樂，我大笑。）

順帶一提，純粹是因為他的天性，而非經由設計，魯柏在這方面是你的助益，因為他從未對陰莖做過不好的評論。

（「我知道。」）

好。症狀有時會有變化。你也感覺，為了滿足這份羨慕，你將必須從直接的路徑改變為彎曲的路徑。又與陰莖的形狀有關。

手的抖動有兩個理由，因為兩個理由。

你下意識地讓你的目標搖擺不定，所以手也獲准抖動起來。你的方向搖擺不定，手當然也搖擺不定。然而，因為你首先是個藝術家，你也用抖動的手懲罰了你的羨慕，所以手表達了兩個需要。

（「我的手為何在上星期改善了些？」）

手之所以在最近有所改善，是因為羨慕的本身已經藉由心癢直接表達了出來。因此，心癢成為已表達羨慕的懲罰。這是較為直接、較不深入，也比較不讓人害怕的症狀，換句話說，是一種局部的症狀。羨慕的本質已被潛意識理解，也以它的本質被獨立出來，手也就不必再抖動了。

（這件事我也已由擺錘得知。但，我不會說心癢是一個比較不讓人害怕的症狀。）

既然我們已經把所有這些都公開了，症狀應該很快就會開始消失。

然而，我們這裡還有一些與陰莖有關的事要講，這在種種情況下或許有趣，但並不簡單。你一方面很高興魯柏並不要求大量的物質事物，一般定義的。另一方面，當你羨慕別人的時候，你會有一種可笑的懷疑：如果他想要更多，你會不會去為他獲取更多。你可以責怪他，然後弄來蛋糕再一起吃；所以，陰莖困難也指向他的方向，而且是字面上的意思。

它也以另一種方式意有所指。因為，當你心生羨慕的時候，你會對自己生氣，你也會生他的氣，因為你忍不住要想，如果他更努力工作、如果他做了某些事，至於什麼事，你並不確定，那麼他就會賺更多錢，那麼你就可以得到你羨慕的東西。如此這般，陰莖困難又來了，因為當你外出兼差而他只是整天坐著寫作，他並沒有賺那麼多錢。

還有一件事。一個與你母親的連結，在這個連結裡，你感覺她從未認為你父親是一個真正的、正統的男人，只因為他並未在財務上經營得很好。

這裡的操控應該很明顯，它們的結果再度以陰莖的形狀顯現。這些困難在器官方面都沒有太大的嚴重性。然而，從功能方面來說，困難必定沒有好處，而它們應已開始自我改善了。其中很大的部分已經由你自己的潛意識加以解決，而藉由這一節課，情況應該很快開始出現改善的跡象。

陰莖的困難可能會持續更長的時間，因為它所涉及的問題更多，但它對你沒有任何危險，即使不處理也會消失。

由你來告訴我你需要休息，或你想要結束這一節課。

（「那我們簡短休息一下。」）

（十一點二十九分休息。珍完全出離。她的傳述很快，眼睛大部分時間張開著，而且持續地抽著菸。她的聲音聽來有些沙啞。我的手老早變成半麻痺狀態。她在十一點三十九分以相同的方式重新開始。）

好，關於我們的朋友魯柏，我真的不知道該從哪裡開始。那就從一件很小的事先開始。我從未操控他的潛意識，以任何方式，而我們上一節臨時課的晚上是你們兩人呼喚我的。我們會投注一些時間給這整件事。

（賽斯提及的臨時課就是十一月五日星期五，為安．黛伯樂、保羅．辛德曼，以及瑪麗蓮及唐．韋伯所舉行的課。請參考二〇六節前言。在意識的層面，我並不想舉行這節課，因為我認為我們的客人尚未做好充分的準備。）

現在，來到魯柏的健康。

一節課是不夠的。存在於你們兩人之間的相互連結，需要好幾節課才能給你們一個良好的基礎，再進一步了解你們彼此的關係。我不知道該從哪裡開始。

魯柏特別容易罹患背部問題，因為他母親及她的關節炎，也因為背部受傷的這個雷恩神父。他經常接收到你的情緒並做出反應，潛意識及意識的皆有，他會自行解釋然後翻譯成物質實相，因為你們的心靈如此緊密連結，而他的心電感應能力又很強。

順帶一提，為了你們好，我不會手下留情。他對批評很敏感；或者該說，他對受到批評很敏感。他接收到你的感覺，也就是你雖然想要他在家寫作，可是你也既羨慕又怨恨。然而，他愛你。他感覺到你的頑固（譯註：stiff-necked直譯為僵硬的脖子），並予以認同。

他選取了脖子僵硬的症狀，這也是他斷斷續續都有的症狀。他也對自己必須受你照顧感到內疚，所以僵硬的脖子也是一種懲罰。他害怕像母親那樣必須受人照顧；也害怕你一如他所憎恨的那樣、象徵性地憎恨著照顧她，床的困難因此發生。

因為床替他強化了母親的形象。這裡面還有更多，我們將盡力去涵蓋以及在合適的時間補充說明。視力退化與鼻竇的問題，是在一個更有限的範圍內，來自他母親那種居然有辦法把一部份實相關閉在外的更大恐懼。

熱會使鼻竇更嚴重，因為在家裡的他總是想要打開窗戶逃出去，卻又無能為力。你若再次搬家，一定要盡全力讓每個房間都有一扇以上的窗戶，因為這也與甲狀腺有關。逃走的需要現在只是潛在的；但窗戶象徵逃走的途徑，而密閉的地方令他害怕。

這節課或許會有幫助，但這些機制是如此環環相扣，即使有我的幫助，這種需要相對寬敞空間的需求，也要一段時間才可能離開他。

我並未建議任何事，約瑟。然而，如果只是睡覺的問題，他在後面或前面的房間可以睡得最好，兩處之外在此刻都不實際。但這也絕對不是說，所有的情況都該如此執行。

好，壓力的來源也很多。

其中，包括最近的月經不順，這是相當明顯的。他的書即將出版，由於他是女性，這本書就是他的孩子。在它問世之前，都不算全然出生。這時我們將會有陣痛、腹部腫脹和月經不順。

（賽斯在這裡覺得很有趣。）

然而這還不是全部，我對他也不會手下留情。

他覺得你的眼睛盯著他，看他是否每個工作天都全心全力地工作，他覺得他必須這樣做，因為你是這樣做的。失去你的協助，留在家裡的他覺得很有罪惡感。他的本性充滿強烈的直覺和自發性。這個天性需要規範及紀律，而你在這方面的協助可以達到一個真正驚人的程度。

然而，他感覺身陷壓力之下，壓力再度在肚子裡，也再度與他的工作連結；因為他感覺自己必須每天固定在打字機前坐上五或六小時，若不這樣，他就沒有盡到他這邊的責任。

好，如果他的產能相當，即使沒有更多，而且品質更好，他在這方面就不至於那麼苛求。因為當規範及紀律確實達到某種程度時，他的確可以運作得很好也很有效率。可是，如果他把一天的部份時間用於自發性思考，許多更好的想法就會出現。他以自發的方式吸納各種想法，當他似乎在玩耍，甚至他都如此認為，但他其實正在工作。

當你們對你們房間有過那次特別的討論後，這種感覺更加強烈，而這連結到你們的關係，因為當他再也受不了照顧母親的勞務之後，他離開了她。他的忠誠是你一旦贏得，一如你已贏得的，便持久到令人難以置信；然而，遺憾的是，他卻從來無法打從根本去確信原本應該支持他的人的忠誠。

但從另一方面來說，這份恐懼也有它的功勞，因為他以作家身分更努力工作，用來報答你。所以它並不全然是負面或只有毀滅性，而是以建設性的方式做了部分的引導。

你自己的背景在這裡也是重要的，因為他會接收到你過去的感覺，你看。你對你母親並沒有真正的尊敬，在一個例子中，你的父親曾經支持她，但她把他推開。這裡就連結上魯柏為何堅持要把他部份的錢用在公寓裡碰觸得到的地方，因為他要你看見它，並記住他也幫了忙。

但這同時讓你有些生氣，因為你感覺到兩件事。一是那點錢真的很少，二是你根本就羨慕別人擁有更多，並懷疑或許魯柏的意思是這些東西應該由你購買，而他毫無此意。

我要抱歉地說，壓力也與我們的課多少有關，因為他覺得左右為難；壓力一是即使他或許並不特別喜歡，卻又似乎必須舉行定期課；壓力二是當他特別想要的時候，卻又不能上課。這跟肚子都有關係。

因為我們那位博士，現在他感到有更大的壓力必須舉行定期課；而不上課的更大壓力則來自你們自己的恐懼，想上又不敢上。

我打算把這件事說清楚。好，因為我的幫倒忙，魯柏今天晚上已經忍受了許多。我可以在休息之後在此說清楚他的健康問題，或者你想結束這節。

（「我覺得我們結束吧。」）

那就讓我致上我的祝福和最誠摯的問候。

（「我想要深深地感謝你。」）

一如往常，我總是聽從你們的召喚。（賽斯充滿幽默。）

（「晚安，賽斯。」）

（十二點十一分結束。珍完全出離。她的步調原本很快。聲音大致適中，眼睛大部分時間張開著。她抽了很多菸，聲音有點乾。）

第二二三節（刪除的部分） 一九六六年一月十六日星期日

（為避免對來自紐約州威爾斯堡的瑪麗蓮與唐·韋伯夫婦造成任何可能的尷尬，而從定期課刪除的資料。

（珍與我利用一九六六年一月十四日上星期五晚間，前往韋伯夫婦威爾斯堡的拖車拜訪他們，第一次見到他們兩歲的兒子史考特。我們離開的時候，珍忘了她的平裝書，瑪麗蓮在第二天星期六早上送了過來；她帶著兒子同行，這使得珍有更多時間觀察他。瑪麗蓮離開後，我發現我們兩人都覺得那孩子以某種說不出所以然的方式令我們心生警惕；我們認為他的行為太過激烈，包括假裝殺死我們的貓威立、對著珍與我揮舞拳頭，等等。我們發覺很難客觀地喜歡他，即使不去理會那些示威。

（這節課快結束前，珍與我坐著說話，加拉格夫婦已經離開，賽斯主動說明史考特是個貪婪的孩子。他所歸屬的存有，與我們這個星球的物質生活有著強烈的依附，賽斯說：這個存有經歷過許多次物質生命，但仍然拒絕離開我們所知的地球。

（除此之外，這個孩子知道它不被想要，但仍堅持出生。而它知道自己不被想要，所以刻意來報復父母。它深具毀滅性，而且心靈比父母更為古老——賽斯在此證實了我的懷疑。這小孩將替父母帶來許多麻煩，但他們有足夠的力量應付它。

（定期課遺漏的一個額外註記：

（賽斯告訴我，當我花太多時間外出，例如連續多個晚上訪友或跳舞，我會因為覺得浪費時間而感到沮喪，即使與他人相處將使心靈獲益。這種感覺來自我的母親，賽斯說：「她必須永遠處於攻擊的地位。」也來自我那曾經擔任傳教士的愛麗絲阿姨，後者現已老邁。

（這樣的行為會對珍產生深刻的影響，並讓她非常害怕。然而，我現在已經了解；賽斯也告訴我，上週六晚上在米賀凱餐廳的與珍共舞已替我挽救了這情況。）

第二三九節（刪除的部分） 一九六六年三月七日星期一

好。我沒恢復上課的理由很明顯……魯柏知道他對我將要說的話，可能並不特別喜歡，不過我不像他因為某種社交禮貌而保留不說，而且我也許比他更了解菲利普（賽斯給約翰・布萊德利的存有名）。

好。我們知道在這個女孩的部分有著害怕和憤怒，儘管已有孩子但她還是個小女孩，而且是個很好的女孩。不過，她父母之間的關係是很具破壞性的。這個父親想要掌控，而某種程度上他強迫他的妻子進入這個她強烈痛恨的掌控位置。因為如此，她猛烈地抨擊她的丈夫。你知道我現在說的是菲利普妻子的父母。

好，這女孩尊敬菲利普，因為他不被掌控。另一方面，因為她的母親，她了解的女性形象是一個掌控的女性形象。因此對她而言，如果她不能控制他，那麼作為女性她是失敗的。同時，她的人格又和她的母親非常不同，是比較不聚焦的。

還有她愛菲利普，如果她可以，她在意識上並不想掌控他。不過他感受到她潛意識裡想控制他的需要，而強烈地憎恨著。她企圖用她自己的方式來掌控他，在一個潛意識的基礎，她的確透過一種無助感來吸引他。同時，她又不希望他讓步。

她試著以更女性的方式來掌控。她母親的掌控有更多男性的面向。關於這一點我們還有更多可以說，而我希望在我們給其他資料之後，能有一些有助益的討論……

因為這個女孩的背景，很自然的，一個獨立的男性會同時讓她感到害怕並且著迷，也是這樣而開始了他們的關係。

他不了解的是，她裡面暗含的憤怒。這裡有不少力量，他應該可以辨認出來。她並不想要透過女性的花招來掌控他，但潛意識裡她感覺被驅策著這麼做。

菲利普，嚴肅的溝通會讓她感覺被威脅，因為她害怕未知。當父母說：「現在我們應該嚴肅地來討論一下。」她會感覺像個孩子。這樣的一個討論威脅了現狀。

你們討論時那種瑣碎的對話在這裡會有幫助，像是一種保證。當你不那麼情緒煩躁時，關於種種事件你自己的想法才可以有益地植入她。

你的怒氣單純地被解讀為暴力，而她害怕它。在這樣的時刻表達的想法會被她頑強地反抗。你必須建立起一座情緒的橋樑，因為她不理解一個理智化的表達。但情緒的橋樑必須不是一種暴力的本質。

這部分是你目前所能做的。

她害怕一件事，那就是你能比她更有效的管理這個家，而基本上你不需要她。她不確定她自己的價值，而她透過你的支持來達到她的自我認可。

她目前不是一個伴侶，而你們的確遇到了困難。不過她可以變成一個伴侶，但憤怒只會貶低她在她自己眼中、還有在你眼中的重要性。

因為這個困境，其中一個孩子已經在心理上某種程度的受苦了，你們對這個孩子太專制了，是一個女孩。

這只是一個關係的問題，任何責怪的想法都是無意義的。這個情況是可以被拯救的。

好，再等我們一下。

在某些方面，她爸爸對她心理健康上的破壞比她媽媽要多，因為他給了她男性是軟弱的這個印象。

因此堅強的男性是一個威脅，但他也代表了安全感。星期三那天似乎有某種特別的、對她情緒很重要的情況發生。我不確定這是指什麼。

基本上，潛意識裡她並不了解她對你的重要性。如果你能讓她看到這點，你就可以保持對你來說也很重要的獨立感。如果你不能那麼做，她就會驅使自己把你的獨立感奪走。

如果你們不能溝通重要的想法，那你們必須溝通瑣碎的事情。那種你試圖溝通你想法的、重大的討論，只會讓她害怕。這種想法應該在你不那麼情緒憤怒的時候表達，而且你不應該用一種父母對小孩說話的口氣。

好，就這方面來說，我夠老資格去講這些話。

不過，基本上你做錯了兩件事。你主要以一個女人而不是以一個個人來對待她；但以一個女人來說，你也不是以一種她是一個值得被喜歡的女人來對待她。

如果你以一種她是一個值得被喜歡的女人的方式來對待她，你會發現你們家的氛圍會不同。如果你不能這樣做，那麼你必須主要以一種對待一個個人的方式來對待她。如果你主要以一個女人來對待她，那麼你必須以她是一個值得被喜歡的女人的方式來對待她，否則她會發現她既不是一個女人也不是一個個人。

而如果你能以她是一個值得被喜歡的女人的方式來對待她，她就會變成這樣的一個人。你主要是以一種妻子和母親的身分來對待她，對她這個人而言，這是不夠的。她希望被當作一個值得被喜歡的女人，而這個女人正好是你的妻子和一個母親。

不管你理智的傾向，如果你能以這種方式靠近她，她會更願意、更柔順的聽你說道理。在家的這個架構下，她需要戲劇性，而她希望這是來自於你。你需要花一些努力，如果她感覺你花時間跟她在一起只因為你想要和她在一起，這會對解決你的困境大有裨益。

而如果你無法誠實的這麼做，那麼你的困難會比你認為的要嚴重許多。那是值得你花這些努力的，但努力必須是真誠的，如果是虛偽的，她會感覺得到。

你還有任何問題嗎，菲利普？

（〔約翰〕：「沒有，沒有特別的了。」）

我明白你感覺處在一個惡性循環裡。不過在許多的例子，你沒有要求，但你有一種命令她的傾向。不光是言語，還有你的態度。她並不覺得自己真的被喜歡。在改變這一點上你有很多可以做的。

如果你們的關係像我所認為的對你有那麼重要，那麼你就應該努力。事實很簡單，你需要她，而你沒有表達這一點。很明顯的，她的行為也有原因，而她應該也需要做改變，但我現在是對你說而不是對她說。

似乎有一個人，住在離你們三棟房子遠的地方，一個你的妻子可以和她做朋友的女人，和她接觸會有助益。這個女人可能比較年輕，或者看起來比較年輕。

這個調整並不必然全部在你身上，但你的調整可以開始帶動她。這些評論，約瑟，不一定需要進入我們的記錄。

（「好的。」）

好，偶爾奉獻幾個小時給性方面的親密關係將有好處，單純的只因為它可以暗示你不僅願意、而且是渴望將自己奉獻給她。你們所擁有的能量可以瞬間集中成為一種身體的肯定，這對你們兩人都會有強烈的心靈意涵。身體的關係確實會打開心靈的通道，在這些通道裡，理解成為直覺的。這對你們雙方都有好處，而且她將理解你拙於用言辭表達的那些東西。

你很關心，也做了努力，因為你性格結構的關係，你是比較準備充足的。她現在就像一個孩子迷失在森林裡，但一個更美好關係的潛力是存在的。

（十一點五十九分結束。）

第二四一節（刪除的部分）　一九六六年三月十四日星期一

（第二四一節最後一頁，包含了定期課筆記版本省略的私人資料。）

敲定但並未履行的約會涉及你們所有人都說最近的將來要再相聚，但沒有實踐的事實。

（誠如以往發生過的，賽斯一提我立刻想起。珍也想了起來，即使她仍在出神狀態。）

總而言之，這不是我們最好的表現。然而，顏色和字母——尤其是字母，它們相當特別。

（珍之信封——ESP測試的結果。）

一個簡短的註，大意是你們兩人目前都沒有任何健康方面的擔憂。你可以把這段話插入你的記錄或者不加，隨你的意。

（「我的右腳怎麼回事？」）

這是不相同的事，代表著你的不耐煩，一種只要跟你自己的工作相關、你都強烈地想踏出去的衝動。完成你已經開始的畫作。你很想完成它，然後帶去紐約。這裡還有另一個連結，而且還挺有趣的。它與公寓房子有關。你很想把樓下的房客踢出去，你很想踢你的房東一腳，因為你認為魯柏想要那間公寓，可是你負擔不起；而你相信他也不可能降低租金。

我們將要結束今晚的課。我向兩位致上最誠摯的問候。你這下應可看出這些各不相同的關切集中在你腳上的理由；以此例來說，是內在諸多慾望一種內燃機式的表達。

（「這也是擺錘幾個月之前告訴我的。」）

你若想要我們可以繼續，或你想要結束這節。

（「我們就結束吧。但我們應該盡快討論魯柏的鼻竇。」）

的確。

（「晚安，賽斯。」十點四十八分結束。）

第二六七節（刪除的部分） 一九六六年六月十三日星期一晚上九點四十二分

（原屬第二六七節。九點四十二分到十點四分的第二次傳述。從定期課的記錄省略，那邊也如此註記。珍的態度非常活潑；整個傳述期間雙眼大睜而且十分黝黑。

（九點四十二分。）要不要把這一段放進你的筆記，都隨你。

我之前向魯柏提出的建議，就是希望能引起你們剛才參與的那種討論。

我替你們的著想都是雙方的。不過，我們的課也仰仗一種精巧的心靈平衡，而且這種平衡必須堅持。家庭的寧靜對它非常重要。存在於你和魯柏之間的心靈夥伴關係，對我們的課是絕對必要的。

如今，在一定的範圍內，並把某些情況視為理所當然，魯柏已經比你所認為的更有彈性。我完全不會浪費時間去告訴你們，你們不用擔心財務上的事，因為你們兩人都不會相信我。（微笑。）倘若我處於你們的情況，我也不知道我會不會相信我。過去這幾年的辛苦工作真的會有回報，而且就在不久之後。魯柏是否因為你們兩人的迫不及待而去找工作並不重要。更重要的是，你們是否過度擔憂。

以某種方式來說，你們會發現，你們必須成為一個封閉的運作小組，才能對抗世界；但你們同時也必須以一個開放式的小組來運作，以便廣為接納這個世界。你們必須關閉自己遠離一些刺激，以便充分運用已經感知到的刺激。

物質實相既聒噪又複雜，既騷動又相互矛盾。話雖如此，平衡仍然是必要的，因為太過封閉自己也會使你們的靈性（the spirit）無法享有豐盛的擴展。

感官資訊是重要的，你知道；你們各自的人格所達成的新平衡，導致你們兩人都有了新擴展。然而，每一次的擴展也必須伴隨著對必要的內在孤獨所逐漸深化的安全感。因為從這種內在孤獨之中，你們獲得能使心靈向外擴展的力量。當平衡良好時，向外的擴展就會帶來內在的擴展。

你應該更快地把話說出來。當你沒有這樣做時，你就會在內心裡累積有害身心的憎恨。然後，你就很容易把微不足道的干擾放大，不分青紅皂白地砍掉所有人的頭，但求擺脫一、兩個主要的干擾，因為你已經輕重不分。

不管怎樣，你那位（微笑）既忠實又安靜的夥伴魯柏，總是能夠聽出你的不安，無論你有沒有說出來。現在，他的反應是，你看到的，更加莫名其妙地干擾你、窺視你，以便發現你是否真的不高興，或者是他的想像力太過發達。

如你所知，任何人受到干擾時都會發生化學變化。現在，這些變化會影響你對感官資訊的感知方式。你很清楚，物質是你創造的。所以，了解你自己的情感氣候便也極端重要。因為改變必須來自內在，你也以這種方式改變你的環境。

就某種程度而言，在這裡的我是個充滿愛心但也保持距離的觀察者。我給你們的個人建議，大部分都是有效的。然而，如果你能更早地全面擁護，應該能為自己節省更多的時間和心力。到戶外畫些畫或散散步，將對你大有助益。

這些事我以前已說過很多，毫無疑問地，將來也還會經常地說。

你可以在處理我們的骰斯翠姆資料前休息一下。（十點四分。）

（來自同一節課的尾聲——原始筆記一九二四頁。）

好，如果我曾給羅一個註記，我現在給你一個。對他坦承，你會做得更好，因為他會在他感到你不高興時變得焦躁和憤怒，而且只能自行猜測原因。因為他經常沒有把握……

現在，只要你願意，我可以也很樂意討論你的個人情況，只要你希望我這樣做……

第三六七節（刪除課） 一九六七年十月一日星期日晚上九點十五分

（一九七一年七月十四日：課程恢復時，跟賽斯核對這節課中可能被珍阻擋（blocked）的內容——以及她所透露的。我的部分，主要的——看這一天的擺錘記錄。這節課狀似基本，但對我很重要的部分或許被阻擋了，是要避免我難受？

（這節課因處理個人資料，所以未納入記錄。我在傍晚要求上課，因為珍不舒服，而且真的，自從八月的紐約行之後，她的感覺似乎每況愈下。

（今天下午畫畫時，我突然有個想法，認為珍的問題在於她逃避成功；而針對她的ESP書、即將完成的夢書等等，出版社的廣告企劃蓄勢待發，成功的腳步越來越近。一九六七年七月六日的第三五〇節中，有個句子一直在我心中縈繞——賽斯說：「魯柏有一種不幸的無價值感，要是沒有這種感覺，情況〔珍的症狀〕就不會這樣發展。」我想知道這種無價值感和成功的事實是否可以經由症狀連結起來。

（珍並未主動要求這節課；是我要求的。她從未針對她的症狀要求任何一節課。她開始快速說話，聲音有點怪，好像是被蒙住的聲音，而且眼睛閉著。

好，晚安。

（請參考《私人課二》，一九七二年十一月二十六日的刪除課。）

（「晚安，賽斯。」）

我們在這裡看到的是各種需求之間的深刻掙扎，是人格的各個部分之間的掙扎，每個部分都有它們自己的諸多要求，以及對實相的詮釋。

如果成功的可能性從未出現，問題也不會出現。不幸的是，這是一個提示它出場的點，而它本身就是魯柏所說的定時炸彈。（在今晚課前所說。）

有一部分的自己（self），充滿自信、對它的能力很有把握，發出相當強而有力的苛刻要求。它在這個點上，驅使著人格不顧所有障礙、一味地向前發展。它從不承認失敗的可能性，只是向著成功不斷地努力。

然而，另一部分人格卻認為，成功就是失敗。這部分的人格原本相對安靜，直到另一部分人格開始抵達其目的地。這個部分不只認為自己沒有價值，甚至是邪惡的。它（一九八二年五月十日。「罪惡的自我。」）基本上是一種類似癌症般、過度成長的超自覺良知（super-conscience），在過去，它多少地踩著剎車，而現在已大幅度接手掌管。

它相信它做的都是好的。它不信任所有的自發性。它相信人格必須受到壓制、束縛、放慢，否則上帝的憤怒將降臨到身上。它是不理性的。

身體上的不—能—跑，動作的遲緩，都是物質性的顯化。這是愛爾蘭外婆、母親、鄰居在大喊：珍，不要跑。雖然小的時候故意不聽話，但這些建議與暗示早已深深札根。自發性是邪惡的。

自發性早就失控。這與母親對孩子談論父親的事有關。父親是失控的——無從控制、敷衍、慢吞吞，反正就是邪惡。父親有錢，所以也屬邪惡。窮人道德高尚，站在上帝這一邊。富人永遠到不了天堂。這是魯柏贖罪的苦修，是另一部分人格對他的懲罰。他如果成功，必將付出代價，如果他不付代價、不心甘情願地臣服於專屬的懲罰，必遭永恆的天譴。

自我犧牲是必須的，到某種程度的自殘，甚至所謂體重的減輕。這恐怕就是神祕主義者的黑暗面。

對於每個被他認為不夠寬厚或有所嘲諷的行為，他都必須付出代價。哈麗特詩中：你看到他相信有債必償。這其中的反諷當然也經過千挑萬選——他選擇了那些會讓他想起母親的症狀。因為她年輕時曾身體力行地炫耀對社區及愛爾蘭背景的衝撞，並付出了代價，而且魯柏是以知性與之抗爭，也感覺他必須付出代價。

心靈或通靈（psychic）的整個架構原本就違反天主教的訓練。這也有些關係。

克勞德夫婦代表金錢，而你知道的，這令他惱怒。他預期上帝的憤怒隨時會降臨到他們身上。他討厭他們，因為他認為他們是邪惡的，因為他們是富有的。在魯柏心目中，舊車（我們的福特車）是美德的勳章，因為它既年邁又體衰。它是安全的象徵。

（昨天，九月三十日星期六，珍與我去探望我的父母，再北上維吉尼亞州諾福克探望克勞德夫婦。由於我們的老福特車——一九五五年份——在那個週末因為油箱問題進廠修理，只能麻煩克勞德夫婦駕駛他們的凱迪拉克送我們回塞爾市和艾爾麥拉。薇薇安．克勞德是我母親的外甥女。）

魯伯的學生威尼斯必須保有她的體重，不然她害怕會有毀滅。魯伯必須保有他的失敗和相對的貧困，不然他害怕會有毀滅。

如果這就是他的整個人格，那也沒有問題。他會有如躲避瘟疫那般地躲避成功，而且早在很久以前就完美達標。然而，人格的另一個部分卻是充滿了自發性，擁有很高的天賦、創造力和直覺力，並喜歡奢侈品。最後這一點被深深隱藏，避免被有意識的人格（conscious personality）看見。

四處閒逛、拿取二手物資，讓他可以毫無顧忌地累積一些不需要的東西而不必受到懲罰，因為它們不是新品。他深深害怕他的書即將完成，因為他害怕它將會暢銷。他發出一些訊息，推升這本原創之書的成功；然後，又發出同樣強烈的訊息，敦促大家不要接受它，要大家相信那本書並不是偉大的成功作品。這是一本充滿原創的書。（《實習神明手冊》。）

他所害怕的毀滅，是成為一個完全行動不良的人。為避免這種情況，他改為選取那些症狀，希望能騙過他想法中的神或命運。他用得到疾病或懲罰，但還不是完全得到，企圖滿足雙方的要求。

紐約之行（在八月），他的反應，是情況大為退轉的最大原因。他也相信他因此必須接受任何殘疾與不適，因為這就是懲罰。人格的另一部分正在揭竿而起，強迫他要求成功。

當你以前並未期待成功，真的不期待，那麼你對他就不構成威脅。現在你期待成功，他甚至提前感受到一種外加的威脅。這時，他感覺他將必須為你們兩人一起受苦。

跑動具有象徵意義。他能跑，他母親不能。她是罪惡。不過，如果他是成功人士，那麼他相信他將在他不值得成功的時候成功。所以那也是罪惡，所以他也應該不能跑；既然跑動是自發性的象徵。倘若他讓自己享有情感及靈性的自由，那麼為了補償，他將剝奪自己的身體自由。我一直是個安全警衛，我守護在他和全然的自發性之間，你知道。

我足夠像他的崔諾神父那般安全，沒有我，他的心靈能力根本不會成熟。我是不可或缺的。他承擔不了我缺席的結果。於此同時，憑著我自己的資格與努力，我也有足夠的合法性和獨立性。

女人對他沒有用處，而且女人不應該成功。我則很名正言順。然而，他的需求和人格才是他能夠與我溝通的理由。他永遠不會與，比如說，我的任何女性對等人物溝通。我已如假包換地讓他的人格保持完整，並相對地平衡了一段時間。他從來沒有精神上的不平衡，而且他一直在避免這種情況，以及任何更深層次的情感困難。不過，身體上的疾病已經取代其位。總而言之，這是一個安全得多的安排。

困難從第一本平裝書的出售開始，再隨銷售量逐漸累積。各種能力的發展以及ESP書，代表了自發性的自己（spontaneous self）正努力要表達它自己，因為人格的這另一部分已在那時準備接手掌管，並以症狀的開始進行報復。

當這一部分的人格運作時，他不敢享受愛情的樂趣。他的周遭沒有人這樣做，你知道。（停頓。）他出於害怕而否定自己。當他成功，他懲罰自己。當他讓別人失望，自己便自發性地揭竿而起。交戰雙方已快把他打得四分五裂。

（「這個資料為何能在此刻透過來？」）

稍候。然而，過度盡責的自己（conscientious self）也是老師，而在課堂上，這兩個元素某種程度地結合在一起，帶來一些整體的好處。要知道，過度盡責的自己有它自成一格的一套解釋方式。這兩個交戰元素，在心靈工作中被深而緊密地連結在一起，因為早在他天主教的成長過程，在宗教與隱含未顯的神秘主義中，它們便已深而緊密地結合了。

好。魯柏早期的神祕主義生活也跟男性教士緊密連結，而他們是你不能跟他們有性關係的。如今，他在這些方面都與你緊密連結。當他如此困惑的時候，那麼他與你的性關係也變得邪惡了。他當時已感覺到，不管自己同意與否，都必須聽從教士的建議。這也導致，只要跟你有關的事，他都很被動。倘若你有可能嫉妒他的成功，那麼他就不該擁有成功，它必須被連根拔除。

紐約之行之所以嚇到他，是因為它的成功。他感覺他需要那個節目的懲罰（艾倫．伯克，電視），而你幫他躲掉了。一句話或一個情況，都可以成為人格的這一部分或另一部分就此接管的提示。它會決定直到下一個觸發點出現之前，他是獲得自由或受到限制，你知道。

他母親的信（上星期收到，內附她的一張舊照片），接著週末的探訪（探訪我的父母及克勞德夫婦），是這一次的觸發點。他仍在他必然是非聖即惡的那個點上。星期五吃肉以及星期日不去教堂，對他來說都是難關。

你最好休息一下。（九點五十五分。）

他害怕床鋪和臥室。（停頓。）他害怕會在睡夢中死去，並必須面對永恆的天譴。他感覺臥室沒有窗戶可供逃走，也沒有可用的屋頂。（停頓。）他感覺不管任何情況，他在這個房間（客廳）都比較自由，因為他可以跑到一樓的屋頂上。

所以，身體症狀那無法跑動的部分令他感到嚴重的恐懼。他認為你不想讓他談起過去，是因為你引以為恥。休息一下。（九點五十八分。）

資料之所以透過來，只是因為他已走投無路。人格的兩個部分都很害怕。一部分害怕，不管它如何努力阻止，成功仍將到來。另一部分則害怕，儘管它竭力想逃，依然受到限制。身體是交戰點，它的本身現在已疲憊不堪。

（十點。珍的步調仍保持相當快速，眼睛偶爾張開。十點五分重新開始。）

好。人格有時也能調停這些元素，並協助雙方表達。充滿矛盾甚至有點蠢的《高低》詩集，或許最能解釋我的意思。

所以，逕自去寫他的詩，對魯柏是個很大的幫助。這節課的本身也將有助益，因為這是你對真實情況所擁有的第一個明確信號。魯柏今天要求我協助，而這是我的回答與協助。

（我並不知道這一點，關於我們今晚舉行一堂課的建議。珍在今天午睡之前要求賽斯協助。）

若能使過度盡責的那一部分理解，自發性的自己是好的、是良善的，這個問題就會停止。這是心靈課之所以有幫助的理由。只要與詩相關，過度盡責的部分永遠都信任自發性的自己，但是除此之外的自發性，都不受到信任。

與心靈工作結合的成功，可以代表他主要的希望，或許也是一扇主要的門戶，整個人格可以經由這個門戶完整且一致地出現。

說教的成分總是很強。詩的整體走向偏於反對教會，但在這裡，過度盡責的自己卻能夠體認教會的侷限性，並順從它。

以詩人身分獲致成功，就不會呈現任何困難。然而，過度盡責的自己卻不打算允許自發性的自己獲得這種新的自由。早期那些哲學詩代表了悲觀主義的哲學。當你剝開外表抵達核心，它是一個不乖就會遭受天譴的世界。

最近的詩代表了歡樂和自發性的靈性工作。不過，兩者的和解是可能的。過度盡責的自己必須被引導去看見：自發性的自己其實是神的本身（the God self）。此事如果完成，它將替自發性自己的目標增添它的力量。不然，它將與自發性的自己爭得你死我活。只要它認為不夠神聖就不能過關。

不過，過度盡責的自己倒也沒有理由不聽，而且是高高興興地聽。因為它的核心本質也想要將自己與它認為所謂的良善相連結，並為這個良善工作。它在之前都受到嚴厲限制，並在一個虛假的前提之下運作。它限制著魯柏，不可以行差踏錯。當它經過再教育，並明白自發性的自己本為良善，無價值的感覺將會消失。（停頓。）

從一開始，自發性就被認為是罪惡的。這是來自早年訓練的誤解。

然後，它與自發性的自己對立，並決心將它侷限在可控範圍內。要知道，只有認為自己沒有價值的人才會認為成功是禁忌。當過度盡責的自己明白自發性的自己並不是沒有價值，成功便能進門。

如果成功容許一些良善的想法往前推進，那麼成功將變為過度盡責的自己的一個需要，如此，進一步的和解也將發生。你有沒有看到這裡可以採取的步驟？

（「看到了。我們可以休息一下嗎？」）

可以。

（十點二十一分。珍的節奏再度是快的，而我寫字的手感覺到那種努力。她在十點二十四分重新開始。)

我們很快就會結束。

你在所有的這一切裡都極端重要,而且你也可以做很多事促使魯柏理解。(珍停頓。她變換位置,閉上眼睛。最後她在坐了整節課的長沙發躺平。她閉著眼睛繼續說話,速度慢下來。據我記憶所及,這是她第一次在出神期間允許自己在傳述時躺下。)因為早期的訓練,你在某種程度上取得了宛如那些教士的地位,你的話語因此變得極端重要,幾乎等同於法律。因此,他在許多情況下變得被動,並逃避性生活。

然而,在你向他解釋情況的時候,這卻是你可以善加利用的優勢,因為這一次你的話語將具有近乎神奇的力量。(停頓。)

現在,既然我們已經碰觸到所有其他方面之下真正的困難,一個很好的改善應該會出現。不過,穩定的應用還是需要的,而你做為教育者的角色則非常重要。你有問題嗎?

(「她能一邊工作並完成夢書嗎?」)

理解這節資料之後,能。另外,詩也一定要寫。我相信這節課的本身應該能讓他如釋重負,但其中的重點必須被反覆強調,否則不會持久。

(「我們應該在後來的課程繼續討論這個計畫嗎?」)

應該。過度盡責的自己並不信任我,也不信任我們的課,這限制了我能給予的協助。不過,它也明白它正面臨嚴重的危機，而這些課的作用是打開了一個理解的楔子。

（「過度盡責的自己應該能看出定期課與學習課的好處吧？」）

過去的它大多拒絕這樣做。

（重新開始——一九七一年七月時問。

（「它現在更願意看了嗎？」）

現在也只到某種程度。（停頓。）它曾在開始時給我一些允許，但不准我再更加深入。

（「這似乎是我第一次看到珍在課程中躺下來。」）

他已筋疲力盡，而且處於更深的出神狀態。

（「那麼，我以後再去想更多問題。」）

那就結束我們的課吧。要知道，它的出現本身就代表了一個改善的轉折點。

（「過度盡責的自己真的一直都在阻擋這一類的資料嗎？」）

是的。等它明白自發性的自己是一個神性的自己（a god-self），它就會積極幫助魯柏了。

（「假設過度盡責的自己在下一節課阻擋這一類的資料。這會發生嗎？」）

或許得視情況而定，但它不會永遠如此。

（「那麼，我們可以繼續嘗試。」）

我的意思也是這樣。因為這次資料的結果，它應該會減少這樣做。

（「假使在一節課中……」）

對過度盡責的自己來說，這是一個相對新穎的想法，亦即自發性的自己是好的，是神性自己的一部分。等過度盡責的自己完全明白之後，人格將得到整合並導致強而有力的工作，以及一份絕對無人能企及的成功。

（「我要說的是，如果我在課中要求這一類的資料，它至少會某種程度地透過來，對吧？」）

（停頓。）它現在應該會更清晰地透過來了。

（「好。」）

你若沒有更多問題，我們將結束這一節。

（「我沒有問題了。晚安，賽斯。」十點三十九分。）

過度盡責的自己在過去阻擋了魯柏的許多印象。

（「在課程裡，或對他的本身？」）

兩者都有。尤其是對他本身。雷恩神父的影響——他也有背痛問題。多倫神父看來像充滿自發性，卻是個邪惡的人。雷恩神父看來頑固又不通融，但他是好人。雷恩神父給了魯柏他的第一台打字機，還有桌子和床。現在你看到其中的關連了嗎？

（「是。」）

這些教士在星期日的下午來做訪視。(停頓。)主要的訪視在母親的臥室進行。你如果有問題，這是詢問的好時機。不然我們就結束。

(「那麼能對我彎曲的陰莖說點什麼嗎?」)

這與魯柏相連結，當然，也與你覺得自己的主要方向已被彎曲有關，你更想做的是全職畫畫。

(「那發抖的手呢?」)

對你來說，你的畫作也代表你的兒子。因此，它們的效果出現於陰莖。顫抖，則是你感覺到動盪情況的反映。

(「我們以後可以更深入這方面。」)

我們先結束。給魯柏喝點葡萄酒。

(「好。今晚你能給他一些有幫助的建議嗎?」)

我的確會。

(「他以前的夢中曾經包含這次資料的任何線索嗎?」)

許多都被他阻擋了。線索一直在那裡。

(「好的。晚安，賽斯。」)

(十點四十七分。珍依舊平躺，眼睛閉著。她緩慢地離開出神狀態。)

第三六八節（刪除課） 一九六七年十月二日星期一晚上九點三十九分

（本節課因處理私人資料而從定期記錄刪除。珍坐在長沙發上，眼睛閉著，以頗快的步調開始說話。）

好。（停頓。）

過度盡責的自己非常有力，為數可觀的能量驅使著它。當人格的兩個部分意見一致，那時魯柏的人格簡直勢不可擋，充滿活力且所向無敵。

過度盡責的自己能量與自發性的自己能量同樣強大；因此，已經陷入了僵局。必須整個人格都相信他的路線，他才能全速前進。因為人格深知自身潛能的巨大力量，如果其中的一部分以犧牲另一部分為代價而繼續前進，事情必是如假包換的災難。所以，不管目前的結果，一部分已經受到壓制，藉此避免任何災難性的嚴重斷裂。

過度盡責的自己正在保護整個人格，抵擋它認為的邪惡。它可以被重新教育。（停頓。）例如，魯柏對上帝這個詞的厭惡，就有很明顯的斷裂。

以天主教的說法，他以前每天都把自己當成一個孩子奉獻給上帝。他已再度這樣做，只是並未承認這個事實。這裡有些困難……（停頓。）還不到阻擋的程度，而是一種誤解……我們到後面再澄清。

訊息（上一節課，第三六七節課的內容），目前已經抵達超—盡責的自己（super-conscientious self）。（停頓。）它並未大驚小怪，而是出於謹慎地猶豫不決。今天下午大驚小怪的是自發性的自己，它在想：快、快、快，快以我的方式理解事情（當時珍正在寫夢的書，並不順利）。

好。當你跟他做愛，拿出你的熱情、用你的關懷和疼惜向他保證。在開始時要強調這些，讓他安心。他首先需要經由言語及愛撫寧靜下來。經常使用丈夫這個詞，用你們這個真實的關係提醒他。還要強調你們分享的這份既熱烈又神祕的愛之間的連結。

現在，身為這段愛情關係裡的老師，你倒是奇特地可以利用他天生的被動性，並從這裡開始發揮，如此一來，得到保證而安心下來的超—盡責的自己便能夠允許自發性的自己在性關係中冒出頭來。

他暫停了他的月經。他既沒有懷孕，也尚未開始停經。這是他認為暫時停止也不會有危險的生理活動，而且這樣做可以避免進一步的衝突，亦即他明明認為自己不值得被愛，卻享受著性的歡愉。

（珍的傳述逐漸輕緩，彷彿正飄然入睡。）

你在這裡可以是嚴格的，這再次是基於他在愛情關係中的被動。讓他安心……溫柔的愛撫……（停頓，閉上眼睛。）我們得在這裡增添內容，但那是以後的事。

他擔心母親會在黑暗的家中潛行——這也是他失眠的部分原因。

昨晚的睡眠不佳與症狀，只是對收到訊息（昨天晚上那節課）的一種反應，也代表人格雙方一時的（畫底線）的僵硬對立。雙方都對身體上的困境同樣感到內疚，這是它們自我防衛的表現。（停頓。）

心理意義的休克的確存在。

魯柏將自傳性材料寫進小說，也是一種安全閥式的協助。（停頓。）然而，自從昨晚那節課之後，一種整合已開始進行。

應該使用的是耐心，而不是脅迫。（停頓。）

魯柏的自發性自己不應該硬推。如果使用堅定而軟性的推銷路線，釋放會更即時。以前的社區曾經將他封閉，他現在必須真正地擺脫它的限制，同時運用他經驗裡的心靈潛能做為一種整合的力量。（步調緩慢下來。）要知道，這也是他擁有這傑出潛能的原因。他必須讓人格的所有部分都相信他的目的是良善的，才能自由自在地使用他的全部能量。（長停頓。）

他與不同教士的關係有著深刻的根源，這些關係對他和他的心靈有著幾乎神奇的意義。一種淹沒在水下的神祕主義與性的混合物。

我將親自嘗試與雷恩神父溝通，他現在已經沒有以前那麼死板了，這或許會有幫助。他能經由魯柏的夢自己與魯柏溝通，然後澄清許多困惑的問題。我相信崔諾神父也會幫助我們。

你可以休息一下，我們稍後繼續。

（十點二分。珍經驗了一次平常的出離，她說。她感覺自己沒有像昨天晚上那般「深入」，節奏也緩慢許多。她在上面曾有兩次，無法將資料傳過來；在過去，她說，她不可能注意到這一點，所以她認為這種新的覺知代表她比過去進步。

（十點二十七分重新開始。珍再度有如上一節課，在長沙發躺下。）

好。要知道，魯柏已經接受你是超—盡責的自己的一個延伸，於是你的言語便被添加到已經建構起來的禁忌之上。因此你的每一句話都被賦予一種神祕的匯入，一種神奇的匯入。

當你的言語不同意他的自發性自己，嚴重的衝突便會出現。這是重要的。然而，你也經由你的藝術與他的自發性自己有所連結。最初，你視魯柏為自發性的自己，但你對紀律的想法很快就被過度盡責的自己吞噬，而你甚至尚未意識到它的存在。

在這裡，過度盡責的自己會是撤退的一方，但帶著怨恨、相信它必以牙還牙，而且相對地較不願意妥協。它必須學習去理解，自發性的自己天生良善，而且是可靠的。它需要充滿愛心的保護；只有愛心，既不妨礙也不爭奪或壓制。

然而，這兩部分自己都具備旺盛的生存能力，而且都很強大，所以人格終究存活了下來。自發性的自己也有必要去理解盡責的自己的目的。

魯柏希望你替他做只是為了身體接觸及撫慰的按摩，人格的兩個部分都能接受這件事。他的母親造成他認為自己是沒有價值、不被想要的，自發性的自己接受了這個正面的衝擊力。他因此感覺被任何家庭團體所拒絕。

外公自成一格的固執方式其實與外婆不相上下。他兒童時期很害怕自己的思想，因為他相信想法可以殺人。對母親那些未說出口的苦楚，在他的內在越堆越高。他認為這樣是不對的，卻又無法釋放出來。因此，有時會採取盲目樂觀的態度，藉以掩飾被盡責的自己認為邪惡的那些自發想法。

（珍的速度再度放慢，語調較少變化，躺在沙發上的她似乎更睏。不過，她的眼睛偶爾張開，而且說話時看著我。）

永遠有一個強大的傾向和能力，想做更高的奉獻。昨晚的課提及的衝突是這份奉獻的阻礙。若無奉獻，他會覺得失落，日子也失去意義。他總是以永恆意義為背景去看待自己的日常生活，而衝突使他看不到，剝奪了以前那些最微不足道的小事也能擁有的意義。

他對自己的路線已不再有把握。你有問題嗎？

（「若你想要，可以對他盡責的自己直接說話嗎？」）

我已經這樣做了。

（「它認可你們的溝通嗎？」）

認可的。要知道，我（停頓）之所以獲准開口是因為超盡責的自己已經察覺，並且相信，我的永恆地位。（短暫張眼。）

（「盡責的自己可以建構它自己的夢嗎？」）

它建構一些夢嗎？

（「是的。」）

它參與了一些夢的建構，並根據情況發揮了或多或少的作用，也在某些情況扮演重要的角色。要知道，懲罰可以在夢中進行，而道德上的鼓勵也可以在夢中給予。

（「但這些道德上的鼓勵，即使在夢中，也可能與自發性的自己產生衝突？」）

的確可能，一如在這裡，如果超—盡責的自己又有一個限制性的想法。

（「魯柏今晚很累嗎？」）

這兩節課使得他有點疲憊，但就整體而言則高度有益。

（「你認為他的投射會有改善嗎？」）

改善的確已經開始。過度盡責的自己已經有了些許的明白，甚至在昨晚的課之前，不然課的本身將非常難以進行。

（「對於症狀，自發性的自己該負任何責任嗎？」）

非常少。大家都該記住，過度盡責的自己對於持續終生，並給予自發性自己方向的目的，也是有貢獻的。

（「你能把盡責的自己想成是比自發性的自己更基本的自我（ego）結構嗎？」）

它比一個自我結構更深。自我結構從兩者形成，外皮披著它們的表面特徵。自發性的自己代表基本能力。超—盡責的自己代表這些能力將要被使用——如何以及何時該被使用的那個目的。超—盡責的自己就是驅動的力量或目的。

（「是。嗯，魯柏如果累了，我們可以現在結束這節。」）

兩節課，如此緊密相連——然而兩者都應該大有助益。

（「是。晚安，賽斯。」）

（十點五十五分。珍仍然平躺，這頗不尋常；她說她並未感覺到任何阻力。她的眼睛大多閉著，聲音平緩安靜，態度偏於疲憊。）

第三六九節（刪除課） 一九六七年十月四日星期三晚上九點十五分

（本節原本由記錄中刪除。）

（珍坐在長沙發上，再度以較快的說話速度開始，眼睛有時張開。）

晚安。

（「晚安，賽斯。」）

請等我們一會兒。（停頓。）過度盡責的自己與自發性的自己合作無間時，一切都沒有問題，而且魯柏將充分發揮他傑出的能量，能量也能完美對焦。

只有當分裂發展出來，過度盡責的自己才會有一堆不合理的要求及期待。自發性的自己會在這時變得叛逆，有時會故意去刺它認為會阻礙它發展的那部分人格。

經由我們的課出來的這些資料使整個人格受到驚嚇，因而出現一些可以理解的騷動。這個問題在某種程度上是一個定義及理解的問題。

過度盡責的自己總是用非常狹隘的條件去定義何為良善（good），重新教育它的努力一直都沒有出現，即使有也很少。小時候的魯柏非常神祕，對自己不只過度盡責也過度要求，並害怕他自己的自發性及天生的胃口。

不過，在那個時候，是教會整合了他的人格，人格的雙方都同意當時對良善的定義。最先掙脫、而且強力掙脫的，是自發性的自己。它在那時足夠強壯與有力，足以我行我素，而且背後沒有足夠的經驗。如今，自發性的自己已經了悟到全新的整合原則，但是替過度盡責這部分的自己擴展良善定義的企圖，卻幾乎沒有發生。

有些被自發性的自己認為良善的態度，與過度盡責的自己所持有的良善觀念完全相反。寫作向來能整合人格。如今寫作的方向改變，這似乎進一步威脅到過度盡責的自己的基本內在信念。

魯柏所相信的那些所謂出於知性的懷疑論，其實是過度盡責的自己以天主教那套頗為侷限的術語所發出的聲音。

過度盡責的自己害怕情緒與展示，因此任何與殘存人格（survival personali ties）溝通的想法，都令它非常恐懼。上帝這個詞彙讓它最是難堪，只因為這個詞已不是過度盡責的自己當初被教導去相信的那個意思。它不是天主教的上帝。要知道，它很害怕它所接受的神是假的。

過度盡責的自己也強烈地情緒化，雖然在魯柏內心，它經常隱匿在知性主義的偽裝之下。自發性的自己，以某種方式盡可能地利用教會，做為其自身豐富情感延伸的一個出口。過度盡責的自己不敢使用屬於上帝，或上帝這個詞。魯柏認為，這是因為他害怕被迫感覺像個傻瓜。真相其實是，過度盡責的自己不曾受到教導，強烈恐懼魯柏接受了虛假的神。

整體人格則非常清楚他的精神與靈性（the spirit）不管怎樣都將能倖存下來，以及人格有能力與這樣的靈性溝通。然而，過度盡責的自己會認為這既不天主教也不合法。於此同時，整體人格則一直深深致力於對這靈性的存在進行心靈方面的檢視。即使過度盡責的自己也不由自主地沉溺其中。

它想要知道，也討厭它一直如此無知。它是魯柏經常發號施令、充滿權威的那一面，即使心靈的事物它也要管，而且高度關注。它已經被碰觸到了，所以魯柏才能毫不遭到報復地進行他的夢書。

晚上，這兩部分不斷爭吵，試圖謀求它們的和平，他因此而感到不舒服。（睡眠中。）他昨天晚上的表現，已經說明過度盡責的自己已經更大幅度參與了心靈的工作，試圖展現它的權威與自信。這本身在我們的工作中絕不會形成限制，但一直以來都存在著深刻的誤解，在去年冬天達到一個頂峰，雖然已多少解決，但仍然持續。這樣的結果，使得魯柏的身體極少放鬆，這是造成他那些症狀的主要原因。各處的肌肉正互相打架。

（昨天晚上，珍在露絲·科勒貝特的家舉行ESP課，非常成功地展示了傾桌試驗〔table tipping〕。珍告訴我，她真的感覺到一股集中的力量經由她的雙手發散出去；即使他們並沒有接觸到桌子，桌子也很聽話。）

他也不讓自己在性行為中放鬆。過度盡責的自己試圖在問題得到解決之前叫快樂必須停止，自發性的自己則苦澀地反擊。雙方都把過去的情感問題帶上檯面，以此來說明或強化自己的立場，魯柏無可奈何地被兩邊拉扯。

過去的許多面向遭到嚴重誇大，任何正常的敏感性都被人格的這一部分或另一部分高度強化。他變成相對性地動彈不得，是一點也不叫人驚訝的。超—盡責的自己企圖干預，可是過度盡責的自己立刻加深對我的不信任，不准我講清楚說明白。

在你與魯柏所面臨的每一個問題上，你幾乎都違背心意地成為過度盡責的自己的盟友。這影響了我們課的自發性，這也解釋了關於菲爾與上班問題的強烈情感氛圍。（佛德瑞克．菲爾是珍的出版商。）

魯柏喜歡戶外的、自由的工作。自發性的自己很享受這些。過度盡責的自己則堅稱這不算足夠努力工作。你在藝術卡公司的工作，稱不上足夠的苦修。這一點，再加上你希望他找個正常工作的態度，幾乎是真要讓他癱瘓了，因為你的聲音是外加的，要知道在他的腦海中，加強了過度盡責的自己的頑固態度。它強烈不信任這類工作所允許的自發性。

位於地下室的幼兒園，令他感覺受到囚禁。代課性質使自發性的自己因為它的不可預測及地點的改變，而感到高興。而過度盡責的自己則因為相同的理由厭惡它；而再度的，你的聲音又無心地添加到魯柏的腦海裡。

渴望受罰的心態，使他考慮上節目，但卻必須用偽裝來騙過自發性的自己。這時，很幸運地，你拒絕成為過度盡責的自己的盟友，一半的壓力因而從魯柏身上卸下。他因此有足夠的自由地去抗拒。（一九六七年八月在紐約市的艾倫．伯克的電視節目。參閱《早期課八》第三六〇節。）

貧窮的角度在這裡追上你們二位，但我打算在最近的將來給出我自己的想法及建議。你可以休息一下，我們將再繼續。

（九點四十六分。珍的節奏仍然很快，雙眼有時張開。休息之後，在九點四十八分，她在沙發躺下重新開始。這次她側躺，面對著我。）

好。過度盡責的自己，因上帝的概念、因上帝是男性，而總以男性的角度及條件自居。

而自發性的自己是以女性的角度看待自己，這是魯柏想像自己不喜歡女人時的原因。我相信現在的人格正在與自己和解。人格總是，自發性地，認為它與一切萬有（All That Is）是一體的。當他還在教會，過度盡責的自己同意這些條件。後來它變得越來越困惑。

這使得魯柏失去了根深柢固、自然的內在統一感，當他開始要將它合理化或用知性檢視它的時候；他已經質疑它，而這質疑集中於過度盡責的自己。從我們針對這個主題進行的第一節課（一九六七年十月一日的第三六七節）之後，進步已經開始。

我真的要建議你們，只要可能，離開你們的公寓出去玩樂一下。

雷恩神父及崔諾神父都已被通知。當魯柏今晚以靈體出現時，我將親自給他一些額外的協助。

我將利用一節課討論你的顫抖與其他的困難，專門地處理這些問題。為了他，臥室的窗戶應該打開，現在至少床移出了幾英吋到房間裡。在這種情況下，對這節課來說這樣就夠了。我們也會在下一節課繼續談這件事。為了降低反應，我讓這節課保持簡短。

你還有任何覺得應該在今晚處理的特殊問題嗎？

（「只有一個：你對珍在第三八七節課之後所寫、並在後來每天都要對自己覆誦好幾遍的建議，有什麼想法？」

（有趣的是，珍昨天把那張紙弄丟了。）

我會在下一節課給他確切的建議與暗示讓他使用。在那之前，他做的都是合適的。

（「好吧，那就這樣。晚安，賽斯。」

（十點整。珍仍然躺在沙發上，眼睛大多張開著。但她一直亂動，顯然不想要課程太長。

（今晚課前我寫了一張問題清單，珍也看過。賽斯以他自己的方式回答了一些。）

第三七〇節（刪除課） 一九六七年十月九日星期一晚上十點二十分

（通常上課的晚上九點因為珍和我說著話，時間到來又過去。後來我們用擺錘得知，她過度盡責的自己今晚不想上課，但自發性的自己想要。

（賽斯在第三五八節課說：「去年魯柏的同事在中心遇到一些難題。」〔參閱《早期課八》一七九頁。〕指的是南希．莫辛尼特斯〔Nancy Methinitus〕。那是一九六七年八月二日。南希今天來電證實，她母親因病重在梅約診所入院；這位母親生病已有一段時間，但在三五八節課很久之前、珍與南希上次說話時還沒有生病。珍離開幼兒園之後，兩人鮮少碰面。

（這節課曾從記錄中刪除。珍再度坐上長沙發後開始說話，眼睛有時張開，步調快速。）

好……

多年來，真的是許多年，有個想法深印在魯柏的潛意識之中，也就是他不配獲得何成功，以及他將因對待母親的態度受到懲罰。

這些暗示來自母親。母親給予的暗示，對任何人都是最牢不可破的。當他一邊努力（追求成功），這些暗示並未造成任何顯而易見的困難，但它們暗中運作，阻礙他的進展。除非成功在望或已經無可避免，這些暗示才展露它們的效應。

他只大致意識到其中的一些。他母親總是讓他知道，他對她毫無用處，而他認為如果連他的母親都無法愛他，那麼必定是他有嚴重的錯誤而且毫無價值可言。

跑走給他一種安全感，但他是走投無路才跑的。後來他不再逃跑而想處理問題，想正面迎擊。然後，他象徵性地不再跑，但他同時也在身體上執行了這個限制。

曾有幾次，這位母親過分到竟然說：「我希望有一天你也不能走路。」而這成為他所害怕的懲罰。

現在，我強烈建議，約瑟，在幾個星期內進行一兩堂催眠課。你自己必須很注意，並寫下你想要暗示他的是些怎樣的印象。要知道，你將去除他對自己的催眠，讓他在催眠之後可以相信他是好人、他可以信賴他的第六感，所以他能以自發的方式自由地活動和行事。

他可以而且應該擁有極好的健康與靈活性，以便執行他本應執行的工作。這也能把過度盡責的自己爭取到你這邊來。你儘管慢慢地準備該如何開始，但遲早應該採取行動。

他的理解在我們最近的這幾節課之後，已有進步，而你也必須耐心地對待他。過度盡責的自己正在生氣（今天和今晚），而他把這個怒氣投射到你身上，好讓他可以認定自己就只是個麻煩，對你毫無幫助。理解這一點是必須的，但如果可能，請以各種小小方式讓他知道，那不是真的；因為這個想法萬一累積起來，可以在他那邊形成情感的堅信；而你所給予情緒方面的保證，其作用比使用言語快速許多，雖然兩者都屬必須。

他昨天確實喚醒了自己的戰鬥熱情（在我父母家，尤其是注意到我父親脆弱的狀況），這很有效，但這種戰鬥狀態不應該成為家常便飯。他從所有這些，理解你對安全感的需求和權利，而你也的確擁有他的理解。因此，你有能力給予情感的保證。這些保證若被收回，他有可能陷入恐慌，雖然現在他已能比以前更有效率地應付。

你擁有的內在安全感對他也是一種保證，因為他知道他可以信賴你會以相當客觀的方式運作。所以，你何妨更慷慨地展現一些更有意義的表示。

即使是三等艙對他也有好處，別管甚麼財務。好，他確實覺得你在上課時故意將自己與任何利益隔絕開來。這件事你大可澄清一下。不管他的狀況如何，他確實為你母親提供了一座情感的橋樑，儘管他這樣做是懷著極大的恐懼。

在他努力理解及幫助你父母的過程中，他已綽綽有餘地彌補了與母親的任何失敗。他應該要瞭解這一點。陪伴母親的角色已經由其他更有能力的人接手了。（停頓。）

他寫下的暗示應該每回唸兩遍、每天三回，早上、中午和睡前。一些很棒的工作已在最近的夢狀態中完成。當他覺得累，或很確定自己抗拒工作時，應該撥點時間去做他喜歡的事。不要對失去的時間耿耿於懷。他將使自己精神煥發，無論如何都會產生同樣數量的好作品，甚至更多。

只要可能，他每天都該做一點夢書，但不是整天。自發性的自己不喜歡拼寫文字的雜務以及無聊的打字，而過度盡責的自己會擔心書的成功。目前一天二到三小時便已足夠。或許兩小時即可，除非他想要更長。但他若想要，那也很好。其他的時間寫詩。這是目前最合理也最容易達成的目標。這本書將被完成，但不至於每天都對自己的任何一部分有過多的要求。

好，他對你們親密生活的不滿，是個好現象。憤怒，當然有憤怒，是針對過度盡責的自我，這是他應該知道的。另一方面，在你這邊，只要是溫馨愛意的表現全部都有極大的好處。別對性反應有過多要求。毫無所求、自由自在地給出你的愛，你反而不必要求。然而，你將知道，何種情況下有所要求反而是正確的，而且也很重要，因為他偶爾也很樂於臣服。必須先用無所求的愛意去哄騙過度盡責的自己，因為它需要受到安撫與放鬆。

我建議你休息。這節不會太長，你讓它舉行是很好的。這符合需要。

（十點五十分。珍順利出離，對賽斯說了什麼並不太記得。她的步調持續地相當快速。十點五十五分重新開始。）

好。所有所謂靈性的文學這段時間都該避免，只因為過度盡責的自己會有錯誤的詮釋，並建立完美的更高標準。

魯柏今晚能說出他的感覺，算是踏出了很好的一步。以前他只會設法忽視這些感覺。過度盡責的自己只需告訴他，你不想受到打擾，所以他有時就遲疑不決，並以那樣的角度自行解讀你的言語。

不過，他現在會質疑他自己的態度，這是很好的，也幫助他避開那些迎面而來的陷阱。

我有一個小小的建議。暫時地，你可以拆開且閱讀他母親的那些來信，並把他應該知道的告訴他。然後，他可以回信。這將可以在目前避開一些困難。

一個很小的點，但很有趣：他討厭燙衣服，這是因他母親的過度要求。這個討厭主要在自發性的自己這一邊。

你若沒有問題，就結束這一節吧。不過你們每星期都應該把最近這幾節拿出來讀幾遍。

（「我們結婚的時候，我知道珍將有這些困難嗎？」）

你的確知道。再次地，自發性的自己對於溫馨愛意、顏色、活動等等是如此的敞開與歡迎，你知道。而過度盡責的自己則過度地講求條理。

（「你認為他應該繼續閱讀手邊的書嗎？——一本自動分析的自助書籍。」）

他已經讀完了，它既無幫助也無傷害。

（「類似的書呢？將來應該看嗎？」）

每一本書都是個別的，這個問題不能一概而論。然而，他目前容易對靈修方面的書有誤解。離開公寓的短途外出將有幫助，散步、騎腳踏車、人際交往。例如類似今晚的輕鬆偶遇對他都有好處。

你還有其他問題嗎？

（「過度盡責的自己現在是否比較放鬆警戒了？」）

是的。

（「它比較合作了嗎？」）

比較合作了。它的過度關注是多年來那些暗示的結果。（珍再度在沙發躺下，但繼續說話。）當暗示失去力量，它就能放鬆。

（「那麼它已學習到更多？」）

是。

（「自發性的自己也是這樣嗎？」）

它們正在學習溝通。

（「我替珍催眠時，可能會遇見你嗎？」）

在那種情況下不會。

（「但你會對那保持覺知？」）

我的確會。你若想要也可以找我——

（「這正是我在猜測的事。」）

——在任何一點接手。我不會干預過程。

（「那麼當珍受到催眠，我若提出要求，你會說話？」）

的確會。但我並不建議你中斷。

（「我不會。」）

除非你有很好的理由。

（「我們若撞上棘手的情況，我能請求你的幫助嗎？」）

的確可以。魯柏若受到催眠，那時你可以命令他讓我說話。你先婉言請求允許，倘若失敗再採用命令的技巧。

（「嗯，那麼我帶他進入的狀態，將跟他現在的狀態有什麼區別？他現在是出神的狀態。」）

沒錯，但那是另一種出神狀態，可以彷彿按住他人的背往前跳那般，藉勢超越到想要的層次。你處理的將是個人的潛意識，這其間有著巨大的差異。例如，潛意識將會開口說話，而自我（the ego）將允許這種直接的接觸。我則必須通過潛意識，但我與它沒有直接的關係。你從我這裡得到的是，當你要求時，潛意識的感覺和態度等等的知識。

我可以感知到它們。而在你正計畫的催眠之中，你將直接接觸到潛意識。

我們現在結束這節課。這些課不應該太長。

（「好。」）

我像個醫生，能夠描述病人或潛意識的狀況。在催眠裡，潛意識等於病人，他替自己說話，或聆聽他人說話。

（「晚安，賽斯。」

（十一點二十一分。珍仍斜靠在沙發上。）

第三七一節（刪除課） 一九六七年十月十一日星期三晚上九點二十七分

（本節課曾從記錄中刪除。珍再次坐在長沙發上替賽斯說話。她的眼睛時常張開，非常黝黑；聲音適中，步調再次很快。）

晚安。

（「晚安，賽斯。」）

好，我們將舉行簡短的一課，這全是因為我正根據魯柏的反應調整我的治療技巧。有一段時間，每件事都應該顧到，除非有很好的理由。隨著課程而來的反應，自然會有對立面出現。我正藉由我們的課給予你們自我啟蒙，症狀只是想要對抗的一種防衛。有時就是會有自然的反應，那是選取了症狀的那些人格傾向想要努力保留它們。

它們討厭我撕開了秘密的面紗，因為面紗一拿掉，症狀就必須消失。我因而必須判斷是否應該在這樣的情境裡繼續上課。

最近的傾桌實驗對魯柏是很好的訓練，給了他一個大家都能接受也很有益處的能量釋放方式。這也替他開啟了另一條質疑的路線，而這方面將來還會有更多，對你也對魯柏。

（「嗯，看來你仍被允許討論這些事。」）

目前並沒有嚴重的阻擋。不過，他忘了花生油的事，而這對手臂尤其有幫助。最近，他的能力發展得特別快，這也代表了一個基本的內在改善——少去以前的阻擋，那很快會以物質顯化的方式變得更加明顯。

他今晚的爆炸確實代表了一個進步。以前他不會任由自己以如此直接的方式表達他的憤怒。

（珍在今天晚餐後對我大發脾氣。

（「他的某部分人格仍然且實際地企圖阻擋這類資料嗎？」）

不活躍了。這很難解釋。症狀本身造成某些化學變化，產生了一種效應，然後，再影響人格的本身。如果自己（the self）是接受症狀的——在所有的疾病裡，這都有某些程度的真實——那麼自相矛盾的是，有一部分自己已經認同這些症狀。

如此一來，拔除症狀就會變成是要拔除自己的一部分，即使那是最不討人喜歡的部分。這些程序立刻要求自己要有新的成長，以便取代被奪走的部分，而且是要以更具有建設性的方式來取代。

這就需要找到症狀的起因，真正回溯到症狀出現之前的那個點，並面對當時不曾面對的問題。這些症狀在所有的情況下都代表著一種嘗試、一種解決現有問題的方法。人格必須覺知到這種方法的缺乏效率。

現在，以有些人的情況，身體疾病成為涉及轉世影響，與人格缺乏內在平衡等種種理由的最佳解決之道。但魯柏的情況並非這樣。

我們正試圖讓他看到基本的困難，並給他一個可以接受的解決方案。他應該盡一切努力，從意識也從情感去了解它們。

（「他有嗎？」）

他正在進步。症狀引發的絕望，變得比症狀背後的問題更大。光是這一點就代表他的解決方案是錯的。他個人獨特性的本質使得他不可能接受這樣的解決方式，所以他必須尋找其他的。這是他的好奇心反而使他獲益的一個好例子。

（「在這份資料中，是否有任何大的領域對他是相對不透明的，而且是有意識的？」）

這個問題要給我們一點時間。（停頓。）

他必須充分理解，雖然思想即是行動，但思想必須獲得對方同意，才能傷害或幫助相關的其他人。對方的決定涉及他們自己的問題和解決方式。他母親的不良於行，與他或他的恐懼、憎恨或他的曾經指責她停留在那種狀況，毫無關係。

他父親離開他的母親，也不是他的責任。他的確有些與一般人大同小異的功勞，但主要的情況還是母親與父親自己的選擇。

魯柏的出生並未造成母親成為殘障人士。這個事實或許並未受到阻擋，但有所保留。其中還是有些差別。

（珍再次開始邊說著話邊斜靠在沙發上。這幾節私人課的最後，她都變成在出神狀態中平躺於沙發——最近之前她不曾這樣。）

她強烈相信思想的力量。天主教會把邪惡的思想判定為邪惡的行為，這在某種程度上是重要且有意義的。但每個人對自己的命運都有強烈的、主宰的與明確的聲音，也承受自己的選擇所造成的影響，並做出反應。

（珍躺在沙發上。）

所以，魯柏並未毀滅他的母親、破壞她的婚姻。他外婆還有女傭的死，都不該由他負責。他的人格充滿創造性，而非毀滅的力量。

他做過的好事早已比他所知道的更多。這些重點他都必須知道。

（「他最近對撒拉托加的投射是怎麼回事？那在這時是個好主意嗎？撒拉托加是珍的家鄉。」）

以到目前的事例來說，它們都是有益的。

（「他能控制他的投射物的命運嗎？」）

可以。

（「最近那些栩栩如生的夢是怎麼回事？他似乎正得到與症狀等等有關的一些指示。」）

它們並未被栩栩如生地憶起。它們是明確的經驗，給他指示的是我，一如我最近正在做的事。（停頓。）我正試圖糾正某些錯誤。它們不是自我率性而為的錯誤，所以我繞過了自我。

（「你成功了嗎？」）

部分成功。

（我正要詢問是哪些錯誤時，電話鈴聲打斷了課程。珍並未受到驚嚇地離開出神狀態。我接了電話，結果是打錯號碼。我們在九點五十五分休息。珍在十點整重新開始，再度坐在沙發上。）

我要建議你們在這種性質的課之後不要討論魯柏的情況，而是把注意力轉到其他方面，然後就去睡覺。

如果可能，可以再舉行一次或許半小時的短課，一種臨時措施。

（「你的意思是下週一之前？」）

只要你方便，而這也只是個建議。資料充滿能量。（停頓。）短課使他能有效處理並消除任何反應。這會在我們進行的過程中完成，因此不會累積。重要的不只是你們得到多少資料，得到的方式及時間也很重要。它必須被透徹地理解及消化

（「我能問一個題外的問題嗎？」）

可以。

（「你看著我的時候，你看到什麼？」）

（我這樣問是因為珍以非常特別的方式注視著我；她的雙眼又黑又亮，我覺得。）

我看到的你，或是我透過魯柏的眼睛看到的你？

（「嗯，先說你看到的我。」）

當我看著你，我看到一個運動中的多次元形體，一個高度強化之能量的幾何式組合，其核心是你的全我（the whole self）。你所知道的自己只是那個自己的一小部分，被它極其有限的感知力所框限，可以這麼說。

好，透過魯柏的眼睛，我看到的你，就有如魯柏的肉眼必定看到的那樣，是在特定時間、特定地點，一個獨特空間安排裡的你。

（說完上面兩段話之後，珍閉上眼睛。）

現在我閉上眼睛，羅勃．柏茲的身體物質（physical matter）消失了，羅勃．柏茲本人成為所有其他形相裡的一個單位。身體物質當然以一種不同的方式繼續存在。

（「非常有趣。當你經由珍的眼睛看著我，你覺知到多少的她？」）

（眼睛張開。）我覺知到的魯柏，其方式某種程度有如他以靈體外出旅行時對他的靈體覺知，但我的覺知更為強大，我的控制也更加刻意。我的參與感更加生動。

（「他糟糕的視力，舉例來說，會影響你對我的感知嗎？」）

我使用我發現的機制，而不是篡改它，因為任何篡改都會反映在他沒有心理準備的進步，或他尚未準備好的改變。

（「你想對珍ESP班的學生昨晚的桌子實驗說幾句話嗎？」）

（昨天晚上，珍與她ESP班的學生有過一場非常成功的傾桌課。她的手指幾乎沒碰桌子，桌子已經移動和傾斜。我也參加了這節快午夜才結束的課。）

你再次參與了魯柏的能力與信心的進一步發展。他已經學到一課，那就是同樣專注的能量也可以用來改變自己的心靈，與身體狀況。

（昨天晚上珍對她專注於使桌子移動特別有覺知。）

這是一場出色的展示，讓人看見能量的高度集中以及材料的運用。我將更深入整個事件——或許下一節課，可以像今天這樣，先涵蓋魯柏的狀況，再討論其他問題。

那時我們將直接進入桌子這整件事，它完成的方式和原因，並給出這些現象背後的能量來源。那節課也能涵蓋你自己的幾個問題。

我們現在要結束這節課。對兩位致上我最誠摯的問候。

（「晚安，賽斯。今晚非常有趣。」十點二十分。）

第三七二節（刪除課） 一九六七年十月十六日星期一晚上八點五十分

（本節曾從記錄中刪除。珍在沙發坐下後便搶先說話，她眼睛經常張開，節奏頗快。）

晚安。

（「晚安，賽斯。」）

首先，問候身處難關中的你們。

魯柏正從與你父母相關的目前情況，學習到很多對他很有幫助的事。事件使他能夠進行比較，將現在的事件與過去進行比較及評估。先是釋放，然後檢視潛伏的情緒反應。

身處一個新的危機情況，並以成人的角度正視當前的危機並處理它時，他確實可以很大程度地釋放自己；由於眼前的情況，再經由聯想，會帶出原本被攔阻在外並製造了很多困難的、強烈的情緒能量。

因此，保持他目前的路線，讓他能誠實地對自己和對你表達情緒，極為必要；然後，如果他願意，可在事後檢視這些情緒，再根據你的家庭情況，與你一起採取必要的任何步驟。

這是一個成人理解過去身為孩童時的那些父母幽靈的機會，並趁機從情感面將之驅除。它們將因為你的家庭困境而被帶上來攤在陽光下，再以目前的角度和狀態來檢視。

因此，魯柏不應該推開任何情感連結，而是去理解正在發生的事。因為這個過程已經將他釋放，其運作有如情感之宣洩。他的發展允許這件事發生。要知道，情況如果更早發生，可能會有遠為不同的內涵，而他將無法處理它們。上述這一點是非常重要的。

今晚我將嘗試在這兩個層面上幫助你們。在魯柏這邊，他發現自己已有能力陪同你，與你並肩處理一個與父母相關的情況，即使這個危機激起他長期壓抑、來自他自己過去的高度緊張情緒。

連社會福利的考量也在這裡插上一腳。週日，他坐在前廊，一如童年在撒拉托加時，試圖從屋子逃離。在他的潛意識裡，你的父親和母親成為代表他母親的兩個面向。父親幾近不良於行，必須受到照顧，所以很害怕。但他自發地去親吻父親，而且想要給他力量。

那位父親，你的父親，對他、對魯柏來說，代表了他自己母親那無助的部分，可說是擺明了讓他直接看見。對他來說，你母親則代表了他自己母親那不可理喻、充滿毀滅力道的能量，而在你母親與父親的拉扯與衝突之間，他看見了他母親靈魂之中那些備受折磨的連結。

他可以跑，但並非因未受到強迫而跑開。（緩慢地）他現在已擁有自由選擇的機會。當面對這些問題，他正在藉由高度痛苦的內在心理劇場，解放他自己。他並沒有帶著貶抑的感覺來利用這個情況。他的確已有能力面對實際狀況，允許自己行動，而且不再害怕那個行動將自動被定義為懦弱的逃離。

在面對你父母家的情況中，他也面對並克服了曾經存在於他母親家中的情況。當然會有一些阻力，但他現在已經辨認得出來，也有能力克服。情況並沒有將他吞噬。而那是他以往一直害怕的。

父母並非全都是強而有力的，他們現在需要支持。他們是人，不是來自地獄想要將他吞噬的魔法怪獸。

請原諒我這麼說，他看到了你母親在重要事物上的愚蠢。如果她充滿毀滅性，他看到這個毀滅性是從未真正給出去的愛的另外一面。它並沒有瞄準任何事物，它是一種憤怒，彷彿大自然的暴風圈籠罩著一切，甚至籠罩了它所生成的人格，所以母親也成為一個受害者。

魯柏那時已能客觀地看見這些。你的母親不會衝出來殺掉他，他的母親也不會衝出來殺掉他。他只是剛好在那裡。

（停頓。）我讓你的手休息片刻。

（「是。」長停頓，雙眼閉闔。）

這些了悟令他自由。這個了悟的本身，釋放了他。現在，請等我們一會兒。

他們，你的父母，已經結束了，這方面你母親比你父親更誠實。（長停頓。）她的憤怒，你必須理解，是生命的另一個面貌，充滿了生命力和愛，而且她不會放棄她的要求。她會試圖把他推開，而他將屈服於她的力量之下。他向來憎恨她的生命力。

她那大量施展、過於女性化的特色，被她用在早年的歲月裡抓住他。她的力量比他強大。她假裝臣服於他，但雙方心知肚明。（停頓。）他其實更想要女兒。她只生了兒子，希望能安撫他，但他永遠都感覺幾個兒子總是挑戰他的生命力與地位。

他早在多年前已經放棄，是她的能量使他維持假象。她的生命力餵養著他，但終究無法令他振奮起來。如今他更用他的無助來報答她，她只能盛怒以待。幾個兒子都很早離家，但他拒絕離開。她覺得離家的兒子和賴著不走的父親都是背叛她的人。

她不願意聽任何理由，因為理由將使她不能憤怒，而她所有的生命力都在憤怒裡。你們可以從轉世的背景找到一些理由，有些我已經給過你們。（一九六四年早期。）

你父親在這一世的主要目的已經完成，他也很滿意，而那大約是在他結婚之後的五到七年之間。他那時候就已經想要離開。他人格的主要部分、主要的整合功能、強大的核心已經離開，早在多年之前已與他的存有重新結合。留下來的其實是個片段體，是你們所知道的空殼。

她無法放它離開。她堅持留住你父親的一部分。他們在彼此都不知情的狀態下，達成了協議。她的生命力不允許她離開，她的物質連結與地球太過緊密。你父親的人格有一半以上早已空缺，那部分已經回返存有。它已經長大成熟。它走了出去。

（珍的步調現在很慢，有許多長停頓，有的長達一分鐘。她的眼睛經常閉著。）

它的殘餘並無任何內在的需要或目的。你母親與你父親，這兩個人格之所以相遇，自有他們的理由。你父親這邊的理由已圓滿完成。他並不覺得他可以死去。（停頓。）他留下她想要的。

（長停頓。）她害怕丈夫另一部分的自己會出現，但她並未有意識地知道這件事。

她覺得受騙，而且也的確受了騙，因為他早就走了。在過去的某一世，她相當年輕就死去，那時她不想面對生命，不想堅持。這次，她所選擇的旺盛的生命力，強迫她既要面對，也要堅持。她想要她曾經認識的那個男人，但是她的憤怒強迫她、一直強迫她，繼續活著，跟那個男人所留下的一部分。

她在三個兒子身上都看到她曾經認識的那個男人的一部分。（長停頓。）他將重新出生，他的發明能力將在二十一世紀扮演重要角色，他將誕生於埃及。（一分鐘的停頓。）

她在她的夢中是年輕的，她無法在那老女人身上看見自己。她正展現一種過去無法展現的憤怒，那能將她淨化並讓她自由。否則，它將汙染無數個轉世的自己，並阻止它們之中的任何一個達成它們的圓滿。

你可以決定你要休息或結束這節課。

（「我們休息。」）

（九點五十二分。珍說她出去得很遠，但知道她說話說了很久。她於十點四分再度躺在沙發上，以更快的步調重新開始。）

好，幾件事。

你母親試圖將你改變成她以前認識的那個男人。你應該要取代他，而當你支持家計時她很高興。你付的每張帳單、你購買的每一樣東西，都有某種情慾的內涵，在兩種層次上：在你這邊是潛意識地，因為你感覺到她強烈的情感拉力，即使那令你害怕；在她那邊則是因為你取代了那位父親的位置。

住在家裡的你差點陷入災難。不過，你那時已經知道你將要認識魯柏，而她曾企圖阻止，因為她也知道。你父親的空殼則非常高興。你已辨認出你的困境，並從此拒絕承擔對你母親的主要責任，畢竟那是一個男人應該對他妻子負起的責任。

所以，魯柏才會對他如果沒能在經濟上對你建立的家做出貢獻如此恐懼。你看見了嗎？

（「看見了。」）

（停頓。）你弟弟迪克原本該是女性。他也曾是小妹妹。請給我們一點時間。（停頓。）父親與母親將先分居。父親的空殼起初會感覺被推了出去，但後來終會找到寧靜與滿足，因為它原本被動，而且也被推得筋疲力盡了。（我的父母最後的確分居了。）

它的其他元素將重新加入主要的人格。它原本是為了兒子才留在這個家，做為一種制衡的影響力。留下的將享受陽光與綠草，並怡然自得。（停頓。）

給我們一點時間。房子最後會轉手，或許是一位A.K.。母親會某種程度地感到如釋重負，住在或許靠近羅倫與貝茨的地方，或者與他們保持密切聯繫。母親積極的社交人生觀將對她很有好處。而貝茨與羅倫則必須幫助他人，否則他們無法在自己的內心找到平靜。

這很合理。他們的發展尚未足夠，還不能在自己的內心擁有寧靜。而幫助他人則將他們的攻擊性轉為利人利己的行動，等於某種蛻變。

你的母親需要行動，活力充沛的體能活動。你的生活方式會把她逼瘋。她有可能毀掉你的另一個弟弟。她會先留在家裡。（停頓。）你父親的鬼魂或空殼則在等待人格的其他部分前來團聚。在那之前，它將在老家徘徊，尋覓它所失去的，並找到帶給他寧靜的再現場景（recreated scenes）。

現存的人格展現出錯覺，因為鬼魂知道的，物質的自己並未感知。

你有問題嗎？

（「能談談幾天前珍和大桌子移動的事嗎？」）

魯柏正在發展他的能力，而我在那件事上幫了他。當他單獨移動桌子，他傾向於做理性的研究。儘管讓他得到結果，並完成後來的檢討工作。因為他現在的能量正在釋放，所以能力也正在釋放。

他寫下的暗示也在發揮效應。你們的親密生活以及他的生理期現在也都會有改善，但他所做、與你父母相關的事都必須繼續。他的一部分已經相當刻意地正在利用那個情況——亦即，當成一種淨化的方式，所以這種誠實的情感態度必須繼續維持。

他非常擔心與社工的約，但請讓他放心地承認吧，你看。然後，以往的任何恐懼都會出現，並向現在這位成人所找到的解決方式臣服。

（「是。」）

他的幾個班級都將順利進行，六個月內會額滿，這將實質上地增加你們的例行收入。ESP書的銷售將物質化。兩年之內，你將看到明確的大幅收益，而且遠遠地高於支出。

（這節課在十月十六日星期一舉行。十月十七日那天，珍的出版商來信，詳細說明他將在全國性出版物刊登ESP書廣告的細節。佛德瑞克．菲爾附加說明，他預期書將賣得很好。）

他現在將更自由地繼續並完成他的夢書，不再感覺備受壓迫。也就是說，自發的靈感與熱情將啟發他繼續書寫，我如此相信。

藉由你和你父母目前的情況，舊有的恐慌正被驅散。倘若他的發展仍在更低程度，這個情況不可能發生。你父親和你母親兩個人的潛意識都知道你和魯柏目前所處的位置。他們的潛意識雙雙知道他們的情況會對你們有幫助。

還有一件事：魯柏開始明白，他可以擁有充分的行動自由，不必覺得自己又將被迫逃跑。他現在擁有選擇行動的自由。他可以停留並經歷一個情況，並有充分的行動自由。他不會有如他所害怕的那樣，採取懦弱的行動。而且他還可以利用這份行動的自由，去幫助他人。

我們將結束這節課。獻上我對兩位特別的問候。

桌子實驗將導致更高度發展的興趣。

（「有必要使用更重的桌子嗎？」）

我們將用另一節課來討論這件事。我打算徹底討論它。魯柏的角落（珍指著她的工作區所在、客廳的西邊角落），對心靈方面有幫助。

讓魯柏回覆我們的朋友談及他妻子的信件，我們很快就會得到一些資料。

（「她情況怎樣？」）

有明顯改善，但有精神狀態與易怒增加的憂慮。不過這也是很自然的，我以後會解釋。

（「好的。晚安，賽斯。」十點三十八分。）

第三七三節（刪除課） 一九六七年十月十八日星期三晚上九點

（本節曾從記錄中刪除。上課前，珍與我就她的改善、我父母的嚴重情況、她這幾天寫的詩做了廣泛的討論，包括今天寫的一首與她外公有關的詩。

（珍再度坐在長沙發上，進入出神狀態替賽斯說話，步調略快，眼睛常張開。）

晚安。

（「晚安，賽斯。」）

魯柏的詩對他是一種幫助，那樣的噴發來自他人格所組成的兩個層面。被拒絕的「不（no）」是因為僵化。

過度盡責的自己也想要行動的自由，以便朝著它所認同的目標前進。只有在對目標深表懷疑的時候，它才會以限制性的方式運作，而這種懷疑通常是由於缺乏溝通而產生。

然而，過度盡責的自己是維生系統。當它贊同人格總體的任務，就會提供豐富的能量。若沒有它全然的贊同，任何的進步都不可能。而這也給予自發性的自己有個方向。不過，它並不限制努力的領域。它只試圖讓自己保持團結，以及能量的明確集中。

它非常具有凝聚力。但若受到忽視，它也可能變得非常頑固。它是自己最底層的、磐石的部分，這是金牛座的特質。（珍是金牛座。）當它受到重視，自己會獲得極大的好處，目前它需要再教育，但也已經受到安撫與保證。

由於早期的經驗，它的功能多少有點過度發展。當它並未感覺受到侵犯，它可以是寧靜和睦的，非常的親切又友善。因為曾經有過的一些扭曲想法，狂熱的情緒被激發起來，但它現在正撤退到一個比較正常的位置。

如今它已不只是受到安撫，甚至驚訝地發現，自發性的自己竟然不是敵人，而是朋友兼聯盟。現在，它已釋放出能量給人格使用。這些能量被壓抑在症狀裡面。

魯柏寫下的暗示非常好，也有很大的幫助。他正經由他的詩來表達他的救贖，這對自己的兩個部分都很自然。不過，這也會在他的夢書感覺到。

過度盡責的自己向來不信任輕浮的舉止，現在仍多少地有些在意。這來自愛爾蘭外婆。告訴自己：快樂與活潑也是生命的自然面向、是存在的歡欣慶祝，更是對靈魂有益無害的遊戲性練習；給自己這樣的一個暗示，在這裡會有幫助。

今晚睡覺之前，讓魯柏唸出他的暗示兩次。這將解決過度盡責的自己對菲爾信中所暗示的成功、任何揮之不去的疑慮。

（上一節課，一九六七年十月十六日的第三七二節課，賽斯預測珍的ESP書將有很好的銷路。第二天，出版商菲爾來信說明，他即將啟動全國性的廣告企劃推銷這本書。第一次廣告已訂好日期在一份全國性刊物登出。）

給威尼斯一個小註記：我相信AA這一世很小的時候的確是家族的一位友人。（這與一個存有AA有關，它是珍與ESP班的一個學生威尼斯進行傾桌實驗時收到的。）

魯柏應該繼續保持原狀，進一步的症狀阻擋將會消失。於此同時，大量的能量將被修復，用於對人格有益的目的。傾桌實驗只代表了魯柏的一個開始。換句話說，他正處於一個嶄新冒險的起點。

請給我們一點時間。（停頓。）

你自己的症狀，你的手，代表你在工作方面的不確定。你覺得基礎並不穩定。你覺得你的天賦帶給你的，只是一個在經濟與社會現實面裡都很不穩定的基礎。

對你的藝術並未帶給你更多金錢，有著憤怒。（珍更常停頓。傳述有點慢，眼睛大都閉著。）你覺得如果你的手更穩健，你會得到更好的回報。你對自己的天賦感覺到憤怒，希望它在你的社會中能夠更快地得到財務方面的認可。

（「或許我仍是這樣，我的顫抖還在。」──）

態度的本身也幫助了實相的成因，然後你又對實相有所反應。當你企圖取代你父親的位置時，你依照母親的願望運用著你的天賦。她覺得你父親的發明才能對她毫無用處，因為他沒有用它去賺錢。

你成為商業畫家是想要讓你母親高興，也取代父親成為養家的人。

發現這件事後你覺得內疚，並以拒絕用好畫賺錢懲罰自己。這是你明白這整件事的鑰匙，約瑟。

（「沒錯。」珍加重了語氣，眼睛張開來。）

以前那種純為快樂而畫的行為，成為對你母親的叛逆，所以你以好幾種方式懲罰自己；例如過度在意畫作的品質，堅持要畫到完美，而且一點也不努力去賣掉它們，或爭取業界的認可。要求藝術作品臻於完美，當然是件好事。動力是好的，但這其間略有差異。你的每一張畫作都有你經常拒絕去承認的自發實相。（停頓。）但若往極端發展，每張畫作的心靈自發性火花，就可能被悶熄。

倘若你繼續完全沉迷於商業領域，你的繪畫就不會有發展。你的父親也不會成為一位攝影師。你可能成為你母親與性無關的丈夫，而這已被避免。

（長停頓，閉眼。）這節課本身應該有助於你的理解，足以使情況立刻得到一些改善。這其間涉及兩個議題。繪畫曾經是對母親的叛逆，一種宣告獨立的行為。她贊同商業畫作，因為可以賣錢。所以，如果你經由賣畫而賺錢，你會潛意識地認為，母親仍然得逞了。看到沒？

（「沒錯。」珍再度加重語氣。）

不許自己經由繪畫賺錢，也等於允許你因你認為的叛逆行為而懲罰自己。兩個目的都已大致達到。這也多少地影響了你的工作本身，你有時會在畫作中塞入一些元素，某種疏離感，把人阻擋在外。

所有這些目前都以不同的程度運作著，而症狀是對衝突的承認。（停頓。）讓你的手休息一下。

（九點五十分。珍的步調再次放慢。）

商業作品依舊令人不安。除去其他考量，你仍潛意識地覺得，你依然在為母親的目的服務：以藝術換錢；可見你當初的叛逆與獨立，並未完成。

你目前的工作方式也喚醒與你父親的連結。（長停頓，閉眼。）

我們將休息或結束這一節。這件事將繼續深入，但目前抵達一個說不清楚的狀況。

（「那我們休息。」

（十點四分。珍說她出離得很好。我認為賽斯之所以要求休息是因為珍擔心我不樂於聽到與我相關的資料，而阻擋賽斯傳述過來。我們正在討論我繪畫的動機；我希望珍可能築起的任何障礙可以敞開。賽斯隨後在十點十五分插進來。）

好，那我們就來討論吧。

你很努力要自己遠離深層的情緒，這是抵抗你母親那種激情主義（emotionalism，譯註：擅長以情緒煽動他人，最著名者為希特勒）的反應，也很大程度地因為你認為激情主義是錯的。在她那一方面，激情主義經常是個藉口。

你因而相信所有的激情主義都是這樣的本質。在這裡，魯柏對你有很大的幫助。剛開始時，感覺及情緒點燃或啟發你的繪畫，但你因為不信任它們而頗大程度地棄之不用，也不再信任這類特別的畫作。所以你也不認為自己應該因這些畫作而接受金錢或報酬。

給我們一點時間。（停頓，低頭。）現在，聽好。今晚就去發揮你在這裡學到的，你可以更自由地運用你的能力。（停頓。）你可以踏出去，這是個譬喻，你可以允許自己去依賴你的自發性，因為它全面地適用於你的繪畫，及你的天賦。

你想要的並不是完美，那是僵硬的，而是在自發的動作中找到片刻的均衡，一種在不斷嘗試著接近與後退的不平衡之後、在對象物中找到巧妙維持的均衡。

你所追尋的完美從來不是已完成的，而是一種正在變為的品質（a becoming quality）。技術能力提供了一個穩健的出發點，各種實相可以經由這個點浮現出來。你出色的技巧將是起跑點，把自發的行動送進嶄新的實相，而不是用一個僵硬的模子來框住它。

你的潛力就是現在。它並不是有如你懷孕那樣地存在著（珍在沙發躺下，轉過來面對我），直到你覺得可以了就讓它出生，但你從不覺得你可以。你現在應該這樣做。（停頓。

（「嗯，那你認為我現在畫的那些蛋彩畫怎樣？」）

等一下。（停頓，舉起手。）你對年齡的想法，以及你在這年齡應該有哪些進步的武斷想法，才是我關心的。（這是我在上次休息時間頗為刻意去討論的一個重點。）這是一個限制性的想法，從更大的面向來說，也非常不符合你的個性特徵（characteristics）。

（「我認為我對更大的面向很有覺知。我也總是以那種方式思考。」

（珍點頭，眼睛閉著。）

你的藝術能力，因它們的力量，為了圓滿自己，它們要求你也擁有其他的能力，而你目前剛好變得足夠自由來發展這些其他的能力。你的事業應該走在你的前面。

（「嗯，我也是這樣想。想到我老早就可以這樣做，讓我很生氣——即使有些後知後覺。」

（停頓。）我們會再討論這個主題。你要休息或結束都隨你。

（「看來我們或許該結束。」）

你目前的方向是對的。但唯有全心相信你的能力，才能使你勇往直前。

（很長的一段停頓之後，珍在十點二十八分離開出神狀態。她說她比以前出去得更遠，她相信是因為今晚的資料；她怕會傷害我。因為這個理由，我的問題與評論使她困擾，她說。我們簡短討論了我的抽象畫，專注於人們受其吸引的原因，而賽斯在十點三十分短暫出現。）

好，對你來說，抽象畫也代表自發性自由流動的絕佳練習，這對你的其他畫作也有幫助。你心裡的其他問題以及這類的資料，我們將在下一節繼續討論。

（「好。」十點三十二分。）

第三七五節（刪除課） 一九六七年十月二十六日星期四晚上九點

（本節曾從記錄中刪除。

（今天下午，珍與我陪同我的父母前往塞爾市的醫院；母親檢查耳朵，父親住進精神科病房。今晚，珍以為我會希望賽斯談談我的父母，但我告訴她賽斯可以談他想談的任何事。我也只計畫要問他幾個問題。

（珍以較慢的步調開始，眼睛經常張開。）

晚安。

（「晚安，賽斯。」）

先給我們一點時間。（一分鐘停頓，閉眼。）

被留下的那個男人，你父親，將感到焦躁，然後覺得平靜。這幾乎是一種反射性的習慣，一種機械性的習慣，使他現在能保持與你母親的連結。（停頓。）

非常模糊的記憶仍徘徊不去，充滿困惑。它們是記憶的幽魂，絕非這個男人真正的記憶——幽魂因留下的男人與並未停留的主要人格間，有實質連結關係而徘徊不去。

一方面，這個女人對於他現在似乎如此需要她而欣喜。另一方面，卻也在潛意識中知道，這需求其實是假的，她對此深惡痛絕。（長停頓。）

她在三個兒子身上都看到丈夫的影子，他們對她也都有所保留。她無法在他們身上找到她所追求的東西，為此她也很憤怒。她並不想要孩子，是你父親想要。

如今，活在他少少的幻想之中，他頗為滿意。他想像幾個兒子有如睡眠中的小孩。已離開的整體人格覺知到這種情況，但他並不特別關心。你父親開始這一世的時候，人格是完整的。他曾設立不同的目標，也已一一達成。他留下自己的一個片段體，用以滿足幾個揮之不去的需求。

他想要擔任幾個男孩的父親。這裡有些事不太清楚，並非扭曲或受到阻擋，只是不夠清楚，不過應該是跟想要男孩有關。他以自己的理由想要成為三個男孩的父親，而非一個或兩個，你知道。

好，這真的不是來自我們這位朋友（珍）的扭曲，你母親從一開始就是個片段體，一個從她上一世人格所衍生出來的分支（offshoot）。這個分支或片段體必須、也選擇，來處理它與你父親之間的關係。

他的部分，他提早完成了。她的部分還沒有，而這是她於未知狀態中選擇的路。然而，已顯現的一些個性特徵也阻礙了她所隸屬那個整體人格的進度。整體人格幾乎必須實際動手來操練這些特徵，才能經由直接的經驗去發現它們將導向何處。

那個整體人格非常之頑固，必須以這樣的方式學習。與那整體人格相比，片段人格的生命力，堪稱小巫見大巫。

充滿爆炸力與看似銳不可擋的衝動個性，全是因為這個片段體的本質不只缺乏平衡的特色，甚至是個會自行爆發的分支。這些個性特徵曾在其他的生命裡阻礙了人格的發展。如今，人格將要認清這個有害的本質，已經淨化了自己，可以這樣說。

整體人格將有更多進步的自由。那些個性特徵已獲准奔跑於自己的路線。這是之前母親與父親雙方同意的。父親的整體人格在某個點之後不再需要參與，便逕自退場了。（許多長停頓之一。）

母親方面也獲得某些釋放，且從這種限制的放寬得到樂趣。三個兒子之所以誕生於這個家庭，當然有他們的理由。母親的生命力在許多方面幫助了孩子。

這個片段體也知道，這一世乃因某個被賦予的特殊理由而來。它正在執行一項任務。某些個性特徵及品質，因為一個明確的目的，在一個片段體的身分裡被具體化。這個片段體總是覺知到這件事，也總是覺知到它與整體人格的那個內在身分。

這個譬喻或許有些老舊，但片段體就像是演員正在扮演他所演出的角色，部分地迷失於其中，或許也不喜歡他演出的角色，然而經由這個角色，他學到了利用這更大次元去豐盛自己私人生活的許多教訓。你看到了嗎？

（「是。」）

面臨現在抵達的這樣一個危機時刻，片段體所隸屬的整體人格會有巨大的活動。這場戲即將有的結局，也會從其他轉世帶來潛意識的一些反作用（backflashes）。

在這個時間點拒絕扮演你母親想要你扮演的角色，反而是提供強而有力的實際幫助，儘管看來或許並非如此。我不是說你不該盡可能地和善與體貼，而是你不該因為母親的要求而試圖取代父親的位置。

你若這樣做，她會感覺為難而且盛怒，因為你終將背叛她。你若起身取而代之，她將被迫結束她的戰鬥。你看到了嗎？

（「是。」）

從許多方面來說，這個拒絕也代表你自己的救贖，或至少你此刻的許多重要問題會因此而獲得釋放。你的任何軟弱都將顯示你內在獨立的喪失，而你多年前就已設想過的一場戰役，也就此功虧一簣。

這可以是個陷阱，你知道。從心理學來說，而且也僅就心理學的理論來說，在某些層面上，兒子渴望取代父親。當父親活力十足，兒子會害怕受到報復。倘若這個兒子不了解自己，當報復的恐懼已被移除，尤其若母親也在招手，陷阱就出現了。

如今，你已將感情的歸屬交給了魯柏，這方面就不受羈絆了。

然而，因為你的同情心，陷阱仍是可能的。而它之所以可能，全是因為它的確存在。對你母親來說，你怎麼做都是背叛，因為她會立即明白，這是她最慘痛的失敗，也是最不光彩的。這特別適用於她，因為當她年老時，她會贏得你。

她會覺得這背叛是痛苦的。（一分鐘停頓。）她明白魯柏已成為你的好妻子，而她因為這個理由既愛她又恨她。從一方面來說，當你出生，她對你父親的消失其實相當滿意。她不想要孩子，然而生孩子給了她一種很有力量的感覺，而且是她這一世唯一經驗到的力量感，所以當她覺得需要武器，便拿這種力量來用。

整體人格並不疏離，只是不夠投入。相對之下，片段體這邊倒是對生命有強烈的投入。

由你決定休息或結束這節課。

（「我們休息。」）

（十點。這段傳述很長，珍緩慢離開出神狀態。十五分鐘之後依然感覺到它的效力。她已經運用多次停頓。十點二十分重新開始。）

好，首先，關於你的情感，意思是這樣：你已成功地把基本情感從母親轉移到妻子，而這是必要的。

這一步倘若沒有完成，取代父親就會是一個強烈的內在問題。因為你的成功移轉，這個問題目前已在你母親那邊，而不存在於你。順帶一提，三個兒子對於父母都是同意的，也對自己將涉及的情況有充分的內在知識。在魯柏的案例，以及所有的案例，這也都是真實的。

這裡是指因錯誤而提早退場的案例，例如嬰兒。（長停頓。）

好，我們無法在一夜之間涵蓋所有這些。誠如你所知道，你弟弟迪克在過去世已和你的母親有連結。他與她來自同一個存有。他的個性特徵也是那個存有的一部分。他是她很強大的部分，也是因為這個理由而由她生下。

在某些方面，他像是你母親略微未來的版本，已經從她的經驗有所收穫。他是她更大的次元，另一種表達，一種更合乎需要也更有生產力的表達方式。你當然經驗過同時出生的雙胞胎，但也有雙胞胎是在不同時間出生的。你懂嗎？

（「是。」）

正如環境的改變會影響雙胞胎，因為被給予的環境不同，雙胞胎A和雙胞胎B便有不同的發展，所以不同時間出生的雙胞胎也會形成不同的基本人格模式。這裡的情況便是這樣。

這個兒子基本上是母親心理方面的雙胞胎，但發展出更為寬廣的人格，有著更樂於付出的本質。這個人格進步得如此之好，即使經驗相對較少，他很有可能最後會成為自己的存有。

我已多少跟你解釋過存有的狀態。

好，請給我們一點時間。（在十點三十三分停頓。）

魯柏自從收到菲爾的信，都沒再寫夢書。這不是巧合。寫詩是個絕佳好主意，可用來完成許多目的。然而現在應該把夢書加進日常清單，且在每天開始工作之前閱讀那幾條建議。

在酒館碰上困難的主要原因，是遇到了與幼兒園有關的女大學生。魯柏被嚇了一跳。幼兒園因為之前說過的原因，會讓他聯想到身體的不適。

女孩驚訝地說：「沒想到會在這裡遇見妳，」被魯柏那過度盡責的自己當成對他的指責。

（「他的兩手臂為何彎曲？」）

我沒聽見。

（「他的兩手臂為何彎曲？」我認為第一次問的時候已經夠大聲了。）

請給我們一點時間。現在手臂應該會開始放鬆。它們連結到一種無助感，主要環繞的中心是他感覺他沒有做出應該有的財務貢獻。這個月他終於感到相當滿意了。

如果夢書的工作繼續，他現在就應該已有明顯的改善，因為財務狀況也改善了。在處理你父母的情況時，他發現自己比以前更有能力。這將增加他的信心，也有助於改善他的手臂。

再次地，使用花生油。給我們一點時間。（停頓。）

手臂和手的力量這個月已有顯著進步。放鬆，再次地，極端重要。肌肉放鬆將有助於手臂放鬆，因為須有心理的放鬆與肯定，身體才會放鬆。

有些自我保護的機制仍在運作。因為缺乏信心，而試圖給他自己加上防護罩。（珍做了一個自我擁抱的手勢。）他已取得越來越多的成就，然而它們發生在各個不同的時期。（長停頓。）

倘若他現在每天從事夢書的工作，每天至少兩小時，加上他的班級帶來的好處，情況將有明顯的改善。當你注意到他的身體緊張起來，請提醒他放鬆，因為他通常沒認出那種緊張感。

你若指出來，他就會有覺知。他將學會辨識那種感覺，並設法避免。每天早上使用花生油，持續一個星期。

（「只用在手臂上？」）

主要是手臂，還有肩頸區，以及造成困難的任何地方。他在處理夢書時也可以用。

你若沒有其他問題，我們可以結束這一節，或者你要休息之後再繼續也可以。

（「我只有一個問題：你對我剛以蛋彩完成的樹葉畫有什麼看法？」）

畫裡有著你允許自己的自發性，而且非常明顯。

（「我發覺自己認為它不是一幅好畫。」）

它是一幅好畫。你不滿意它只有一個理由。

（「我就知道有理由，對。」）

給我們一點時間。（停頓。）還有，不要忘了你的素描作品。這容許了自發性及自律。

經由你的繪畫和你的作品，你快要以一種特殊的方式釋放自己，你將以你的直覺找到這個方式。這裡的快要，我的意思是非常接近。正是這種非常接近使得你不滿意剛完成的作品，你拿它與你即將（畫底線）完成的作品相比；樹葉畫並無任何反思，只有來自未來的對照。一些新作品的暗示出現在其中。

（「類似的事以前也發生過。」）

我相信到二月份，你將在你的作品之中融入一個新的概念，並創作出一系列新的畫作，它們將帶著你充滿創意地度過冬天、春天，或許還有一部分的夏天。

由你決定休息或結束。

（「那我們結束。」）

給兩位我最衷心的祝福，美好的晚安。

（「晚安，賽斯。」十一點二分。）

第三七七節（刪除課）　一九六七年十一月六日星期一晚上九點

（本節曾從記錄中刪除。

（十一月五日星期日下午，我進行了一次長時間的擺錘課，關於我的態度與珍的症狀的關係，我覺得很有幫助也很有意義，我們渴望能在今晚聽聽賽斯的評論。

（擺錘課的完整記錄也已歸檔。順帶一提，珍和我今天下午都在塞爾市，去醫院看我父親，與我母親共進晚餐等。

（上週四，十一月二日，珍收到佛德瑞克．菲爾寄來ESP書的版稅——很大一筆，超過二百五十美元，比我們的預料多很多。

（珍今晚的步調偏慢，聲音倒是很好，眼睛經常張開。）

晚安。

（「晚安，賽斯。」）

好，請先等我們一會兒。（停頓，手遮眼。）

你現在已經更清楚看到，你的許多問題是個人反應及互動的不幸結果，涉及的不只一個而是兩個人。

然而，你必須明白在你們的互動中，你與魯柏在某些領域的合作非常有效果。你將精確定位與負面互動有關的領域。

好，你的確已經看出你父親（一如我的擺錘告訴我的）不只在許多重要領域是個失敗的男人，而是所有領域都失敗；丈夫、養家者、父親。（停頓。）而你與他認同，多少是因為恐懼你母親的情緒主義。你不敢與她認同。

她總是有著強烈的性渴望。她認為這些渴望比她低下，而且是錯的。她無法以這種方式與丈夫建立關係。但你多少覺知到她的性能量。那是你們之間的一種暗流，因為她並未認出她在你小時候對你的感覺與性有關，所以她允許自己對你表現的愛比對丈夫更多。

你認同父親，因為他似乎是自由的，母親並未把強烈的感情主動又直接地指向他。像他代表安全，因為她不喜歡失敗。

她是個行動主義者，所以你設法成為相反的。如此這般：你一方面希望藉由認同父親來獲得男子氣概，然而他對你來說，又是失敗的象徵。就這樣，失敗才是男人（我的擺錘也這樣說）。任何朝成功而去的推動力，都對你的男子氣概構成威脅；來自女人的推動力，更變成雙重的威脅。你感覺她彷彿威脅著要將你去勢。魯柏覺知到這件事。這是每當他允許自己希望你在工作、藝術或財務有更大成功時，他就會產生強烈的對你不忠之感的主要原因之一。

他擔心你會將那希望解釋為去勢的威脅。因為他自己的背景，你知道他不會在這方面強迫你。他有賺錢的內在天賦，而這天賦之所以沒有發展與運用起來，全是因為這些理由；而他為你做的建議及暗示都被你視為威脅，他感覺這些建議是他的錯。（一分鐘停頓。）

我告訴過你，你可以改變過去。這樣做時你也改變自己，方法是從過去的經驗裡選擇那些你應該和不應該去回應的元素。這是你能做的。（長停頓。）

順著這些路線，我今天晚上將有幾個重點要與你討論。但有個雖為附帶議題的重點，我想要先說。那就是：你認為每天的時間是有限的——這想法對你和你的工作的限制，遠遠大於時間本身。這種態度會自動暗示，你的工作進度需要花用一定的時間，並限制了你的直覺洞察力，將這些洞察力限制在你的時間觀念之中。

換句話說，只要你允許，一年份的直覺進步也能在一個小時之內完成。我並不是說，你不該為自己留出特別的時間。我要說的是，請小心；當你的內在系統認為工作的發展必定需要一段時間，那些以幾天、幾星期為單位的限制性想法會降低你的工作與成長中那些直覺的品質。

你只是處理著單線型「物理時間內」的發展，因而忽略了完全獨立於時間架構外的價值完成這一類型發展。害怕時間不夠，反而無法充分利用時間。

你可以休息一下，我們將再繼續。順帶一提，最後一個關於時間的問題，與我們一直在談論的問題有關，因為它可能導致對外在實相的堅持，並造成缺乏內在直覺的發展，但只有後者才是真實藝術的泉源。

（九點二十七分。珍的整個步調偏慢，有些長停頓。九點四十七分重新開始。）

好，有些步驟是你們兩位都可以採取的，我們將要說到。

魯柏正在閱讀的書（*Psycho-Cybernetics* by Maxwell Maltz，譯註：中文版書名為《改造生命的自我形象整容術》，麥斯威爾·馬爾茲著），提供了一個很好的角度（譯註：請參閱《早期課八》第三八三節。）。遵循那些大方向，細節我將再給你。

這裡是一些通則，其他的我將補充並在下一節添加進來。

（長停頓。）魯柏一直在加強他過去那些負面影響的力量。他對這些影響的反應越是強烈，就使自己越發徹底地相信它們的力量。他的背景的確是不幸的，不如他理應享有的幸運。然而，他最值得稱道的許多品質及個性特徵，卻又是因它而形成。

他的生命力就是在那種環境中形成的，如果不是因為他所面臨的逆境，他身上的被動特質可能更加全面地主導一切。他母親那多采多姿、囂張又神秘的個性特徵，給了他動力，並推動他的理智與心靈方面的活動。（長停頓。）

她具有高度的想像力，有時分不清現實或想像。而魯柏的腦筋從許多方面而言都非常刻板，完全相信語言及文字的表面意義。對於母親那些歇斯底里、充滿絕望的威脅，他都信以為真，倘若是其他小孩應該不至於如此。魯柏的人格背景既不幸，也幸運。

（「他的人格選擇了這個背景，不是嗎？」）

總體自己（overall self）選擇了背景。好，想在寫作方面獲得成功，一直是魯柏的主要動力。他的母親鼓勵他寫作。於此同時，他對自己的自由以及母親的不自由感到內疚。他在某種程度上為母親的處境自責，而那位母親也的確在這方面責怪孩子。

母親想要孩子成功，然而魯柏感覺（停頓）那成功也會被母親怨恨，因為母親將會嫉妒。母親希望女兒成功，這樣女兒就能把成功的果實與她分享，並提供她的生活所需。而只要魯柏沒錢，就不必害怕這件事。

財務的成功因此延遲了，看到沒。它不會被否認，而是遭到延遲。（停頓。）他不想與母親分享成功，因為對魯柏而言，那就表示讓母親與他同住。

好，這些感覺使得成功姍姍來遲。它們不夠強烈，所以也不至於將成功全然拒於門外，而且他也正努力調節和適應這些感覺，雖然這要耗費可觀的能量。

然而，這些隱藏的感覺使得他很容易受到你自己那些恐懼的影響。他必須徹底擺脫對母親的強烈怨恨。上面的幾段文字應該能幫助他。他不能怨恨環境也不能怨恨他的父母，既然兩者皆為他的選擇。（停頓。）

好，你可以改變過去，而這樣做時，你也改變了現在和未來。你可以改變現在，而這樣做時，你也改變了過去和未來。你可以改變未來，而這樣做時，你也改變了現在和過去。

魯柏正在閱讀的那本書裡的練習非常好。加上我們的指導，甚至會更好。藉由生氣勃勃地想像今天，你可以改變未來的自己。你將以這種心態立刻在工作中投入殷切的期望，再將一個嶄新的畫面投射到明天。

這個已投射的畫面本身便已經改變了過去和現在。你可以藉由鮮明地想像以前拒絕去聚焦的那些快樂時光而改變過去，以及你對它的反應。此刻的這些追求，將自動地改變現在的未來。態度的全然反轉是可以發生的，只要你堅持，而且它也將會發生。我目前給的是相當原則性的綱要，日後我自會補充。

關於你和魯柏為何選擇你們特殊的現在和早期的環境，還有很多可說而未說的。你的內在自己認為，成為一個藝術家和成功是相反的兩回事，你因此無法兩者兼得。（停頓。）

我應該說得更清楚：你認為，成為一個好的藝術家和成功是相反的兩回事。

我們將為你把這些全都補充起來。如果其中有些內容好像沒有關聯，那是因為我想先概述有待發展的主要領域。魯柏認為自己是作家，不是靈媒。但他的直覺知道他是個靈媒。他是如此急切地想要成功，卻又知道他並未朝著成功的方向努力。

心靈能力就在他迫切需要一份將自己往成功推去的額外動力時出現，而且偽裝成不會立刻被認出是要朝著成功努力奮鬥的模樣。

因為ＥＳＰ書的被接受，他對成功的昔日恐懼終於可以擺到一旁。但若被驅趕回去，就又立刻上身。他馬上看到你討厭那本書的出版，一如你早些時候討厭《反叛者》的出版。你非常討厭那本書。

（「反叛者？」

（珍點頭稱是。停頓，眼睛閉著。她舉起一隻手。）他那時很恐懼你的反應。正是這份恐懼阻止他去完成當時已開始的那些計畫，或者沒去銷售它們。

你們兩人都走入心靈的工作，他因而感覺你會認為他的成功也是你的。他認為你當時只是嫉妒他。你對ＥＳＰ書的反應真的把他嚇壞了。他這時才明白，你不要你們任何人成功。

（「這其中有任何一項浮現到他的意識嗎？」）

有些有，不過他一意識到，立刻驚慌失措。然而，成功的滋味很快便驅使他加大了胃口。他想要更多。他覺得你礙手礙腳。於此同時，他也覺得應該對你們的財務有所貢獻，並感覺你要求他以他並不特別擅長的方式去賺錢，同時禁止他以寫書獲得成功。

夢書是再度嘗試的企圖，一個不顧負面影響也要孤注一擲的嘗試，試圖以他自己的力量獲得成功。（停頓。）他感覺你整個地拒絕它，全然地。他的急躁和恐慌的確妨礙了他的判斷力，導致過早地送出去給出版社，他認為這是你的過錯。

這本書成為一個痛點，也成為他處理內心問題的焦點，一個象徵。最後他必須強迫自己去寫它，有的時候甚至寫不下去。他的內心拒絕讓步。你們各自堅持自己的立場，不肯溝通。

他的症狀代表他的問題。他感覺到真正的癱瘓，也的確無法移動。現在，他能移動，但還是不能跑，看到沒。他的移動已有改善，他有部分的釋放，但離全部還很遙遠。

在危機關頭，你們各自疏離。他完全地不知所措。他以為他正在做你想要他做的事，然而結果卻讓你不高興，而且他覺得你對他的身體很反感。無可奈何之下，你們都開始質疑內心的態度，然後你用擺錘課打破了僵局。（參考第三五〇節。）

事情是可以完全澄清的，並讓你們兩人以及你們的能力都獲得自由。我再度強調，在許多領域，你們合作得非常好，而這個內在親密感對你們的工作確實非常有幫助，也使得心靈工作成為可能，要知道，正是這份相同的親密感打開了你各方面的內在互動。

請自行決定休息或結束。

（「我們休息一下。」）

（十點四十二分。珍這次出去得比較遠，她說，被賽斯頗為聰明地留在那裡。起初，她想要抗拒與她母親相關的資料，後來則順其自然。十點五十分重新開始。）

主觀上，當你以前嫉妒的時候（參閱第三五〇節），你是主動地嫉妒魯柏成為成功人士，並出於報復而想要予以打擊。當你現在感覺羨慕，你是羨慕他的成功，而不是嫉妒他這個人。

（這裡賽斯是要澄清星期天那次擺錘課的一個重點，課程中，擺錘告訴我，我並沒有嫉妒珍，而是羨慕她的成功。我一直想要確定自己了解嫉妒與羨慕的特定定義；我也不斷猜測它們是否真有任何差異。）

你羨慕的是成功。

與父親的認同應該可以剷除，鮮活地想像自己是成功人士將可以弱化它。你若能在情感上理解，你是一個不必與任何人認同的獨立個體，它也會弱化。

你的藝術獨特性，應該也能弱化它，因為你的藝術永遠也不可能由你父親製作出來。你的藝術確實是一個絕佳的防禦，以這種方式使用，因為它是對個體性的謳歌，也是獨特性的宣言。

現在，我親愛的朋友——（珍注視著我，用腳點點我們之間的咖啡桌）你的帽子、鴨舌帽……看到任何關聯嗎？

（「與我父親的？」）

的確。

（「嗯，好像看到了。他戴帽子，我戴鴨舌帽……不過這裡一定還有些東西是我錯過的。」）

他戴過許多你現在戴的這種鴨舌帽，多年來都掛在後廊。這是你無意識中配戴的身分認同物件。

（賽斯一講我才想起我父親的鴨舌帽。但我覺得有點兩難，因為父親也戴普通的帽子。）

好吧，我們來看看。（停頓。）你們兩人都仔細閱讀了魯柏買的書，也遵循了大多數的指令。（《改造生命的自我形象整容術》）。我將為你提供與這本書一起使用的具體資料，並加上我自己的解釋。

另一個說明：魯柏的信件，商業信件。他允許你從它們拿取自發性及友情。（停頓。）這一切都可以得到澄清，任何人都不應該受到指責。那只會使問題變得更加複雜，事實上也沒有任何責任歸屬；有的只是無知。

你倆已經避免了許多可能出現的問題，因為你們在那些領域並非一無所知。無知的言外之意是拒絕正視，或者因為不同的理由無法在特定時間內看到問題之所在。永遠不要小看你們所擁有的，因為你們擁有許多。我將在下一節擴大討論其中的一些主題。

所有這些都影響我們的課。我的幫助能力由許多議題決定。魯柏的整體情況某種程度地阻礙著我們，（停頓）而由於不信任他自己的能力，他有時也會懷疑我的正確性。這類的懷疑不只阻礙他的進步，也限制了我能提供的幫助。（停頓。）

他不信任自己的能力，部分是基本衝突的結果，而當他連自己都無法信任時，怎麼可能信任經由他說話的我？

再次的，結束或休息由你選擇。

（「我們結束。」）

給兩位我衷心的祝福，也誠摯地願你成功。

（「謝謝你。晚安，賽斯。」）

（十一點七分。珍說她再次出去很遠，花了點時間才離開出神狀態。說話步調一直是快的。）

第三七八節（刪除課） 一九六七年十一月八日星期三晚上九點三十九分

（本節曾從記錄中刪除。

（珍今天休息時收到兩個印象，兩者都有點令人擔心，我們因此希望賽斯今晚可以談及。

（昨晚我被珍痛苦的叫聲驚醒，因為她的背部突然抽筋。我們希望賽斯也能談談。

（記得上星期日，十一月五日，我進行了一次很棒的擺錘課，指出我在珍的症狀裡所扮演的角色。自那之後，我每天使用擺錘，驚訝地留意到一些內在態度有了劇烈的改變。我想要知道在這麼短的時間內，這些從負面到正面的改變是否合理與可能。

（珍以較平常緩慢的速度開始今晚在出神中的口述。）

晚安。

（「晚安，賽斯。」）

好，的確有個時間點，你會更能利用某項資訊，並理解也洞悉它。這資訊你其實一直都有，但我們可以說，你必須成長到它的高度才搆得到。

你們兩人都已經來到這個點。你們原本略微迷途，如今已做了必要的修正。你們諸多的態度、情感和目標都需要徹底地改頭換面。

我推薦的書（《改造生命的自我形象整容術》）將大有助益。然而，若在早些時候，你們的受益不會這麼多，因為你們會是以膚淺的態度接受它。

內在的許多意義將無法烙印於心。你們將認為這是一本膚淺的書，因為你們不能清楚理解表面之下的微言大義。這顯然意味著，你們必須處於特定的發展階段，作者所建議的技巧才能發揮任何巨大效益。

而在你們此刻的發展階段，這些技巧將非常有幫助，但也請不要被它們的看似簡單所欺騙。這當然也意味著，作者並沒有意識到，他所建議的技巧將必須潛藏許久之後才能奏效。

魯柏尤其已經有能力、也做好重新開始的準備，事實上也已經這樣做了。然而，這個所謂的重新開始也只是個相對的用語，它取決於早已進行了數個月、甚有助益的其他啟迪活動，是它們促使這最後的重新開始——在此階段——成為可能。（一分鐘停頓。）

書中所列啟動內在自我輔助的步驟，非常傑出。它將確定你們對成功的概念不僅限於財務，或過度關注於獲取現在尚未擁有的物質事物。

你（珍指著我）似乎認為你絕不會這樣，所以不必特別提防。然而，部分的你確實因為早期的商業畫作沒有替你帶來物質利益，強烈地怨恨著。在此運作的，是你以前從家人那兒撿取過來的苦澀。它隱藏得如此之好，因而幾乎無人察覺。它與你對成功的那些衝突想法並不同路，但給它們上了色彩。

偶爾地，它偽裝成對物質財產的厭惡，但經常地就只是怨恨。在你內心的秘密深處，這確實引發大量的苦楚，對你造成諸多不利。（長停頓。）你已因為我們說過的那些理由害怕成功，卻又怨恨你不能擁有隨成功而來的那些物質獲益。（停頓。）

這導致了對此類象徵的積極反感，因而實質地妨礙了你獲得它們。雖然有時你也會有意識地想要它們，但總被秘藏的苦楚攔腰阻斷。我相信你知道，如果你成功地去成為一個人和一個藝術家，那麼財務上的成功將隨之而來。

我想告訴你的是，你有時會以消極的態度強烈地專注於那些成功的象徵（停頓），當別人或許正積極去爭取它們。這兩者對成功象徵的聚焦，其實都在。我不相信你曾覺察到這件事。而光是集中精力於發揮自己的能力、所有的能力，財務的成功就會到來。

也難怪你會有所期待。你幾乎是本末倒置，但態度是負面的。要流出多少能量、釋放多少能量於你的工作，是自動地經由在你人格所有面向全方位流動的能量來決定，這也將自動帶來不同的好處，包括財務方面。

再次地，書中列出的特殊方法極為優秀，若能應用於釋放你們能力的過程。如果你們遵循書中的指導，加上我給你們的建議與變化，你們兩人都會對情況的改善感到震驚。再說一遍，若在過去，這些方法對你們是無效的。

要知道，許多功課已經完成。作者並不理解，他的方法若要產生他預期的功效，事前必須完成許多功課。最近，你已能穿越並抵達你的潛意識，而且還能跟它講道理，因為藉由擺錘和我們的課，我們已經能將潛意識從它所處的不確定狀態整理出來。這是作者忽略的一點。

星期天之後，你有了大幅度的進步。溝通的系統已足夠清晰。要知道，作者並未全然理解，這方面的功課需先完成，他的方法才能產生重大的價值。我們已經清理了你們個人私下的溝通管道，以及當你們共同行動時的共同溝通管道。

這是任何關係裡都必須做到的。

好，魯柏昨晚只是小題大作（珍的背部抽筋）。在身體方面，他開始以更正常的方式使用肌肉，也開始啟動許久幾乎沒用的一些肌肉。

僅從身體層面來看，是當時出現了一些緊張和壓力，在那時的情況下這很正常。然而，在更深的層面上，衝突既然存在，以情況來說，來些叛逆也足夠正常。（停頓。）要知道，以前認為症狀乃屬必要的那一部分的自己，已經發現不必要了，可是積習難改。

經由身體運作的一組不幸的習慣正在崩解。它們原本有個目的。如今這個目的不在了，但它們仍然不願意解體；魯柏那不由自主的喊叫，實際上代表著症狀，以及曾接受它們為解決問題之意圖的那一部份自己，死亡前的陣痛。

這是個挺嚇人的經驗，但如果沒有這個經驗或非常類似的經驗，全然的復原將不可能發生。

你可以休息一下。

（十點二十二分至十點二十三分。珍說上面的信息讓她有種悲傷的奇特感覺。我因而大聲猜測，症狀真的會這麼突然就消失嗎？距離上星期天的擺錘課才三天、十一月六日星期一的賽斯課也才兩天。這使得賽斯立刻回來。）

你真的不能說這樣叫做很快。

從去年冬天的危機點之後，那個習慣小組便已開始瓦解。它的死亡現在已是事實。然而，身體仍必須穩定下來，並鞏固其成果。

仍有一些哀悼的感覺揮之不去，因為那個小組確曾主宰生死，而且當初之所以採用就是要幫助人格。小組失敗的命運是早已注定，因為它不只無法幫助人格，反而阻礙了它。明白這個之後，所有的營養便被切斷。不只人格的其他元素開始拒絕給予能量，這個小組也彷彿走上自殺之途，為了它曾經想要拯救的整體人格而犧牲自己。

現在，你可以休息一下了。

（十點二十八分。珍說出以上對話時，她的眼睛又大又黑。她說她出去得很遠。現在她感覺「非常詭異」，她說，有著理解、哀傷，卻也喜悅。她說，那感覺與她昨晚因為背部抽筋而大叫時的感覺很像。）

（十點三十六分。）好，舊小組的死亡允許一個新小組出生，這次的小組將有效處理當前的問題，讓人格得到發揮與擴展。書中的說明將有助於指導這一個新小組的形成。

給我們一點時間。（停頓，長的。）心電印象（telegram impression）其來有自，你或許有接到或許沒有，但應該是與家人有關，你的家人或魯柏的，我並不確定。或者它將被你或魯柏的家人之一接收到。（停頓。）

子宮（停頓）這個印象，我相信應與薇薇安（克勞德）有關（停頓），魯柏其實也是從並未有意識覺知此事的你母親那兒撿拾而來。（停頓。）一個無害的囊腫。相關時間大約六個月。它的重要性只因它是先前一次手術的結果，並無任何危險。

（以上是珍今天休息時收到的兩個印象。）

魯柏的練習（《改造生命的自我形象整容術》書內的）做得很好，也將有改善。現在你可以結束這節課或提出你想問的問題。

（「參考了最近的資訊，關於盡責的自己角色，你想說些什麼嗎？」）

我們針對這方面說過的話仍然有效，一如給出此資訊的當時。

溝通已有改善，這一部分的人格已經改變了之前的方向，現在正積極地啟動這個新程序。有方向的感覺讓它充滿喜悅，於是正以彷彿剛皈依的信教者那種能量，精力充沛地起飛。（微笑；覺得很有趣。）

一切都朝向良善發展。盡責的自己正在放棄它以前的僵化。它認同這本新書，因為上帝有被考慮進來，而且不是使用異教徒的說法。

（關於過度盡責的自己，賽斯如此回答我的問題。）

它在這個新的突破過程裡是個助力，並將發現自己已經重生。它總是在這樣的情況之下釋放自發的自己，而它自己也經歷一個令人耳目一新的嶄新靈性誕生。（停頓。）在最近的將來，這兩者將為了全新的目標，結合成為全部的能量。身體經歷著越來越多的釋放。壓力正輕快的轉開，能量因為建設性的行動而釋放出來。

這將自動建立起魯柏的資源及內在心靈的防衛，抵抗負面的影響。我們將在下一節更多地討論你的（意思是我）症狀，並提供特定建議；練習和那本書現在應該能協助你擺脫它們。

（「我現在想要它們消失。」）

你若沒有更多問題，我們將要結束，如果你想繼續我也願意。

（「珍知道奧圖・賓德〔Otto Binder〕女兒的死亡嗎？」）

她知道，你也知道。魯柏不會再經歷昨晚那樣的插曲。讓我為兩位共同的成功獻上最衷心的祝福。

（「晚安，賽斯。」）

（十點五十四分。珍出離得很好。我們是在意識層面得知賓德女兒瑪莉的死亡，我們這星期買了賓德所寫關於飛碟的新書，閱讀了書上的獻詞。該書在一九六七年三月出版。在那些「舊日時光」裡，我畫過許多由奧圖的故事改編的漫畫。）

第三七九節（刪除課） 一九六七年十一月十三日星期一晚上九點五分

（本節曾從記錄中刪除。）

（珍以較平常強烈許多的聲音在出神狀態中說話。）

晚安。

（「晚安，賽斯。」）

好，在魯柏方面，我們應該朝相反的發展努力——深度的放鬆，以及快速加熱的動作。一些會引發溫暖感覺的動作。

這些動作不必猛烈，但它們將引發一種自由和自發的感覺，並增加血液循環。他應該在他的運動中想像劇烈的運動，例如非常快速的跑步，直到他的肌肉在他的腦海中是完全放鬆的。

跑步跑到他感覺自己無法呼吸，或跳舞跳到相同的程度。系統將可全面啟動，你知道，並藉由這些活動徹底地沖刷與流通。好，劇烈的運動，但不必過火，你懂的，身體力行的，以及腦海中想像的劇烈運動，本身就可以導致他現在應該學習去達成的深度放鬆，而這也是系統需要的。

因為習慣使然，以及害怕後果，他對於自己的動作確實總是過分小心。抵達筋疲力盡臨界點的體力工作或活動，對他很有好處，因為肌肉將出現自發的深層放鬆反應。

他想像中的探險絕對應該包括這種激烈的追求，以及相伴而來的放鬆。他的體育日應該盡可能地多包含這些。在目前的時間點，跳繩是個好主意，還有跳舞和大多數的體能活動。跑步將是最棒的。

他現在可以做比他所知道的更多體能活動，你知道。他應該試著在腦海中跳繩，再實際執行。另一個建議是，在你們的樓梯間以最快速度奔跑。我的意思絕非要他過度，但他現在什麼都沒做。

讓他更常使用手和手臂。他曾考慮重拾坐在地板上的習慣，讓他開始這樣做吧。想坐的企圖和意願會帶來結果；讓他想像他自己在這些活動的畫面裡。

我建議把原本用來做放鬆練習的時間，現在改為執行練習各種想像，取代書（《改造生命的自我形象整容術》）中的那些。讓他想像自己正在執行各種激烈的活動，直到他近乎筋疲力盡，然後想像隨之而來的深度放鬆。

他是對的。這涉及太多被動，但這只適用於他。現在，給我們一點時間。（停頓。）

你自己的症狀也是由內心的優柔寡斷、拒絕面對自己，以及你的工作所造成。涉及的尚有某種潛藏的威脅：你想強迫自己，卻也懲罰自己。你母親在這件事的背景裡。既然你仍感覺到她以前的要求，所以你因為沒有以藝術家身分賺到更多錢，而懲罰自己。

於此同時，你還幾乎是報復地威脅自己說，作為一名藝術家，你可能會徹底失敗。（停頓，許多停頓之一。）你不願成為全職的商業藝術家，不管過去任何人的任何要求，然而你又因為自己的拒絕而有些內疚。

在這裡，顫抖代表內疚，也是一種威脅，因為你認為：我的手會在我為了錢而全職去做這個之前完蛋。就這方面來說，顫抖達成了這兩個目的。順帶一提，你母親基本上已經放棄以任何方式關注你的藝術事業。一如魯柏所知，她現在只希望你從事另一種職業。（而我現在也知道了。）

她並不了解你的目標。對她來說，那些都不是目標，因為對她來說，錢才是基本目標，是能讓她心目中所有其他好處或舒適成為可能的神奇符咒。她已不再像早年那樣將你的藝術視為潛在盟友，也不像後來那樣把它當成威脅。

那只是你的一部分，她不了解的一部分。她認為那是你所擁有、用來強迫他人把錢給你的一項武器，只是你卻不肯使用。武器在這裡是個重要的字詞，因為她相信，金錢必定得從一些並不友善的來源強取而來。

你要知道，她那邊的要求已經消失。你的顫抖因而變成是對過去的一種反應。

這並不表示她不會偶爾地想起，然而她已不再那麼積極地關注了。

你遵循那本書所做的練習，應該著重於想像自發、興奮及自由的畫面。直覺的自由流動。有時候你應該更努力地（微笑）先說再想。我並未推薦魯柏特別去做這個練習。

你可以休息一下，我們稍後繼續。

（九點三十六分。珍繼續時聲音很好，眼睛常張開。隨後我們進行了一次非常有趣的討論——至少我認為有趣——論及珍在我們朋友的聚會總愛高談闊論，甚至疏於提供招待來賓的飲料、點心等等。九點五十分再度開始。）

好，你的自發性練習將有助於改善手部狀況，因為你一直在這裡搞怪。

帶著你的意識心離開這個情況，越遠越好。偶爾地，想像你的雙手做著各種激烈的動作，直到它們變得很累，並全然地休息。看著它們靜止，並美好地放鬆下來。但也不要過分強調這項練習。

盡量在你規定的時間表內，給自己更多的自由。還有，先說再想。不要擔心繪畫時犯錯，而是信任你的內在自我。這也會幫助你的手。（停頓。）

你的繪畫技巧高超。更進一步的重要發展，將取決於這份技巧如何被你直覺地揮灑開來。相信你自己，因而投入大量努力於你的工作之中，而且不要害怕犯錯。

魯柏那面「不必事事謹慎（Be Careful in Nothing）」的牌子（掛在我們大廳門上）就蘊含著這樣的深刻寓意。你將完成美好的作品，你的技巧可以完美無瑕。你知道的已經夠多了，因此完全不需要在意識的層面過度地在意它。如今它既已開展，就讓內在的自己來指揮它，而它將為你效力，一如它原本就注定要為你直覺的自己效力。

好，這些結合激烈動作與相對應的深度放鬆練習，也會幫助你們的親密生活，尤其魯柏那邊。對他來說——自發的使勁和放鬆，是很自然的事，現在他只是必須讓它回來。（長停頓。）給我們一點時間。（停頓。）讓我強調作者的重點：說出你的目標。但，不要過於在意實現這些目標的方法，內我自會處理。然而要對直覺性的跡象與想法保持警覺。

有時，它們看似與你的目標並不直接相關，但底下可能存在著你無法從意識層面見到的關聯。

現在我要再說一次，不要過度強調這下一個練習，因為陰莖的狀況終究只是一個症狀。想像它柔軟無力，然後堅硬挺立，你知道的。整體的專注重點不應該是擺脫任何特定症狀，而是正確引導自己朝著目標前進，方向如果準確，症狀就會自動消失。

與症狀相關的練習當然很好，但不應過分強調，因為你的目的必須比任何症狀的消失更加宏大。（長停頓。）

你可以休息一下，然後提出你想問的任何問題，或者你要現在先問，或要結束這節課，都可以。

（「我們休息一下。」十點七分至十點十六分。）

好，魯柏，在執行計畫的過程中，不要過度聚焦於意識層面。任由內我的自發性與自由去獲得解決的方案。暫時放過你的潛意識吧。就一段時間，讓它休息。

你那已被重新建立的工作行程表會自動翻新，而且它已經聚集更多能量及活力。

你，約瑟，你的擺錘工作做得很好，態度也可圈可點。（停頓。）讓魯柏忠實地遵循書中的程序，但態度要更為輕鬆，更無憂無慮。他應該重讀那本書，但不必連空閒時間也聚焦於練習。遵循那些建議，然後放下。好，你有問題嗎？

（「它們處理症狀，所以我們最好忘掉它們……我們什麼時候要開始一些更理論性的資料？」）

我已經應你的要求處理我們目前的資料——

（「我知道。」）

——因為你（微笑）需要。下一節，我們可以有些理論性的資料，外加我認為必要的私人資訊。不過，這類私人資訊若能由你開口詢問會是個好主意。

（「我覺得我們一直是這樣做的。」）

那我要結束這一節課了。你也應該遵循書中概述的計畫。如果覺得每個練習需要做到三十分鐘有困難，那就盡力而為，但每個練習都要做。給兩位我衷心的祝福，也向你們的進度道賀。

（「晚安，賽斯。」十點二十八分。）

第三八〇節（刪除課） 一九六七年十一月十五日星期三晚上九點十四分

（上課前，珍說她有點累，差點決定今晚不上課。然而，一如往常，結果非常好，即使她在九點時似乎情緒不佳。本節課曾從記錄中刪除。）

晚安。

（「晚安，賽斯。」）

好，你必定了解，在我們最近的討論中，我們一直在處理你們當前的問題，並以你們方便的條件來對治。

我們一直在處理，當下的自己（the immediate self）對環境和形勢的反應狀況。然而，當下的自己並未孤立於整個人格的其他部份之外。你們讓我在這裡的事實，就是過去的經歷及發展的結果。

從一方面來說，你的所有問題都有它們的答案。內在的自己知道，但是當下的自己認不出它們的答案。你的理解與發展的程度，是你在過去幾個轉世努力的結果。這個程度代表了你運用內在知識去解決問題的實際能力。

再說一次，從一方面來說，你知道答案。另一方面，你必須學習去辨認這些答案，再運用它們。每個接續的轉世，都讓你有更好的立場這樣做。因此，內在的自己必須辨認得出人格的所有層面。

內在的自己必須變為當下的自己，你知道。這樣的完整性才能讓你在你的物質身體死亡之後，在另一個實相重新開始一個真正圓滿的存在。所以，你現在正在解決許多問題，因為從物質方面來說，這將是你的最後一世。

為了做到這個，你必須知道得足夠多，才能與你的內在自己近乎平等地說話。這個過程終於以你的方式來到意識層面，而且自我（ego）也高度參與。在這個發展點上，人格的直覺部分必須得到你理智及有意識自己（intellectual and conscious self）的充分合作，而且我這裡說的是你們兩位。

意識必須以非常真實的方式，體認並重視它對直覺智慧的依賴。這其中必須有同意與團結。有意識的自己不能被晾在一旁，不明就裡地看著直覺能力率軍達到圓滿與完成。意識的理智能力，必須弄明白正在運作的道理，以便它們也能圓滿與完成它們自己。

真誠的質疑以及批判能力的真誠使用，永遠都會引導我們找到直覺性的真理，魯柏，因此沒有理由害怕它們。那些無法從理智角度去了解他們能力的人，總有一天會質疑它們。直覺與理智注定是要相互挑戰、彼此提攜發展的，而且直覺知識和理智知識最終都會得出相同的答案。

只有當你在這兩方面都沒有執行到底的時候，矛盾才會出現。一個以此方式自我呈現的最佳案例，就是魯柏把直覺和理智的知識運用在他的詩作之中。同樣的精神也應該用於處理我們的工作，以及他整體的生活模式。

另一個交替出現的案例是你的繪畫。這些都是你們兩位迎向所有問題時，成效將最為豐碩的方式。你們在工作中所表現出來的、相同的品質與精神，也應該運用於生活模式之中，因為它們對兩位來說原本就是最正確的，因而你們運作起來也會最有效率。

若非如此，你們會在運用某些品質的同時，犧牲其他品質，也就無法快速地達到目標。當魯柏勇往直前，在創作詩歌時相信自己的能力，他也應該如此對待他的通靈工作，以及現在要進行的激烈體能活動。所以，自我克制的想法必須全部放棄。

他確實經常地不多加思考就說出話來，而當他這樣做的時候，對人們的影響力經常也是最大。如今，他必須信任自己不多加思考就逕自移動，盡力讓他的身體以一種自發的方式活動。不必再三檢視。這並不表示他應該對特定的不舒服不予理會，而是應該把時時在意的感覺從物質身體移開，任由它自行運作。

我要再度重複，他確實應該遠離靈性文學。倒不是因為它們有任何基本上的錯誤，而是因為那會讓他陷入兩難之境。他所知道的都是他直覺就知道的。他的理智自會追上。靈性文學只會在他的理智與直覺之間造成不必要的矛盾。

如果他放鬆，並相信他內在的自己，直覺都會替他把事情弄清楚。如果你相信你內在的自己，陰莖困難將消失。

你可以休息一下，我們將再繼續。

（九點四十二分至九點五十二分。）

當下的自己是更大內在自己的一部分，而你們所追求的就是這個內在自己對當下自己的認可（recognition）。發展的方向一直都是這樣。直到當下的自己終於與內在自己合而為一。

這不會在一般的轉世過程中發生，但會發生在所有轉世的最後。例如，基督就已獲得這樣的認可，然而這認可也不過是另一個發展階段的開始。

問題在於你們學習的方法，它們由內在自己設定。這是一項極為重要的聲明。問題永遠都該以這個心態去面對。其他的存在也會涉及這些挑戰。

（微笑。）我必須幫助你們，因為你們是落後的兄弟。所以，你們是我的挑戰。你們的進展是我的挑戰。魯柏目前的狀況是他自己的挑戰，因為藉由克服這些挑戰，他也克服了以前沒有覺知到的限制。這些限制必須具體化，他才能了解並認識它們。

看見沒，從這個角度看，它們就成了學習的方法與道途。少了它們，進展也會很少。我並不是說，不生病就沒辦法進步，不過在你們的系統裡，你們慣於將不管是力量或弱點都先具體化、物質化，再去處理它們。

魯柏的康復將象徵一個遠為更大的康復，以及再也不會讓他失望的內在進展。他現在必須把自己推向身體的活動，並且是激烈的活動，而這樣做的同時，他也在表達一種內在的決定，說明他不再干預或篡改直覺的自發性。他已經學到篡改的後果，他也已經拋棄早年被加諸身上的錯誤，及扭曲的教育。

他最後將在理智與意識方面都學習到，他不必害怕自發性的自己，因為那一直都是他的力量，也一直支持著他。他被塑造成深深地恐懼它，然而它又是他人格裡一個既強大又主導的部分。通靈的工作使得他害怕他已經任由它跑得太遠。

自我（ego）發現詩是可以接受的，也從未提出挑戰。但通靈工作則是完全不同的另一回事。這個觀點，以及前面提過的其他問題，使得他對直覺的自己產生深深的不信任。他感覺他無法往前走。

他需要時間弄清楚方向。他感覺心理上有著程度頗為強大的麻痺，而這感覺也以身體的方式反映出來。幸好直覺的自己並沒有退避到太遠。諸多發展已是事實，也得到良好的效果。

然而，發展已被擱置。所有的其他理由當然都適用，但不能以犧牲有意識的自己為代價，去讓直覺運作。有意識的自己必須學習去接受與歡迎直覺，並拋棄錯誤的教訓。

所有這些都透過症狀在運作。可供選擇的其他方法其實很多，有些甚至更為簡單。然而，考慮到人格的構成，症狀卻是最有效的方式。

最後的階段正在展開，如今有意識的自己與直覺的自己兩者正在結合它們的力量，將使身體完全擺脫症狀。

你可以休息一下。

（十點十五分。珍的步調一直很好，雙眼經常張開，態度堅定。休息時間，並未像平常那樣坐起來，而是閉著眼睛躺在沙發上。她的呼吸深沉，眼睛閉了好幾分鐘才又張開；她努力張開，最後還是放棄。

（她並不記得資料。我認為這是對我們過去這一年、所面臨諸多問題的一個非常好的總結。珍以比較緩慢的步調開始說話；奇怪的是，當她再度坐起來，說了幾段之後，眼睛又像平常那樣地張開來。十點二十一分。）

當你們都能完全接受我剛才說的一切，當兩個部分的自己都被完全地接受與擁抱，手臂就能完全地張開來。這件事，你們不需要懷疑。

我曾推薦花生油，但它不曾被使用。

對於夢書的障礙，魯柏現在已經全然克服了。他的月經也已解決。他的化學與荷爾蒙系統現在都自己正常化了。

他的身體正在利用攝入的維生素。循環還不是那麼好，原因是相對來說低於正常（？）的活動量。運動會有幫助。

二十一天為一期的練習計畫是很好的激勵措施，可以讓他的意識有個聚焦之處，如此一來內在自我便能完成療癒的過程。

所有的活動，心智的或體力的，對他都有好處。你也看到他的班讓他多麼振奮。是恐懼拖慢了他的腳步。相信自己的能力，相信自己是一切萬有的一部分，如今將會讓他開始行動。因為對自我克制的想法念總是來者不拒，所以他從你這裡學到各種克制。

在此之前，他雖然使用他許多的直覺能力，但總也理智地不那麼信任它們。如今他將在意識及理智方面信任它們，而為了他的圓滿與完成，這個發展也必須在此時發生。這是未來其他發展與工作的前提。

你總是辨認得出也羨慕他的自發本質，卻不曾很有意識地理解：不管他的理智是否贊同，自發性都會自行運作。經由他碰上的困難，你其實免除了相當大量的問題；因為經由他的經驗，你因而理解了過度克制、那危險的抑制本質。因為他的自發性自己是如此強大，人格若要抵達圓滿成就之境，有意識的自己必須學著合作。

我要道晚安囉。

（「晚安，賽斯。」）

（十點三十八分。珍再度出離得很好，用很長的時間離開出神狀態。後面這段傳述的步調非常慢。她的眼睛慢慢張開，終於能起身時就上床了。）

（她後來說，她的出神狀態跟以前同樣深。顯然，賽斯利用了這個極端，以便把資料毫無扭曲地利用今晚傳送過來。我認為這是對我們似乎正在克服的諸多問題一個出色的總結。）

第三八二節（刪除課） 一九六七年十一月二十七日星期一晚上九點十五分

（本節曾從記錄中刪除。珍坐在沙發上，以出神的狀態開始口述。雙眼經常張著，聲音不高不低。）

晚安。

（「晚安，賽斯。」）

好，周五晚上發生的事件，確實改變了在場者的生活，包括你們自己。在場其他人會永遠記得這裡發生的事，但若要成功結束這件事，我的解釋則是必要的。

（我在週末花了好幾小時才把摔壞的桌子湊合起來。）

你們兩位都正在學習新的方法和角度，不管你們有沒有察覺。你們正學習在多種新的方向使用能量。那天晚上的事件將會影響當時不在房間裡的其他人。對於在場的人、他們的後代、他們將與之談起此事的人，實相本質的限制性觀念，都因此而擴大了。

此一事件餘波未盡，你知道；雖然以你們的方式來說，事件已經過去，但並未結束，只是第一個動作的開始。那天晚上使用的能量，尚未開始完成它自己。（停頓。）AA（桌子的居民）（譯註：參閱早期課八第三八一節）也在學習。在我們結束之前，你們就會發現自己是如何移動與影響物理物質，並以頗為實際的方式發現是你們創造了它。

你們學到的能量本質及聚焦，在其他領域也很重要。例如，你偶爾可以幫助出現的幽靈。（珍在沙發躺下。）你將有足夠的能力控制能量，去做非常成功的投射。對於人類人格的殘存，你將有更多直接證據。

我會在某些領域幫助你，其他人會在其他領域幫助你。已經產生的能量將產生更多能量，供應兩位使用的能量也將更多。當時的自發性非常精采，而魯柏已經學會，在我們的工作中給與予他的自發性自己更多自由。

你早先給他的推薦也很棒，關於他的練習，和那本書。（《改造生命的自我形象整容術》）桌子的工作將繼續並發展到其他領域。這是必要的第一步，是在物質宇宙中肯定能看到效果的。到處都能找到桌子來展現。

（我們打算換下在兩次實驗中慘遭破壞的桌子，代以珍ESP班學生露絲．科勒貝特的桌子。雖然已經修復，但應已太過脆弱而經不起任何大的撞擊。）

魯柏與你可以藉由觸碰各種物體來練習，熟悉它們的感覺，如此便能辨識物體的心靈成分，並像感受物質成分一樣，強烈地感受到它們。順帶一提，這是我們的朋友耶穌會士（比爾．加拉格）將要發現的許多驚喜之一。

那天晚上，能量在活動的高峰期顯現出來，像海浪般洶湧而至，而且一直都在。你們在第二天晚上感到很累，所以能量似乎退下與用罄。

（珍與我在第二天十一月二十五日星期六的晚上，同佩特·諾瑞利、克萊兒·克里特登、卡爾·華京斯一起吃晚餐。義大利麵味道很重，但我們所有人都感到一種並非因為吃太飽而產生的倦怠感。我們紛紛猜測能量不足的原因，因為這星期初，我們原本計畫這個週末要去跳舞。

（那天晚上後來，我們五個人圍著我畫室那張沉重的圖書館桌子。我們試圖移動這張桌子已經很久。我們不斷嘗試時，有時會感覺到桌子裡的震動，但沒有其他動作發生。）

你們已經學會利用波的高峰。心靈上你們仍在低潮，但能量還在。明白嗎？

（「明白。」）

（珍說著話時坐起來。）當晚魯柏能夠引導並利用這股強大的能量，你們的參與也提供了助力。AA原本需要與魯柏的學生威尼斯·麥卡洛有情感上的接觸，才能在你們的系統中啟動。

然而，他已經學會不必利用那根拐杖而自行運作，並與魯柏建立起另一種橋梁。好，有些人格，有些殘存人格，因為個性特徵，它們比其他人更懂得直接操控心靈物質，氣質上更適合這樣做，並認為它本身就是一項挑戰。

將物體從一個宇宙、一個實相領域，移到另一個實相領域，絕對不是孩童的把戲。這類人格必須在它們的那一邊也有所學習，而這種學習往往與發展中一個靈媒的、相對應的學習一起完成。這就是你們這裡的情況。

我是所有這一切的導師，替你們指出將因而獲得的各種應用和教訓。通常情況下，我會把這些實用的教訓讓別人處理，精神方面的討論總是讓我更有興趣。我偶爾會協助你們，但經由我們的課，我的協助將遠為更多。方式是貫徹你們其他方面的教育。

例如，魯柏千里眼的能力就需要更進一步的發展，而我會協助他。你自己的很多能量都用於自己與魯柏，以及你們共同的問題之上。順帶一提，他的能量目前是正常的——也就是說，他的能量就在該有的位置，但如今能量的出現已經不再像他有症狀之前，那樣地受到阻擋。

能量已經解鎖，並將成長。你某種程度地正拭目以待他的情況會怎樣發展，而你自己也很快就會感覺到一些能量的釋放與爆發。有些已經來過，而你也在星期五晚上把它做了很好的利用。

你自己的心靈發展來到一個相對的停滯期，一如魯柏在去年冬天那個最黑暗的時期。因為對魯柏的兩難之局感到部分的罪惡感，你關閉了自己。他的趨緩只是因為恐懼，現在你們兩位都將開始移動。

你的手會累嗎？

（「不會。」九點四十五分。）

魯柏的能力在他明白將於春天末期重拾健康後，再度擴展。（停頓。）那本書（《改造生命的自我形象整容術》）對你和對魯柏的幫助幾乎是一樣的，而我衷心推薦，希望你們加點變化後，讓它成為日後生活的基礎。

它的建議將為你們的成長與發展提供一個良好的架構，並為你們的進步提供衡量的標準，使得你們的腦海經常記得應有的進度。

（微笑。）我將為魯柏寫這樣的一本書，但這是在你們的未來。那將會成為一本著名的書，並且幫助很多人。

（「很好。」）

你可以休息，我們稍後繼續。

（九點四十七分。珍報告她出離得很好，但因記得最後幾個句子而面帶微笑。我替那本書提出了幾個書名：《賽斯動力學》、《賽斯建議書》等等，一九七二年還增加《賽斯如是說》〔*Seth Speaks*，亦即第一本賽斯書《靈魂永生》〕。九點五十五分。）

好，還有一件事，你剛才差一點就想到了。

正如我們說過，魯柏不必有這麼嚴重的症狀，就可以解決他的問題。他正在恢復健康，你們兩位都不必懷疑。

現在，聽著。因為與母親的背景，他建立起一種防衛，非常地不喜歡生病，而這是好的（珍張大了眼睛，指著我強調），但這個不喜歡，過量到幾乎成為痛恨任何病人，尤其是任何方式不良於行或行動不便的人，就會有問題。

他極端恐懼這種狀況的人，也因為害怕而不允許自己有任何同理心。我沒有更早給你這方面的資料；非常真實的原因，是我相信你會有錯誤的解讀。

以前，他對其他人的弱點並不了解，也沒有感覺。他永遠不會想像自己在他們的位子。不要誤解我。想像自己生病當然不好，但只因人家生病便譴責他，這也不好。

因為痛恨別人的脆弱，他因而沒有能力幫助他們。所以，為了自身的發展，他需要獨自面對這件事，並加以克服。否則，他將永遠無法用同情或理解的眼光看待生病的人。

再次地，他曾經太過恐懼。他將完全康復，然後他的故事將有意義。這是你們兩位早就知道的。你有自己與此有關的時間表，理由有部分相同，但他必須直接去面對自己內心深處的恐懼，然後站起來、走出去，如果他想要幫助其他人做到相同的事。

然而，這其中沒有捷徑，真的，雖然更容易的方法或許存在。不過他若選擇更容易的方法，取而代之的將會是另外一些嚴重地阻礙他，和你的發展問題。

好，你有其他的問題嗎？或者你想要我結束這一節？

（停頓。）我剛才給的資料，你知道，也可以解釋他所經歷過的黑暗情緒深淵，他曾跟著去了很遠，心靈到了最深處，再開始找路出來。我曾是一點光亮，但我不想幫他太多，因為那反而會阻礙他。你懂嗎？

（「懂。」）

我那時也很為難，即使我當時知道他的確會康復。

好，這裡毫無扭曲，約瑟。康復是一定的，後遺症只是強烈颶風曾經來過然後消失的結果和證據。遺留的殘骸正在被清除，這也是一定的。

他嘆出如釋重負的一口氣，知道它的確過去了，現在只需要等待新的成長過來。

你可以發問或決定結束這節。

（「你對我現在的畫有什麼看法？」）

你的進展順利，但仍處於必要的過渡階段。當我們給這個主題幾星期的時間，我也會在近期的未來協助你。那本書（《改造生命的自我形象整容術》）將在你成為藝術家的路上協助你更多。我在舉行這些課之前，也曾經從一位比我更是藝術家的某人那裡得到更高明的意見。

（「一個殘存人格？」）

沒錯。

（據我記憶所及，這是賽斯第一次明確說明解決一個問題的方法；雖然他過去曾在提及各種主題時，說他不是非常了解。）

然而，鑑於你特殊的能力及人格，你在成為藝術家的發展方面，在早些年並不可能。你將聞名於世的那些品質，或多或少地也是你心靈發展的結果。這是我很明確知道的。

你人格的自發性並不足以讓你的能力在早年就得到充分發揮。總體而言，這對你卻是有益的，因為你將力量儲備起來，充盈於內在而後表達出來。若在早年，那只會令你害怕。

魯柏對你的幫助是，協助你發展自發性。如今，你正用「向他展示如何重新發現他的自發性」來報答他。媒材這個問題終將變得相對地不重要。

（「我有同感。」）

色彩、意義與形式，將佔主導地位，儘管可能是以一種意料之外的方式。當你的成就感先是在腦海中、然後實際地在你的作品中增長，你的手部症狀就會完全消失。

（我覺得自己挑了兩位比爾——比爾．加拉格和比爾．麥唐納來當模特兒其實滿有趣的。

（兩天前，十一月二十五日星期六，我替兩位朋友拍了幾張探索性的照片，準備開始畫他們的畫像。）

你將替耶穌會士（比爾．加拉格）畫出一張後來會很有名的畫。我相信這幅畫的概念或許出自賣給索尼亞（賓州強森堡的索尼亞．卡爾森）的那一幅，但更加恢宏大氣。

（「你認為我父親會回家嗎？」我的意思是：我想知道賽斯對我父親出院回家由母親照顧，而不是大家都認為的可能去安養院，有何想法。）

我並未特別關注中間的階段。

（珍躺在沙發上，眼睛閉著。

（「我最近為何想不起我的夢？」）

她現在將（停頓）給予他向來渴望的全部注意力，你知道。（停頓。）你的下一個問題是什麼？

（重複。）這將過去，一如魯柏的情況。你失去了意圖，不敢夢到與父母相關之事。這也是魯柏想不起他的夢的原因之一，而且是主要的原因。

（「珍已準備把她的詩集送去給出版社。」—

（《高、低與靈性》）順帶一提，他可以信任自己而寫信給父母了。關於詩集我今晚沒有評語，而若沒有緊急的問題，我建議我們結束這節。

（「沒有。」—）

對兩位致上最誠摯的祝福。這一陣子，他睡覺不要用枕頭是比較好的。昨晚的個人碰觸對你們兩人都有好處。你的雙手在他身上——這樣做是有益的，以此方式，你可以某種程度地直接療癒他。每次有類似的身體接觸時，都請記起這一點。這樣做的益處，現在比以前更大，我要用力推薦。我過去之所以沒有建議，是因為你自己的內在感覺太過困惑，可能弊多於利，但那已經過去。如今，你倆之間有著一種健康的能量交換。這只是一個印象：讓魯柏把詩集送去給公司名開頭字母為V或者L的出版社。

（「晚安，賽斯。」—珍似乎在十點三十五分結束，但十點三十七分再度開口：）

魯柏應該努力忘掉他的手臂。他現在有些過分關注，使得他腦海裡都是它們的影像。這遮蔽了手臂處於正常健康位置的影像。讓他忘記它們，它們就會恢復正常。他的注意力過度集中於手臂。（長停頓。）至於你早先的評語，讓他聚焦於他的整體目標。他並未從我建議的練習獲得成功，因為他太過努力。（賽斯建議的活動練習，而不是被動的。

（十點四十二分結束。）

第三八四節　一九六七年十二月四日星期一晚上十點十五分

（本節曾從記錄中刪除。

（珍與我今晚進行了一次廣涉各方的長討論，關於她的症狀、我的角色、她那些揮之不去且頗為困擾的症狀後遺症，等等。在隨後的這節短課中，我們談到的大部分都得到了開展。不過，這是珍第一次表達了我不知道的、她對這些課所抱有的疑慮。討論的目的是要挖出任何我們未曾觸及因而總是無功而返、針對症狀的隱性原因。這類討論每次都很有幫助。

（我並未預期討論後上課，但十點十五分時，珍說可以舉行一次。她開始在出神狀態中以平靜的聲音說話，偶爾停頓，雙眼經常張開。）

好——我會簡短，因為你們累了。

這不是問題的全部，只是仍然存在的那個問題的一部分。它從一開始就在。

（珍的理智並未全然甘願地接受這些課，以及課中所引申的一切。）

魯柏一方面強烈地獻身於這些課，另一方面卻也高度地充滿批判。你的生病讓他受到很大的驚嚇，而且他擔心一旦面對他自己對我存在的真正懷疑，他會傷害你。

（停頓。珍認為我一九六三年那場重病的痊癒是課的功勞。）

他自己對課的內在信念在當時是強烈的，現在也還很強，但其他的衝突仍在持續。他曾在過去的一個轉世誤用了這方面的能力，這一次必須很努力才能獲得它們。

自發性的自己正學習在多少有些僵化的自我限制中，如何操縱與掌控。然而，自我也在擴張，並允許各種通道打開來。他開的班（ESP）是達到這個目的的一種方式。

既然魯柏已經說出他的一些疑慮，我們將因此而有更大的自由。以前，他並不願意像今晚這樣明確地表達。如果我們的課曾經對魯柏造成強大的整體威脅，我早就將它們停止。這些是成長痛，而且已經過去。

好，你若有問題，我會回答。我只是想讓你知道我對今晚這場討論的說法。

（「珍那一世的濫用通靈能力，對她這一世的影響有多大？」）

只是必須更努力才能接受上一次被視為理所當然、且被誤用的能力而已。

（「是在波士頓嗎？」）

是。

（「以怎樣的方式誤用？」）

他毫無節制地濫用。（停頓。）等等……他曾讓這些能力與他一起失控，現在因而加倍害怕。他置常識於不顧，過度的情緒化，無中生有地看出一些徵兆，對甚至當時就已擁有的傑出理智棄如敝屣。

（「他那時是男性或女性？」）

這是過度補償，你知道。

（「他那時是男性或女性？」）

這也是他對通靈術反應如此強烈的原因，他害怕過度沉迷。（停頓。）他曾在吉尼普街，或許是四五一號，或這三個數字組合的類似數字，以一個專業的靈媒為業。

他自己的母親在前世和這一世，也是有通靈能力的人。他曾經很怕她，你知道，因而也害怕通靈能力。如今，整體人格的接受度已經越來越高；當他看見這些能力幫助了其他人，例如他的學生，他才逐漸相信它們。

他從未害怕我。他害怕他部份的自己，理由幾乎與我無關。（停頓。）他害怕自發性的自己。盡責的自己會因為時間的推移，以及其他人的幫忙而越來越快樂。

魯柏的天性，你知道的，他要不就全然接受，要不就完全不同意，若非全然投入，就是完全逃避，但心靈的發展使得他兩者都不能做；又或者說，是他對通靈的反應，使得全部接受或全部拒絕變得不可能。這讓他彷彿身處暗處，非常難以接受。

（這或許就是整個兩難之局的鑰匙。）

相信期與懷疑期，交替地發生；搖擺不定的天性，使得我很難向他提供他所需要的保證。這是傾桌發展出來的原因之一，後面還會有其他的。

當他試圖把ＡＡ當成一個個人，他無法不去高度懷疑，但若把對方想成一股力量，卻又完全沒有問題。（停頓。）在此阻礙他的，倒不是早期對天主教的全然信仰，而是後來對教會的幻滅。這使得他變成懷疑論者，也失去對精神事物的信任。

你們累了，結束或休息由你決定。我必須說的已經說了，你要怎麼做都可以。

要知道，是因為你們允許自己感覺到我的存在，我才存在的。（我們的課前討論之一。）魯柏現在感覺到我的存在，以前的許多節課也都可以感覺到，所以他現在對這個感覺已很熟悉。經常的，他就是不肯相信他所感覺到的，可是這感覺又是他的主要感覺。這些課提供給你們的幫助，是已經發生的事。這是不可逆轉的。（微笑。）你們已經收下、使用，變成了你們自己的一部分。魯柏不必再那方面有所懷疑。

為了他自己，他知道他會繼續，也知道他必定會有改進。決定雖然在他，但我真的從未不請自來，將來也不會。

我現在和你們在一起，雖然我們的聲音頗為溫和，但今天晚上非常強烈，而我正努力讓你和魯柏明確知道我的存在；我將更經常這樣做，用以建立魯柏的信心。

他尚未明白他的心靈預設的全部力量，你知道，那遠比他自我本位的半調子否認要優秀許多。

現在做你想做的事。

（「我們短暫休息一下。」）

（十點四十四分。結果這是這節的結束，我請求休息，只因擔心珍有任何問題想要賽斯解答。

（她出去了很遠，雙眼慢慢張開。她說，她很明確覺察到賽斯的存在，但受到詢問時卻無法描述。）

第三八五節（刪除課） 一九六七年十二月六日星期三晚上九點四十六分

（今晚上課前，珍和我又像上節課前那樣，有另一次很長的討論，而我們的談話也再次證明非常有幫助。珍再度對她那些症狀背後的問題得到很深的洞見，我們也因此規畫出一個行動方案；此方案涉及該如何去思考她的通靈能力，外加幾個以特定方式給予的暗示。

（就在我們交談時，珍自己直覺地聯想到，她對自己通靈天賦的「理智懷疑」其實是一種恐懼；是防止她以真正客觀態度去考量她的能力的一種偽裝。針對評估自己通靈天賦所需的誠實性，珍在這裡建立了很有價值的連結，也連結到她寫詩時相同的誠實性，等等。我們兩人都感覺我們在這裡有很堅強的基礎，以及我們今晚的見解可能與消除症狀需要解決的最後一些問題有關。

（珍以出神的狀態開始口述，她坐在沙發上，聲音平靜、直接，眼睛經常張開著。）

晚安。

（「晚安，賽斯。」）

你們的課前討論很有價值。魯柏那時的直覺很強。你們走了很長的路才在今晚了解這個問題。現在請給我們一點時間。（停頓。）

他對任何他認為是宗教欺騙的行為都有強烈的譴責，原因來自過去與幾位教士相處的經驗，你知道的。這其中有些連結。他對他認為的真理與良善有著很深的奉獻及承諾（commitment）。當他無法狂熱、徹底、全心全意地相信天主教的教義時，一如他曾經全心擁抱它的教義那般，他便也徹底地與之離異。

他從不妥協。對於並不全然相信每一條教義卻依然留在教會，例如加拉格夫婦那樣的人，他是非常無法理解的。

他的忠誠，一旦給了出去，除非涉及欺騙，在大多數的情況下，都絕不撤回。在當時，他認為教會的欺騙與其階級制度有關。

他奉獻與承諾的潛能真的非常強大。例如，他對你的奉獻與承諾就是這樣的方式。然而，在明白自己於承諾這方面的力量之後，他又會顯得過分謹慎，所以很少給出承諾。在這之前，他總是要給就給全部，或者完全不給。

如今，他試圖有所保留，但又不保留。人格很大的一部分已經全然奉獻於我們正在努力的事業（endeavors）。另一部分卻用於阻止自己全然地奉獻，但相比之下，拒絕的程度似乎更高。對其他人來說，這種拒絕已接近奉獻，但這對他仍然不夠。

明確的壓力當然隨之出現，又因為涉及他一直極力奉獻的工作，所以也特別痛苦。他一方面已體認出我們的努力對他工作的價值，另一方面卻尚未完全地承諾，所以會有懷疑及不信任。

他不想用他的工作（停頓）、並不想把他的工作，拿來替他尚未堅定奉獻的一個目標服務。

（長停頓，閉著眼。）他向來重視教學，跟我一樣。人格之中盡責的那一部分在那個領域幫了很大的忙。（聲音平靜，但堅定且強調。）他必須完全相信他正在做的事，相信自己正在教導的東西，否則他會覺得自己是個騙子。

去年冬天，他的能量被非常故意的克制與保留。他不讓自己全面發揮，有些理由以前說過，但也因為他寧可不用也不願誤用。他必須對我們奮鬥的目標更加確定，才能允許自己投入更多能量。

他不能投入其中一個領域，卻在其他領域置身事外。所以大多數的能量就暫時擱置起來。（停頓。）內我出現了搏鬥。自我的幾個較大部分戰勝，於是症狀開始緩解，然後能量也回來了。她的班在過去幫了很大的忙，現在依然如此。（停頓。）

好，我之所以沒有更早給你這些資料，是因為他不允許。即使我曾給出，他也不會有印象，何況我的出現也只會被他認為是他自己的另一面。所以，我們的課本身是他進步的指標。

你現在的態度非常有幫助，而且你提供給他任何人都無法提供的服務；這當然也部分地彌補了你曾無意中造成的傷害。他任你（微笑）傷害，而那是他當時不會允許任何人做的。（微笑。）

殘存人格本身不會自動使它更有智慧。殘存人格各有其個體性。對魯柏來說，神的概念是有意義的；不管其他人要以他們自己有限的理解如何解釋。

休息一下。

（十點十二分。珍出去得很遠，等等。十點二十二分重新開始。）

好，當他需要重新檢視他的過去，李・克龍（Leslie Le Cron，《自我催眠術》作者）會有幫助。

然而，現在，需要的是馬爾茲（《改造生命的自我形象整容術》作者），以及他的理念：「只在當下的明亮焦點之中做出反應。」當魯柏明白它的含義，單單這一點就有很大的幫助。手臂的肌肉正在自我對抗。（停頓。）再說一次，你給予的按摩將很有幫助，因為它背後的想法。然而，當他開始感覺與自己融為一體的時候，這些症狀自然會減輕並消失。

即使他只是有意識地採取中立的立場，也將很有幫助，因為當他過度反應的時候，他是對自己的懷疑過度反應。這些懷疑其實並非他所認為的那樣嚴重。只要保持中立，已經是在意識方面往前跨了一步，你知道。

無論如何，他必須明白，事情並未涉及欺騙。他沒有撒謊，這情形有如孩童描述被父母視為離奇之事，卻受到指責那般。

（再度以極為平靜、積極又強調的傳述帶出後面幾段。珍的眼睛張得很大、非常黝黑，說話時經常指著我。我認為這幾段是解開症狀的鑰匙。）

他參與了一場真理的搜尋，因而也必須有所準備，準備追隨搜尋的結果將帶領他前往的道路。由於自身的本質，理智無法全然參與實際的出神經驗。他必須明白這一點。（停頓。）

請讓他提醒自己，他在他的詩作裡是多麼地無懼、多麼全然地奉獻自己，他在這方面的能力總是引領他不斷地向前發展，而且從未陷入背叛或欺騙。他現在（出神中）所使用的能力就是這種能力。

他必須信任它。理智會追隨詩意經驗（poetic experience）的最大廣度，但並不直接參與最初時刻的靈感啟發或直覺式洞見。它從那之後開始追隨，用物質實相的方式將那種經驗翻譯出來。讓它在此時此地發揮同樣的作用吧。

魯柏沒有不信任自己，因為他向來一頭栽進——確如字面所形容——自己的詩意經驗中。對於自己並沒有在詩的靈感出現時提出理智的質疑，他可從未感到內疚。因此，他也應該允許自己帶著相同的奉獻與承諾一頭栽進來。

直覺式洞見本身的力量使得理智能夠在詩意經驗之後，相信該經驗的有效性，因為魯柏允許他自己以全然的自由歡迎詩的靈感與洞見。在我們的工作中，他若能允許自己擁有同樣的自由，理智也將相信我們的有效性。

（始終如一平靜且專注的傳述。）

同樣的自由將讓我有更大餘地讓他知道我的存在。我在課中完全是他的一部分，你知道的（微笑），以至於他無法觀察到我或我的存在，這成了他懊惱的一個來源。（停頓。）

（強調地。）你也知道，我此刻已完全是他系統的一部分，他意識的任何部分都無法將我擺到一邊或孤立起來。他很想將我孤立，並觀察我。只要他允許自己有更多自由，他就能明確地感知到我，儘管通常不會是在上課的期間。

他能在課間感知道我的存在，但不是在他之外，你知道的；你在上課期間也做得到。

你可以休息或者你想要結束這節。

（「我們休息一下。」

（十點四十三分。珍有時會躺著對我說話。她在十點四十六分再度躺下。）

我們即將結束這節課。然而，我在上課期間如此地是他的一部分的事實，使得他懷疑我的獨立存在。他感覺到那種緊密，你知道。

可是，當我在他的系統中時，我也無法完全是我自己，既然我使用的是他的神經系統。是那種既陌生又熟悉感覺的交織，使得他在這方面感到困惑。但，如果不使用他的身體架構，我不可能經由他說話。

他已經如此習慣它的感覺；然而，他也認得出一個與自己並不相同的心理人格和模式。（停頓。）

如果你們的情況相反，他會立刻相信我的獨立本質。好，除非你還有問題，我們將結束這節我認為非常有益的課。

（「我沒有問題。」）

誠摯地祝福你們兩位，還有魯柏一定要繼續做馬爾茲的練習。「不必事事謹慎」的忠告正是魯柏目前需要的。（停頓。）也請告訴他，睡前記得微笑，醒來時要放鬆臉部肌肉，並微笑。只要一有覺知就這樣做。下巴尤其要放鬆，他有磨牙的傾向。

（十點五十五分。珍出去得很遠，等等。）

第三八七節　一九六七年十二月十一日星期一晚上九點三十五分

（本節曾從記錄中刪除。

（上課之前，我把十二月六日星期三的夢，說給珍聽；以及十一月三十日星期四傍晚，與另一幅畫相關、我的第二個視覺畫面〔vision〕；第一個繪畫的視覺畫面是一九六七年十一月二十八日的比爾．加拉格，賽斯已在第三八二節討論過。

（我也對珍描述十二月九日星期六早晨醒來時的一個視覺畫面，後來我把它畫在我的夢筆記本上。

（珍說她今晚有點累。她坐在搖椅上開始進入出神狀態，聲音平靜、經常停頓，眼睛偶爾張開。）

晚安。

（「晚安，賽斯。」）

你的視覺畫面將會持續。它們之中有著一種、我相信你之前並未感知到的持續成長。（我確實沒有。）情況將越來越明顯。

你正在接收一些方向與建議。（停頓。）你對內在視覺刺激，當然非常友善，也慣於以高度專業化的形式，經由視覺資料去解讀實相。

那麼，你的內在感知便會經常地以這種方式出現。資訊必須在神經系統留下深刻的印象，而這需要經由最發達的物質通道。魯柏的內在感知往往是聽覺的，你知道。他的聽覺異常敏銳。因此，內在資料更經常被引導到那個通道，因為那將能給他留下深刻又鮮明的印象。

現在，他已經習慣於處理文字，而你是偏於影像。但這並不表示所有內在感知只侷限在這些通道，只是它們乘載著更為強大的重量。

魯柏應該多閱讀他的馬爾茲書，確切深入地讀，並專注於獲得放鬆，不僅是在預留的時間，也要在工作的平常日或其他任何時間。

他把班級經營得很好，不只藉由舉行我們的課（參閱我第一次沒有在場的上一節課），也因為他釋出最深的內在信念，並用言語表達出來。這帶給他的學生們無可衡量的幫助。聽好，他也得到幫助，因為他自己的一部份是另一個學生。

他的成功練習進展得特別順利，比放鬆練習好得多。這些都有很強的療癒效果，他所學到的其他知識也會因此而增益。

你看到的畫是多重的實相，是你在另一個次元已經創作完成的，並在這個次元以一種潛在的形式存在。

其中一幅已在這個次元、你的未來完成，我相信此事在另一節已經說過。（比爾．加拉格；第三八二節。）

這裡還有給魯柏的另一個重點。放鬆練習將能幫助他迴避過度反應的傾向。馬爾茲的電話橋段應該由他自己想像，以取代所有不愉快的刺激。讓他——我一再地如此重複——專注於他的工作和班級，以及愉快的日常活動，以及遠離症狀。

這並不表示他應該假裝症狀不存在，而是只給予它們最微量的注意力。這樣它們將更快地完全消失。他現在的做法是正確的。（停頓。）一種內在的信任正在發展出來。他必須避免在意識層面過度關注它們。

馬爾茲說得很對，任何過度有意識的嘗試都是有害的。自從星期三那節課（十二月六日，第三八六節）之後，他的態度已有改善，我也想建議你陪他每星期重讀幾次，維持一段時間。愉快的放鬆是關鍵，而不是退縮、吸了毒似的莫名情緒，或者過度緊張、過度憂慮，這類會對他的改善造成相反效果的狀況。（停頓。）

那些成功練習也在教他，如何在沒有刻意的強烈意識情況集中能量。他經常過於努力地想要放鬆自己。現在請給我們一點時間。（停頓。）

你的夢是一齣心理劇。（參閱我一九六七年十二月六日的夢筆記本。）水的確代表著生命的溪流。（停頓。）岩石代表過去那種疏離的渴望。它們不僅通向水邊，而且沿著它們走的所有路線都很危險。無論如何，水還是比岩石安全。

提前扔下包袱的人是你父親。（微笑。）其實，他早在多年前就這樣做了，因此當你與他擦肩而過，既然認出他的動作，便決定提出反對。你該明白，包袱代表能力，也代表負擔。他害怕他的能力，也害怕他的負擔。揹著它們，他無法向前走。他害怕它們會淹死他。他突然跳進生命裡，卻因為他的能力所附帶的許多責任而不讓自己使用它們，終而與之分離。

你不一樣，你試圖疏離，但對你的能力和責任不離不棄。你看到那條路走不通，因為所有的路都與水有關。（停頓。）然而，你還是不想進去。是魯柏以感情拉了你加入。

你看到她仍然以珍的身分扛著能力和責任，站在溪流之中。要不是夢結束了，你會及時（微笑）趕到他身邊，在他摔倒時扶他起來——那摔倒，象徵他過去這幾年遇到的困難。其他的是你已經認識的幾個人。

休息一下，我們稍後繼續。

（十點十分。珍如往常般出離。我相信上面討論的那個夢是被鬧鐘打斷的。我發現，珍說話時我好睏。她在十點二十二分重新開始。）

好，魯柏必須要有深度的放鬆。手臂的主要困難來自肩部缺少放鬆，那是一種用身體來表現的緊張。處理這種緊張的物理方式有兩種，一是藉由運動的彎曲與移動使肌肉放鬆，另一種就是直接放鬆。

迄今為止的運動都太過投入。他一心想要完成所有指定的練習，無論是運動或姿勢，反而變得既悲觀又失望。但，他認為跳舞是愉快的。運動的功能變得次要了。他忘我地使用自己的身體，至少創造了可以讓肌肉放鬆的氛圍。

家務通常也歸在同一類。（停頓。）你們挑選的運動應該要帶有快樂的、遊戲般的，或者悠閒自在的氛圍。他把運動當成了戰鬥場：他挺身對抗他的症狀，這反而讓他的目標功虧一簣。連我所建議的思考練習，他也是這樣做。我現在推薦所有能將快樂與運動結合起來的活動，要讓他覺得運動是附帶的，或至少是次要的。

再說一次，來自你的按摩很有幫助。以他的案例，快樂先於目的，反而更會強化目的。不管怎樣，他喜歡你的碰觸，所以他會允許自己放鬆下來。這是現在、此刻最重要的事。

馬爾茲的書如果照實遵循，還有我們的這兩節課，無論如何都可能達到更深層次的放鬆，而它來自內在的平靜。我們應該要很樂意地從這兩個角度去努力，兩者是相輔相成的。

愉快的想法及畫面將有助眠的效果，暗示他會做個好夢，也很有幫助。我們想要他的狀況完全痊癒，為了這個目的，愉悅的放鬆是必不可少的處方。

最近，他發現自己的下巴繃得很緊，其實他的頸部和肩部也以同樣方式繃緊了一段時間。我們希望他能認出肩膀的緊張，一如他現在已認出下巴的緊張，這些都是以前辦不到的。

你可以休息一下，我稍後將再繼續。

（十點三十六分。珍出離如常。傳述期間，我變得無比愛睏——睏到我必須非常努力才能睜開眼睛；有時我會如釋重負地閉一下眼。我感覺像有一種出神狀態想要硬插進來，而不是通常的倦怠。我一邊寫字，一邊張望房間，希望看見不尋常的東西——例如賽斯，之類的，但什麼也沒有。

（休息時間，我站起來到處走動，對珍解釋我的感覺。休息期間我稍微清醒了些，但是當珍在十點五十分恢復上課時，我發現自己再度陷入與瞌睡蟲奮戰的狀況。）

好，應該設立明確的運動時間表。

我將至少抵銷肌肉的一些緊張，讓它放鬆下來。這活動的本身也會鼓勵他。至少十五分鐘。有些運動他自己就可以看到進展。這些不能只是偶一為之，而是必須持續。它們也應該有所不同。他不必現在就決定是要做瑜珈，或其他運動。他可以每天都換個花樣——但至少要有十五分鐘的運動活動。

好，這些畫來自你人格中的其他部分，它們比你更了解你的能力。（長停頓，閉眼。）我相信這將會是一系列的視覺畫面，並持續一段時間。你將看到你的能力可以用在哪些方面，以及各式各樣的可能性。它們沿著許多不同的路線進展。

這方面我將在另一節多說些。（長停頓。）

你的諸多可能性將清晰展現出來，在你可以製作的各種作品中。你將在它們之中做選擇。有些畫將自動地否定掉其他的。你若畫出其中一些，你便將沿著某些路線往前進展，因而放棄其他的。然而，各種路線全都代表著你能力的充分發揮，也只是指出你可以選擇去專注其中的各種路線。

它們旨在點燃你的熱情，編排你所認識的自己，讓它與你內在自我的目標並肩同行。它們的本身裡面代表著你個人更宏大的發展，不然你不可能感知到它們。我們將在下一節處理這件事。我即將結束這節。現在，你（珍以賽斯的身分指著我），快速地閉一下眼睛，看看你有無經驗到任何事。給你們我衷心的祝福。

（十一點二分。仍處於出神狀態的珍在她的搖椅上非常安靜地坐著，直到十一點七分。她的眼睛閉著，在那幾分鐘裡仍是賽斯。

（我仍像剛才那麼愛睏，但即使我強烈地渴望倒頭就睡，仍拚了命地保持著書寫。現在我遵從賽斯的建議，去感覺我也可能處於出神狀態。我果真比較不那麼睏了，我閉上眼睛，試著不要太用力去「嘗試」是否有任何效果，以免被自己的意識阻擋。

（偶爾地，我刻意張開眼睛留意珍的狀態，但她仍只安靜坐著。後來，她告訴我，她曾在十一點七分之前短暫張開眼睛。起初，我並未感知到任何不尋常，並感覺我的放鬆不算放鬆。最後，非常短暫但頗為清晰的，我在內心裡看到我畫在下面、這幅懸掛的雕塑作品。我知道它曾是我的。這件作品的材料是鑄鐵，上有柔和的棕黑色斑駁銅綠，質地極為密實，而我非常地喜歡它。它的高度大約兩呎半〔七十五公分〕，以一條鍊子從天花板懸掛下來。

（參閱一九六七年十二月八日我的夢筆記本，那裡有第一個與雕塑相關的視覺畫面素描。看

見雕塑作品對我是很不尋常的事，因為我從未做過雕塑，雖然我一直感覺我一定做得出來。

（我的雕塑素描見本頁。

（看見雕塑後我又閉上眼睛，希望可以看見更多。這是在十一點七分之前，然後這節就結束了。這次，在我明白之前，我其實是以一種真的無法描述的方式去了「很遠的」地方。可以說，我似乎短暫地離開了我的物質身體好幾英里，但我並未覺知到曾看見任何東西——或任何地點，之類的。

（我沒有感到驚慌，但可能有一點警覺。我從坐著的長沙發突然抬起頭來，眼睛倏地張開。我發現我現在已整個人警醒過來——睡意全消。）

第一堂催眠課，珍　一九六八年二月十二日星期一晚上九點

（今晚我第一次對珍進行催眠。

（由於明顯的原因，這些筆記並未列入賽斯資料，雖然賽斯可能會提到這些課。筆記是憑記憶寫成的摘要，以後可能會使用錄音機。

（我想對珍進行催眠已一段時間，雖然我的擺錘說我並不反對，但我依然一再遲疑。然而，我還是覺察到抗拒，所以一直在等直覺告訴我時刻已到才願意開始。那個時刻在今天出現，起因來自今天下午珍一句不經意的話，而我甚至無法引用它。我相信她隨口說出的句子或許來自我正在閱讀的一本書，那本書是：格蘭特與凱爾塞合著的《生生世世》（*Many Lifetimes by Grant and Kelsey*）。

（瓊．格蘭特是英國著名的靈媒，她的丈夫丹尼斯．凱爾塞是一名執業的精神科醫生，他在書中講述了治療病人方面的出色成果，同時不忘提及轉世這個元素在「今生今世」的人格模式所扮演的角色。

（自從我在晚餐時提起，我相信珍對於被催眠是有些緊張的。隨著九點的到來我也有點緊張，但並未過分。我覺得我已閱讀夠多相關主題的書，應該可以在時刻來臨時，憑直覺知道該如何進行。珍的願意、甚至渴望成為受催眠的對象，當然是最大的助力。

（我們選擇在臥室進行，因為它比客廳私密並舒服。我們各自在開始之前喝了杯葡萄酒。珍躺下，雙手交抱於胸前。我遵循讀過的資料，開始引導整體的放鬆，這也是珍幾年前幫我做過的。我從雙腿開始往上到頭部——起初是整體性的；然後再從腳開始，建議她放心與放鬆的部位越來越細。

（有件事讓我措手不及，差點中斷了這堂課。那就是當我開始穩定說話時，我的聲音變得非常乾澀。我不習慣這麼不停地穩定說話，雖然珍後來說，她第一次對我做時，也注意到自己的聲音很緊，直到她因習慣整個想法而變得更加放鬆。幸好有只玻璃杯中還剩了些葡萄酒；當我最後嘶啞到快要無以為繼時，我開始喝一小口，而這幫了很大的忙。今後一定要準備一杯水備用，這是我這次學到的教訓。有一次我因為真的沒有聲音而停下。珍後來說她有注意到，而這個暫停使她差點中斷了好不容易才進入的放鬆狀態。

（總而言之，我們認為就第一次嘗試來說，事情還算順利，我們對於結果也很滿意。我用了大約半小時引導整體的放鬆，包括暗示珍的眼皮感覺沉重與放鬆。我並未明確地說，她已張不開眼睛，因為我相信若我如此暗示，她也做不到——從後來一些情況得知。

（我在開始之前就已經對珍說明，我們不必採用任何測驗來證明催眠的程度，若真想做也以後再說。我有信心可以引導她進入深沉的放鬆，以及至少輕微的出神狀態，而我們做到了這一點，甚至更多。尤其開始的時候，我確曾對自己的進度有所質疑，但仍繼續堅持我的想法，不被任何懷疑干擾。珍的眼睛閉上之後都沒有張開，直到最後我告訴她可以張開。

（開始之後的半小時，我覺得我們的進度已經可以嘗試其他的事。我這裡的記憶或許不是正確的次序。在我請珍說話之後，她告訴我的第一件事是浴室的燈讓她不舒服，即使臥室櫃子的燈也開著，而且更亮。但我還是過去關了浴室的燈。

（珍依照我的建議開始收放雙腳，然後雙手。她讓手停在身體的兩側，但因為上臂的肌肉緊張，所以手臂無法在她平躺時整個地鬆垂在床上；幾分鐘後，她再次交抱著雙手，後來還告訴我這樣比較舒服。我當然注意到即使經過我的建議，她的手臂還是無法全然放鬆，但我並未施加壓力，要她達到更大或更驚人的改善；這第一堂課更多的是學習如何進行，而且在課中嘗試幾種不同的方式。

（其中之一是讓珍回到兩年前，這是隨意選的。我倒數到十，再使用合適的暗示，但是她說什麼也沒看到。我當下認為嘗試這個想法的時間或許還沒到，於是改為說些別的、試圖轉變話題，而非說：這是個錯誤。珍並未多問，似乎接受了我的自圓其說。

（現在我已經知道，她可以在催眠狀態下毫無困難地說話，我們曾對這一點有些疑惑。我認為她處於輕微的出神狀態，珍後來也同意確實如此，而且她感到非常放鬆。我不斷對她說，課結束後，她會完整記得課中發生的事。催眠結束後，她告訴我，她對這節課的記憶有些模糊——可見，她確實被催眠了，儘管並未臻於完美，以及我的控制力在未來的課還有很多改進空間。

（我開始告訴珍，她現在即將進入更深的出神狀態。這樣說很有效，我立刻學到。珍後來說她並沒有特別覺得進入了更深狀態，但是當我在課結束、帶她出來時，她有一種非常明確的上升感，一種離開某種狀態回到完全清醒的感覺。

（之前，珍說了個「四」字但並未詳細說明，即使我要求她解釋。她現在又說了一次，也依然沒有解釋。後來才告訴我她感覺到對這個字的抗拒。接著她說了「一九六一」和「佛羅里達」。

（我們一九六〇年才定居艾爾麥拉，之前是在佛羅里達，所以兩個詞明顯地對不上。我並沒有加以更正，因為我們似乎正在回憶一些對珍有著強烈情緒的資料。這時，我開始試探性地提及症狀，並問珍如何解釋這些症狀的起源。她似乎老早就在等待這個問題；她很快說了佛羅里達這個字，在這之後我便不再懷疑她已處於相當深的催眠狀態。

（我在催眠課之前曾提醒自己，我們若遇到強烈情緒化的資料，我將嘗試引導珍藉由表達而穿越這些情緒，但倘若那真的非常痛苦，我也要努力不被它席捲而去。所以我才不斷告訴她，她會記得課間所發生與發現的事。我也一直記住，如果必要，我可以建議，電荷量過於強烈的東西可以在醒來之後，暫時忘記。不過，我們並沒有走到這一步。

（這時，珍開始快速說話，而我在一旁鼓勵。她同時改為側身躺臥，面對著我，並把雙腿拉上來，幾乎是一種胎兒的姿勢。她也開始哭泣。不過聲音一直很小，眼睛也沒有張開。她說了兩

件事，很靠近地連著說，使得我立刻認出它們的重要性。︹兩事都於稍後詳述。︺

︹第一件事是她的問題從佛羅里達開始；她說我們離開塞爾市去佛羅里達找她父親是她的錯，因為我那時並不想離開我的父母。︹開車南下時，我曾在車中哭泣，但我當時認為那是很自然的事。︺珍告訴我，我們被迫全國到處跑是她的錯，她的自發性只會替我們帶來麻煩。珍描述她在佛羅里達因為工作的事多麼害怕，以及儘管我已經很明確告訴她，我並不打算找工作，但還是被迫去工作了。︹我們去佛羅里達時原本說好，她盡力維持一份工作，而我設法畫一些畫。她父親原本說要支援我們，後來並沒有。︺

︹然後，珍繼續說，依然在哭，我們必須返回塞爾市、然後是艾爾麥拉，在此我全職工作了三年，然後生重病一年。︹也是這段時間，珍對我的催眠，證實有很大的幫助。︺

︹我相信，珍的症狀是在我康復之後才開始顯現，而我們當初並未意識到它們潛在的嚴重性。而受著催眠的珍開始說第二件重要的事：她告訴我，她如果病了，我就不會再生病了。這倒是真的，一九六三年生病之後，我的身體整體上都很健康。不過，那場病遺留了兩個目前仍須處理的症狀，而我認為它們與珍的症狀有直接關係。也就是說，我相信我們之間的密切互動，是造成雙方大部分症狀的原因。

︹在這些課中，我想探討的一個問題是，前世記憶會對現在的人格模式產生什麼影響，而我的試圖讓珍退回幾年之前，則是朝這個方向邁出的第一步，雖然沒有成功。但我已經看出可以做此嘗試的幾個方法，而且應該不會再碰上困難。在這兩個重要的揭露之後，今晚這堂課的其餘部分是些足以加強我的信心、我倆之間的交流；包括我不斷地重複說明，既然珍已明白症狀的起因，它們便可以開始消失。我極力向她傾訴了我對她的愛，並讓她知道我們的旅行或許困難，但也既愉快又充滿冒險，以及不管我們做過什麼，它們都已經做了，不是任何人的錯。然而，這時我發現珍顯然堅信是她的錯、她甚至應該感到慚愧；在一段更深的出神狀態開始時，珍說她認為，我在藝術卡公司全職工作的那幾年都在生她的氣，等等；我的回應是指出，我們兩人都有從中獲益。

（我採取的行動顯然還算成功，因為珍在我們交談時安靜了下來。我並沒有給她任何要她的症狀立刻消失的建議，因為它們涉及到一些生理變化，而我不知道她的身體在化學方面能多快恢復到完全健康的狀態。我只反覆強調，她的身體可以自行康復。我說她身體的改善會有如變魔術那般，而且反覆強調了許多次。珍後來說，她很喜歡我的保證，把它們當水那般「狼吞虎嚥」。

（在這堂課裡，我對珍比最近任何時候都更為坦誠和充滿撫慰，我告訴她我也有錯，我將盡全力彌補。

（這堂課在大約十點四十五分時結束。因為珍這時已更為放鬆，我認為是結束的好時機。在對她的健康提出有益的建議後，我告訴她，當我慢慢數到十，她就會脫離出神狀態，也可以張開眼睛。

（如前所述，這種方法效果很好，當我倒數時，珍感覺自己彷彿往甦醒的狀態上升或上揚；這裡的效果比我早先建議她進入更深狀態時更明顯。珍在課後告訴我，她感覺她曾處在一個很好的輕微出神狀態，或者甚至更深一些，我同意她的說法。

（我認為更多的建議將可以讓她進入更深層次的狀態，而我如果想要，甚至可以在這種我很想要的、更深的層次引導出失憶。課結束後，珍說她感覺非常放鬆，儘管我相信她也以自我催眠引導了自己。我並未給她一個，例如可以讓引導加速的關鍵詞，但等我更有經驗之後，我打算這樣做。

（我們休息後，珍說她很容易就睡了大約一個小時。然後她醒來，吃了幾顆阿斯匹靈，一覺到天亮——第二天早上九點。第二天她覺得大致都好，雖然症狀並未消失。

（我們認為就第一次嘗試來說，這堂課是成功的。看來珍的症狀後面有著很強的情緒能量阻塞，我們這次釋放了一點點；哭泣當然也很有幫助。

（我現在又想起另外兩點：當她開始談起佛羅里達，她說「我在佛羅里達時好害怕」；她也確信當工作狀況如此惡化，事情完全不符合我們的期望時，我會離開她。「我記得當我開車在馬哈松市找到畫招牌的工作、回到拖車上時，她確曾這樣說。」

（第二點延續自上面：珍哭著說，她如果生病，我會因為可憐她而不會離開她。隨著這些揭露而來的撫慰期間，我不斷地對她說，自從我們結婚，我從未想過要離開她，不管是在佛羅里達或其他地方。

（我重複地對她說，我認為她的自發性非常有價值，我非常需要它，而且我從未懷疑過她的忠誠或她的愛。

（珍也把貓咪瑪莎的死怪到自己頭上。）

第三九三節（刪除課） 一九六八年二月十四日星期三晚上九點

（就在這節課之前，珍說她感覺到非比尋常的放鬆。我才剛在二月十二日星期一的晚上替她做了第一次催眠。）

晚安。

（「晚安，賽斯。」）

好，約瑟（停頓），你們兩人都不應該以任何方式忽視一個事實，那就是不管心靈正有著怎樣的發展，這種危機點（珍的症狀）都會在魯柏的生命中出現，這是他個人的獨特性、這一世的背景，以及過去世之獨特性的結果。

只要魯柏試圖在成人的基礎上使用及發展他的自發能力與直覺能力，危機就會出現。紀律性與自發性之間的鴻溝由來已久；鑒於人格那全有或全無的態度，必然會出現擺盪，從一邊擺到另外一邊，直到人格學會去結合兩者，將它們更徹底地整合為一。

只要他的行為像早年那樣，相對地任性、相對地不講理，衝突點就不會出現。另一方面，當他試圖以一種更理性、更有紀律的方式行事，當他確信必須遵守紀律，例如在佛州時，那時他曾企圖扼殺所有的自發性。

他必須做的工作就是結合兩者，因為在他身上，直覺與理智都非常強大。要充分發揮他的能力，兩者必須同時平順且相互刺激地運作，並給予對方自由及迴轉的空間。昔日的恐懼會讓他驚慌失措地從一種運作方式快速移轉到另外一種。

他的能力若要得到充分發揮，將不可避免地面臨這樣的危機點，或者好聽一點，這樣的挑戰。他的任何藝術作品，學徒期的不算，都會引導他來到相同的點。詩的寫作是個例外，因為必要的整合早在他寫詩事業的早期已經發生。

守紀律的自己並不把詩當成威脅。任何只要他的能力獲得充分發揮的小說作品，都會帶他走到這一點，以及他所採用的任何通靈工作。換句話說，人格的能力若想充分發揮，每個項目都必須面對這個挑戰，只有詩除外。

危機的發生原本還會依據當時的情況以及各種可能性，但許多情況與可能性也都朝著這個方向發展，你知道。

然而，不讓各種能力得到充分的發展，將是最悲慘的錯誤。那時就會出現一個直覺非常強烈卻被牢牢控制的、極其嚴謹的人格；或者一個高度失序、盲目且徒然消磨自己能量的自發性人格。

諸多能力的發展、你們的被介紹給我，以及我們的課，它們之所以來臨，全是因為你們兩人都已明白，某種僵化的感覺正當頭罩下。以你們的案例，擺錘已經盪到太過離譜的一邊，去到一個變得靜止與凍結的紀律裡。在魯柏這邊，則出現迴旋鏢的效應。

然而，任何強有力的自發行動都會引來這樣的發生。**世界乃意念所建構而成**之所以找上他，除去它的超感官原創性，那也是潛意識想要拯救他的爆炸性效應，因為在小說《反叛者》之後，他在自己的創造性加上了蓋子，有效地攔阻了直覺性的自己。

你當然扮演了一個角色。剛開始與你在一起時，他覺得自己的自發性相對地自由，因為他賦予了你超人的能力，你因而擁有他認為近乎絕對的力量與穩定性可供依靠。他不必講理，因為你會替你們兩個講理。

所以，你會保護他，遠離他自己的自發性所帶來的後果，因為他從未想過，自發的同時也要自律。在佛州，他把他父親看作是無理取鬧及毫無節制之自發性的縮影，它們也確實變成了一堆無厘頭之情緒化行為的大雜燴，而他覺得你那時象徵性地拋棄了他。

如此這般，當你生病，他看到你並非無所不能、看到你並不能從根本上保護他不受他自己的傷害。你曾是他的根本，而他看到你，他的導演，不知何去何從。那原本隱藏、潛在、強大的、盡責的自己便在這時崛起，並接管了控制權，而且連一小根韁繩也不肯交還給自發性的自己。

人格如果想要發展它的潛能，需要巨大的突破。自發性的自己已經被打入冷宮，只得使出渾身解數，藉由打開通靈的通道（psychic channels）力求解決問題，尤其這些通道早就無比名正言順地、是魯柏人格之中一個不為人知的深刻部分。挑戰與衝突就在那時設定下來。

然而，若無這些挑戰及衝突，人格發展其潛能的機會將微乎其微，尤其是從體諒與了解的角度。你們之間的關係也會產生某種程度的惡化。魯柏本質裡的自發性也將因此近乎枯竭，而你和魯柏一樣，都會深深地懷念它。我們就快說到現在了。

無庸贅言，所有這一切都會因為當時冒出來的過去象徵及聯想，而變本加厲。隨著通靈發展的出現，過度自律的自己出現強烈的反應。

現在，你的反應很強烈，雖然你的活動不是身體上的。

過度自律的自己不能再被隱藏。自己的一部分不能夠再以犧牲另一部分為代價，來主宰一切。身體的那些症狀，代表過度自律的自己試圖搶回韁繩的衝突。現在它已逐漸讓自己適應、融入其中，而在這樣做的同時，身體也已逐步放開症狀。

當全面的整合發生，身體就會恢復正常。過程看來或許遲緩，但一個合理且穩定的整合的確正在發生，因為人格若要充分成就它的潛能，只有全面的整合才足夠。

人格如果退而求其次，那時，沒錯，衝突不再出現。但衝突會在人格選擇的其他領域發生，但不會是詩。然而，他在詩這個領域的所有潛能似乎也永不可能發揮到頂。

你可以休息一下，我們將再繼續。

（九點四十五分。珍花了很長時間才張開眼睛，張開後則眼皮沉重且昏昏欲睡。在這段頗長的傳述中，我曾想她應該處於很深的狀態，現在則獲得她的證實；她對說了什麼僅有模糊印象。「我出去了，」說這話時，她顯得異常放鬆。「賽斯如果百分百過來，大概就是這樣吧……」

（她的態度是有力的，眼睛有時張開。九點五十一分以類似方式重新開始。）

你的雙親都讓他很害怕，因為他彷彿看到自己的父親。通常情況下，所謂的自發性和激情主義往往是與本能無關的行為。看似自由或自由的行為，其實是無理取鬧所推動的結果。

他害怕他自己那時的自發性是無理取鬧所推動的結果，而在他的早年生活裡，有些行為確實也是如此。他無法區分，因此更加害怕自發性的自己，而他也看到你害怕你父母的行為。

他加倍了他的自律，並試圖在自發性的自己之上加蓋。有段時間，他分不清什麼是真正的自發性，什麼又是盲目衝動的結果，所以他無法信任他自發性的本質。例如你母親經常直白地說出她的想法，魯柏因而認為她很有自發性；他在很久之後才看清，那些言語或行為背後的、盲目的恐慌。

你父親看來，在早期，是高度自律的。魯柏沒看見那自律是恐懼的結果，而不是真正的自律。他終於看出，他們兩位的人格都是冰凍不化的，而他心想：如果自發和自律都是錯誤的路，那我該何去何從？然而，你也看到的，這裡既沒有所謂的路，也無處可逃。

他與你的父母有著高度的認同，因為他們各自似乎象徵了他自己那總是在打仗的各種面向。他與他們各自認同，卻又因為這個理由而對他們又愛又恨。去年，當症狀嚴重，而你要他釋放本能的自己時，他並不信任你，因為他認為你並沒有信任自己到以全然的自發性去處理你跟他的事。這是你進行你自己的擺錘課之前的狀況。

如今，當整合發生，過度盡責或過度自律的自己正在放手。自從整合的過程開始，以偏於通靈的心理活動角度來看，內在心靈一直是充滿建設性的。正如他所領悟的那樣，他應該避免有意識地糾纏於這些症狀。這當然不是說，他應該假裝它們不存在。

這裡也該有個意識清楚的放下。在這一世，這種整合是必要的。在他過去的許多個轉世中，他的人格若非極直覺就是極聰明，總是在這一個類別或另一個類別擁有高度的平衡。所以，全部的潛能應該要在這一世展現出來，在這最後的一個轉世。

你可以休息，或你想要也可以結束這節。

（「我們休息一下。」）

（十點十五分。珍這次較快離開出神狀態，但仍比平常多花許多時間。但她在休息時間更為警醒，並等著看賽斯是否願意繼續。

（十點三十分。）

有些困惑來自魯柏對自發及自律的態度，是他對自己人格的自發性面向與極盡責面向的態度造成的結果。

錯誤的態度與各種困難有很大的關聯。他認為自發性自己，他的自發性自己，是快樂、自由、充滿創造力的；但也多少有點邪惡、可怕、無理取鬧，並可能帶著他通往災難。

他認為過度盡責的自己是嚴厲、善良、無趣的，束縛又缺乏創意，但非常安全。他從未認真嘗試去整合他的人格，或了解自己的這些部分，直到最近這幾年。他並不了解，自律可以成為創意的助力；他也不明白，自發性自己是善良的。這些錯誤的態度都是這一世才建立起來的。然而，它們也回應著過去那些轉世的經驗。

只有詩，代表著中立地帶。在生活的其他領域，自發性變得對社交與工作領域都高度懷疑。在他的藝廊工作經驗裡，他盡最大努力掩飾他的自發本質，原因是他自己的恐懼，以及你當時一些態度的結果。

在那時，來自自發性自己的猛推一把是必要的。正在進行的整合確實可以結束這種進退兩難的狀態。忠實遵守《改造生命的自我形象整容術》，將確保一個近乎最好的意識環境，使得這個過程可以迅速完成。

顯然地，我並不是說人格會就此一成不變，而是說，基本的心理框架將允許它有最充分的發展。

除非你有問題，我們就結束這一節。

（「我應該沒有。」）

再說一句。我並未看見魯柏學生（雪莉．畢克福）的姊妹，有如魯柏被告知的那樣，被任何悲劇狀況所圍繞。（停頓。）換個環境會很好，但不要是過於放任的環境，而是一個既被期望取得某種明確成就、又有一定個人自由的環境。（停頓。）任何能符合這種要求的學校就已足夠。

我們將結束這節，並在我們方便的時候盡快處理我們面前的另一件事：生病的女士與她的丈夫。（路易斯安那的佩吉與約翰・皮特爾。）（譯註：請參閱《早期課八》第三九四節。）一節課的重要部分將在那邊給出。

致上我最誠摯的祝福。我會在你們方便時離開，也將在你們選擇的時間繼續。

（「看來是這樣。晚安，賽斯。」）

（十點四十五分。）

第四五八節（刪除的部分）　一九六九年一月二十日晚上九點四十七分

（接續一九六九年一月二十日於九點四十七分的短暫休息之後。這些資料並未收於記錄之中。

（在晚間十點一分重新開始。伸手指著蘇．穆林〔華京斯〕。）

好，給我們一點時間，有些訊息是要給你……

你的孩子，在一次前世中，這個孩子是一位叔父，而你在一場意外事故中使他喪生。你在一輛四輪馬車上，負責駕馭。他當時把轡頭調整一番。英格蘭，一四五一年。給我們一點時間。

詹姆斯，他叫做詹姆斯．塔伯特。你當時是他的姪女，馬媞達．蒙太奇。你隸屬具有法國淵源的一支家族血統，當時為人輕浮、性情躁動，在鋼琴方面具備成為音樂家的一些能力，不過缺乏紀律訓練，也缺乏使用這項能力的衝勁。

他當時正帶你前往音樂會。目前，我並不知道，或者無法看出，是甚麼緣故引發你的反應，不過有件事發生，讓你驚恐起來。你朝馬匹大吼，同時尖叫。你的叔父摔落馬車。那些馬匹驚慌不已，而他跌落在馬蹄下。你從未原諒過自己，而現在是你從那時算起第一次轉世為女子，你決定成為讓他可以再次進入物質實相的載體，因而在身體層面上成為他的母親。

這是你覺得自己應負責任的程度。

你先前從未當過一位男子的母親。

好。儘管內我意識到此種關聯，當今的自我一直在某種程度上愚弄自己，因為它不接受這種直覺的了解。因此，不論你在意識層面上作何想法，你仍在內心責怪自己放手讓那孩子離開，從而產生女性器官的障礙。

你出於財務上的原因而自責，儘管在意識層面上這是你最不會想到的一件事。你認為自己完全擺脫財務狀況的影響，而且現在身為成年人，在自主方面你讓自己脫離父母。然而，在潛意識中，你想知道你那孩子實際上會遇到何種社會環境，以及你是否剝奪他的社會和經濟利益，因為你在意識層面上已經說服自己那些是你不需要的東西。

你也對於自己剝奪你母親的孫子感到納悶，因為儘管你告訴自己她並不會明白，你仍想要知道她對孩子的興趣會不會讓她產生額外的動力和寄託。

好，這些是你在意識層面上不想面對的事，其中的一些事。你的叔父沒有因為當時那場意外事故而怪罪你。儘管有過一次過去世的親屬關聯，你們並非親密摯友，而在此世中，你們兩人既不需求也不渴望親屬關聯，無論為期多久皆然。

你和這位孩子曾經當過兄弟。他有時會對你不甚耐煩，因為他憶起你是進行男孩們活動時的同伴，於是對你的女性氣質有所憤懣。

由於各種原因，加上你不了解，你把自己曾經意外致他喪生一事的矛頭指向自己，然後當他還是孩子時你撒手讓他離開。然而，為了讓他這次重新進入，你在不必生下他的時候把他生出。還有其他可供使用的進入方式，不過他理解你的用意，並接受你為母親來向你表明他並沒有怨恨。（幽默地說：）這樣的話共有兩次意外遭遇。

即使是第一起意外遭遇也有其心理意涵，因為當時那位叔父對於生命存在和自我成就皆感不滿，而合力造成他意外遭遇的粗心大意也是部分起因於他自己。不過，受孕出自偶然和死亡出自偶然的這種事實有其本身的直觀邏輯。

換句話說，你沒有必要懲罰你身上與那次分娩有關的器官。

你們可以休息一下。

（十點二十四分。珍輕鬆地脫離出神狀態。她表示，當她說話時，她可以看到馬蹄以及其下的鵝卵石。同時在街道的兩邊或許還有石屋，層樓累榭，櫛比鱗次。這並非鄉間的環境。

（當賽斯進行講述時，見證人感受到一連串的直覺震撼，使她相信這份訊息相當可靠。她在這一世喜歡馬匹。珍在十點三十七分時重新開始。）

好，我無法在一晚的時間把你的全部轉世歷史提供給你。

然而，這孩子的父親在那一世是你的一位姊妹。給我們一點時間。（停頓。）你的母親當時在你十分年幼的時候過世。那位姊妹的年紀比你大，而你覺得她比你受到你們父親更多的寵愛。你還尤其著迷於她的衣物。你覺得在你們父親的情感中，她已經取代你們的母親，而且她還霸道地把她的地位凌駕於你之上。你覺得她沒有比你大到有權力可以來掌管你，因為年紀只不過相差五歲而已。

你那時經常想知道，她有什麼地方那麼吸引你們的父親，因為他很明顯地偏愛她，同你常會暗地裡觀察她，試圖找出答案。你極其不喜歡她，然而那股著迷不斷地糾纏你，因而你研究她的舉止習性，有時甚至嘗試加以模仿。

你常站在鏡前模仿她的神情。（停頓。）她當時嫁給一位你在此世也認識的男子。你的父親之所以偏愛她，只是因為她的確讓他想起他的妻子。在一次過去世中，你對女性感到憎惡，因此選擇身為女性的一世；不僅身為女性，而且天生具有你格外不喜歡的那些特質：因為你害怕那些特質，所以加以容忍，而且在某種程度上學會加以理解，儘管你在他人身上看到那些特質時仍然殘餘些許不耐。

你的姐姐當時也喜歡那位叔父，因此在這一世中也起作用幫他重新進入；不過，你只為該目的而加入。那種著迷表達的是過往的另一種著迷，儘管你很滿意這次你較為年長。

你們兩人都直覺地意識到這件事。（長停頓。）然而，身為人格的你們，已經解決你們的關係問題。當你們聚在一起時，其中都有一人堅持主導。你們已經決定，不再一起解決任何進一步的關係。一位人格的問題時常藉由和另一位不同人格的關係來獲得解決。

你覺得自己想為你意外致死的那人提供生命，然而倘若你另做選擇的話，那並不必須是同一人格的生命。你也仍然記得你孩子的父親曾經是位女子，也就是你那位姐姐，因而在這一世，你已經感覺到這種關係含糊曖昧。

好，你們可以結束這一節，或按照你們的意願休息一下。

（「我們就此結束這節。」

（停頓。）如果你把這份訊息牢記在心，那麼你應該會直覺地意識到，藉由生下這位孩子（停頓），你表現出友善的姿態，並開啟一扇門。然後，身體應該了解，這些症狀並不需要，同時讓你解除這些症狀。

（「晚安，賽斯。」

（十點五十八分。珍輕鬆地脫離出神狀態。見證人表示，這份資料包含許多直覺的見解等等，同時特別舉出有關含糊曖昧關係的那段訊息，諸如此類。）

第四七一節（刪除的部分） 一九六九年一月二十日晚上九點四十七分

（除去以下文字，這一節還有更多與症狀相關的資料。）

好，情況會有改善，倘若你能理所當然地認為，在某些情況下，魯柏處理自己對權威的看法時，他很難表達不滿，或者很難表達任何正常的不耐……在出現此類狀況時，倘若你簡單地提醒他這一點，那會有所幫助……目前就足以讓他在任何特定的情況下進行適當的調適。你無須強行引出爭論，只要提醒他這項事實。

你的擔心對他造成過度影響，不過，既然你的影響力無論如何都很可觀，這是加以使用的大好時機。然後，他的理智會開始接手。當你默不作聲，他會以此作為藉口，心想：「羅甚麼都沒說，所以他一定是同意我現在的做法。」

你並不曾強迫魯柏走到他不想去的地方。那些對你看似內在的困境或問題，抑或缺乏成功，如同魯柏的悲涼感受，實則充當往前進展的那種動力。（在我的藝術裡。）魯柏必須對那些症狀保持開放態度（諸如此類）。

我知道，你心裡明白，當你的讚美是真實的時候，會讓他喜不自勝，而且這也使得他的症狀遠離。

（本節之內文談及更多。）

第四七二節 一九六九年四月二日（說明）

（很好……〔請參閱《早期課九》第四七二節〕關於珍的症狀，內在與外在的疾病，內在自我的構建與挑戰，認識問題等各方面的資料。內在自己的觀點。珍的依賴性。症狀的治療，等等。定期重讀。）

第四七三節　一九六九年四月七日（說明）

（很棒的一節，曾從記錄中刪除。經常整篇閱讀。論及珍的童年，她對攻擊性的恐懼；宗教；我的角色，等等。自我與健康與疾病。疾病並不符合自然，等等。通靈能力以及害怕嘲弄。）

第四七三節（刪除課）　一九六九年四月七日星期一晚上九點五分

晚安。

（「晚安，賽斯。」）

好。任何人格都不會選擇一個生病的生命情境。人格會盡其所能選擇最好的方法，來幫助它的整體發展。

（這是珍與我在這節課前討論的資料。）

人格選用疾病為一種教學的方法，當課程學到，方法便被棄置。在整個的生命處境裡——我現在說的是終生的疾病——疾病的持續終生，並不由人格預先決定。許多嚴重的疾病似乎會奇蹟般消失，儘管那人從出生就飽受該疾病所苦。

這就是課程學到後，疾病這方法即可棄置。

自我對健康的渴望，以及整個有機系統將身體往健康推進，是不斷進行的平衡，也是一直存在的。疾病不應被當成自然事件，而是它尋找的理由。而這理由經常是某種欠缺的品質。認知到這個欠缺，並在精神、情感與心靈方面去獲得這個品質，疾病就會結束。

好，這是高度簡化的說法，但為它設置的問題都是開放性的問題。通常會有好幾種不同的解決方案或情境，在這些情境中，人格可以找到解決方案。個人不會為自己設置答案不存在的問題。

我將以這個例子來多少地說明一下。人格誕生於一個並不清晰也不筆直、而是宛如迷宮般彎彎曲曲的特殊環境中。迷宮的角度、轉角和曲線，是人格在這一世存在之前，他自己就已經巧妙地建構完成的。自動地走出迷宮，意味著他已經發展出那些必要的能力。如果「道路」從入口到出口都是筆直的，那麼所有的靈活性、自發性、持久性，人格都無從獲得。

顯然地，從一開始，他必須先忘掉，迷宮是他自己建構的。但這並不妨礙並未走入迷宮的部分自己在一旁觀察，並給予有用的提示，以避免自己過分地灰心喪志。有用的提示本身就是課程，提醒人格，只有一部分的它深陷在迷宮之中。

這有沒有讓你更看清整體的事態？

（「有。但那些仍然因病而亡的人格怎麼說；是疾病沒弄清楚……」）

在那些案例裡，人格做了兩件事的其中之一。它解決了一個問題，並決定用這個方法去解決另一個，或者他決定從它的有利觀點看去，最好是關閉這幾本書，重寫一本新的。

死亡一點也不是你所想的那麼令人討厭，你該知道。在很多情況裡，疾病遠比死亡更讓人討厭。

（「我大概就是這個意思。」）

在其他的狀況裡，問題或許已被解決，物質的身體，既然身為物質，狀況卻是如此不堪，使得人格決定，完全捨棄反而是更好的選擇。

（「人格或內在的自己會不會犯錯？」）

好，在許多昏迷的案例，那就只是人格提早在身體的實際死亡之前離開。犯錯是可能的，但總體來說次數很少。現在，給我們一點時間。（九點二十五分時一分鐘停頓。）

我想在今晚給你們一些私人資料，但我們要稍等一下。（一分鐘停頓。）

你最近對魯柏提出的許多觀點都很有道理，而且比你所意識到的更重要。對你來說，它們大部分似乎頗為明顯與瑣碎。好，魯柏的自我可以說曾經受到當頭棒喝，在童年時代，次數之多使得他變得非常敏感，出於自我保護而發展出某種固執。

因為害怕通靈的工作會讓自我受到進一步的嘲弄，自我便有好一陣子連普通的動作都不允許，直到它稍稍確信自己的努力不會遭到蔑視。它尤其害怕嘲弄，正確說，是害怕受到厭惡。（長停頓。）與學校心理學家的事件、這裡的班級，讓他生氣，而他隱藏了自己的反應。學校，又是大學，你看，學生時期曾經拒絕他的學術社區。他有段時期完全不想與大學有任何關係。

他也記得他想找工作時，曾被他們拒於門外。給我們一點時間。

因為個人因素，他也遠離宗教團體。來到家裡的僧侶，重新喚起了潛意識裡昔日的恐懼與怨恨。這並不表示，他沒有超越它們，他有的。這只是意味著，在他能善加控制他的有機體之前，這些事件毫無助益。

（「但珍要在這個月下旬去一神教派的教會演講，那沒有問題嗎？」）

他對那事不以為意，衛理公會也沒有問題。你知道的，他確實在宗教的新領域開展工作。他與新教沒有問題。

（「加拉格夫婦讓他困擾嗎？」）

給我們一點時間。（停頓。）

總體來說，倒也沒有。但我稍後會有說明。他對耶穌會士有強烈的同情，也有他並未辨認出來的、強烈的不認同。

（「關於與艾爾麥拉大學、僧侶與宗教團體的這些事：珍為什麼沒有事先採取措施，保護自己免受影響呢？」）

他喜歡把它視為理所當然，用引號表示，就是「他已經征服了」這些事。事實上，「征服」就是一個貧乏的詞。先給我一點時間再提下一個問題。

他的宗教背景中的許多元素，都曾被創造性地利用及發揚光大，而這涉及對潛在的、無意識材料的徹底改造；從潛在的、以毀滅性為中心的，轉變為以創造性為中心。

你所看到、且視為症狀的，正是尚未改造完成的那些。好，這是一個充滿創造力的過程，在這個過程中，人格善加利用了背景中原本似乎會毀滅它的元素，轉成對它有利的優勢，並完成它的發展。

給我們時間。（停頓。）

現在，不管我們的課有著怎樣的本質、它們的正確性以及我自己的實相，只有某些天賦異稟的人，才能進行持續不懈的接觸，才能在一段時間獲得這樣的信息。只有某種特殊的人格，才能在自發與自律之間找到平衡。如假包換地，也正如你已認知的，這需要巨大的創造力。致力於這種追求的人，必須從幼年開始就允許自己經歷各種情感與心靈的元素。

然後，這些元素將以某種方式組合在一起，它們將能發出推動的力量、心靈的挑戰，以及對知識的需求，從而產生像我們正在進行的作品。

最適合的人格必須是位女性，因為女性的直覺，本質上更容易開展。今晚我不想太深入探討其他意涵，因為它們可能會使我們誤入歧途。

然而，魯柏的崔諾神父對他讀詩，啟發了魯柏對詩的熱愛，而且讓魯柏覺得必須用詩來表達與導師的不同觀點，這些都並非巧合。

其他教士導致的心靈影響，其實也都遠比他所了解的更有創造性，而他對權威的反抗總是在思想的領域。那是很重要的。他並未真正地離開教會，直到他的靈性悖離它許久之後。然而，他所有的宗教背景，讓他沉浸在一個有組織的強大宗教裡。他在那個框架內部學習它的問題之所在，而從他的經驗中，他萌生了強烈的、幾乎無意識的內在願望，想要幫助他的同胞獲得某種清明。這裡有著強烈的壓力正在運作。然而，所有這些卻也讓他理解，他走在正確的道路上。你想讓手指休息一下嗎？

（「好的，休息一下應該不錯。」）

那就休息吧。

（十點一分。珍的眼睛很快張開。傳述的資料讓我很不安，即使我們曾在課前討論過很多。我們兩人都想找到破解症狀一再循環的方法。我建議採取一些保護措施的模式。十點十分重新開始。）

好。當有人要求他以權威的身分發言，一如他約好的下一件事，這又有些不同了。

他感覺那位教授是要帶學生來看他是個騙子。他的責任感其實是表面的掩飾。他知道他不想要人們來到這裡，然後認為他膽小怕事。現在，等我們一下。

合理的反應，合理的攻擊性——（注意到珍即使以賽斯身分發言，依然在說到攻擊這種字就口吃，真是非常有趣）——反應，一點問題也沒有，因為它的後面沒有積累。它清理系統，而對方也能應付。這是魯柏必須學習的。在這種情況下，他之所以會傷到自己，是因為他對任何正常的攻擊性反應，從皺眉到言語，常會產生誇大的傷害感。

他想要幫助其他人。從積極面來看，這將引領他進入新的領域，並擴展及發展他的各種能力。這是他的倫理道德以及直觀成就的基礎。消極的一面是，他可能做得太過火，害怕給人帶來任何微小的傷害，結果反而傷害了自己。

他對所謂攻擊性想法的力量仍然過於誇張。它遠遠沒有他所想像的那麼有力量，除非它不被允許有正常的出路。等我們一下。

修道院來的女孩沒有問題，只要她不是由修士陪同而來，或在這裡遇見任何一位。因此，星期五的節目或許可以停止。她來上課，或者她住在修士的小屋這種單純的事實都沒有不好。

現在，當我要給我們的威尼斯女士一節課，我是以權威人士、以我自己的身分發言，並未代表任何大學。所以，這對魯柏毫無困擾。

有一次，他的表現很好，儘管他從你那裡接收到強烈的負面想法，而這件事最後也與大學事件有關。他對史坦因太太及她的朋友說話，接收到你對藝廊的想法。但他確實克服了這些困難，而那次採訪非常有創意。

（「我想在將來問你更多這方面的事。」）

沒問題。給我們一點時間。（停頓。）宗教領域比較棘手，因為它蘊含著他發展的巨大潛力，卻也到處都是痛點，你明白的。如果要求他發言的是出自真誠的願望，他一定傾囊相授。如果他覺得自己是在宗教領域受到審問，這件事就會產生負面的影響。

我正盡量在此給你們更多資料。當你能安排一趟旅行，那將是最有幫助的，因為他的思維經常偏向於字面的實際意義。對他來說，環境的改變就是思想的改變。（微笑。）

這裡還有更多。看看我們能不能全都涵蓋到。（停頓。）當他感覺步履蹣跚，那就是他走路的方法不對。當他沒辦法看向右邊或看向左邊，那是因為他害怕。（非常快速地。）當他的腳踝困擾他時，那是因為他擔心自己可能飛錯方向。當他覺得手指腫脹，那是因為沒說出口的苦澀積壓成疾。當他的月經遲遲不來，那是他正在「堅持」（加引號），直到他確定自己的方向。

然而，所有這些都變成障礙，阻礙了原本充滿建設性與創造力的自發性，而等它果真找到穿越之道，那爆炸性的方式又令他害怕，因為它似乎毫無章法。如果他充滿創意地隨興放手，他擔心自己的攻擊性也會自發的表達出來。可是，自發釋放的攻擊性不僅自然，甚且是有益的。

其他人認得出它們的真實性，也會做好應付的準備。當它們被扣留住的時候，其他人會直覺地害怕一次爆發，並做出相對應的反應。你最好休息一下。

（十點三十五分至十點四十五分。）

好，我們很快就結束。（長停頓。）

當魯柏發現自己專注於他的症狀，那就說明了正常的攻擊性沒有被辨認出來，以及他正在害怕會傷害別人，而這使他無法正常享受日常的活動。

（「他哪有可能做出什麼可怕的事去傷害別人？」）

我之前解釋過他對攻擊性過於誇大的想法，以及其背後的理由。他母親床鋪最微小的攻擊性顫動就足以引發他的痛苦，你知道。那需要發揮極大的自制力。你了解我的意思嗎？

（「了解。」）

所以，他對正常表達出來的攻擊性，會有誇大其效果的想法。一個正常小孩有時也會反擊父母，而父母對這種反擊通常是免疫的。相對於父母的力量，小孩的根本微不足道。而以魯柏為例，這種反應完全不可能。

（「我懂了。」這是回答一個詢問的表情。）

這使得他在處於這種情況時，只能忍氣吞聲。有這種感受的人，顯然已受到不成比例的極大傷害。好，他之前並不完全理解這件事，這個闡述會有助益。它的重要性比我所能表達的多上許多。

（長停頓。）你有問題想問嗎？

（「我經常納悶：為什麼這樣的童年經歷會對成年後的生活產生如此持久的效應，甚至延續許多年？」）

這種效應也有積極的一面。再次地，它使得魯柏想要去幫助其他人，以及尋找一個可以這樣做的方法。

以積極面來說，它某種程度地甚至導致了我們的課，因為他知道我的資料，賽斯資料，有助於防止人們彼此傷害。消極的一面是，對他個人而言，這會導致他誇大個人的脆弱性。

你已經告訴他，生命其實慷慨得多，而且有其內建的防衛機制。他放大了恐懼。他善於想像，關於流浪貓的事，也是相同的原因。

你可以幫忙帶領他去理解一個事實：生命遠比他明白的更加充滿活力。另一個幫忙方式是，指出他已經以非常有創意的方式，積極且大量地使用了其中的許多元素。他不該投射一個已被誇大的攻擊性力量的想法。幾乎每個小孩都有過希望他的雙親或其中之一死掉的想法，而當父母的也都有辦法過得生龍活虎，直到他們準備離開你的活動範圍。

正常的攻擊性動作有如極其微小的灰燼，既飛不高也飛不遠。只有高度充滿電流並受到高度壓縮的攻擊能量才會變成炸彈。

要他把這一節至少讀個幾遍。容我向你們道個誠摯的晚安。

（「晚安，賽斯，非常感謝你。這非常好。」）

你的認真祈禱是個很棒的想法。

（十一點二分。）

第四七四節　一九六九年四月九日星期三晚上十點二分

（珍與我在課前有過一場很長的討論，諸如此類。）

好，現在你們兩個都不敢採取行動，但因為魯柏自己的背景，他更容易選取難以移動（immobility）這種身體症狀。

我在上一節說過，可以是由一個成員來承接整個家族的症狀。其中一些當然是他自己的。以你們的特殊情況，因魯柏的背景，你們目睹兩人的恐懼顯化為物質——行動力的喪失。

如今，在你們的討論中，你們釋出了一些情緒，而這是很有幫助的，不過你們已經很久沒有一起討論這些問題。你擔心魯柏會心煩，而魯柏則害怕太過打擾你，總是立刻便插進一個極為正面的說法，而這反而讓你生氣。

沒有能力面對或承認或解決身體問題，也會反應於身體狀況，並重新活化先前的敏感，導致一種沒有希望的感覺。然後，你們就會陷入一種僵局，無論是身、心或靈的領域，都無法出現積極性的活動。

然而，光是解決身體問題的企圖，便能帶出內在的能力。此一解決身體問題的嘗試，往往也能解決被投射到物質與身體實相之上的內在問題。你不可能停留在一個你認為無望的身體狀況之中而不去改變它，同時還期待有任何形式的創造力或幫助。你要不就全心全意地接受那情況，不然就拒絕它。

當你再也無法接受，那時你就必須改變；否則無望的感覺會慢慢建立起來。因為他的背景，魯柏曾經不敢接受你們外在環境的負面面向。他對你的愛如此之深，永遠都不願承認你受傷、委屈或哀傷。他總是認為你受到利用，主要是你母親的作為，但他害怕他的陳述會因為他自己與父母的關係而受到錯誤詮釋。

他認為你在金錢方面受到壓榨。現在你們的身體狀況還不算完全無法忍受。想想你們所擁有的，與地球上的許多人相比，你們已經是國王了。記住這一點。

（「我的確這樣想過。」）

然而，魯柏也接收到你的無望感。你們兩人都拒絕認真對待這件事，不敢採取任何實際行動，或害怕打破現有的秩序。魯柏對這個事實太有覺知，他被迫離開塞爾市，而你們後來在佛州的環境卻是負面的。他感覺你為此怪罪於他，並認為強迫你做出你還不想做的改變，是他有失自律的行為。

他感覺，你當時並不想離開父母那麼遙遠，除非是為了他。他也覺得你責怪他，並頗為委屈地對他懷恨在心。因此，從那時起，他從不催促或強迫你做出真正的改變，也把這種想法推得遠遠的，儘管他覺得你在藝術卡公司待得越久你就越不快樂；而且他和你都害怕採取實際的行動。你們害怕後果。

當你們不敢行動，創造力便受到限制。魯柏正在替你們這個家庭以及你們這個兩人小組，展現你們的狀況。你也曾經這樣做。而那次遠比目前的狀況更讓他害怕。

所有關於魯柏背景與動機的資料都很合情合理，但這些資料也清楚表明了他願意擔起這個角色的原因。他原本以為這樣可以讓你自由。但在最近這幾個月，他發現並非如此。

為了讓你輕鬆、喜悅，而且工作更有成效，他真的什麼事都願意做。他認為，或者感覺，藉由以症狀來承擔你們的共同問題，他可以很有創意地解放你，而當事實並非如此的時候，他感到非常困惑。

你願意讓這種情況繼續，因為你感覺它是暫時的，而且你以前也為了他這樣做過。你對搬家有很深的不信任，源自父母靜止的背景，也因為你父親對外面世界的不信任及恐懼。

當你真的搬家，你傾向於感覺後果該由魯柏肩負。你在這裡將他與你母親連結在一起，而魯柏覺得這樣並不公平。除去我們的課，你們的環境裡毫無新鮮事物可言，那是因為你，現在是你們兩個，會認為新鮮事物充滿威脅。換句話說，你、你們兩個，寧願把問題都放在魯柏身上，而不是主動、大膽地面對內在的那些議題。

你，約瑟，一直不敢在這方面大膽嘗試，因此封閉了自己的思想，也對可能的解決方式敬謝不敏。魯柏對一個地方易於感到歸屬及認同，這使他允許自己有如地鼠般邊鑽洞邊尋求庇護，並帶著畏於採取主動的你，攜手並進。

既然身為父親的國王已被移開，你某種程度地認同了你的母親，而且是以丈夫而非兒子的角度。魯柏感覺到母親是你不肯移動的中心，但又因為這個感覺而內疚。在某種程度上，出於被誤導的忠誠，你母親生命中的所有男人都不讓她發揮自己的力量。

然而，她的幸福並不取決於你們的行動。她的生命力遠遠超出你們的想像。用魯柏的話來說，不管你和兩個弟弟怎麼做，她都會往前邁進。你只是以此為藉口。

你可以休息一下，或者我將繼續。

（「我們休息一下。」）

（十點三十二分至十點三十五分）

現在，你們兩人都認為魯柏的症狀是一種解決方式。你們認為症狀替你們爭取到時間。這是一個共同努力的結果。你曾經覺得你的身體問題無法解決，你沒有精力去面對它們。你認為魯柏的症狀給了你們兩人時間。你過去經常搬家，這令你害怕會搬錯，所以你選擇乾脆完全不動。你變得害怕挑戰。

魯柏曾經非常恐懼，因為他早期的努力似乎讓你一事無成。你似乎毫無主動採取實際行動的意思，他害怕再次提出錯誤的建議。你就是不敢在物質宇宙中採取任何行動。有段時間你選取了難以移動的症狀，而魯柏接受了它們。

想到賽斯的銷售，你重新振作起來。然後，無望這個舊觀念故態復萌，尤其是魯柏發現需要繳稅之後。你們倆都曾對房東心懷怨恨，尤其是雷納・奧迪斯，而他與魯柏最近的症狀有關。

你的態度是完全錯誤的，因而造成許多困難。如果應用得當，魯柏的學生從紐約帶來的那本書，對你們來說可以是無價之寶，我說的是無價。然而，這並不表示你的個人責任即可免除。

好了，休息一下。

你也接收到你父親的委屈和怨恨。你的有些想法是對事實的合理解釋，但另外一些則是誇大的。你必須努力地迎頭正視這些其他的問題。

（十點四十三分。賽斯幾乎是立刻回來，在我說我對藉由更換工作賺更多錢來解決我們的問題毫無興趣之後——問題在於我想要更多時間畫畫，諸如此類，也想要珍有更多時間寫作。）

我說的不是其他的工作這類物質的挑戰。你誤解了我的意思。我是想告訴你，當你的整個物質環境看來好像毫無希望，那你就必須改變它們，或者誠實地承認你就是必須在這樣的環境裡工作，而不是自我欺騙。而且，當你覺得物質環境不值得屈就、覺得弊多於利，那你就必須改變它們。我要在這裡再說一次，態度才是最重要的。

好。一個小註。你們倆都覺得，既然出去打工的是你，魯柏就該接受你的困境所帶來的身體症狀，而你們都覺得這樣是公平的。

你這樣想是因為你覺得自己正在盡最大程度的努力面對物質實相，而他並沒有。他也以同樣的理由這樣想。

我們說的是內在的價值觀；不是自我的內在價值，而是潛意識的價值。

另一個註。你們倆更靠近水邊時，表現更好。

（十一點七分。這節課在此結束，雖然珍本以為只是休息。）

第四七五節（刪除課）一九六九年四月十四日星期一晚上九點十分

（上課之前，配合我們新的思考方式，珍與我談起我們的生活可以有六大區塊：工作、財務、生活、健康、行動力、靈性的滿足，包括幫助其他人。我們的想法是，在這些大範圍內進行積極的思考，可以帶來豐盛的回報。）

晚安。

（「晚安，賽斯。」）

你應該記得我早就給過你們類似的資料。

（「是的。」）

當你們是個小組，你們以某種方式運作。而當你們是個人時，你們各以某種方式運作。那麼當兩個有著強烈負面想法的人在一起，他們的實相當然會有強烈的負面面向。

然而，請記得，並非你們的所有行為都是負面的，這要感謝那些屬於你們自己的能力及成就。現在，請你想像你會有怎樣的感覺：想像你的畫賣了出去，它們帶給其他人喜悅，以及知道這些畫被人想要時，你所感到的喜悅。也請你想像你會怎麼做：當你賣出大量畫作，你因此需要更多時間才能繪製它們，於是你為了畫畫辭去工作，還有你將住在怎樣的地方，以及心滿意足與創造性挑戰充滿胸懷的感覺。

但不要以未來式去想像，而要從現在的角度去想。換句話說，那畫面已經完成，然後它將在物質實相裡實現。請不要焦急地四處尋找買家，也不要隨時檢查想像是否有效。

你自己的直覺可能會建議你，採取某些大有助益的行動。對內在的聲音隨時保持警覺，這樣你就會聽到。所有你曾接觸的人都充滿可能性，所有的關係都可能有所開展，但要充滿想像力地運作，而不是一意孤行。

現在我要告訴你們，如果你們倆都使用這些方法，不僅會徹底改變你們的物質環境與物質實相，還包括你們內在的、創意的、心靈的，以及靈性的環境。只因為信念，一個巨大的療癒已經在發生。這些思想的本身就會引起電磁變化（electromagnetic changes），意味著組織深處的物理變化。

但是，不只這樣，信念的事實本身就能清除心靈和靈性通道中的負面雜質。在過去，你們經常在不知不覺之中彼此對抗。當你們其中之一在心理上有了整體的改善時，另一個就會藉由潑冷水或消極的模式來否定它。現在，身為一個單元小組，你們各自的實相顯然會構成一個你們在其中運作的更大單元。兩人合力工作的效率是一個人的七倍。你了解嗎？

（「了解。」）

你們的旅行（四月十三星期日，我們開車去紐約州柯克蘭）很有幫助，但它被魯柏的負面思想削弱了，以及你指出他的症狀卻沒有提醒他：內我可以並且會盡可能減少這些症狀的事實，也有某些程度的影響。你需要在他忘記的時候提醒他。

（「我甚至沒有以那種方式去想這件事。」而我當然應該這樣做。這就是那種醍醐灌頂的時刻。）

例如，指出他正身體僵硬當然有幫助，但不能以這麼直白的方式。正確的方法應該是說：「你可以靈活，也可以放鬆。別忘了你的內我正在幫助你放鬆，和靈活自在呢。」或者邊說邊碰觸他，而且也可以對著他正僵硬的脖子或肩膀或任何部位直接說。

若不這樣，他只會感受到他正在犯下沉重的錯誤，並開始生自己的氣。你可以說，「沒問題的，你正在學習。好，我們來感覺內我正在補救這種狀況。」但請不要說「你不應該僵硬」，或「你走得不好」，這只會使情況惡化。你應該改說，「你會發現自己越走越輕鬆，感覺越來越靈活。給你的內我一點機會。」

你能了解這種處理方式吧？

（「我了解。」）

回到你自己身上，你與你的畫。

好，想像你的畫在許多的家庭，在不同的環境裡，人們欣賞著這些畫。想像你如何使用那些錢。決定一個合理的數目，然後開始期待它，知道那樣是剛剛好。不要用負面態度去想，「這是一件好作品。要有很好的價錢，我才要賣。人們應該給我那些錢。不然我何必讓作品離開？」

（「我似乎沒有這樣想過。」）

（不過若認真回想，我看得出「何必讓作品離開」這部分挺真實的，諸如此類。）

你應該這樣想：「這是我天生自然的才能，也會自然地吸引別人，既然我有豐盛的才能，它也會替我帶來豐盛。它將幫助別人，自然也能幫助我自己。」

現在你開始學習這些法則了，重點在於如何正確運用。我已經告訴你它們如何運作，以及你的思想和情感如何精確地構成你所認識的宇宙，以及你身為一個物質生物所處的實相。

你們花了些時間才以實用的角度理解這件事。魯柏曾說，思想正如你用來畫畫的顏色與線條，其實已經給了你一些很好的畫面。只除了確為物質實相的畫作，有著更多的次元，你必須非常直接地去體驗它。

你的思想及情感會立刻往外探出，形成你周遭的事物。召喚這種內在的力量，因為它真的就是一種力量，將使你內在許多的其他能力及力量得到充分的發揮及和完成。所以，絕對不要限制它。例如，不要堅持認為只有經由繪畫或寫作才有可能獲得金錢，或者這種力量只表現在健康方面；而且，永遠記得你自己與他人的關係，如此一來，流經你並被你用來造福你的能量，也能自由地由你身上再流向其他人。

不要糾結於周遭環境替你帶來物質方面的不便，因為這只會讓它們更盤桓不去。舉例來說，從空間的角度思考，你在目前的環境中至少還可以擁有一種空間感。你還會發現，空間的概念是你的一部分，你在這個或另一個環境都能擁有。而只要你繼續認為藝術卡公司是一個薪水很差的機構，那麼它對你來說就總是這樣。你必須改變的是你的思想，而思想將帶來你想在物質實相裡所渴望的改變。電磁正在運作。

財務富足以及生活中充滿美好豐盛事物的想法並不會限制你，也不會限制這些美好事物來到你身邊的可能方式。所以，也不要在你的想像中去限制這些方法。只要看見你正享受這些豐盛。

你們若經常重讀這些資料，將會再次發現以前沒有注意到的真理；因為我早已準確告訴過你們，你們的思想與觀念如何運作。可是，你們都不曾以實用的角度把我的說法放在心上。你們早有方法，卻不曾使用。

（「或許我們還不夠走投無路。」）

（沒錯。休息時，我很認真地向珍解釋，以我目前採用的新方法，我很清楚地發現，所有的東西賽斯以前都說過，我也計畫徹底地回去複習某部分資料。）

我知道你懂得學習。好。會對你造成幫助或阻礙的，是基本的思想模式，思想的心理色彩則形成你物質實相的整體模式。僅只一個想法似乎無關緊要，然而，它是內在行為獨特模式的一部分，因此它便會在是否給你帶來自由與豐盛的過程中，佔有一席之地。

過去，當魯柏試圖運用這些法則時，他往往是以害怕行動為出發點，而這是極大的錯誤。如我之前所說，他會誇大攻擊性的力量，以至於最簡單的自我保護行為都會嚇到他，怨恨於是開始累積。

他仍然相信毀滅的神奇能力，並試圖掩飾。他並不那麼相信自己這個存有的創造功能，以及生命自身的豐盛。他比你所想像的更為悲觀：生了病的小貓等於死貓，而不是可能康復的貓。他是如此地害怕毀滅，以至於到處都看到它，包括在他自己身上。儘管如此，他的創造功能仍持續不輟。你皺一次眉，他看到的是十次，並自行想像各種可怕想法出現在你的腦海裡。無數的消極想法列隊而過，並被誇大。

如果他無法抬起手正確地梳頭，那麼他就一無是處，是生命的殘障者，一點用都沒有。很多這類想法已經掉落，但模式仍在，雖然他現在已經對它們更有警覺。

如今，你在財務方面也正如法炮製。你只是選擇了不同的領域。你在一個領域汲取能量，也會在另一個領域釋放能量。窮人的確越來越窮，富人的確越來越富，因為窮人被他們對貧窮的預測及投射所困陷。

然而，運用這種能力只為了獲取金錢，從長遠來看，可能非常不利，尤其不把他人的助力考慮在內。所以才會有可憐的富人。當然也有快樂的窮人。這是可能的，但在這些案例裡，都是因為個人設下了限制，關上其他的通道，而這並不符合自然。

除非你設下限制，否則這些釋放出來的力量將在你實相的所有通道運作。（幽默地。）我沒想到我會必須說得如此直白。現在你可以休息了。這是一節對照著……

（「噢，什麼？」）

……你的書一起閱讀的課。

（九點五十二分至十點六分。珍的傳述很快，諸如此類。）

好，把它看作已經完成，一如你在繪製一幅畫之前已先看到它的畫面。若非如此，你就是在增添不必要的時間限制。

有如事件已經發生，想像你們對該事件的驚訝、喜悅與感激。這不是欺騙自己，而是正在形成你們物質實相的框架。想像它也在未來，那麼它就會在未來。

想像你們的各種反應，彷彿這些事件已經成為具體的事實。將它們盡可能美化，然後忘掉它們。期待的感覺是最重要的，期待最後所有的好事都可能在今天來到。

好，再說一次，這些思想的確會形成實相。

以你們的特殊情況，你們需要一些時間才會讓這些真理實際地為你們所用，這是可以理解的。然而，當你們這樣做的時候，你們也正在增加它們的靈性助力，因為你們看到結果，然後你們不得不明白那些真理是真的。

不過，你們必須感覺真理是真的，才能讓真理有效。你懂我的意思嗎？

（「我懂。」這差不多就是我們目前的階段。）

只要你們覺得，因為你們的背景，欲求不滿是命運的一部分，那麼這就會是你們的信念所導致的結果。改變你們的信念，缺憾就會消失。

一如你正在畫畫或魯柏正在寫詩，拿出最多的信任、愛、信心、創意及喜悅來形成你們的實相。你們總是否定你們的力量。並沒有人關閉你們，是你們自己關閉了自己。換句話說，只要你們明白這一點，失敗便不再存在。即使有，你們也有自己的能力去與之周旋。但這並不表示，魯柏應該期待自己以一個音樂家的身分出發去賺大錢。而是期待豐盛，以及你們所有的能力都得以充分發揮。

再說一次，不要設限。魯柏不應該忘掉可以用他的畫去賺些錢的想法，而你也可以用你的寫作賺錢。這並不表示你們的事業將有任何改變，只表示你們應該讓自己保持開放。否則你們就是在說，金錢只能從我家院子的這個角落出現，其他地方都不可以。你懂嗎？

（「我懂。」）

好。除了療癒的過程，魯柏同時也應該在他自己的態度方面下功夫。然而，知道你正在幫助他是非常重要的，而且你經常能在他最需要的時候幫到他的忙。健康不是你們的困境。因你對他的愛，他對你的接納，你對他的助益真的非常之大；而碰觸也遠比你們各自所明白的更為重要。

不過，在與豐盛相關的想法方面，魯柏可以是你很大的幫手。只要他的態度稍作改變，這我會在我們的課裡帶出來，他便可以幫助你們在這方面做出明確的改善。

在那裡，他能夠非常自由。豐盛這個詞用得很好，因為它意味著可以輕鬆自在地獲得一切喜悅的事物，包括創造力、精神及身體的流動性，以及任何形式的輕鬆流動。

這個詞本身就是克制的對立面，是你——你（指著我）——可以常用並多加了解的一個非常好的詞。它將你與你的父親及母親區分開來，並可用來切斷任何負面的建議及暗示。它也可以讓你在你的繪畫中釋放開來。它能用來釋放你們倆任一方向的能力。

你們正在閱讀的書，非常適合你們的目標。魯柏在採買你們家的日用雜物時，應該留意那種限制的感覺。這樣是負面的。暴飲暴食與豐盛並不相同。現在你可以休息一下。

（十點二十八分至十點三十九分。珍並不記得任何資料。）

好。重點是接納，彷彿一切有如雨水或季節那般自然地接納。

只因為你們認為某件事不自然，才會妨礙你們充分使用你們的能力。魯柏認為因為他的背景，生病很自然，反應過度也是相同的理由。他認為他害怕生命也很自然，因為他母親就是那樣的人。

你認為因為你的背景，你沒有錢是自然且不可避免的，甚至因為同樣的理由，你應該獨來獨往、不能享有原本自然即有的陪伴。你刻意迴避了其中的一部分，其餘的並未。

你不想把自己奉獻給這個世界，因為你覺得這是一種自然反應，是從你父親那裡接收來的。你作畫，但你不願分享。當你明白健康與豐盛實屬自然，疾病與設限才不自然，那時你就自由了，就可以自由去開展、運用你所擁有的一切，去給予、去獲得。

好，舉例來說，從你走進這間公寓的那一刻開始，你對它的態度就形成了你在這裡的實相。你對它的正面與負面態度，似乎都獲得了證實，那是因為外在條件原本就是內心態度的完美仿造。

那麼交通噪音也是你的態度造成的嗎？你或許會問，而我告訴你，的確如此。態度會誇大感官的刺激。如果你的態度不同，這些刺激就會降到最低，以至於噪音永遠不會打擾到你。真的，你的環境甚至不會把它包含在內。

這並不表示你們不能在一個沒有車流又很安靜的地方擁有一個家。然而，如果你堅持只關注噪音而非安靜，那麼無論環境如何，你都找不到安靜。如果你重視安靜並認為那最重要，那麼選住在紐約市中心顯然就是很荒謬的事，所以常識還是得派上用場。然而，即使在那樣的噪音之中，如果你的實相是安靜的，你還是找得到安靜。我還有幾個頗為重要的點想告訴你們。

今晚說或下節再說，由你決定。

（「你可以至少先說一些。」十點四十八分。）

那就給我們一點時間。

要魯柏在他的想像中感覺，他在後樓梯輕鬆愉快地跑上跑下的那種感覺。他不需要親自去跑，只需要感受自己的情緒，好像它已經發生過很多次，而不是只有一次。

他不需要專注於畫面。他曾經想像自己在窗戶的裡面和外面快樂地清潔它們，卻又發現這很難想像。要他改做比較簡單的，只需要想像動作完成之後的喜悅及自由，完成的方法儘管拋開。

他坐在屋內，看著他剛從屋外洗得很乾淨的窗戶。要他想像他的感覺：他發現自己整個力量和靈活性都恢復了。他會說什麼，以及他會做什麼——他的喜悅與輕鬆，至於怎麼做到的，大可不用去記。

至於你的繪畫，想像結果，而非方法。你看到已完成之事實時的感覺。你終於以藝術家的身分謀生了，這是你的勝利。你如何使用你的時間，畫廊想要你的作品，你也消除了對畫廊的負面想法。不要為自己設限，牢記這句話。不要關上任何一扇門。

不要只因你與一家畫廊的經驗，就把這個經驗投射到所有的畫廊，一如魯柏也不應該對各出版社有類似的想法。這是非常重要的，它代表了你們往前進展的一個障礙。

魯柏應該把一些詩的手稿送出去給出版社，然後繼續寫詩。如果他沒有這樣做，又怎能抱怨他最近都沒有寫作？畫廊是賣畫的一個方法。如果你自動地對它們有負面想法，你就是正在設限。讓所有的門都是敞開的。

好，因為你對醫學的潛在興趣，你曾經替醫院繪製商業畫作，你也賣過畫給牙醫。這其中是有連結的。接受以任何方式到來的豐盛，整句話畫線。讓這豐盛在你的作品中以充滿創意的方式表達它自己，它也會自然而然地帶來財務的豐盛。你尤其應該經常地使用這個詞。

魯柏的詞應該是生命中所有面向的靈活性。如今，他認為他用不允許身體在與你的親密關係中得到喜悅，來懲罰身體的生病。現在他已經明白，根本沒有任何事需要去懲罰身體。

來自直覺的了悟在今天下午發生，雖然他並沒有意識到，因為他的身體很自然地帶給他輕鬆、喜悅及滿足。

現在我要結束這節。我要給兩位我最誠摯的祝福。你們各自的通靈工作也將有所改進，這是你們做這些努力之後的成果。

（「晚安，賽斯，謝謝你。」十一點三分。）

刪除課　一九六九年四月十五日星期二

（這些建議來自珍與羅閱讀《改造生命的自我形象整容術》的心得。我們認為這些建議非常出色，因為它們以理想的方式「契合」我們特定的心靈狀態，我們因而很能認同。我們打算經常參考，並相信它們也能幫助其他人。

（我的身體和身上所有器官都是由我潛意識心智的無限智慧〔infinite intelligence〕所創造。它知道如何療癒我。它的智慧塑造了我所有的器官、組織、肌肉及骨骼。我內在無限的療癒力量正在改變我的每一個原子，使我此刻既完整又完美。我為我所明知正在發生的療癒而感恩：我內在那充滿創意智慧的傑作無比神奇。

（一九六九年四月十五日。四九頁。〔譯註：均為英文原書之頁碼〕

（無限智慧引領並指導著我的一切。完美的建康，以及在我身心運作的和諧法則，都屬我天生所有。美、愛、和平及豐盛也是。正確行動及神聖秩序的原則，支配我的整個生活。我知道我的主要前提奠基於永恆的生命真理，我也知道、感覺並相信我潛意識心智的反應，乃是根據我意識心的本質。

（四一～四二頁。

（賦予我繪畫渴望的無限智慧，引領、指導並正向我揭示我這份渴望的完美計畫。我知道我潛意識更深層次的智慧正在回應，而我內心的感受及訴求也會在無形中表達出來。一切是平衡、安祥且寧靜的。

（四二～四三頁。

（我的潛意識知道這個問題的答案，它此刻正在回應我。我感恩，因為我明白潛意識心智的無限智慧無所不知，也正在向我揭示最完美的答案。我現在真正堅信的是：讓我的潛意識心智充分發揮它的壯麗與榮耀。我為它的確如此而歡欣鼓舞。

（四三頁。

（這篇祈禱詞是為了我的妻子，珍。她是放鬆、寧靜、怡然自得、平衡、安詳且沉著穩定的。創造她身體潛意識心智中的療癒智慧，現正依據其所有器官的完美模式，對她的每一細胞、神經、組織、肌肉及骨骼，進行改造。

（她潛意識心智中所有扭曲的思維模式都已被無聲且悄然地移除及消融，符合生命原則的活力、圓滿及美麗，在她存在的每一個原子中顯現出來。如今，她是敞開及悅納的，任由療癒的潮流宛如河川那般流淌而過，將她修復為完美的健康、和諧及寧靜。

（所有扭曲及醜陋的形象，都被流經她身上、無限的愛與和平海洋沖刷而去，的確如此。

（一九六九年四月十五日。八四頁。）

第十一章心得

（第十一章心得，一二八頁：

（「無限智慧吸引我去遇見購買我畫作的每位買家。這些買家想要我的畫，也樂於擁有它們。每一位買家都由我潛意識心智之創意智慧送來，它不會犯錯。這些買家或許看過許多其他的畫，但他們想要我的，也會買我的畫，因為這也正是他們每個人之無限智慧的引導。我明白這些買家都是剛剛好的買家，時機剛剛好，而且畫作的價錢也剛剛好。我潛意識心智的深層潮流此刻正在運作，依照神聖的秩序，將買家與我連結在一起。我知道事情的確如此。」

（永遠記得：你正在找的東西，它一定也正在找你；每當你想出售一項資產，永遠有人剛好想要。藉由正確運用你的潛意識心智，你讓自己在買和賣時不再有任何焦慮及競爭的感覺。）

第四七六節（刪除課） 一九六九年四月十六日星期三晚上九點十分

晚安。

（「晚安，賽斯。」）

我們將沿著開始的路線繼續進行，因為（幽默地）你似乎現在就需要這份特定的資料。

記住，你現在的實相是多年來正面與負面思維模式的結果。很棒的是，你已經逐漸懂得辨認自己的一些負面態度，因為能夠這樣做是很重要的。

要知道，每當你用一個正面的想法或感覺取代負面的，就好比你在一幅畫作上進行了一次修正。你很快就將能自動地這樣做，不過剛開始時，有意識的努力仍是需要的。

魯柏的腦海中如果出現一整本書的計畫，那麼這就是真的。他或許得花一些時間才能將它寫在紙上。而當它售出，他可能也要一段時間才收得到錢，但所有的這些都奠基於第一個、也是最基本的實相——一本書的想法。因此，務必知道你們對健康及豐盛的正面想法，是最基本也最重要的實相。

豐盛的思維及意念（thoughts）能在它們產生的當下，便立刻產生效益。再說一次，始終都要認為想要的事物早已得到，並將之投射到當下的實相，那麼它就會形成當下的實相。這並不表示你今天許願想要五千元，它就會在幾分鐘之後實現。但的確意味著它不久就會以你的方式、根據你的信念而來到。

你必須先按部就班地進行，直到你的反應變成幾乎是自動的。因此，你必須用正面的模式取代負面的。如你所知，負面模式會帶來結果。現在，給我們一點時間。

然而不要以理智的方式過度強調，而是運用想像力及感覺。過度強調暗示著恐懼，將會阻礙結果。當你們進行各種禱告的實驗，利用幾天時間強烈地專注於那些字句，然後就全部忘掉，讓充滿創造力的內在自己有機會替你工作。這樣反而能確保成功，而且不會過度地反覆強調重點。你了解我的意思嗎？

（「了解。」）

然而，這並不表示過渡期間你可以任由負面思緒自由流竄。現在你正展開一段最有意義的冒險，我想將它的重要性深深刻印在你的心版上。我想在這個最初的階段，就確保你觀念正確。例如，你若沒在下星期賣出一幅畫，我不要你嘀咕「這方法沒用」。你需要去克服的負面模式真的太多了。

讓你明天就可以看到結果也不是不可能，但要把你腦海中的靈感形成畫作也需要時間。你知道你將實際地動手去畫，而且你也知道這番努力必定會有成果，而且是非常出色的成果。這裡有件事非常重要，那就是魯柏必須改變他對自己的身體——他的身體形象的態度。

他必須認為身體可愛、靈活、敏捷，且反應迅速。身體又沒有對他做任何事。他必須設法用愛再度創造它、幫助它。他很清楚這一點，但為了防止他忘記，我也會提醒他。他必須把身體視為一種快樂、一種安慰、一種助力，而不是他必須忍受的一副僵硬骨架。他必須認為對他以及對你來說，身體是一件賞心樂事。

好，如果他依照以下方式去思考他的手臂及雙手，會對他有很大的幫助。

「我的手臂筆直而靈活。充滿創意的能量經由它們自由移動並釋放出來，一直延伸到我的雙手及指尖。感謝我的雙手及手指，經由它們，創造性的能量將直覺、詩句及知識轉化到打字紙上。感謝我的雙手及手指，將我的想法轉譯到紙張上。

「我的頭腦與性靈如今是如此靈活，我的手指也是靈活的。我的手臂筆直又自由，直觀的知識因而得以自由流暢地通過它們，再經由我快速移動的手指去到紙張之上。我敞開筆直又自由的雙臂去搜尋真理，去擁抱壯麗的大自然。我的心智是敞開且清晰的，因此將我思維及意念轉譯成文字的手臂和雙手也是敞開且清晰的，我充滿創意的能量可以通過它們而流動。」

給我們一點時間。（停頓。）

「我可以自由地或站或跪，或滿懷期待地向前奔跑，因為前方沒有我需要害怕的事物，前方的道路清晰且開闊。我可以自由表達我的喜悅，因為我的生命由此萌發而出。我可以自由自在地彎身。我可以自由輕易且流暢地移動，因為我原本就是由諸多動作所組成，而且我隨著我心智的各種動作而動，而我的心智是自由且開闊的。

「我可以很容易便看得很清楚，因為我舉目所見都是宇宙的自由及喜悅。我的性靈是自由的，而且我的身體也反映其自由。」

你可以休息一下。

（九點四十六分。珍的出神狀況很好，步調很快。今天上課前我曾請求賽斯給珍一篇她用得上的祈禱詞；從上面幾段文字看來，我會說賽斯一如以往地做了最出色的回應。）

（十點整重新開始。）

好，給我們一點時間。

你們的創意能量一直是非常有益也非常積極正面，並以你們可能並不知道的方式為你們工作。這些能量吸引其他人來找你們兩位，即使你們的態度頗為消極和負面，但普遍來說，其他人對你們的整體印象是你們非常有創意。

許多人並不知道該如何運用他們的創造力，也有許多人並不擁有特定的能力。這些人經常會很樂於公開地送你們一些生活用品，因為這樣能讓他們感覺自己也參與了一項創意的工程。

然而，你經常將負面的思維往外投射，無法以這些物件被給出時的精神接受它們。你覺得接受禮物會讓你低人一等。這想法從一開始就是負面的。你（指著我）想要感覺疏離，而我告訴你，那是想要感覺比人優越。接納和接受，是需要一點底氣的。你的態度經常是一概拒絕——也就是說，它是更深層之負面思考模式的映射。

部分的這些與你自己的背景有關，以及一種「既然你們不買我的畫，也別把你們的垃圾丟給我」的感覺。但這些人並不覺得你想要他們買你的畫，你並沒有把這個想法投射出去。

事實上，你經常說那些畫是用來研究的。他們因而覺得，他們正以自己的方式將禮物放上創造力的祭壇。我想指出的是，這件事背後的負面模式其實在你這邊。

給我們一點時間。（停頓。）能量某種程度受到封存，你因而無法自由地付出或接受。你把自己的負面思考模式投射到那些樂於付出的人身上。這並不表示你在尋求施捨。我的意思也不是說，只因他們付出，他們的位置就高於你。這些只是非常單純的奉獻，而且被他們認為微不足道。

你最近對魯柏提過這件事。然而，我想指出其中的重點、你這邊的拒絕，以及那些奉獻的理由及吸引力。記住我說過的限制性思想。這裡面還有更多東西。給我們一點時間。在那之後的還有一種恐懼；接受別人的任何東西，會不會被佔便宜的恐懼。不過，一概拒絕的習慣，就是一種限制性的習慣。

對某些特定事件的反應何妨隨興為之。但整體的拒絕模式，就應該加以留意。它可能擴散到各種思維及意念，連同創造力及豐盛也都受到限制。它的基礎是恐懼。當你真正明白你擁有自由，就沒有任何事需要恐懼。你了解我的意思嗎？

（「了解。」）

所以，應該避免反射性的自動拒絕。當你思考財務方面的事，也應該避免對特定事件及整體方向有限制性的想法。收到一張帳單，不要想「我們要到何時才能付清？」或者「我們會因此減少許多錢」。這等於是在繪製一幅貧窮的畫面，你懂嗎？你要改而對自己說：「要付這張帳單的錢正要進來。」你將立刻建立起把錢帶進來的各種行動之流。任何其他的反應都是關閉及否定這些流動。

而魯柏的確在處理你們的車這件事，貫徹了這個做法，他就只是看著你拿出最後的一分錢付款，完全不知道錢還會從哪裡來，只相信它就是會來，而且你們的帳戶也不會透支。

你必定仍能深深體認，這些想法其實有多麼實際。你應該有體認，因為你看得出這些想法被負面使用時的效應。這也是你建造生命的方式，即使你或許並沒有發現。這也是我的資料主要目的之一，那就是要你建造你自己的物質實相，以及把你的思維及意念替換掉。因為這不只在你們的系統中適用，甚至遠及其外。

現在你可以休息一下。

（十點二十六分至十點三十六分。）

好。你對別人也有付出，對與你一起工作的人，以及來到這裡的人。你付出你必須付出的。你也收下別人必須付出的。你已幫助許多你認識的人開拓了他們的視野。當其中一些人為你家提供一些物品，那是他們正以他們的方式付出。你付出一些，也從別人處接受一些。你了解我的意思嗎？

（「了解。」）

這並不是我給你一捲線，你給我一捲線，雙方扯平。你以你的方式給某人一樣東西，然後另一個完全不一樣的人給了你本質完全不一樣的事物，但它依然是你自己那份付出的結果。所以，不要限制了在這種情境裡的能量之流。

好，如果沒有其他問題，這一節就在這裡結束。

（「應該沒有。」）

如果你對今晚給你的資料有任何問題，那我將在我們的下一節課回答。致上我對兩位最誠摯的祝福。晚安。也願你們的冒險成功。

（「謝謝你。晚安，賽斯。」）

（十點四十三分。我對珍說，我其實有個問題，但因為我們似乎都很累了，所以沒問。問題涉及，既要建立嶄新態度，怎樣才是能涵蓋全面的最佳方式，因為我們手上真的有許多不同的願望想要處理。

（賽斯因此在十點四十五分回來。）

這正是我說「豐盛」是個絕妙好詞的原因。給我們一點時間。（停頓。）在你們的禱告時段，請集中一切力量處理魯柏的健康，不要分散。然而，全面性地來說，要經常地看見，你與你的環境之間永遠都有一股自由且豐盛的能量流動著。只是，我需要給你更特定的方向，但這些我會等到你的下一節課。

你主要的關切點在於思維及意念的整體模式，把你已經有的模式替換掉，把你已經覺察到的負面思維替換掉。這並不需要太多額外的時間，你知道。

（「我在想，會不會造成人格其他部分的困惑。」）

把你目前的練習只專注於健康議題。任由你的思維及意念在整個白天裡自然而然地流動。它們會主動觸及例如工作、財務等等的不同議題。當它們這樣做時，以正面思維修正任何負面思維。

在身、心、靈三方面都感覺豐盛是很重要的，還有限制性思維的避免。我會在下一節課闡述更多。你正使它變得比原來更複雜。給我一點時間。

在正常的一天過程裡，你的思維及意念會多少地停留在你所提到以及你關心的議題。在過去，這些思維通常都非常負面，結果也帶來負面的情況。如今無需特別努力，只需把這些思維轉為正面。

療癒的那些練習，將自動增加靈性的豐盛。當你感覺已有足夠的準備，每天兩次的禱告時段便可改變焦點，開始處理其他的議題。你並不需要把它們專注於一個議題或其他議題。我會給你好用的建議，以及能在財務及其他方面都顯示出成果的肯定句。在任何情況、任何領域，只要你的態度改變，不一樣的結果便會自動發生。這樣有沒有回答你的問題？

（「有的，非常好。」）

你還有其他問題嗎？

（「有，但是不急。」）

那我要第二次道晚安了。

（「晚安，賽斯。今晚真是有趣。」

（十點五十八分。）

第四七七節（刪除課）　一九六九年四月二十一日星期一晚上九點五十五分

（這節課因為柯蒂斯．肯特八點到九點四十五分的來訪而較晚開始。他是我在藝術卡公司的藝術家同事。）

晚安。

（「晚安，賽斯。」）

好，既然你今晚已經歷過一場獨白（幽默地），我就不用我的把你拖太久。

（「我感覺還好。」）

但我有幾項建議。首先，我給魯柏的祈禱詞是為了他的需要而量身訂做，所以將非常有效，我建議他在你們的禱告時段使用。他若能在早上大聲朗誦，甚至興致勃勃地唱出來，一定非常好。

請特別注意，應該把精力集中於處理手邊的日常事務——他的寫作，避免有意識地專注於他的健康狀態或療癒的進度。你若注意到任何正面的改善，約瑟，或者與他的外表或表現有關的正面說法，都應該說出來。如果可能，注意到的時候便隨時地即興說出。這樣可以避免只在負面情況出現時才指出的過分強調。這件事你能了解嗎？

（「我了解。」）

好，至於你們的噪音事件，這裡有些建議，可供未來只要會引發不快的任何狀況使用。當有人提出要求、而你們又感到必須做出某種回應時，以下這些建議將有幫助。當你感覺受到打擾，如果可能，請在打擾發生時便向當事人合理地表達你的感覺。倘若未以這種方式處理，受到打擾的氣惱將會累積，然後你會變得彷彿許多事情惹你生氣般對某一件事大發雷霆，只因那些人沒在最初的適當時機收到回應。

以這件特定的事為例，你應該在受到噪音打擾的時候，就打電話給你的鄰居。這才是健康又合理的反應。倘若你每次都這樣做，噪音就不會繼續。即使它繼續，你那時也有合情合理的立場採取更堅定的步驟。

也是你這邊不願以正常自然的方式對此打擾做出反應，情況才會發展成這樣。你的不做反應，等於給了鄰居進一步活動的許可證。你的正常反應確實會教導她學習尊重別人的福祉，而且她會覺得你的反應相當合理。

你的惱怒原本可以理解，也與你受到的打擾成正比。但是當你沒有立即反應時，委屈的痛苦就會累積，整體來說，你也沒有幫助到相關的對方。最後你還可能因為壓抑於內在的反應突然爆發，而傷害他們。

當對某一事件的反應似乎與情緒不成比例時，通常是因為過去對同類事件的反應不曾充分表達。我說的是合理的反應。我指的不是因為一丁點小事就大發雷霆。例如，暴力其實就是這種壓抑的結果。

請給我們一點時間。對你來說，目前適用的詞，又是「豐盛」。我希望你一有時間便靜下心來思考目前所享有的各種豐盛。你可以無比自由地得到空氣、水和陽光這些東西，甚至是豐盛的情感能量，比如你那位剛離開的朋友，他也對你提供了許多。

思考一下你在思維方面有多麼豐盛，還有顏色。我希望你覺得這個詞無所不在、方便易得，只要你有任何種類的限制性思維，就請把它們轉為豐盛的感覺。魯柏也可以遵循這個建議，對他也會很有幫助。

豐盛的感覺也會在你的繪畫中釋放新的想法和靈感，並在你處理各種技術與媒材時給你一種自由的感覺。你並未受限於任何媒材。你儘可選擇，也擁有選擇的自由。你了解我的意思嗎？

（「了解。」）

你也了解你年輕的鄰居所擁有的豐盛精力，你只是不希望那份精力的發洩是以你的安寧為代價。她並不知道為了她自己好，她應該在哪裡畫下界線。若有她尊敬的人幫助她畫下適當行為的界線，她應該會很滿意。她期待你們兩位這樣做已經有一段時間了。

當你們並未堅定或恰當地表達你們的不悅，她也因而搖擺不定。她對自己的行為也不滿意，但又需要支持，而你們的訓斥原本可以為她提供支持，即使現在也還可以。

現在你可以休息一下或結束這節——

（「我們休息。」）

——或問任何問題。那我們先休息。

（十點二十七分至十點三十七分。）

好，啟動一個對惱人刺激做出恰當合理反應的計畫，是防止過度反應及壓抑的最佳保險。總是自問：「我是只對當下的事件做出應有的反應，或者我連同過去一或五件沒有反應的事件一起反應了？」你很快就會發現，自己的反應與當下的事件成正比，並從舊有的習慣中解脫出來。

且說，這也不是你獨有的習慣。我用了眼前的例子，但它的發生其實是很廣泛的。你們的神經系統一旦受到打擾，都會有所行動。不必多加干預，就讓它自然地運作吧，你可以信任神經系統的自發反應。它將會做得剛剛好。只有當你的神經系統因這類壓抑的行為而負荷過度，它才會開始對看似單一的事件一再地過度反應。

你必須密切留意自己的反應一段時間，確定你只對當下的情節做出反應。神經系統很快就會自動調整到正常動作，整個過程又會自動進行。同樣重要的是，當你感覺受到打擾時，只要可能，便立即反應，而不是延遲你的行動。你的系統已經清空。當你開始學習，你可能會發現自己一開始會反應過度，這僅僅是因為過去那些未被承認的壓抑所累積起來的電荷。

這道理以你的方式適用於你，也以魯柏的方式適用於他。它也適用於你們所有的反應。這是情感動物自發的天性，它釋放自我，也開啟創意的通道。當你感到高興、喜悅或有快樂的心得，這些也都應該在當下及時地表達出來，而且要把那情緒表達得淋漓盡致，因為這樣的表達既能滿足並取悅自己的系統，也能取悅其他人的。

這些事情也都不應該延遲。你有問題嗎？

（「沒有，應該沒有。請儘管繼續。」）

如此這般，系統就能享受自己的自發表達，並具有靈活性，因而也更善於接納。推遲反應能因而導致一種拒絕的模式，因為你正拒絕表達你自己的情緒。再度地，這也不是你獨有的現象。

我這裡給你的一些建議將對你有極為實際的效用。你若沒有其他問題，我來結束這節課。我總是努力糾正你們兩位，但這份資料，雖然是直接對著你說，但它們也能產生非常廣泛的用處。魯柏可以詮釋我的資料，用來幫助其他人。獻上我最誠摯的祝福，以及真心的晚安。

（「晚安，賽斯。」）

（幽默地：）我可以待更久，但出於我的好心——

（「你可以待更久？」）

——我讓你休息。（停頓。）我可以待更久。可是，你因為噪音議題跟自己打了一仗，現在，這比失眠更加需要睡眠所能帶給你的舒暢感。

（「那好吧。」）

（十點五十五至十點五十八分。）

補充一點。由你，向鄰居表達不滿極端重要。魯柏可以陪你，但你親自表達你的氣惱並感受說完之後的如釋重負，很重要。

只要可能，這類反應永遠都應該由當事人向造成不滿的人親自表達，不管相關的步驟有多少。若不如此，自我會感覺多少受到欺騙。此外，這樣的表達會讓犯規者直接參與，因而讓雙方獲得若非如此就不會有的更多了解。這種互動對雙方都很重要。你了解我的意思吧？

（「了解。」）

對於你情緒化反應的本質，你的鄰居毫無有意識的真實知識。你把許多負面態度投射到她身上，只因過去不曾充分反應。如果你的計畫繼續執行，她將感覺彷彿被大鐵鎚砸到。（停頓。）她正在尋求指引。

好了，祝你們有許多美夢。

（「你也一樣。」）

（十一點三分。）

第四七八節（刪除課） 一九六九年四月二十八日星期一晚上九點五分

晚安。

（「晚安，賽斯。」）

好，至於魯柏星期六的沮喪……起因是對恐懼的恐懼。

他太過覺察到恐懼的毀滅能量，驚慌失措到認為不可能將恐懼封阻在外。他把這種短暫的憂鬱告訴你，對他很有幫助，不只有助於舒緩那種情緒，你的安慰也協助他重拾信心。

他被他在自己內在所遇到、並辨識出的負面想法數量嚇壞了。我說，不要主動去找負面想法，而是找正面的。否則，你會專注於你恐懼的結果，而不是你想要的。

負面想法可以也應該被辨識出來，並在遇到它們時將其拔除。但你並不需要找出鏟子來一次挖掉一根雜草，也不需要因為發現花園有雜草就用大鐵鎚敲自己的頭。這對園丁沒有任何幫助，只是讓他暫時無法工作，而且也不會除去更多雜草。

換句話說，負面想法不難辨識也不難拔除，那就像除去花園的雜草同樣簡單。不必責怪自己在過去讓花園長出雜草，有時還無知地把它們想像為花朵。你現在的工作就只是移除它們，而且當你移除每一株，輕鬆不費力地，放進一顆正面的種子取代它。

你們常說的那些深情款款的祈禱詞，都很不錯。但是，備受監視的壺，很難煮開，請原諒我這東拼西湊的比喻。讓潛意識帶著種子開花結果吧。它完全不需要用淚水澆灌，不需要誓言的承諾，也不需要每分鐘十次的叮嚀，這些只會在種子的上面覆蓋陰影。

任何種類的恐懼，包括對恐懼的恐懼，都具有毀滅的力量。你對一個負面想法越害怕，它贏得的力量就越大，你最好把整句話都畫線。更好的態度是「嗯，這兒有個負面想法，我們來擺脫它。」現在，從心態下手，要魯柏假裝那只是一株雜草，先把它從他的意識裡連根拔除，再想像地把它扔到身後。

現在，我們要丟些更好的進去。即使是「平靜」也很不錯。他並不需要立刻就到處去找解藥，你知道。「這些不是我想要的想法，」這樣的心態聲明就很有幫助了。如果負面情緒遲遲不走，他不應該想：「完了，這下它會變成症狀反映出來，我該怎麼辦？」這只會增加更多的負面聯想。

他應該這樣想：「哎，它會過去的，我讓它過去。」如果必要，將它的重要性儘量減到最小，而不是把一個原本就是被投射過來的負面反應，誇大地添加到已經負面的情緒上。

好，告訴他，他已學習到了，因為若在過去，他定是任由沮喪繼續，但這次他沒有。你幫助他拔除了情緒。總體想法是，不要害怕你有的症狀。他絕不能一再與他想要的健康相互必較，這樣症狀反而會累積。而這累積是落在方程式錯誤的一端。

改而想像你們想要的結果，健康；而他在《改變生命的自我形象整容術》的方法頗能滿足那方面的需要，讓他的想像力火花四射。然而，主要的問題之一是，對問題的任何非必要強調。強調的重點應是已知的解決方式，而且是已被明確理解的。

他所犯的大錯之一是，當他把想要的與目前的身體狀況做比較時，就會想：「我離健康還有多遠？」這時，自憐就進來了。

我來舉一個最典型的例子，這也是困難有時會在週末出現的原因之一，情況經常是你們打算去市中心的早晨。前一天晚上他開始擔心，且經常是很有意識地擔心，他的狀況會不好，結果便在想像的畫面中看見自己狀況不好。因為想像的力量有時的確會實現。然後，他把你的健康及活力與他自己的狀況相比較，然後想像你對他失去耐心，因為他的確拖著腳走路。

他拖著腳是因為他不想去，他害怕會呈現他的想像力造成的不良狀況。你越是急著出發，你知道，他越想感覺很好，越想跟你去。他錯在任由想像力與他作對，挫敗了他的願望，而不是支持他如願。

他的心理態度應該是「我當然可以在早上感覺很好」，而不是想像自己拖著腳下樓，他應該遊戲式地想像他走在你前面，好像他正調皮地玩著一個遊戲。世界現狀最叫人遺憾的是：人們為了實現願望而經常使用的方法，正是那些會帶給他們相反結果的特定方法。

我之所以提起這件事，是因為你們兩人都沒有察覺。魯柏在商店裡暴怒，並感覺被拋棄。但他是生自己的氣而不是氣你，他氣自己跟不上你。他也氣原本喜歡的店員，因為她提起他的體重，然後他因為身體痠痛而心情痠痛。

現在，我已經給了你一些建議，它們將有助於消除我所指出的那些困難。整體來說，他用你的方法做得都很不錯。特定事件會展現結果，若有更多特定事件，我會提起它們。

去商店，偶爾會有些困難，這是他早已懷疑的。他責怪自己無法幫你提更多袋子，以及他以前可以幫忙的日常雜務。這包括攜帶送洗衣物。你忘了他對你有多盡責。

你的協助將很有幫助。以下這些話會有幫助，例如「我很快就會讓你提所有的袋子」、「你很快就能提所有的東西」。這樣的提醒也很不錯：當你生病的時候，他也幫你提袋子，以及一如你會恢復力氣，他的力氣也會恢復。

問題顯然令人苦惱，但討論苦惱的面向毫無助益。既然問題已經面對，討論就不再是一種動力。現在的專注應該擺在想要的解決方式。他絕對不能只咬著牙猛想「我將會更好」。你們兩個應該尋找並討論的是，有沒有任何新的自由。你們雙方的一種期待感將大有助益，而且必須事實地成為你們禱告活動的一部分。

好，通常來說，他會大步走，尤其在早上。他不應該整天都在室內，這是你知道的。他應該想像地看見自己恰到好處地運用身體，光是這些想法就可以啟動身體這樣做。但總體想法應該是：「我是自由的，可以清理櫥櫃，可以蹲下也可以站起來。」感覺到靈活性是非常重要的。憐惜一下你的手指，休息吧。你應該需要。

（「說的也是。」

（九點五十分。休息期間我提起我抄筆記的筆品質不佳，以及我們以前用得很順的那個品牌的筆，現在卻找不到。我正想說更多時，賽斯在九點五十八分打斷我。）

說真的，光是這樣的說法，你已有效確保你找不到你要的筆，而這正是方法誤用的一個小案例。

（「但我預期可以在另一家店買到。」這是我原本要添加的說明。）

你剛才說的那番話，是一種在預期目標和實際目標之間設置障礙的言論……（這裡的幾個句子說得很快。賽斯重提我在休息時間說的話。）

換個方式，你應該在腦海中看見你想要的筆，知道它的供應將不虞匱乏，辨認出你剛才的說法等於帶你遠離所願，以你剛才要添加的說明取代它。

「我知道我將找到一家店，他們有我想要的筆。」這個畫面很小，但很好。你應該研究這個例子，因為它適用於每件事、每個慾望。你擁有實現願望的現成方法：積極正面的視覺影像、積極正面的想像力，和自信。

負面的視覺影像、負面的想像力，以及目標不會達成的感覺，將導致與你的渴望正巧相反的結果。這裡沒有其他方式或其他答案；肯定就會收到，否定就會失去。

自從你們開始禱告，已有一些明確的成就，如果你們一開始就抱著正確的期待心態，你們早已在祈禱詞中加入你們的感恩。整體狀況已放鬆下來。除去少數的幾個錯誤，精神幾乎已立即開始復甦。雙臂已經從早期那非常緊繃的狀態再次放下。痛苦已經消失，而痠痛也正逐漸消失。

你要休息一下去找支好用的筆嗎？

（「不必。」十點五分。）

多少地，你們仍專注於留存的症狀，幾乎不曾注意已經解除的那些。這種態度可能降低你們的信心。我在此只是指出你們應做的調整，絕非抹煞你們的成就。

這些調整進行之後，會有非常明顯的好轉，療癒也將加速。

你們的「尋找公寓」之旅，替雙方都增添了一種自由的感覺。

現在，我們把今晚所說、與魯柏相關的內容，套用到你身上，以你渴望從萬事萬物看到的豐盛，檢視你還有哪些尚待辨認的負面態度。以筆為例，再應用到你想要的其他事物；再次記住，只要應用得當，想像力是一項非常有價值的工具。它是你的畫筆，你以它建構你的實相。你有問題嗎？

（「沒有。我沒有機會想問題，我正專心賣畫。」）

這確實是有益的。想著你以愛心銷售它們，而且你一定要愛買你畫的人。我不是指盲目樂觀的假愛，而是你一定要感覺，這些畫將為買方帶來祝福，然後你也接受他們以金錢的形式所回饋給你的豐盛。

給我一點時間。（停頓。）廣告（賣畫的）的想法很好。你一直沒採取行動，自有你的理由。例如，記著你正在閱讀的資料，有幾項態度你應該改變，因為當你相信這些態度，你的行事便與願望背道而馳。而物質事件似乎也順勢證明這些態度為真：

「社會對藝術家不屑一顧，我們就算餓死了也沒人關心。人們不想買畫，他們寧可買電視。人們進來看我的畫，我卻沒看見任何人購買。人們不願付很多錢買畫。」

這只是許多想法之一，而當你持有，它們便形成你存在的物質實相。將這些想法完全改變，我告訴你，你的畫就會售出。當想著這些，你就等於告訴自己：你的願望不能成為事實。

你有任何問題嗎？

（「我一直在改進這些態度。」）

那我建議我們結束這節，雖然我會回答你想到的任何問題。

（「房東為什麼想賣這棟房子？」）

給我一點時間。（停頓。）與售屋無關的一點：他認為他搬走之後，你和魯柏都沒空理他。他經由心電感應的方式捕捉到你的羨妒，這讓他很受傷，因為他害怕自己對金錢及安全感的強迫性憂慮。這也是當你真的去那邊找他時（他那家可以跳舞的餐廳），他給你一堆食物和飲料的原因。

他總是感到害怕，因為他覺得自己在混亂中迷失了方向。他為女兒的困難感到內疚。他賣房子一方面是想賺錢，另一方面是懺悔他以自己的方式太愛這棟房子。他說要賣掉土地、拆掉露臺，是一種自殘行為的投射，以摧毀心愛的事物為自己的罪孽贖罪，這是他的看法。

他感到某種這樣做的驅策力。他充滿著永遠無法完全表達的巨大愛心，也擁有一項他既無法追隨卻又關閉不了的直覺天賦。他的直覺能力很強大。他想賣房子不是因為他不喜歡它，而是因為真的喜歡而想出售。

現在你可以休息或結束這節，隨你選擇。

（「那麼我們或許就結束吧。」）

致上我對兩位最誠摯的祝福，及充滿了愛的晚安。

（「晚安，賽斯。」）

（十點二十九分。）

第四七九節（刪除課）一九六九年四月三十日星期三晚上九點十分

晚安。

（「晚安，賽斯。」）

好，雖然我們上一節強調的主要是魯柏的狀況，那裡面當然也有放諸四海皆準的應用，而這一部分資料將來一定會被用在一本與我的健康理念相關的書中，即使並非一字不差地引用。

有件真實的事，那就是有兩個已經離開物質實相的人一直在設法幫助魯柏，尤其是在夢境裡。這兩位最開始是由愛德華（Edwards）聯繫的。他們與魯柏進行對話，而且是在與正常意識完全不同的層面。

他們試圖糾正他的基本想法。他們也會指導他的超意識，以便適當的身體調整得以隨之進行。魯柏若能記住這個事實，並提醒自己，的確有人在幫他，即使他們並沒有替他做什麼，對他仍會是個幫助。

他若提醒自己，那麼他對其中的一些接觸就會有記憶，這將有幫助。對他來說，活力充沛（exuberant）會是個好用的詞。他應該從自己的內在創造這種感覺，而這感覺便將在物質實相裡實現。

他那邊每個月增加的數字，是他想著豐盛之餘的衍生物。雖然效果並不是非常大，但很明確。你也看到，他並沒有過度專注。他以充分的信心送出豐盛的想法，但態度幾乎是遊戲式的，只是想著多餘的錢。

他並沒有想他欠缺的，而是他想要的。健康方面的工作也必須這樣進行。今天的牙醫之約就大致是這樣的狀況。他想要在接待你們的艾若法蘭茲（Aerofranz，普林提斯出版社編輯，譚．摩斯曼的存有名）的時候，有副漂亮的牙齒（幽默地），所以他打電話時便送出這樣一個迅速又直接的信息，因此能趕在你們的朋友過來之前便約到牙醫。

（譚在這個週末，五月二日抵達。珍的牙醫之約原本在五月底，牙醫的接待員告訴珍，若中間有人取消自會通知她。）

他並沒有想「我的牙齒真難看」。只是簡單、有效、遊戲式地想「譚來的時候，我的牙齒是乾淨的。誰管接待員怎麼說，我這星期就是能看到牙醫」。

這再次告訴他：不急，輕鬆自在就對了。重要的是想像，即使想像的用途很荒謬。要他想像與你打枕頭仗，或與你在地板上摔角。他必須在給出建議之後，很有意識地改而去注意其他事，這非常重要。我的建議是這樣：他每天的寫作不少於四小時，最好五小時；其中一部分時間用來寫詩。

這將有效地讓他的注意力集中在應該注意的地方；於此同時，內在自己則會執行他的建議及暗示。

好，這是必要的：《改變生命的自我形象整容術》的練習至少十五分鐘，但不多於半小時，在這段時間裡，他要允許想像力充分、正向地發揮，想像他寫作順利、享受他的身體，追求的目標一一成功。這件事他做得很好，但這次要他專注於想像，而不要給自己太多有意識的建議，以免貪多嚼不爛。

禱告系列應該繼續。在這段時間裡，就讓他帶著情緒和感覺說出各種有意識的建議，然後要他把它們全都忘光。他不必每十五分鐘就給自己有意識的建議，那樣就太像整天盯著時鐘了。輕鬆且有感而發的睡前建議，就很棒。他這方面做得比較好。再說一次，任何進步的跡象都應該給予鼓勵、注意，及關心。這就是我推薦的計畫。

你已經賣出一幅畫，很快就會有它的消息。

好，給我們一點時間。你和其他人對停車場的感覺，已經使得這一進程至少暫停。你的房東是個非常容易受到暗示的人，而你的感覺正落在他肥沃的土壤上，他那充滿恐懼的土壤。

我相信車庫無論如何都會被拆掉，以提供額外的停車位。目前這件事的可塑性很強。土地很可能不會動到。

（看來果真如此。一九六九年五月三日星期六，房東帶著一個幫手拆掉了從我們的客廳窗戶延伸出去的四分之三露台，這部分的地將用於停車場的設施。

（這節課在四月三十日星期三，星期四和星期五、亦即五月一日和二日，測量員來到那塊土地，規劃預計的停車場，它將從房子前面的西華特街一直延伸到房子後面的圍籬，全長約三十三公尺。）

你那位賴文醫生和另一位醫生或牙醫也很有可能合併他們的財務，共有另一個街角的土地。另一個可能是，拆掉施坦普醫生的車庫，把兩個車道合併成一個小型停車場。不過，目前的狀況充滿各種可能性。

（「房子本身的交易呢？」）

給我們一點時間。有段時間，你的現任房東和他的未來買主（芙蘿倫斯．哈勒戴女士，她曾是珍ESP班的學生）都舉棋不定。因為這其中涉及諸多心靈狀況，整件事出現高度的可塑性。那位女士非常想要這棟房子。她此時的這個慾望使她變得比較強勢。

（「她知道停車場的事嗎？」）

另一方面，她的律師可能會對你的房東說些激怒他的話，從而導致買方暫停。她或許不再想買，因為她相信停車場的設立可能趕走她想要的租戶；然後在合約規定的時間之後，停車場可能還是如我說的沒有建成。這些都是現在的可能性，在這情況裡，你的房東仍將擁有這筆資產，因此相對來說，情況的改變不大。

這兒有些半真半假的欺騙，或者只是沒解釋清楚，這是我的回答。真相以一種連言外之意都很含糊的方式表述出來。

（賽斯的這個表述備獲證實。首先是珍與哈勒戴女士的共同友人向後者解釋了停車場的預計用途。這是五月一日星期四的事。哈勒戴女士無法相信這個想法，說只有人對她表示，這是繞著隔壁醫生的房子建造「圓形車道」的計畫，對整棟屋子的干擾並不大。她完全不知道屋子側面從街道到後院圍牆的地都已被我們的房東決定賣給賴文醫生做停車場。

（五月四日星期日，珍與哈勒戴女士在電話中交談，未來可能的女房東親自對她說，她將要見她的律師，「談談有無任何補救之道」等等。）

現在，你可以休息一下。

在這裡寫下PAL幾個字母。我不知道與這個屋子的情況有無關聯。有更多資料出現時，我會給你。

（九點五十分至十點五分。）

好，你的各種期待原本是情感。

它們是振動。它們的力量來自它們的強度。當一個特定區域內有足夠多的這種物質聚集在一起時，就會形成一個強大的活動場及吸引力（長停頓），這是一份充滿可塑性的初稿，或未來事件與物質實相的底層模型。

當這個場（field）藉由想像、情感與期待進一步活化時，它的電荷就更為活躍，並更吸引那些它需要的元素，以便為基本款版本中已經存在的元素賦予新次元。你了解嗎？

（「我了解。」）

這個程序一旦開始，便擁有自己的動力，它會排斥那些不符合其統一感的元素，吸引那些符合的。所有這一切都在任何事件以物質形式出現之前就已經發生，一如你用畫筆在畫作上塗抹顏料時，手的每個動作背後都隱藏著許多創造性的活動。你看到色彩和筆觸，但看不到導致你創作出這些特定筆觸的內在活動方式。你知道它們的存在、它們的內在意涵，但你並未從物質化的角度去看它們。你只從色彩、筆觸和畫作看到它們的效果。

現在，你藉由視畫得好為理所當然，以及在腦海中看到已完成的畫作，有意識地引導自己。這就是意識自己的功能，利用情感及期待來實現預期的結果。

然後，你讓內在的動力接管你的工作，但你不要試圖欺負它。你的意識若想成為一個工頭，他必須是個好相處的人，而非隨時大呼小叫一堆命令的權威人士。他必須是個溫和的指揮，而不是暴君。

只有當他懷疑所謂的「下屬」造反時，他才態度強硬。畢竟內在自己從一開始就不是下屬。它是上天所賜予的力量，用來識別你之所以為你，它的服務隨時為你所用——也就是，為你現世的人格所用。

換句話說，它做你要它做的事，但它仍然擁有不為你所知的能力，以及屬於你僅是其中一部分之整體存有的信息源頭。它是個保護者。它甚至會不顧你自己的意願來保護你，例如保持生理系統的繼續運作。

內在自己是你與一切萬有的連結，但它的能力要如何使用、以何種方式使用，則取決於現世這個個人的意識心（conscious mind）。現世這個個人是來學習的。內在自己因此不會僭越自我（ego）的界線，違反自我的意願，或試圖去強迫自我。如何利用內在自己的巨大潛能，如何用它來幫助自己及其他人，都必須仰仗自我的學習。

如果內在自己完全接管，現世的人格就無法自行學習。內在自己的確會提供忠告、直覺式的幫助及靈感，所有這一類的東西，但它並不會強迫自我一定要接受它們。

當自我以一種不幸的方式使用它自己的能力時，內在自己就會設置警告系統，有時甚至會讓身體這個有機體實際或象徵性地停止，以防止自我造成進一步的傷害。

經由這些操作，內在自己的確教導自我，如何正確使用這些內在潛能。內在自己如實的承載著自我，提供生命的養分。現在，你可以休息。

畫作的出售已經在內在實相裡實現。我不太確定，但我相信實際發生可能還要大約三個星期。不過，有個人已經決定購買；兩幅畫會在最近賣出，買主各為一男一女。

生動地想像，掛著你想賣掉的一些畫作的牆壁出現了一個空間。想像你正在思考既然畫已售出，那裡應該改為擺放些什麼。看見你正與魯柏討論這件事。

好，現在想像有人問你，最近有沒有賣掉任何畫。看見也聽見你在告訴他們（長停頓），你正賣出比你想像中更多的畫。看到一個寫了賣畫款項的信封，裡面裝滿了賣出畫作的進帳。想像你要怎麼花這些錢。

想著你是多麼感恩你有這樣的天賦。這是最重要的。永遠不要認為你沒有它或許會比較好，或別人都不像你遇到這麼多困難。要感謝這項天賦，也感謝其他人欣賞它。看到它多麼理所當然地受到欣賞。思考你的畫將帶給其他人直覺上的幫助。

小心這樣的暗示：例如「所有我想要賣的畫都會賣掉」，因為這等於正在設立條件及限制。你可說「我所有的畫都可以賣」，或說「這些畫都會賣掉」，說話要具體。你了解其中區別嗎？

（「我了解。」）

給我們一點時間。（停頓。）不要說「誰和誰會買這樣那樣的畫，他很有錢」，如果「他很有錢」這幾個字裡有任何指責。你了解我的意思嗎？

（「我了解。但我不相信我作過這種事。」）

你還有任何問題嗎？

（「沒有，應該沒有。」）

你們兩位的自由感都已經增加。睡前不要用一堆建議轟炸自己，但這是一個給自己繪畫方面建議的大好機會，從創造力的直覺角度幫助你發揮你的能力。

（「是……我為什麼還沒把賣畫的廣告寫出來？」）

為什麼沒有？

（「是。」賽斯最近提過這件事。）

有幾個理由。給我們一點時間。（停頓。）

你不喜歡廣告，你感覺應該是人們來找你。然而，這是把他們帶過來及獲取注意的合情合理方法。你一直有所保留，也很消極，不想讓陌生人來打擾你；然而，買畫的人只會幫助你的能力而不是阻礙你，而且他們也將帶來使你能將精力奉獻給工作的可能性

這其中存在著某種你可以輕易卸除的連結，跟你父親不願出售他的照片、他的態度以及當客戶進門時他的反應有關。你已經注意到是你母親替他進行銷售，不然他根本不賣。

如果你以正面的建議面對這些，它們便沒有力量控制你。其他的理由我將在我們的下節課討論。了解它們將有幫助。

你必須分享你的天賦，這是你擁有這些天賦的原因。

現在你可以選擇休息或結束這節。

（「那我們就結束吧。」）

致上我最誠摯的祝福，和美好的夜晚。

（「晚安，賽斯，非常感謝你。」）

（十點五十五分。珍說她「真的出去了」，等等。）

第四八〇節（刪除課） 一九六九年五月七日星期三晚上九點八分

（珍與我照例在五月五日星期一晚上靜待上課，但它沒有舉行。每到課程時間，珍都處於極為放鬆的狀態，但她沒能讓賽斯過來，雖然我們一直等到晚上十點。

（譚．摩斯曼和他的未婚妻依芙是我們上個周末——五月二到四日——的客人；他對珍所完成的賽斯書完全認同，而我們認為此一信念與珍那非常放鬆的狀態或許有關。珍說，她並未對今天或今晚做任何有意識的建議，起碼她沒有察覺到。譚．摩斯曼是珍在普林提斯霍爾出版社的編輯。

（珍說那種痛快的感覺，「有如壓力都不見了」，而我認為那是因為她的症狀全面地放鬆開來，起碼暫時如此，外加一種出離的狀態。坐在她進行課程時常坐的搖椅上，珍說，她有時覺得她彷彿在屋外，享受春天的空氣、花、草等等。她告訴我，在我們等待期間，賽斯有時就在身邊，但終究沒有透過來。

（珍經歷了一段症狀遠離的舒暢，但即使這樣，當她決定做點測試時，脖子仍然沒有完全放鬆。她今天下午曾做些瑜珈，但她並不認為這與她目前的狀況有關。

（我必須補充一點，第二天早上，症狀恢復；珍感到又緊又僵硬，但隨著這一天往下走，情況逐漸放鬆。

(星期三的課照例舉行，我們當然請賽斯解釋星期一的事件。)

晚安。

(「晚安，賽斯。」)

好，如果我們的朋友感覺生產力十足、活力充沛，而且可以自由自在地揮灑他的能力，那麼他將是完全健康的。

他過度強調了過去種種的所有限制，這導致他否定了自身擁有的積極正面的特質——轉而專注於負面的。好吧，這裡的有些東西是從你那邊接收過來然後加以誇大的。這個態度大部分正逐漸過去。

然而，我會建議你們一如往常，持續自己的禱告時段。魯柏應該在他的時段裡想像自己活力充沛、能量飽滿、靈感迸發的感覺，以及放鬆及自由自在的整體感。讓他跟自己玩個遊戲，看看在日常活動中，他能有多長的時間誠實地真正忘記自己的症狀。請不要藉由專注其上而給予額外的能量。

在他的禱告時段強調，他全部的注意力可以投入於工作及創意的努力。這將自動地把能量從症狀上面帶走。

(「禱告課有任何功效嗎？」)

當然有。現在，給我們一點時間(停頓)，而且是較長的時間。(長停頓。)不應該把注意力專注於早上的感覺是否足夠好到去做他想做的事，而只應該專注於想做的事，而不是身體狀況。當他感覺對工作的全副熱忱高漲到冒泡，他將不再需要暗示自己他早上會感覺很好。

內在的自己會讓他感覺很好。健康應該被當成——這很重要——一種工具（a means），用以達成想要的目的；比如，創意及產能十足的工作、能力的充分發揮、日常的喜樂，以及幫助其他的人。當他像目前這樣只把焦點放在健康，他便是過度專注了。健康原本是一項使他能在他認為重要之領域有優異表現的工具；健康是能將老天賜予之能力充分揮灑出來的工具；健康是給自己帶來快樂、也給別人帶來快樂的工具；健康是力量的泉源，隨時可以幫助他發揮這些能力、在此時此地圓滿他的命運……

如今，這個訊息將以最重要的方式幫助他——幫助他克服那些仍在運作的障礙。要把健康當成允許創意能量暢流全身的方式與工具。

給我們一點時間。（停頓。）這樣會將他對症狀的專注大幅度地削減下來。（長停頓。）他可以把健康想像成向別人炫耀，以及立下一個榜樣的方式。

好。他其實某種程度地極端害怕壓力突然降低。請參照星期一和星期二的事件。他太習慣於全副武裝，隨時備戰。問題是周遭又沒有戰爭，秘密就在這裡。然而，在過去，這種反應會持續更長的時間，而既然他無論如何就是會武裝起來，因此事件也必須有相同的強度，他才會繳械投降。

所以，在他的祈禱裡，焦點應該再度回到和平、寧靜、安全及喜樂創造的感覺。他不必對抗看不見的敵人，也不必因它們而武裝自己。這樣的聚焦，以他的個人特性，將帶來更快的全面康復。現在，連季節都站在你這邊。給我們一點時間。（長停頓。）

我說，如果你可以在你倆剛醒來時帶著愛意碰觸他，或以這種方式跟他說話，把我們對他的愛與感情溫柔地提醒他，將有很大的幫助。尤其是在剛醒來的時候，而你已經藉由這樣的方式和肯定給了他巨大的幫助。讓他知道放鬆是安全的，這是重點。（長停頓。）

我正在設法探究臥室的問題。（兩分鐘停頓。）試試這個：南北向依然是最好的，這是我說過的。當床鋪移往房間的更中央時，兩邊會有多一點的空間，顯得更為開放，而且不緊靠著牆。因為門都開著，因而可以擁有從其他房間及窗戶進來的光線。

（長停頓。我們那東西向的床已經擺了好幾個月。）

他應該把特別珍愛的一些物品放進臥室裡，我指的不一定是家具。不過，臥室缺少了他放在這個房間（客廳）的一些心愛之物。他感覺那些東西具有保護作用，少去它們讓他覺得自己更加脆弱。

（九點四十一分。我們被一通電話打斷。那是加州的比爾．麥唐納。電話結束後，我們決定把它當成休息時間，我則說出了一個問題。

（我的問題涉及內在自己所追求的各種經驗。我有個疑問，而且帶著一些明顯的惱怒如此揣想：珍的內在自己為何允許有如她的症狀這樣的傷害，持續如此長久的時間。在我看來，生病的經驗既然已經得到了，內在自己豈不是應該結束這段特定的經驗、往前邁進去追求其他的，這樣才比較合理，不是嗎？我認為，我們可以從許多更健康、更有創造力的活動獲得更多經驗，而不是任由這些症狀干擾珍進行這些充滿創意的努力。

（九點五十分重新開始。）

好，我曾在上一節課說過，內在自己不會完全取代自我。在這個特定的案例裡，多年累積的負面態度已經形成負面模式，阻止了內在自己最具創造力的那些部分發揮它們與生俱來的潛能。

這裡有些細部的區別。數量不少的負面模式，來自意識對實相本質的兀自推斷。它們滲透而下、去到個人的潛意識層，在這裡形成障礙，甚至阻止更深層領域的自己（停頓）做出必要的馳援。

潛意識——個人潛意識層——受到從意識層面滲透下來的各種殘枝敗葉所阻塞。個人潛意識因而有如一面蓋子，將來自深處的療癒能量封阻在外。現在，你的書使用潛意識這個詞來涵蓋整個的內在自己。那些療癒能力、活力充沛的感覺以及對生命的熱愛，都是來自內在自己的更深層面。

毫無疑問，在這個更深的層次裡，各種能力都將得到充分的利用，各種潛能也會得到完整的發揮，而且這個部分的自己沒有時間。這裡沒有絕望。

（這也讓我生氣。

（「那麼，它很清楚部分的人格還是得跟時間打交道，不是嗎？」）

它的確知道；它也遵循所有可行的路線持續向前。如果一個領域的路線被截斷，它會尋找另一條。而現在，負面趨勢的反轉已經發生，而且是如此地敞開與唾手可得。不過，你們兩位都過度焦慮，你甚至過分專注於困難是多麼地巨大，或者魯柏目前的困境。

（「這很難避免吧？」

（我感覺自己更生氣了。即使是寫著這些字，我仍感覺賽斯只對原始的問題，亦即內在自己的目的與覺察這問題，回答了一部分；我打算追問出一個更完整的答案。）

但那正是你必須避免的，以及告訴魯柏，那也是他必須避免的，因為追問只會更加強化目前的狀況。你們兩位都有一種傾向，那就是專注於仍然殘留的症狀，或者正在惡化的那些，卻對已經改善了的不怎麼留意。那情況就好像改善不曾存在，但它們確實存在。

那是一個重要的句子。你們一起專注於殘留的症狀，對改善視而不見。你們既不給予改善能量，也不尋求們。你們專找殘留的症狀。你們因而無法像在改善初露端倪時那樣，再替它們添加實相，增添物質的實相——你們不肯像呵護一顆種子那般、滿懷期待地呵護改善的出現。你們專注於植物表現得比較不好的那一部分。

（「以星期二早上的事為例，你會怎麼做？」

（當珍的症狀在星期一晚上的異常放鬆之後惡化，即使改善有如賽斯說的曾經發生，在這種時候，除了當下，真的很難去覺知到任何事。）

我要說的是，假如你們尋找改善也專注於它們，改善就會越來越多。這個訊息跟我給過你們的任何訊息同等重要。

至於星期二的插曲，這是一個認出負面態度進來了的例子。你們儘可理所當然地相信那些態度已經逐漸消溶，阻礙也是暫時的。不要讓這種插曲將你們推入驚慌之中。魯柏已經覺察到造成這個插曲之所以發生的某些思維，他會告訴你。

（驚慌並不是最正確的字——憤怒比較對。我認為那插曲毫無必要。這節課在上課後三天的五月十日謄打。截至目前為止，珍尚未對星期二的插曲說過半個字。）

觀察他是否有改善的跡象極端重要，以及你把興趣置放於此。（長停頓。）

你已經告訴他不要專注於症狀，然而你也有這樣做的傾向。但這其實最與你們的渴望背道而馳。這導致一種絕望的感覺，也削弱你們的信心。

我不能太過強調這件事。你們若發現自己正在這樣做，最好趕快扔下任何對健康的特定強調。了解我的意思嗎？

（「了解。」）

現在你可以選擇休息或提問。

（「我沒有問題。」

（十點。這節課在此結束。我不太高興，以此類推地情緒不佳，我們就沒再上課。）

第四九〇節（刪除課） 一九六九年六月二十五日星期三晚上九點八分

（上課前我問了一個問題，賽斯一開始便立刻回答。）

晚安。

（「晚安，賽斯。」）

身體狀況之必須如此特殊，其中並無業力的影響。

人格在其他世的存在時，一直都有某些傾向與衝突伴隨不去，當他在總是被誇大的自發性與過度的自律之間擺盪，這些傾向與衝突影響了他的本質；在有些轉世裡，對他人福祉極不關心到近乎無知的冷酷無情地步，那是一個快樂、全然即興自發的人格，對實際情況幾乎全不考慮。他有一世的死亡就是因為做任何事都不思考所造成，更別提什麼未雨綢繆，凡事全憑一時衝動。

他因純粹衝動的率性之舉而被謀殺。他因此決定從今爾後要嚴格管制好自己、更加地小心謹慎，於是在那之後，他全心全意投入了嚴厲的自律及過度控制的生命，而且是兩次。

鐵般紀律的後面當然是恐懼。在他的上一世，身為靈媒，他多少又盪了過去另一邊，刻意不使用他的理智與知識，讓自發的部分充分發揮。他敞開心胸，充滿孩童似的虛榮，情感模式很快地從快樂轉移到眼淚。

帶著這所有的一切，他幫助了很多人，到年紀很大才過世。

人格的其他部分，雖然理解這情況，依然感覺人格作為一個整體，需要對它所認為、偏於張狂的自發性特質施加一些限制。它因而選擇了一個高度限制的早年環境。它選擇了一對情緒非常奔放的父母，如此，父母的行為就能時時刻刻地警惕它自己張狂的情感。

它也選擇一個艱難困苦的環境，讓這環境自動教導它某種紀律，但這個環境的靈性本質卻也允許直觀與創意的成長。事實上，紀律與直覺的天賦向來是成正比的。這樣做的目的是為了創造一種環境，讓人格的兩個強勢切面都能顯現出來；亦即智識、理性這相當實際及控制的面向，與高度善變的創造性及自發性的部分，攜手並進。

這裡給我一點時間。

宗教這個元素一直都很強大，即使方式不一。在不同的轉世中，它曾一或兩次站在紀律嚴明的那一邊，這時，人格便非常重視教條，並關注懲罰及法律等文化問題；或者它遵循直覺的一面，這時，它以通靈術和高度的神祕主義表現出來。

所以，這些重要元素在這一世的這個點合而為一。可以說，這是人格第一次嘗試要將它們融合在一起，然而為了最重要的發展與實現，這也是必須完成的任務。人格將這個任務當成最高層級的挑戰，但壓力當然也由此產生。

給我們一點時間。我會應你的要求，隨時提供這些轉世的細節。今天晚上我正在回答一個我相信是最為重要的問題，細節將隨後道來。我不會讓你失望的。好。在這一世之中，直到最近，人格一直都在與一些高度緊張、情緒善變的人格打交道。為了抵禦它們的影響，他依據同樣的比例，卯起勁來應付。這是他必須學習去做到的。你懂嗎？

（「我懂。」）

在這樣的過程中，他學會了理解自己的情感本質，如何引導這個本質的能量，以及如何利用它作為創意、心靈和靈性成就的泉源。

現在，我們要讓你短暫休息一下，但要把我們的朋友暫時擱置。半裡半外。（幽默地。）

（九點三十四分。珍的傳述快速且措辭強烈，眼睛經常張開。現在她輕易地部分離開出神狀態，雙眼仍比平常黝深，且有點呆滯。起初她沒說話，後來我們開始簡短交談，但並未特別強調任何事。

（珍好好地留在下面，大都安靜坐著，九點四十分重新開始。）

他在某種程度上是利用自己的那些症狀作為檢查點。以前，他母親的存在以及周圍的環境，既是限制他過度的自發性，也是創造力成長的助力。這裡理解嗎？

（「理解。」）

好，當這些都已解放、當他離開最初的環境，他覺得自己胡亂奔跑，覺得自己不由自主地被感情用事的激情主義所支配。（停頓。）此時，他開始有點把你當成一個控制的要素般依賴你，因為他覺得你更理性、也更有控制力。當你生病時，他意識到沒有任何人類可以被這樣使用。

他也感覺，這我以前提過，他的感情用事在佛州時替你帶來不好的運氣。藝廊的兼職工作一度成為控制的要素，阻止他用全部的時間去處理創造性的自己。

通靈的發展是他一直等待的重要議題之一，但有幾個條件必須先行滿足。他必須先有相當可靠的環境，以及比較恆久的周遭事物；也必須有推動這個發展的強烈需求做為動力。這些條件目前都已具備。

然而，發展一旦展開，人格就知道它將必須面對那個最重要的議題：如何處理人格自己的創造力，並在自發性與紀律之間找到一個舒適的平衡點。本來它可以從此一帆風順。

不幸的是，幾個插曲帶來足夠的驚嚇，以至於他再次感覺需要控制。這裡有個小而不美的重點。魯柏的母親，這我以前也提過，曾經不斷地告訴他，如果他像以前那般地我行我素，最後會發瘋；與那些他感覺又要來測試他的心理學家的接觸，讓他重溫噩夢。

目前，我無法告訴你，因為人格在私人資料的領域有建立它自己的防衛。老殷斯翠姆博士的數據資料也是噩夢之一。我說，魯柏母親並沒有成為一項限制的元素。你也不要再扮演那個角色。尤其是，魯柏再也不覺得把那個角色投射到你身上是合適的。

如此一來，讓症狀上身、模仿母親的症狀，成為第二好的辦法，讓症狀代替母親在場，當成對自發性的控制。

殷斯翠姆長期的系列測試在此也脫不了干係，然而它們卻又是必要的，因為總是得有個方法去迎戰與面對這個議題。

柏納德的方式比較不像心理學家。魯柏認為他是站在他這邊的，所以對於柏納德的態度並無任何指責的暗示。

我此刻無法給你任何資訊，尤其那段時間的，不過這跟我那次有點激烈的錄音有關，尤其我當時希望它能產生嚇阻殷斯翠姆的效果。然而，我終究無法在任何情況庇護魯柏的所有行動。他必須自己面對這個問題，何況問題如果以某種方式遭到規避，它可能會在以後捲土重來。

經過如此清楚的說明，我相信你現在已經很清楚症狀的理由。給我們時間。

魯柏將殷斯翠姆最後的態度解釋為，這位心理學家或多或少地暗示了他母親常說的警告是對的。我們的課不能被認真地當成通靈現象，而魯柏那非黑即白的態度立刻決定：控制必須上場了。

然而，症狀早在那之前就已經開始，只是比較輕微。他認為你之前也曾用某些症狀，多少地當成一種控制系統——你會因情緒激動而茫然失措，因而無法做任何重要的事；所以，也不可能犯錯。

既然他曾短暫地讓你成為一個控制的要素，你的情況也總在他腦海的某個角落。你當時的演出既完整又真心，所以他也應該如此。事情並不完全相同，你知道，但他已覺得足夠相像。

你的手指想要休息嗎？

（「要。」）

（十點二分。珍再度於休息時留在下面。她四處移動，但沒有說話。十點七分重新開始。）

好。我們將繼續這樣走，趁著條件都很好的情況把重點都找出來。

症狀最初是因驚慌而緊緊鉗制於身。一、兩次狀況不佳的測試結果把他嚇壞了，使得原本就有的問題每下愈況。然而，目的再次是雙重的，既要發展出一個環境，也要控制可在其中執行：症狀在此取代母親那充滿限制性的存在，以及那座屋裡相對性的孤立，而這種相對孤立則被當時的他認為是創造力萌發的必要條件——兩者都如你所見地存在於他的童年環境。

否則，他覺得自己可能會浪費精力。同時，他也因之前提過的理由而害怕它，並認為最好是在有所控制的環境裡處理它。

給我們時間。他沒有料到身體的反應。他很害怕面對痛苦，但又覺得若不曾經歷痛苦，他一定會逃避面對及處理痛苦的能力；他曾經竭盡全力想避免痛苦，而這也是他拒絕承認的生命物質實相之一。所以他感覺嚐嚐也無妨。

他也覺得這能多少地幫助他理解母親的一些行為，削減他對她的一些怨恨。現在給我們時間。他在自己的框架內所提出的問題，確實非常巨大。他也想要了解精神對物質的影響，他並不真正相信，我告訴他的、你們形成你們的實相，他在理智方面尚未真正相信，而他覺得症狀會有幫助。他得到那些症狀並不是要測試我的理論，而是要了解。你明白嗎？

（「明白。」）

給我們時間。一旦這些條件建立完成，他其實相當震驚。直到親身經歷，他才意識到這樣的限制在身體上造成怎樣的反應。當他開始明白這一點時，內在的計畫已經付諸實行，在症狀最嚴重的時候，他事實上是無法迅速撤離的。許多過程必須進行逆轉。

這個了悟讓他陷入驚慌，更加強化了那些症狀。現在給我們一點時間。你父親的情況也使他受到驚嚇，因為那讓他想起他母親昔日那些他會發瘋的古老警告，而療養院的環境也正代表了母親的環境。

我正在搜尋重要的資訊，請容忍我一下。（長停頓，雙眼閉闔。）

他的說反話這件事：那是他以無傷大雅的話語掩飾壓抑的情緒時，便會發生的情況。這些話語通常無關緊要，大都是一、兩句毫無意義的閒話或嘮叨，目的是要掩飾一個短暫進入意識但隨即受到壓抑的想法。

（就在我坐下來重拾這節課的打字時，珍突然說了句閒話，說她把食物給了我們的一隻貓當晚餐。）

使用反話只是告訴他自己，他不是這個意思，那句閒話通常是快樂的，藉以掩飾一個不快樂的感覺。

你目前看到的是，充滿衝突之身體殘留物，代表著心理上的衝突，意思是，肌肉正同時接受既要完全放手、又要緊張並控制的信號。那麼，它們只好自己打自己。給我們一點時間。（停頓。）

這在他的手臂造成打結，那就好像你在繩子上打了一個結，它會變得比較短，而且會拉扯，所以兩隻手臂被往上拉。緊張及放鬆不足，造成關節之中的潤滑液減少。

好，這也會導致女性器官有時缺乏潤滑液，這也是你所提過魯柏從你身邊轉開的原因。我提過的《改造生命的自我形象整容術》，當他乖乖練習時，他會微笑，因而降低臉部和頸部的緊張。良好的放鬆非常重要，要盡可能地放鬆肌肉。各式各樣的體育活動也很好。兩者都是需要的。

有天晚上，他在跳舞時有意識地用力過猛，當他試圖使用肌肉，它們因此繃得太緊，造成身體上的後果。重點是，他已經不需要控制。（停頓。）請你了解，在一個很深的層面上，整個情況的用意是保護，是這情況試圖某種程度地複製一些條件，即使程度已微弱許多，來允許強烈的創造力既可控制又有紀律地成長。他選擇了早年限制的一個虛假版本。如今，控制已經不再必要。我在今晚這節課給你們的理由，應該能讓他明白這一點。身體症狀之所以存留的理由是收到一些矛盾信息的直接結果——一個信息是放鬆放開，另一個等一下；接著，別這麼快，慢一點。

他之所以採取這些控制，其實是因為他害怕母親所說他會發瘋的威脅，以及他所感覺到殷斯翠姆的暗示。即使他不怕自己會發瘋，但他覺得有必要再次控制他的自發性。你父親的狀況也一直都有這些暗示，他當然也注意到你父親因為精神狀況而坐輪椅，行動也受到限制。換句話說，魯柏只是提前限制了他自己。

給我們一點時間。他曾經放開症狀，當他注意到情緒的穩定。他很緩慢的放開它們：「好啦，如果我這樣地給你多一點自由，你會怎麼表現？再多一點呢？」你看到的。給我們一點時間。（一分鐘停頓。）

現在，對他來說，長途旅行變成大膽的冒險：他真的有自由去那麼遠的地方嗎？

（「這個週末去撒拉托加應該沒問題吧？」）

今晚的早些時候，當你說起週末時，他說兩天，而你說星期日。他的解釋是你並不認為他可以自由到出門長達兩天。

（我那樣說並不是這個意思，只是短暫地顧慮到開銷。事實上我們後來真的在一九六九年六月二十八、二十九兩天去了撒拉托加。）

再說一次，我們正試圖把所有重要的點都找出來。（兩分鐘停頓。）我還想找出幾個問題。（長停頓。）他的寫作計畫表，如他所知道的，應該維持。計畫表若沒有維持，他會用症狀懲罰自己。那時，症狀就會成為接下來那幾天的問題，某種程度地妨害他執行那計畫表。它可以有些彈性，但是他按表操作就會很順利，而且能拿它當成一種助力。

憂鬱也是當他過度強調控制並壓制自發性所造成。這時寫作計畫表就能同時滿足兩個需要，既有控制也有自發性，所以是舒服的。一個循環因而建立起來：過度強調控制導致憂鬱，憂鬱干擾他的寫作計畫表。這引發症狀，進一步阻礙計畫表。

這時，他覺得自己一事無成，在這種時期尾端，會出現循環開始時的那種憂鬱，他通常會藉由與你討論或《改造生命的自我形象整容術》的練習來打破循環，啟動一個還算平衡的時期；而症狀會縮小，出現還不錯的改善。

無論如何都維持著寫作計畫可以自動地在循環的中間、甚至早期便打破它，一事無成的感覺就不會發生。你想要休息嗎？

（「好的。我們週末去撒拉托加的事？」）

我們會討論這個問題的。你準備好了就告訴我。

（十點五十五分。珍在休息時間保持出神狀態。十一點。）

你準備好了嗎？

（「是。」）

好，當他覺得自己沒有投入足夠的寫作時間，第二天早晨，困難就會出現，而他並沒有理解到這一點。他把當天的相對失敗投射到第二天，一醒來就體驗到症狀和無助的感覺。

現在，這裡有些實用的建議：有一個以前已經提過。務必記得：有許多症狀已經消失。他應該對口頭或心理上的限制性說法保持警覺，例如，我不行；我最好走慢一點；或具有這種本質的心理圖像（mental image）。這些思維會使肌肉自動地緊張起來。如果他有意識地在這上頭再添加指令，例如要它放鬆，這反而使情況惡化，因為肌肉無法同時放鬆和緊縮。

當他對自己說「這手臂或其他任何地方太緊了」，同時有意識地要它放鬆，這也會造成肌肉的困惑。你了解我的意思嗎？

（「了解。」）

當他沒在寫作的時候，意識心應該定錨於某件事。它有太多不為人知的胡思亂想，當他無所事事地呆坐時，或許是在等待靈感，方式卻又不夠積極。既然我現在已經指出，他應該知道是哪些時期。他應該在這過程裡畫張畫當成一種嗜好，或為了這樣的時間培養幾項嗜好，或去做做家事。他的心思，他的意識心，必須以這種方式定錨；否則，像他這種過於活躍的心思很容易在心情不好的時候跳進胡思亂想。他沒注意到這件事。

好，撒拉托加事件很清楚。如果你開車經過他的老家，他應該對自己說，他已經不需要它，或者不再需要它所代表的一切，但他仍可保留美好的回憶。（長停頓。）他大可把那個城市想成是他外公住過的地方，而這樣可以帶出有幫助的面向。然而，讓他知道城市就在那裡，他能自由地來也自由地去，可以消除他的疑慮並重建信心。就象徵意義來說，這是重要的。去那裡以便他可以自由離開，這是重要的。你了解我的意思嗎？

（「了解。」）

另一個好處是，讓他看到改變了的城市與已成年的自己一起存在於目前這個時間，你可以提醒他這一點。甚至連他母親也已經離開那城市了。你還有問題嗎？

（「不，應該沒有了。」）

那麼我們將結束這節，祝福你的手指。這些資訊將證明自己的價值。魯柏覺得他不夠成熟，無法掌控自己的能力。告訴他，我正在說他已足夠成熟。他現在真的能夠非常放鬆地看待那些能力，也能夠非常放鬆地看待他自己。他可以真正地放鬆下來。致上誠摯的晚安。

（「晚安，賽斯。」）

（十一點十八分。撒拉托加之行非常成功，珍的確經歷了許多想法、領悟和感覺，以及賽斯所提過的諸如此類細節。我們兩人都非常高興能再度見到這座城市，毫無疑問地，珍現在已經能以正確的角度去看撒拉托加在她的過去、現在及未來的角色。她見了以前的一些同學，看到她以前的家等等，整個旅程非常開心。）

第五〇三節（刪除的部分） 一九六九年九月二十四日

（這些資料原屬一九六九年九月二十四日第五〇三節。）

……是否保留在記錄中由你決定：這對你們目前的私人生活，至少有幾種意涵。

出於種種原因，魯柏向來不承認慾望，身體的慾望，如今潛意識地，他開始聆聽他的內在感覺，他在之前一直把它當作一種測試的案例。

當他感受到這些感受時，因為它們也與你有關，他敢讓自己更去覺知、敢表達出來嗎？你會覺得受到威脅嗎？你會有怎樣的反應？慾望的感覺，因此也成為其他被壓抑的感覺象徵。雖然慾望的本身合情合理，但是他依然密切留意你的反應。

他若全然放手，真的安全嗎？你會像接受他的知性那樣地接受他也是感性的嗎？我想我可以在這裡提示你。

（「是。」）

慾望於是成了一種象徵，何況慾望本來就是一種自發性的情感及能量。（停頓。）它們本身帶來釋放，而系統也會因此以其他方式淨化自身。但如果他看來很害怕，那是因為他的確害怕，即使有些誇張，倘若他被給予那樣的自由，他會想要你，而你會認為這將對工作和計畫表造成破壞。

而在這背後，你知道的，還有那種釋放情感會造成破壞的恐懼。這裡面還有更多。（停頓。）我好像並沒有把重點完整地傳達給你。

（「我認為我已懂得你的意思。」）

然後，一開始時他可能會在你工作時特別想要你，以便證明他不會被拒絕的這個重點。

（「我了解。」）

我要你們兩位都留意這一點。他真正要說的是，在此刻承認所有的感受安全嗎？（我點頭稱是。）你要知道，他已經來到開始要這樣做的臨界點。這個練習對他很有好處。屋頂將會塌下來。

（「我希望不會。」）

然而這件事極端重要。你了解我的意思嗎？

（「了解。」）

現在你可以休息一下，或者我將繼續。

（這段資料結束。）

刪除課 一九七〇年三月十一日星期三晚上九點十分

（並未列入記錄的私人課。）

晚安。

（「晚安，賽斯。」）

現在，我要針對你們剛才討論的處境給予一些評論，也要給我的書一些進度。你想要哪件事先做？

（「你對私人事務的評論。」）

我在此非常認真地建議，魯柏建立一張成就清單；寫一張單子列出他傑出的觀點；也寫一張單子，列出他認為他做得很對（幽默地）的事，還有他喜歡的事；然後，你要在這些清單上添加你看到的。我想要他能專注於他的成就，而不是任何失誤，而且你也一樣。在決心做得更好的過程中，他開始專注於失誤。你的努力展現愛心的確大有助益，但直到最近之前，你其實也落入相同的圈套。

他已開始認為自己怎麼做怎麼錯。不過，他的讀者報告（要給普林提斯霍爾的）讓他很高興，還有你對報告的反應。現在，我想你將同意我們必須增強他的體質——

（「對。」）

——讓他多點份量。現在，這樣想吧。為了找出到底哪裡出錯才會使得症狀滯留不去，他一直在心理上折磨自己。他在那個方向簡直已走火入魔。因此為了在心理上真正地增強他的體質，而非只是表面功夫，我們要提醒他注意他的成就，以及他在哪些方面其實做得非常好。

他做得非常好的事其實有許多，而它們全因為這類其他的強調而被迴避，甚至視而不見。這些強調有些也與你有關。例如，魯柏的授課非常精采，他也樂在其中，可是他卻對自己如何地幫助了他的學生改善他們的生命，以及他允許自己在課中多麼自由地揮灑各種能力，相對地閉眼不看。前一堂課就是一個很好的例子。你們兩位都沒有意識到自己在個人關係方面對其他人的特殊影響力。

我想說的是，正因為魯柏對自己的要求太高，所以他經常達不到他為自己設下的標準。然而，你們兩位都應該理解，即使有這些失敗，你們依然在品質及整體的堅毅度方面，創造出極少人所能企及的成就。

魯柏所謂的失敗，以其他人的標準來看，其實依然可歸於成功。你了解我的意思嗎？

（「了解。」）

（停頓。）因此必須牢記這些成就：目前它們不僅僅沒有得到重視，還經常被遺忘。在某種程度上，你對自己的事業也有這種現象。提醒魯柏他的這些成就、他完成正確的事，將能增加他的份量。因為當他無論出於什麼原因而專注於自己的失敗時，他認為自己無足輕重。

（賽斯的口氣極為強調，卻又半是幽默。即使我們很認真，我還是笑了出來。我發現自己在這節課的很多時間點這樣做，即使其中大半或許是沮喪的苦笑。珍的傳述一直很快。）

好，其中有些問題只是創造性人格以它們自己的方式出現，起碼魯柏個人的情況是這樣。然而，它們不應該受到過分的強調，因為這個創造性人格所選取的創造力標準不一，成為各種衝突的焦點，而這是其他人格永遠不會允許它們出現的。所以問題並沒有解決。

然而，這些衝突是人性條件深刻的部分，為了個人、也為了全人類，這些部分遲早都必須在這一世或那一世面對。他的創造性人格確實具備運用更多能量的潛能，也就是原本休眠而今正在萌芽而出的通靈洞察力。這個創造性人格過於努力地想在新的次元裡出生、想要釋放出全新的原創觀念，全然不管那該不該是它活動的領域。

這在它自己本身就製造了衝突，而且不是第一次，因為個人的大部分都還尚未接受它們自己，即使已經接受，其範圍相對於它也還很小。

然而，衝突也是動力的出發點，是推動著充滿創造性的個人從「普通」的意識層面進入到另一個次元的爆炸性元素。你曾以自己的方式有過這方面的經驗，魯柏也是。

好，雖然這些衝突似乎具有高度的毀滅性，而你對魯柏那些表面看似愚蠢或固執的行為也搖頭不已，但這些衝突本身具有它的創造性，也會受到創造性的運用。你還有問題嗎？

（「我擔心珍的症狀已使她過度專注於它們。它們覆蓋了她其餘的成就。我也對那些症狀很惱怒。為了擺脫它們，我們做了各種的事，等等。」）

為了找到症狀滯留的原因，他開始把注意力集中於自己性格中所謂的「負面」面向。這種過度的專注反而使症狀持續，症狀本身也在他的思緒中逐漸被誇大。你了解我的意思嗎？

（「了解。」）

我建議你休息一下，我們稍後繼續。今晚與創造性人格相關的一些資料將幫助你理解我們尚未討論過的其他重點。然而，盡力多嘗試的決心以及全力發揮潛能的責任感，也使得我們的課成為可能。所以，這是一把雙刃劍。它帶出魯柏最偉大的一些成就，但於此同時，也因為受到過度強調而可以變成失敗的來源。

（九點四十四分至九點五十八分。）

重點在專注。

在你們的腦海中，你們的主要專注點一直都是：「魯柏到底有什麼問題？」剛才，我把訊息都告訴你們了，其實我在不同的時間早已用各種方式全都說過。

你們應該專注於創造力及健康。

（「我知道，你我都知道。但是他〔意指珍〕不知道。」）

在你們的努力中，你們兩位都經常專注於出錯的事。現在，我已用最簡單的方式說明。你們更專注於留存的症狀，忘了他已經做到的改善。這是錯誤的方法。你充滿愛心的態度向來是最大的助力，也充滿創造力的本質。

然而，過度憂慮是負面的。魯柏確實有些生理症狀。這樣並不好。可是，它們絕不是世上最兇惡的症狀，尤其當它們還有這麼多的改善空間時，它們真的不該受到那樣的專注。它們並不是烙印在他身上的恥辱。

（「但我相信他是這麼想的。」）

所以，我才在這節給你這些資料。告訴他，他不一定得在精神、心靈或創造力方面都達到完美，才能擁有健康的身體，而我對健康當然有我特殊的說法；提醒他，因為他把完美的健康與內在的完美畫上了等號，然而內在的完美是任何人類都達不到的。在他覺得自己有資格得到健康之前，他都會延宕（強調地）它的到來。然而這個點到目前為止都未曾出現，但他並未有意識地明白這件事。

（他要到何時才可能有資格？）

以他從前的態度，他將永遠也達不到。

他認為健康是對傑出之內在表現的獎賞，這種態度部分源自他只憑字面意義、毫無妥協之餘地曲解了我那「肉體乃內在條件之直接物質化」論述。

換句話說，他感覺，除非他充分發揮了自己的能力，並在靈性、創作與通靈方面都臻於完美，否則他便應該破壞身體的表現。他對誠實的觀念以及字面解釋型的思考方式，使他認為在最困難的時期過去之後，仍然應該保留一些症狀，用以向人表示他以前不是騙子。

（真想把整頁都畫上底線。這太重要了！）

現在，我並未說過，你必須是聖人才能健康，許多聖人並不健康，這與他們的功勞無關。在他充分發揮自己的能力之前，他不認為自己可以充分運用他的身體，這樣是虛偽的。

（「他為什麼會允許你現在說出這些？」

（賽斯與珍的合體注視著我，停頓了下來，那半似滑稽、半似終於如此的表情，再度令我失笑。）

他對造成自己情況的原因實在太過困惑，已經來到走投無路的地步，所以他只能向我求助。

（「終於。」）

現在請你告訴他，不管他有任何疑慮，整體來說，他已把能力運用得相當出色。也請告訴他，健康是免費的。他不必以成為世間的聖人作為換取健康的代價；倘若這個條件為真，那麼世上將沒有健康的男人或女人。

告訴他，健康就像空氣那般唾手可得。他不必為它而奮鬥。健康是他原本就有的權利，是他天生自然就有的遺產。健康是他得以發揮能力的工具，而不是能力發揮之後的獎賞。健康不是老天因為他很乖才賜予給他，也不是他覺得自己不乖就會被收回。

根據他所設定的標準，世上的人都不能擁有健康了。也請告訴他，他不必擔心我的書。它將自有進展。

你不會從擺錘得到全部的資訊。與其說魯柏嫉妒我的書，不如說他覺得自己不應該相信可如此輕易得到的任何事物。

你可以提出任何問題，或你想休息也可以，或者雙管齊下。

（「我們若有任何問題會在休息期間的對話裡出現。」）

我相信我也幫了點忙。（逗趣地。

（「沒錯，那是一定有的，而且是很大的忙。」

（十點二十五分至十點三十一分。）

好，我跟你還沒完呢。

你們兩位都替自己設置了這一世要面對的各種問題，及挑戰。但你們並不明白你們原本就有能力解決這些問題，及應對這些挑戰；當然，那樣便會缺乏創造性努力之後所能獲得的強烈滿足感。你們一直都在處理問題，即使你們並不覺得，持久的創造力便以這樣的方式形成。

一切都正往好的方向發展。任何創造都必須有一個放大的過程。（畫線。）一種強烈的專注，甚至是將正常的傾向加以誇大。沒有這件事就沒有創造力。你從自己身上，或從發生在你身上的事件，汲取最多的創造力。那些事件若發生在其他人身上，很可能是很平淡的。某些個性特徵會被創造性人格相當刻意地誇大，以便成為一種能強化經驗的透視鏡片。

（這是非常能引起共鳴的資料。）

這本身就給人格帶來壓力，那是其他人格不會感受到的，雖然後者也有自己的行為方式。對完美的渴望是為了引導你前進，讓你產生足夠的不滿足，因而嘗試新的創造。在追求完美的渴望與實際的結果之間，必定存在著差距。有時追求完美的渴望也會失控。

好，不久之前，你出於好意地對魯柏說，他的能力只發揮了十分之一，意思是大多數人都只用了他們能力的一部分而已。（我當時也曾把我的意思對珍解釋。）然而，他把這話當成了指責，更加進一步地專注於他的缺點。你們兩位都不應該在你們的工作中期待完美，這話我要對你說，也要對魯柏說。這裡有某種程度的像織布那樣的進出，以至於魯柏的症狀有他個人的、有時是你們兩位態度的象徵。

他的症狀因而有時成了你倆共有的那種欠缺完美的象徵，主要是對你的作品。他的症狀成了一個衣架，讓你們可以把共同的不滿足吊掛其上，他的身體狀況是最容易看到的記號，代表著你們所認為的內在不完美；再度地，主要的連結也在你們創作方面的努力。

這有點像身邊有個方便的代罪羔羊。而今這代罪羔羊倘若不是魯柏，也將是一個方便的家庭機制。我要提起的另一點是：魯柏非常了解你的工作進展。他總是從心理及心靈方面關注著你的創作。例如，他知道你什麼時候很順利，什麼時候覺得自己遇到了困難，即使你認為他似乎並未看著或注意著某幅特殊的畫。

他知道你一幅畫要畫多久你才會滿意，而他覺得你會被我輕鬆愉快就寫好一本書所傷害。所以他必須增加它的困難度。你了解我的意思嗎？

（「了解。我好像也這樣想過。」

（〔珍〕：「我沒有這種感覺。我急於想要你寫這本書。我知道它會是本好書，如果你決定要做。」──羅勃．柏茲。）

你早上出門去工作。他對你的外出工作感到內疚。他感覺如果你的繪畫也能像我的書那樣、以相對自發又快速的方式呈現，你將多麼地享受及喜愛繪畫。他認為這樣的好事應該賞賜給你，而不是給他，用以補償你的努力，所以他多少地感覺到內疚，便以延宕康復懲罰自己。他擔心你會嫉妒這本書並受到傷害，你的反應也造成他的恐慌。

（我已展開讓珍打消任何類似想法的努力。她再這樣下去才會傷害我。）

他早在許久之前便與自己約定，不會傷害你。現在，他對這些資料完全一無所知。一切都隱藏在表面之下。所以，當你對他說「你要充分發揮你的能力」時，他很為難，因為他若那樣做很可能會傷害你。

還有，以較小的程度、在不同的時間點，他能知道症狀是你們兩位的代罪羔羊，所以他有時也會不敢完全地摒棄他們。（擔心下星期或許會需要它們，所以不能全部放手。）

（最後這句是賽斯在下一次休息時說的，只有這句強調的話語，那時珍和我正在討論我們收到的資料。）

然而，你最近這些充滿愛心的努力真是很大的幫助，這是我要再說的，也幫忙帶出今晚這節及這些資料。

順帶一提，荷蘭芹對他有好處。為了他的月事，在你們的沙拉裡加入一些吧。這是一個有效的古老食譜。為了你的手指著想，休息一下吧。

（十一點。除了荷蘭芹，珍並不記得其他資料。十一點十二分重新開始。）

好，你累了——

（「我沒事。」）

——我很快就結束。也就幾個重點。請特地與他討論本節的前半部分，讓他徹底明白，健康並不取決於創意、心靈或精神方面的完美表現。這非常重要，因為那是他現在的堅定信念；當他聽到我說這話時，並未看出其中的幽默——他早已太過認同。這是你能幫他的地方。

（這非常重要。賽斯說得對。起初，珍並沒有看出其中的幽默，在這節課之後的幾天仍在問我。不過，我們已經有進步了。）

對他來說，因為你是健康的，他認為這表示你比他好，比他更接近完美。當你感覺自己處於最佳狀態，他便感覺受到指責。你了解我的意思嗎？

（「了解。」）

另一個重點。在某種程度上，他對於你撰寫課程所費的工夫總是感到歉疚，而當我開始寫書，他的這種感覺更是加倍嚴重，你知道。

（賽斯這裡的傳述非常友善。我對珍說過，編寫及騰打賽斯資料一直是我非常樂意做的事，因為我相信它，並認為它是一套極具創造力與原創性作品的重要部分。這也讓我有機會結合賽斯的資料寫些自己的文章，並從中獲得極大樂趣。

（珍如果願意，也可以從這些課的內容摘錄賽斯的書，打出她自己的副本供她個人使用；但我也認為這本書如果出現，它應該包括在例行課的整體之內——一如往常地，成為正規記錄的一部分。）

你跟我們現在可以一起哈哈大笑，但是當他讀到這裡，他會笑不出來。他覺得自己並不完美，因而不配擁有療癒的能力；再次地，請你盡所能地讓他相信，他的健康並不取決於他的表現，或者他是否完美。

我原本打算進行書的進度，好讓他今晚安心，但是當我發現他足夠敞開、應可容許這方面的資料經過，我決定這樣反而更有幫助。現在，我要用點時間看看還有沒有其他的事，而你可以利用這時間想想有沒有任何問題。（停頓。）在某些晚上，他會認為自己若沒有生產就沒有資格睡覺。

（「今晚這些資料是否跟你之前給我們的、珍的早期背景資料，或諸如此類的，有關？」）

一切都相關聯。問題在於，當協力設定事件的早期環境條件都已不再強力運作了，行為模式卻已被設定，並用於我之前說過的、其他心理目標。（重要！）過去的環境事件與症狀的關係已經很小了，今晚給你們的資料來自目前的處境。好，愛貓人的態度對魯柏會有良好的影響，即使它基本的本質已很合情合理。你了解我的意思嗎？

（「了解。」十一點二十五分。這節課的剩餘部分用於分析蓓・加拉格的手臂問題，記錄如下。但這節課並未列入正規記錄。我覺得它非常出色。

（一九七〇年三月十一日晚上十一點二十五分。

（「你能對蓓的手臂困擾說幾句話嗎？」

（珍並不知道我要問這個問題。我也不曾事先計畫，只是剛好在幾分鐘前想到。）

直接的原因可遠溯至幾年之前。

其中之一是，她害怕耶穌會士將因為工作壓力得到更多的嚴重症狀，她以一種保護的方式嘗試著說：「比爾，不要生病。看吧，為了你，我可以替你生病。」

她也因為他在工作裡那麼不快樂、而自己卻很健康而感到內疚，因此出於同情而採用了她的症狀。

她還覺得，他因為太過忙碌而經常不在家，以及因為各種憂慮而不怎麼注意她。她等於用症狀在說：「記住我，我也需要你的關心。」簡單來講，她要說的是：「你受傷所以我受傷。」

除此之外，症狀也是一種抗議。她認為他大可卸除工作方面的一些職責，如果他真的曾經努力、也不害怕去卸除。

她正在說：「你不只是傷害自己，你也正在傷害我。」從象徵意義來講，身體的疾患正把她的態度完美地表達出來。她強烈地依賴耶穌會士，甚至在她各方面都顯得很獨立及咄咄逼人的時候；而且她也擔心，如果他目前的工作經驗再繼續下去，以及他的態度若不改變，他們的親密生活可能受到損害。

她已準備積極且主動地與這些症狀展開戰鬥，因為她並不認為自己能夠積極且主動地與耶穌會士那些引起她關切的態度戰鬥。

問題出在耶穌會士的態度，而不是外在條件，一旦他明白這些態度不只影響自己也影響了他的妻子，他是能夠改變的。

愛貓人將不願意承認這裡的一些內容，因為它似乎是在指責耶穌會士，而她覺得他已無法再承受更多壓力。她並不想再增添上去，所以把壓力攬到自己身上。順帶一提，這裡毫無歪曲事實，也是絕對有效的診斷。

你還有任何問題嗎？

（「沒有，我想先閱讀珍與我的資料。」）

我們下一節再見，我們的定期課。

（「好啊。」）

對兩位致上我最誠摯的祝福。

（「非常謝謝你。這真的很棒。」

（十一點三十六分。珍緩慢離開原本很深的出神狀態。休息之後的資料她幾乎毫無記憶，只

除了我曾詢問一個與蓓有關的問題。

（這整節課原本從正規記錄刪除。）

刪除課 一九七〇年四月一日星期三

（這是一九七〇年四月一日星期三的定期課，但因為它處理的是珍今天使用擺錘得到的出色結果，所以並未列入記錄。）

晚安。

（「晚安，賽斯。」）

好，這不是為了我們的書。給我們一點時間。

魯柏今天下午的洞見大抵是正確的。告訴他，他並不需要拿症狀來做為一套制衡系統。這非常重要。此一態度的背後，依然是那種他必須在某些方面鞭策自己以及必須用其他人的標準檢視自己的感覺。如果沒有這些制衡，他會自發性地走向極端。

因此，這些症狀便被保留下來，以備不時之需，並成為他已不再需要的、約束自己的方法。給我們一點時間。他正感覺到更加安全，而這安全感會隨著，例如，他逐漸相信明年可以不用再「擔心」金錢哪裡來的問題而更加增長。他也在過去的幾個月裡，因為前所未有地相信自己的通靈能力，而體驗到另一個層次的發展。

如今，這些症狀就宛如他在自己行為四周所設置的警衛。自發性的自我已經被賦予越來越多的自由，但仍受到謹慎的監視，外加那些守在背景裡、以防萬一的症狀。

這是一種習慣性的謹慎，而它當然會轉化為肌肉方面的謹慎。請第一百次地提醒他，他可以毫無保留地信任他的內在自己，一點也不需要設置警衛去對抗內我的自發性，因為這個自發性是他的生命，是他創造力的泉源（整句畫線）。

好吧，他已經比以前更明白這一點了，不過心理和肌肉上的謹慎習慣依然積習難改。應付之道可以有好幾種。心理上的感受造成心理圖像，然後反過來阻礙身體的運動。身體因為自己的某些部分沒有得到正常的使用或運動，而其他部分又受困於緊張的狀態，從而受到具體的影響。

有些心理習慣，相對地容易治癒。當他昨天感到高興時，如釋重負的感覺順理成章地轉化為肢體的表達——例如，他自然地唱起歌來。他的胸腔、肩膀及背部因此而自動地得到釋放、運動和放鬆。他也覺得想要跑步，並做了一次半途而廢的嘗試。

自發性的感覺一旦得到表達的機會，身體的機制便會自動地釋放開來。當這種情況發生，他啟動自己去作例如跑步的事，這某種程度上，使得不跑步的自己那個心理圖像變得比較不鮮明。身體與心理的連結是如此緊密，以至於心理記得肌肉的自發性，一如肌肉也記得心理的自發性。而意志力，能被用來啟動一連串將成為自發的動作；而這些動作，這些肢體動作，將反過來建立已變為自我發動的（self-generating）、自發性心理圖像。你了解我的意思嗎？

（「了解。」）

因此，在這個時間點，我建議你鼓勵魯柏做些自發性的體能活動，但不要是，嗯，那種有目的的運動。他的肌肉雖非總是、但已習慣地經常處於受限狀況。讓他嘗試如他曾經建議自己去做的跑步，在屋內或屋外都可以。這項活動連結著喜悅及自發性。你懂嗎？

（「我懂。」）

給我們一點時間。當他感覺到心理上的喜悅，這挺常有的，要他在他的想像裡，將那喜悅的感覺轉化為自發性的體能活動。這是要啟動一些小運動，它們可以鼓勵身心雙方面的自由。

他的手已經比兩個星期之前有很大的改善——請勿讓他的注意力遺漏這件事。他這幾天忘了用護墊（微笑），但沒有造成任何困難——他應該注意的另一項改善。他的月事再度準時了。

（四月二日傍晚，珍刷牙的時候，靈光乍現地覺得賽斯對她說：「你必須重新學習身體成就的喜悅。」）

我提起這些，是因為它們很快又會被晾到一旁，迷失在你們對身體問題的專注裡。（平靜地：）害怕症狀滯留的結果，可能使它們停留更久。這點非常重要。任何可以縮小這個恐懼的事都很重要、很有幫助，也很有意義。

你要知道，我之所以建議跑步的理由之一，就是任何跑步都可以防止他把不能跑步的自己投射到未來。只要他跑動，他就可以跑得越來越好，而且再也不能認為自己是不能跑步的人。從心理與身體的觀點來看，這都非常重要。

同樣的狀況延伸到蹲下，及起身。他認為自己做不到。這樣做將證明他是錯的，並破除另一個心理圖像。於此同時——我不是指現在——當你們有空，遊戲式而非很嚴肅地，他可以讓自己在地板上做些活動，像以前那樣畫畫，或聊天或閱讀。這些只是一些實際但重要的輔助練習，有助於破除他心中特定的有害形象。過去的許多形象已被徹底摧毀。

那天的從暖氣機上跳下來，便一舉瓦解了一個阻礙身體運動的有害形象。有件事很真實，動作都是先在他的腦海形成並被接受，但意志力也可以被用來啟動這樣的行動，尤其是只要允許想像力也朝著同一方向發揮作用。

這些建議看似微不足道、無關緊要，但卻能激發更多的自發性和運動感，代表著具有象徵意義的突破——當然，這也是我提出這些建議的原因。

現在你可以休息一下，我們稍後再繼續。

（九點四十五分至九點五十三分。）

好，每當魯柏發現自己正在做一個他以前認為自己無法完成的動作時，就有一個原本阻礙他的心理圖像失去力量。

還有一件事也是真實的，那就是一個初始、相應的內在自由使某個動作成為可能時，動作的本身便已意味著：新動作的心理圖像已經取代了舊的。身體動作顯然是內在意志力的物質化，但你也必須創造機會讓這份意志得以實現。你了解我的意思嗎？

（「了解。」）

所以，才有我給出的這些建議。這節課的本身，加上這些建議，將自動地讓魯柏的想像力沿著這些路線發展，看到沒，而自由自在的想法也將從心理及身體發動起來。

他已經有所改善，但我們現在將從這兩個角度同時來處理這件事。在這之前，我們無法這樣做。然而，遊戲的感覺必須攜手同行。例如，我們並不想要那種不得不跑步的絕望心情，那是一種自我挫敗。這也適用於我說過蹲下站起的情況。還有，這些都不可過度。

我們只是想要再度提醒他，把動作的想法轉譯為實際的肢體動作。這些也只是在特定方面提供幫助的技巧。現在，他基本上都是自發性地感到同情與理解，以前那種對病人或肢體不便人士的蔑視早已消失。告訴他，對自身症狀的惱怒可能會妨礙他盡其所能地幫助他人，因為用於維持症狀的能量並沒有用於建設性的目的。

全然健康的他現在可以用更好的方式幫助其他人，而且擁有全部的能量供他發揮。（整句畫線）

我給的特定練習是為了打破滯留的慣性模式，心理與身體兩方面的，並鼓勵自發性。給我們一點時間。下面這一句畫線：現在已經可以安全地完全放手了。（停頓。）我想在這裡觸及更多。問題不在於魯柏的必要阻擋。我是真的想要他啟動一些快速的肢體動作，好讓肌肉的記憶朝著這個路線留下印記。

我仍在試圖挖些東西給你。（停頓。）

他已經緊張太久，不敢立刻全部放手，這是他的看法。最相關的是他的事業。夢書的合約將帶來很有幫助的改變。（它已付郵，但因為郵政罷工，目前尚未抵達。）以他那種事事按照字面來解釋的認真個性，他要看到白紙黑紙才能相信。

我建議你休息一下，我也好趁這時間看看有沒有其他資料。

（十點十二分至十點二十二分。）

好，在他從事的各種努力之中，魯柏應該採取一個更為遊戲性的態度。甚至可以想像用雙手抓起症狀把它們從窗口扔出去。

他正在那種它們已準備被全部拆解的轉捩點。我希望能看到他充分利用這個情況。一些心理模式已開始崩解，而我希望確認這情況正被轉譯成身體的行為，而且是全部都轉。春天的來臨以及最近的一些好消息正在產生影響，而他今天下午獲得的知識則讓他體認到一種前所未有、意識上的了解，而這將自動地把症狀減少到最低程度，即使不會立刻就很明顯。

這一點是之前完全沒有意識到的。

給我們一點時間。告訴他，內我有它自己的一套制衡系統。他並不需要用身體的症狀來強化它。他也不需要害怕他將因為自發性而走火入魔。年齡及經驗為他提供了以前並不具備的制衡方式。

今晚還有一些最後的連結沒有完成。改天我給出它們時，你就會知道原因。不過，我所提供的訊息已經很有價值。魯柏也可以建議及暗示自己能有更多的洞見，因為你們已非常靠近最後的重要突破。

我不打算再口述我的書，因為對於我心目中的下一章，時間已經太晚了。你有問題嗎？一個重點：我替你們的好消息感到非常高興，不過我記掛的原來是另一件事。

（「那是我唯一的問題。」）

（我在《靈魂永生》第五二〇節原本有個沒有付印的附註，我列出賽斯的三個預言看哪個會成真：一九七〇年四月份的《柯夢波丹》提到珍的那本ESP書；譚捎來消息，說新美國圖書出版社〔New American Library〕對賽斯資料的書很有興趣；或者夢書的合約已由普林提斯霍爾付郵寄出。）

致上我對兩位的衷心祝福，以及美好的晚安。

（「賽斯晚安，非常謝謝你。」）

（十點三十七分。珍說她感覺怪怪的——好像有些東西沒到；讓人很煩躁，她說；她覺得可能是對上次突破的最後一點必要資料。

（賽斯在十點三十九分短暫返回。）

另一點補充：要他投入他的新書——並且別再專注於症狀問題。把精力用於寫書，他就不會有那麼多時間去想它們。

刪除課　一九七〇年四月十五日星期三

（一九七〇年四月十五日星期三的這節課，曾從記錄刪除。）

晚安。

（「晚安，賽斯。」）

幾個註記，與書無關。

魯柏今晚的詩確實代表了某種突破，無論是他所表達的思想或詩的創作本身。自在與放鬆的感覺是其中的神奇品質——而健康也是可以如此自然且輕鬆獲得的。

要知道，生理症狀是內在不安適感（dis-ease）在身體上的具體化。它們很明顯也很容易辨識。那麼，不寫詩也是內在疾病（disease）的一種症狀，只是它不那麼容易辨識。雖然，直覺能力最初的出現是在詩的寫作，而詩誠然也是進入其他領域的某種通道，但這並不表示只因新的領域已經打開，詩就必須被關閉。

任何的工作瓶頸也算是症狀。所以，身體的症狀很少單獨出現。它們通常受到近乎孤立的研究，不過只要它們出現，它們的對等部分也多少能在與人格相關的所有活動出現。只有在這些比較看不見、比較不明顯的症狀受到忽視，它們的成因也未被質疑或發現時，那個身體症狀才會自行曝光。

非具體的症狀也會以各種不同的偽裝出現，通常是在夢境中以象徵性的方式出現，而且是遠在具體症狀之前。不管症狀的本質或它的特定問題為何，任何症狀的後面通常都有一個起因是恐懼且被阻塞的自發性。可能是個人不再相信他的能量所要前往的目標，或者更嚴重的，他感覺他已沒有理由，或者他失去了目標，因而不知道應該把能量導向哪一個方向。

因而，以魯柏的情況，對自發性的不信任，的確反映在他生命中的所有領域，尤其是身體與創造方面的自發性活動。他這個存在的性慾部分也反映出他在自發性方面的阻塞。所以，任何問題的表達都不會只有一個面向。你們是具有高度創造力的生物。一如生命的喜悅會從你們所有的行為映射出來，從而影響你們的工作、身體、環境以及你們遇見的人，所以你們的問題也會在每個領域忠實而全面地反映出來。

在書桌前坐下來寫詩，這個行為與意圖便能自動地讓魯柏憶起他以前寫詩的所有時光，鼓勵並刺激詩的寫作。寫完了詩，一如今晚，輕鬆愉快地蹲下站起，也能提醒他的身體與頭腦，自己過去的成功表現。每個成功都讓失敗凋零。這也適用於跑步。魯柏並不需要他的意識心來充當警衛和守護者。他現在已經領悟，自發性的自己才是守護者。

我想說更多，好讓他閱讀，但我建議簡短休息一下。綜觀來說，部分的資料與他手邊的問題有著精準的相關性。

（九點三十二分至九點四十九分。）

好，告訴他，要他的意識心放過他的身體，一如他的詩正在成形的時候，他也從不讓意識心靠近——把他的身體當成一首詩。

給我們一點時間。現在的問題與其說是放鬆或放下，我更想要它們與喜悅攜手前進。這才是我一直追求的。手臂的位置（強調地）象徵性地代表對自發性的抵制到什麼程度。在最嚴重的時候，手臂就像這樣，彷彿是要阻止——

（「對。」）

（身為賽斯，珍伸出手臂，彎曲到將近九十度。）

放下手臂代表放下抵制，力量就能回到它們自身。他的手臂非常不強壯，甚至來到最弱的程度，因為它們全盤否認了自身力量的泉源。

我告訴過他，專心於工作將可驅散其餘症狀，但他採取了一個太過有意識的刻意方式。他應該用寫詩的態度來寫書——不苛求自己，只是單純、平靜、喜悅地期待。

因為寫詩，他在今晚學習、或者再度學習到一件非常重要的事——自發及創造的感覺，而且將可以把部分感覺應用到身體狀況。他應該帶著更多的遊戲式態度來做蹲下站起及跑步。例如要他看見自己蹲著，而且不必專心去想方法以及應該使用那些肌肉而只自然地蹲下，因為這些都會自己解決。

好，他的合約已經確定，告訴他這是我說的。

（這節課的第二天，珍收到普林提斯霍爾出版社編輯譚・摩斯曼的來信，詢問是否收到郵寄的合約；它已延遲到令人憂心的地步，部分原因是最近的郵政罷工。）

也請告訴他，儘管信任他對瑪麗・夏普或其他任何人的感覺，即使它們相互矛盾。那很自然。

矛盾的感覺也可以經由身體表達，請告訴他。提醒他。要他把手臂從手肘和肩膀往下甩，而且是要以遊戲式的態度來做，或許把自己當成布娃娃。關於晨間症狀，他的想法是對的——知道是這樣後，症狀就會變小。

憂鬱幾乎都消失了。手和腳的一些症狀也在過去的三個星期消失。星期五症候群也即將全部消失——還是那句話，不要把注意力集中於留存的症狀，它們也會消失的。

實際上，他一直為這本夢書——他的精神支柱——過度努力。自發且喜悅的努力態度是這裡的救星。他原本的態度是「我必須開始我的夢書」。告訴他，他的夢書會自己開始，只要他放過自己。過度努力的態度也阻礙了他的夢境經驗。

告訴他，他寫書就像樹會長葉子那般自然。這樣他就不必那麼努力了。當他放過自己，一切就會自然而然地發生。聽來或許有點多餘，但他最近比較肯聽我的話，那是因為我說的話即使很淺顯，背後也都蘊含著深意。

過去幾年的一些困難其實只是魯柏逐漸邁向成熟的結果，而某些插曲原本可能更加嚴重。他的整個體系已經穩定下來，正處於完全康復的過程。所以我要他理解，如何藉由放過自己來最好地幫助自己。

我要再度請你們考慮我對臥室的建議。

（第二天，珍就把床改為南北向。）

當他允許自發性出來，他真正的活力就會回來，還有喜悅的感覺，一種積極正向的喜悅，而那是他以前經常錯過的。我要再第一百次地對他說——而這次他會接受——每天都要自發地隨興而為，每天都要有遊戲玩樂的感覺。順帶一提的是，他的活力正在恢復：他不再那麼愛打瞌睡，尤其是下午。

你可以休息一下。

（十點十六分。休息時間，我說我希望賽斯可以討論珍所經歷、一九七〇年四月十三日上星期一第五二三節的那段插曲。珍一邊替賽斯說話，後來發現，她顯然短暫地出體了，去到我們客廳書架附近的位子看著她自己坐在搖椅上傳述賽斯資料。

（十點二十六分重新開始。）

好。我們希望在這些方面多說一些，因為即使（微笑）我正在寫我的書，我也會幫助魯柏寫他的書，而且他可以使用課中一些投射的插曲。（幽默且強調地。）這也是讓他離開前幾個晚上那件事的方式，以便我可以平靜地寫我的書。那其實比較像是意識的錯置而不是投射，因為他的意識處於出神狀態，然後錯誤地去了書架附近。（大約六英呎外。）

上次我告訴你，他的狀況有望在一段時間內得到很好的改善，它果然隨後就發生了。你記得嗎？

（「記得。」）

我現在再告訴你一次，只是改善的程度應該更令人吃驚：時間、季節以及魯柏的心理狀態都剛剛好。這也是我挪用我的寫書時間為他舉行這節課和最近幾堂課的原因。所以，請你們務必採納我的建議。

今晚這關於自發性的暗示，再次地，似乎聽來簡單，但卻意義重大，而魯柏將會知道，主動地知道，他什麼時候是自發的。曾有一段時間，他並無法分辨。

他要忘記那個把夢書當成不得不做之事的想法。他會自然而然地把它寫出來。他一直把合約這回事當成一個支柱，所以他會那麼敏感。合約就跟書一樣，自然就是他的。

下回我們嘗試意識的錯置時，要把他放到書架的另一邊（珍以賽斯的身分指著）。

那麼你有跟你的畫相關的問題，或你自己的問題嗎？

（「應該沒有。」）

（微笑著：）改天我們一定要使用錄音機來上一堂課。魯柏可以謄寫錄音帶，而你和我（突然大聲）可以聊個痛快。

（「聽來就覺得很棒。」

（賽斯的音量再次增大——我已好久不曾聽過他這麼大聲。）

好，我正在使用的能量也將提供給魯柏（更大聲），而且他將不再害怕於快樂地使用它，它將使他的手臂伸直，並釋放他腦袋裡一些扭曲的想法。

你可考慮將整段文字畫線。（賽斯的聲音仍有力地轟然而出。）

你也可以使用一些，只要你開口，那就是你的。

現在我要道晚安了，而這不是錄音。（依然大聲有力。）我打算今晚到我們那位有時腦筋壞掉的心愛友人夢境裡再跟他說話，說明今晚沒說的幾個重點。那會很適合他，也不需要佔用我們課的時間。（大聲。）

而且我從來不是精靈。

（十點。賽斯幽默而強調的結尾引用的是我在布拉瓦司基的書《秘密教義》〔*The Secret Doctrine by Helena Blavatsky*〕書中看到的一段話。它提到聖經中有位賽斯，以及另一位也叫賽斯、後來成為半人半神之精靈的埃及神祇。）

第五二五節（刪除的部分） 一九七〇年四月二十二日晚上九點十四分

（原屬五二五節，一九七〇年四月二十二日晚上九點十四分。）

晚安。

（「晚安，賽斯。」）

我們將在下節課製作你的錄音帶。我甚至不會事先告訴魯柏（幽默地），但連我都需要錄音機裡的帶子呢。

（事關瑪麗・夏普試圖錄下「靈魂」聲音等事。）

我也有些評論想在口述前先說。

魯柏今天很有進步，部分的助力來自收到合約（夢書），以及我最近給過你的幾個理由。他現在真的應該學著去覺察，例如他今晚說的那些、想做卻又立刻遭到否決的活動衝動。當然，他更應該貫徹那些活動，而非有如以前那般，抑制不做。

好，我要告訴你的是，他一天裡大概這樣地抑制了他的衝動至少五十次，包括他沒有意識到的。現在，他已經準備好要去覺察這些。它們就在他的意識之下，隨時歡迎他的注意。他顯然必須先試著接受它們，而這至少是往正確的方向跨出了一步。他現在清楚意識到的是，他長久用來限制身體活動的制衡機制所留下的殘渣。

我告訴過你，他隨時會有巨大的的改善，而不管是過去或現在，必要條件是他認知到以前被他否認或限制了的衝動。坐到地板然後起身的動作，果然如我知道的，將重新喚醒肌肉記憶，然後敲響他的意識之門，將他推進新的認知。他將知道自己正在接受這些衝動，而它們將成為邁向勝利的新起點，並可當成獲得成就的途徑。

然後，我期待他專注於一種努力，那就是自發地接受想要行動的衝動，並且立即將該行動付諸執行。抑制及其後的攔阻，通常在你們進餐的時候發生三到四次。上下午期間，他坐在書桌前時，也會發生幾次。這些衝動或許只是微小到要不要站起身來。其他的，有的關乎要不要走出公寓或下樓。他抑制這些衝動——一些很自然的衝動——包括伸直他的手臂。（動作；強調地比劃出來。）

他甚至很少覺知到衝動的存在，所以我希望他在任何需要某個動作的情況去尋找種衝動，他會找到的……以及他現在已經開始覺知到的其他衝動。它們在某個點曾被埋住。這包括必要時蹲下，以及趴在地板上。

是他的手指想要緊緊抓住，而他出於恐懼、慣性的恐懼，攔阻了這個衝動。閱讀這節課的內容將讓他想起那件事；但在這裡，當他想要打開某樣東西或抓住它，我希望他先試著去感覺想要那樣做的衝動，然後順著衝動去做。

即使在今天的經驗中，他也藉由讓身體的一部分適當地活動來滿足它們。這將自動改善整個有機體的血液循環、營養以及能量的分配等等情況。他的肌肉記憶獲得安撫與保證，而再次地，他再也無法接受自己是無法完成某個動作的人。

這些活動同時也能打開神經的源頭，使他有更多的能量可用，因為他不再把那麼多的能量用於攔阻衝動。今天晚上，他給自己帶來了不少驚喜，而接下來還有更多。告訴他，我希望他明天早上開始寫他的書。他只需要開始寫，即使只寫了五頁，而且後來還未獲採用或被他扔掉。

這個資料應該與最近供他參考的幾節課放在一起，甚至放在最上面。我一直留意著他的進步，而這些給他的提示都是為了他的近況而量身訂做。他的書一定會寫得很好。然而，他總認為自己還沒開始，即使他已經寫了一章，只是不甚滿意。

他只需要開始寫，而且每天持續，書的本身會照顧它自己。他要從哪裡開始寫，一點差別也沒有。但我期待他明天寫個五頁。

我現在要再強調，衝動這件事極端重要。當你看到他正在抑制一個活動的衝動，那在你眼中會很明顯，你就這樣處理。你只需要提醒他，身體想動是很自然的。但請記得，不能帶有批評，只是堅定地鼓勵他。遵循這個建議將產生比你們現在所意識到更深遠與更快速的良好結果，同時也能釋放出對你倆都將會很明顯的能量。

現在，我們休息一下。

（九點四十三分至九點五十三分。）

好，我再做幾個說明，我們就回去口述。

他還會在白天、有時是睡前，攔阻吃東西的衝動。他不會在正餐時這樣做，但會阻止自己去吃平常喜歡的零食。還有，雖然我特別建議，但他並未嘗試跑步。這其實很重要，因為對他來說，跑步是一項既快樂又自發的活動，但他有時會刻意地攔阻這類衝動，原因是他害怕自己做不到，也怕受傷或看起來很蠢。

出於他自己的原因，一如我更早之前所說，他常會緊緊抓住你的謹慎，並做出他自己的解讀。你曾經對他說，不要把他所有的好消息告訴每個人，可能是擔心那個消息後來沒有發展成形。那時，他以自己的方式接收到你抑制快樂的自發性習慣，而且他感覺他若展現快樂會受到你的指責，便以謹小慎微的方式開始抑制。後來，是他自己不相信事情會有任何好的發展，因此再也沒有信心展現。他也以相當字面的方式去解讀你所謂的「天生的守密」習慣（habit of "natural secrecy"）。既然要保守秘密，就不能展現。這只是背景，但確實適用於跑步這個面向的一些事——不管是身體的跑，或嘴巴上話語的流失（running off at the mouth）。因此，讓他開始向自己展現他的確可以跑，是很重要的，尤其他現在知道你會真心地贊同。好，現在我們來口述。

（私人資料在十點三分結束。）

刪除課　一九七〇年五月六日星期三

（一九七〇年五月六日星期三的這節課因為是給珍與我的私人資料，所以曾經從記錄中刪除。）

好，晚安。

（「晚安，賽斯。」）

在口述前我有幾項說明。

為了留個記錄，我再次建議跑步和蹲下起身的活動。這是一定要做的事，告訴他這是我說的。現在，我有兩個簡單的運動。我希望你們每天都做。它們幾乎不用花費任何時間，可是常有效。

首先，我要魯柏做一件非常簡單的事，想像你的陰莖是直的。這件事一天要做一次。你懂嗎？

（「懂。」）

然後他應該想，它成功了——也就是伸直了，然後就不再管它。要他像以前那樣只用思緒的一個角落去做這個練習，而且在他隨時想到的時候。

現在，我要你以同樣的方式，想像他的手臂以正常的姿勢伸直了，其他的程序跟他一樣。這樣清楚嗎？

（「清楚。」）

你們每天都可以做各自喜歡的運動，重要的是輕鬆地做。魯柏想像你的陰莖伸直，比想像他的手臂伸直更容易。當你們為彼此做這種事的時候，你們的愛在加分，給出額外的力量；你們之間的愛相對地是如此流暢，因而也能以這個方式善加導引。

任何阻礙性的潛意識想法就會繞道而過。好。你們剛從普林提斯收到的書（《鐵幕後的心靈發現》，*Psychic Discoveries Behind the Iron Curtain*）將對魯柏有很重要的影響，而且是有幫助的影響，將增加他對自己能力的信心。

他寫給自己的提醒小語非常有效，他應該遵循這些小語以及它們所建議的程序。他這星期的感覺，以及他的開始寫書，全是因為能量的提升。然後他還能導引這些能量。現在，他有一種興高采烈的感覺——他知道我所意指的主觀感覺——讓他將這種感覺、這種能量，導引到他的手臂。

你一直緊抓自己的症狀不放，正如魯柏仍抓住他的。它們有點像是你寫給自己的小語，用來提醒你，事情仍未臻於理想。請告訴自己，若無症狀帶來的疾病，你可以遠為更好地幫助自己和魯柏。它們曾經是個提醒，讓你知道你在整個情況中佔有一席之地。現在你已經接受了那個事實，所以症狀已不再必要。需要它們的時間已經過去了。它們曾被用來提升你的心理理解，但是如今它們只可能阻礙你的進步；還有，你也因為感覺你之所以仍然保有你的症狀，他多少該負點責任而稍微地怨恨魯柏。

（「是，那我知道。」）

這多少也是你並未更加主動地使用魯柏說過的那些積極正向鼓勵的原因。你感覺你已經用了所有努力、有效地幫助他，因而怨恨地保留住這個更為積極的鼓勵。你了解我的意思嗎？

（「了解，所有這些資料都只證實我經由擺錘得到的對我自己的理解。」

（沒錯，這個資料是兩個人缺乏語言溝通的好例子。一直以來，我都定期使用擺錘了解自己的處境，但沒有告訴珍。她當然知道我使用擺錘，而且結果都很出色；但我並未對她說明這次的詢問。

（擺錘給我的結果在這節課中由賽斯證實了更多。）

這也是用以懲罰你的怨恨，因為你不願給予比你所能想像更有效益得多的積極支持，你也在某種程度上成了防礙你倆都如此渴望之事物到來的幫兇。

我原本想要解開這個小小的謎題，但我從你的話語中看出，你已經得出其中的一些結論。

如你所知，你的本質相對地比較孤僻，而且在某種程度上，因為誤解，你對於兩個個人之間暗示與建議如此重要的想法，既不喜歡也不信任。你仍然願意相信暗示與心電感應的重要，但只在它符合你的目的時，並在那些有點敏感的領域盡量減少它的作用。

（這方面我倒是不知道，也並未使用擺錘探索。）

由於你的背景，你不願相信，個人可以那麼容易受到影響。這讓你想要孤立自己，讓你無法從自我暗示與自我建議中獲益，也無法經由你自己在某些領域的建議而讓他人獲益。你在其他領域倒是願意接受並運用建議的本質。（停頓。）給我一點時間。

一個小說明：我早先提到的怨恨，造成你一些稍嫌過度的反應，例如因為狗兒的事情而去拜訪房東太太——那其實打個電話就行。這些只是一種指標。你可以休息一下。

然而，好消息的暗示已經出現，即使尚未成形。那與平裝書的版權有關，而且價錢會很好。

（九點四十四分。珍的步調很快。我在休息時間向她解釋我曾獨自利用擺錘試圖理解的事。賽斯的資訊將證實為非常有用。

（好消息乃與賽斯在一九七〇年三月二十五日第五二〇節的預測有關：「我相信一個你們並未期待的好消息正在等待你們。」我在今晚上課前要求珍對此做個評論。

（十點一分。）

好，你正在你的繪畫進行幾項突破——確切來說，是三方面的突破。

一個直覺性的發現將打開並進入另外兩個。不滿足，創意方面的不滿足將啟動你新的直覺發展，而這一次相當重要。至於你們的關係，你和魯柏的：你們在不知不覺中相互啟發。

然而，這相互啟發的面向可以在你們雙方身上得到加強與放大。前面提到你的積極態度，的確可以用這個方式來解讀。你理直氣壯地感覺，魯柏只顧自己，忘記了你那些滯留的症狀；現在他應該致力於運用他的能力幫你擺脫這些症狀。

通常，你倆可以非常有效地相互幫助，將你們的能量導引給對方，並繞過那些不讓你們將通靈能量理所當然地為己所用的阻礙；如此這般，你就能在魯柏較弱的領域幫助他，而他也可以在你較弱的領域幫助你。你們以這種方式，經由愛的導引，獲得全然專注的療癒能量。

昨晚的課（珍的ESP班）有頗為巨大的能量在這裡釋放，對相關人等都很有幫助。課程中在這房間裡的人都體驗到通靈與靈性的高峰，學生們的主觀體驗，因而可以用來提醒他們，這鮮少企及心靈領悟的一刻。

現在，我並不反對你趕貓（賽斯突然大聲；而我剛才用我的筆記本驅趕企圖爬到珍腿上的貓咪威立），但可不要趕走我的足跡……這個能量可被學生的家人接收到，而他們的生命也將間接獲益。

魯柏自己的系統也在這種時刻重新充電。房間裡的負離子會自行加倍。

我真的很想提醒他，他的很多班級、我們的很多課程，都有這種效用；還有，也請再度提醒他，他自己做的筆記對他非常有用。

特別是那些關於能量的筆記，以及今天早上與起床有關的小實驗（微笑）。他立刻向自己展現這是常有的事。我決定今晚把這資料給你，那是因為我認為它對兩位很重要，也因為我可能結束我在另一節長課開始的一章，雖然它可能又碰上另一章。

你若有任何問題，請儘管問。

（「我沒有問題，我想到的你好像都回答了。」）

我打算跟你聊一下。現在我們已恢復穩定的上課，既然知道我的書會順利進行，我並不需要把每一節課都拿來口述。我認為如果每節課都是口述與聽寫——雖然大多數的課會是這樣，你可能會錯過比較輕鬆的付出與接受。

但如果你沒話可說，我們要怎麼聊？

（十點二十分。賽斯跟我果真聊到十點三十八分，沒做筆記。我們的話題很廣，也非常愉快，雖然我今晚比較安靜和憂鬱。即使不在最好的狀態，我仍盡力提振精神與賽斯對談。我們應該更常這樣做。然而，積習難改；我好幾次都很想拿筆記錄……）

第五二七節課（刪除的部分）　一九七〇年五月十一日

（以下資料是賽斯在一九七〇年五月十一日第五二七節結束後所給，曾從定期記錄中刪除。

（十一點二十八分。）我想讓我們的朋友（珍）動起來、跑一下，即使你必須追著他跑過整座屋子。或在你可以的時候，撥個二十分鐘善用那些球拍（羽毛球），這樣，跑動便與好玩的想法結合起來。

我希望你可以在他移動緩慢時，和善而非嚴厲地提醒他，他的移動可以更快，因為在幾乎所有的狀況裡，他其實是可以的。我交代你們做的兩個練習——請不要忘記，兩位都是。

（賽斯接著在此對珍未來的書《靈界的訊息》做了兩個預告，它們記錄在第五二七節。）

如果我所有的建議都配合你們的整體情況以及魯柏的健康而受到遵循，巨大的改善將會出現。

我很不願意一說再說，不過提醒魯柏拿出我說過的遊戲心態非常重要。身體方面的積極響應，已開始明顯地出現在你們的親密關係裡。他並不需要保護身體遠離任何經驗，也不需要舉起雙臂抵禦命運的打擊。（強調地舉起手臂。）

讓他挺起胸膛（動作），體會一下那種輕鬆上下的感覺。身體會記住這種感覺。

現在，你想來段愉快的夜間談話，或者你想睡覺了？

（「我想睡了，若你不介意。星期三好不好？」）

星期三我會在這裡。

（「好啊，我很期待。」）

對兩位致上我衷心的祝福。給我一分鐘。（長停頓。珍的眼睛閉著，非常安靜地坐著。）我送了些能量給你的某個身體部位。

（「很好。」）

還有一點：請原諒我的雙關語。（幽默地。）

（「沒問題。」）

提醒自己，你們之間的路線現在是既筆直又清晰。我已送給你相當多的能量，也傳送了完美器官的清晰畫面。好了，祝你晚安，一夜好眠。

（「晚安，賽斯，非常謝謝你。很好。」）

（十一點三十五分。珍的出神狀態很好，她說她感覺賽斯停頓的時候，有「某種東西」離開她的身體轉到我身上……我很樂意報告，我在第二天注意到很明顯的改善，身體方面的。）

第五二八節（刪除的部分）　一九七〇年五月十三日

（從一九七〇年五月十三日第五二八節刪除的部分。）

口述結束，現在請給我們一點時間。

（十點五十一分。珍靜坐於她的搖椅。一次一分鐘停頓，雙眼閉闔。）

我們正把能量導引到你的身體部位。（一分鐘停頓。）以及你的手。（我對此感到驚訝。另一次一分鐘停頓。）現在是到整個身體形象。

（十點五十六分。）好，從你身後，能量被導引到魯柏。

（「從我身後？」）

從你身後，能量現在被導引到魯柏，到他整個身體形象。（一分鐘停頓。）

現在到兩個手肘；再到肩膀……尤其是左肩。（停頓。）現在是右腳；兩邊的膝蓋。（停頓）現在到手指，及兩隻手臂。

得到你們的內在同意，我對你們自身的能量場進行了一些調整，這樣將使你們獲得更大的幫助，並使你們雙方都能從對方給出的良好建議中獲益。

現在，除非你有問題，不然我要結束我們的這一節。

（「沒，我應該沒有問題了。」）

致上我衷心的問候，並祝晚安。

（「晚安，賽斯。非常感謝你。」）

（十一點。珍的出神狀態很好。她有幾件事想說。首先是當她離開出神狀態後，一時不知身在何處，因為她所坐的椅子並不在她認為的她替賽斯說話時的位置。

（珍張開眼睛看見她所在的位置時，真的被「搞迷糊了」。她以為椅子應該在她右邊幾呎，更靠近牆邊那座落地書櫃。「我以為我坐著的整個時間，就我認為的，我是坐在那邊，」她指著自己的右邊說。這讓她想起，最近幾節課她似乎都有些片刻以為她是從書櫃那邊替賽斯說話。

（當賽斯開始將能量導向我，珍看見我豎立的陰莖是直的，然後成金字塔狀，最後「彷彿小木偶的鼻子越舉越高」，她說。彷彿陰莖上罩了一個拉長了的金字塔，她說。

（我應該在這些說明之中做個補充，在最近的課程裡，賽斯第一次將能量導向我的陰莖後的第二天，我注意到明顯的改善。第二天情況也一樣，我曾向珍描述過這情況。

（珍感覺在這段插曲開始、能量從搖椅導向我的時候，它的集中度比較強。當賽斯說到我的手，珍看到我的靈體之手舉了起來，手掌往上舉向她——而我那時其實正在寫字。她說，雖然能量往雙手而去，但特別導向我左手的無名指和小指。珍說，一如她昨天看到她的雙臂往外伸直那樣，她也看到我的雙手。我的左手那兩根手指就是不大一樣，似乎更需要能量，她說。我告訴她，雖然陰莖已恢復正常狀態，我已感覺右手的情況明顯改善，雖然之前並沒有賽斯的建議或能量特別導向它。

（至於來自我後面的能量：珍說這裡或許涉及某種投射。她部分的意識在我身後牆上一個高處的點。那堵牆其實並不存在，珍說，只是我身後一個意識的點。珍並未從那個點看到我，或她自己。然而，珍或賽斯的部分帶有能量的意識會彷彿一個錐狀，從我背後的點送出能量。

（珍感覺那部分的她在我身後，並認為那是某種投射，然而她也從坐著的搖椅「看見」那個點，即使雙眼閉闔……有一次，非常隱微地，珍也感覺背後有某種東西，將能量導向她。

（再次地，她最後張開眼睛、看見搖椅所在的位置，並和自己認為的位置相比較，幾乎不知身在何處。還有，她感覺從我身後某個點的金字塔或錐狀體發出能量的房間，也不是她真正所在的房間——而是她認為的她所在的房間。

（珍說她很難描述這些資訊。她也說不出她和賽斯有沒有、或者以怎樣的方式一起或分開「完成」這些經驗，或者到底是怎樣。這些記錄也不見得是它們形成的順序；它們是由我和珍在該節結束後拼湊而成。完畢。）

第五三三節（刪除的部分） 一九七〇年六月一日

（本資料曾從一九七〇年六月一日第五三三節刪除。資訊之所以過來，源自課前我與珍的一段表達了我許多怨恨與負面態度的討論，對很多事……）

好——兩位之中有人介意我們來上一節課嗎？

（「沒。」）

（對我：）口述前我有幾個評論。給我一點時間。（長停頓。）你對土地有很深的愛，這源自你丹麥的那一世。這一世的早期，你也很喜歡。你喜歡在土地上工作，但因為與你父親的衝突，你轉而反對，例如，園藝。

你因為這個理由而對魯柏的園藝有了些矛盾的感覺。你對他使屋外那些植物明顯地欣欣向榮非常高興。然而，你還記得你父親對園藝一事多麼嚴格與井然有序。這在當時讓你很生氣，但現在你卻某種程度的認同那些理念，因而看輕魯柏的漫無章法。

這些感覺的一部分也大致地投射到整棟公寓，蒙蔽了你對那間、即使有諸多缺點也深得你心的畫室之愛。

你一直想要擁有些許土地，並因為不曾擁有而滿懷苦澀。更因為若非幫忙父親購買家人居住的房子，你原本可以用那筆錢去買地，因而潛意識裡很是憤憤不平。

其中的一些感受確實使得你對某些情況採取充滿敵意的態度，而且有些小題大作。（幽默地。）這倒不是說你倆之一完全正確，而另一個完全錯誤，但我告訴你：你一定能夠指望，魯柏可以憑直覺立即辨識出你這種過度緊張的行為。

這其中確實有著深刻的差異。例如，魯柏會很喜歡也會充分利用他擁有的任何土地，即使那只是窗台上的一盆土。他在這個特殊方面沒有矛盾情感來加強他的反應。但你將這棟公寓和它的所在地當成土地及居住所，因而聯想到你不曾擁有的土地。你一直無法利用院子或周遭的地替你帶來積極的快樂並藉之恢復精神，因而享受不到這個地方額外提供的好處，以及魯柏向來享有的條件。

他認為這裡是住所，而不是一塊地，但因為他的態度並不緊張，也因為他並不愛土地，他反而有能力享受土地本來的面貌。現在，他將這裡與例如他童年時代的家相比較，一如你也下意識地那樣做，不管你知不知道。他得到的結論是，這裡美好得多啊。但你的結論卻不一樣，你也因此而生氣。

對他來說，你盯著看的、空置的其他公寓，自動地代表各種心靈的可能性，光是它們的存在就讓他著迷不已。與土地毫無關連。這並不表示他沒有注意或不喜歡入住的鄰居。然而，對你來說，土地的充分利用立刻壓倒其他的考量，如果沒有土地，你甚至不願踏上這片產業。這些只是你們兩位都應該了解的反應上的差異。

給我一點時間。長時間。（對我：）你通常是等著別人或他事來滿足你，而魯柏在他認為屬於自己的任何環境，幾乎都能找到快樂；你也看到，他以你沒做的方式把事情個人化；對他來說，他身在哪裡，那裡就是他的地方，就像這裡是他的院子。所以，你找到的任何住宅，他都可以個人化為他自己的，如果你懂我的意思。

（「我懂。」）

然而，時至今日，兩位應該都已學會去感知，住宅的靈性生命力或氛圍。單獨住在一棟屋子有利有弊。比方說，這棟公寓的每個人很少會同時都心情不好，所以就某種程度而言，在正常的憂鬱期你們可以受到附近其他不憂鬱者的支持。

住處如果大些，當然會對你們更有幫助。這不需要我來告訴你。自從我建議你購買那棟你沒有買的房子之後，我再也沒提過這些事。那是一個你沒有追隨的可能性。

你有其他問題嗎？

（「應該沒有了。」）

在你的潛意識中，還存著與你父親家族所擁有的土地或農場相關的一些感覺。

（「我應該沒見過那座農場——是吧？」）

只曾猜測。好。關於要不要有一處多少可稱為永久的住宅，兩位在某種程度上，都過分強調了你們之間的差異。你的缺乏行動與此有關。例如，你大可以在相對全然孤立以及市中心的公寓，兩者之間找到一個舒適的折衷方案。

不過，我想要你了解這些緊張的區域，以及它們背後的一些理由。你可以休息一下。

（九點四十六分至九點五十四分。）

現在，我想做點口述了，等我再說明幾件事之後。

你談起搬家卻沒有行動，魯柏會很焦慮，因為那潛意識地喚起他在孤兒院時很深的不確定感和不安全感。雖然無法得知幾時或到底可不可以回家，但他隨時都做好離開的準備。他們告訴他各種不同的日期，他的離開因而延後好幾次。

他並不知道這個連結。在這個領域困擾他的不是任何決定，而是懸而未決的不確定感。他感覺他並不活在當下所在的地方。（長停頓）

當你一邊想要土地，你同時也害怕被土地綁住，在某種程度上，你的感覺是矛盾及混淆不清的。這更加強了先前提到的那些點，也使得你並未採取更多行動；甚至遠多於你在財務方面的考量。

魯柏對於房子的想法，其實比你正面許多。他自動地相信你們的收入自會增加，以應付新的需求，而他的想法非常正確，只要你全心全意地相信。他也認為有風險的投資，就會帶來財務方面雖有風險但也討喜的回報；而你在這方面的想法則全是負面的。

既然我都在這裡了，你可以問這方面的任何問題。

（「你自己說得很好——所以我沒用太多問題干擾你。」）

好，魯柏想到土地的時候，會自動地聯想到它的豐饒。未來他在購買房地產方面會很順手，也會有錢去買。他做不來股票和債券，對他來說，這些東西毫無意義。

可觸知的有形資產對他來說是重要的。我只是想要解釋態度。錢在銀行一點也不讓他興奮，即使他知道那樣做的好處。那不能讓他揮灑他的創造天性。但房地產是可以的，而且他可以很容易便令他的投資翻倍，那是因為他對人與居所的關係以及人的移動，有特別出色的想法。但他並未覺知到這一點。

既然如此，你就不必擔心他會在例如搬到一座房子的想法方面，不全心全意地遵從，因為可觸知這個元素與土地會喚起那些本能。你如果沒有問題，我要恢復我的口述了，或第九章的開始。（意指《靈魂永生》。

（「這非常有趣。」）

你要先休息一下嗎？

（「那也不錯。好啊。」

（十點十分。珍的出神狀態很好——她出去得很遠，她說。她的步調也很好。我認為這些資料非常出色，也應該會非常有用。對某些點我也曾有些許懷疑，而現在更獲得清楚的揭露，尤其我對擁有土地的潛意識理由，珍的善於將她的任何居所個人化，等等；以及她對房地產買賣未知的能力，諸如此類。

（我將努力改變我的負面態度。對於自己在尋找更大居住空間等等的事一直光說不練，我也感到很疑惑。重點在於我對擁有土地的矛盾感覺，而不純粹是財務方面的考量之類的說法真的很有啟發性。）

第五五六節(刪除的部分) 一九七〇年十月二十六日

(曾從一九七〇年十月二十六日第五五六節刪除。

(晚上十點四十分。)好,我們就從今晚這件事開始。這是一個歇斯底里的反應。你了解嗎?

(「了解。右手的顫抖,以及其他我在休息時間對珍詳細解釋的事。」)

你已從擺錘明白了一些重點。然而,事情是從你第一次理解你父親不再運作之後開始的。他沒有實現你母親對他的計畫,而且顯然地現在已更不可能。

從情感方面來說,你認為母親的希望就此破滅,另一方面則感覺今後必須仰仗你了,因此這重新喚起你過去已經處理得很好的舊情感。

而這偏偏發生在你強烈懷疑自己是否應該繼續在職,並強烈考慮最好還是離開的時候。但是當你想到離開,你又面臨相同的衝突,因為她希望你成為一名成功的商業藝術家。

她認為你在藝術部門工作,領著穩定的薪水,是更值得稱讚的,這些你都知道。(例如,藝術卡公司。)

(停頓。)給我們時間。

這個條件有其他層面的意義。它用來提醒你,事情仍在運作。你了解我的意思嗎?

（「了解。」）

它也用來給你另一個訊息——你真的想離開，而你的渴望已經影響了你的工作。你若必須留下，卻又覺得並未得到應得的酬勞，那麼你的工作必會受到傷害。這是怨恨。

現在我向你展示的是你潛意識所看到的畫面。細線上那些微小但頻繁的斷裂，代表著被怨恨沖破的時刻。這種怨恨倘若持續到一定程度，就會影響你的工作，導致你不得不離開，而這正是你某部分人格想要的——而且也會不擇手段去達到目的，即使它並不希望你的繪畫受到影響。

其他部分則如前所述，因為你對母親的感情而害怕離開。然而，你也在某些條件下，對於全然在家工作，即使這工作是繪畫，有著某種程度的害怕，因為你父親也在家工作，而他並沒有做得很好。

保有工作讓你不必去明白那件事。（的確。）困難因此藉由寫作展現自己，因為你試圖不跟自己溝通某些事。換句話說，禁忌的資料，有些我今晚已經提到，它們總是被你硬擠到旁邊。你不願意知道這些事，認為它們不值得你理會，並強烈譴責任何你認為、既已身為大人就不該有的感覺。在你對魯柏的一番說教之後，你應該更清楚了。

（「我願意接受它們了。」）

換句話說，這是一種情感障礙。

在工作中，你破壞自己的表現。因為心懷怨恨，你不想要好好表現。然後，每當你密切注意到這種怨恨，又會對它產生怨恨。

你朋友（寇帝斯．肯特）的離開，對你產生了你沒有意識到的巨大影響，使你不斷猜測是否應該另找一份收入更高的商業工作，然而你甚至氣自己有這種想法，因為你真正想要的是在家畫畫。

（「我怎會在這個時間問你這件事？」）

這個插曲再度與你的父親有些關聯，因為你的潛意識有時會感覺，你終將老去也會顫抖，但仍在工作。朋友的離開把這件事搬上了思考的檯面。

（「他的雙手也會顫抖。」我突然想起寇蒂斯的雙手有著明顯的顫抖，這是我很早以前就知道的事。）

所以你才會在今晚問我這件事。

（「等一下……是因為他離開？」）

因為他離開，也因為你知道他的手顫抖。有時候他很想把他的作品扔過地板。

你需要重新評估自己的處境，並根據你得到的結論行動。這可能意味著離職也可能不是，但這將意味著對所有相關問題，以及你的各種態度，進行重新的覺察與認識。請認真看待你潛意識的一些態度，並列入考慮。

（「嗯，我覺得我開始這樣做了。我最近常想到，我終究會離職。尤其過去這一年，想得更多。」）

我已對此做過評論，等你再度閱讀資料，你也會看到。

（「我會再閱讀。」）

你將經由擺錘獲得更進一步的資訊，而且你也可以嘗試自動書寫。任何情況我都會幫你。然而，其中的一些問題，若能由你的系統自行解決——你的一部分與另一部分彼此溝通，其實也很重要——

（「我一直努力這樣做。」）

——而不只是由我告訴你。那時，你的知識是來自你自己。但我會幫你。

現在我們將要結束這一節，但你還要再問我也可以再說。

（「很好，非常感謝你。」）

致上我衷心的祝福——你會把一切都弄清楚的。

（「晚安，賽斯。再次感謝。」）

就身體上來說，某些瑜珈練習也將有幫助。

（十一點十一分。珍說她給出這些資訊時，其實潛在現場。）

第五五七節（刪除的部分）一九七〇年十月二十八日星期三

（曾從一九七〇年十月二十八日星期三第五五七節刪除。

（晚上十一點十六分。）好。關於建議與暗示（suggestions）之所以無法像預期那般有效的主要理由，我有幾點評論。

你並沒有超越症狀為你帶來的恐懼，何況那只是其他許多事情的一部分。想到你的手對你的工作如何重要，你陷入了恐慌。你太過強烈地害怕那些症狀，甚至害怕它們將使你無法作畫，使得這個恐懼本身成為正面建議的一個障礙。當你的想像力自由運作、不被症狀左右，它就會朝建議的方向而去。恐懼之後的電荷推動著它。

你並沒有站在信心堅定的立場給予自己建議。在你的潛意識估計裡，這些建議與暗示充其量只有如按住堤壩破孔的大拇指，最後一定無法抵擋恐懼的洪流。你出於恐懼才給自己暗示與建議，它不是來自一個強健的信心架構。因為這個恐懼，你過分加重了症狀，過分誇大了它們的重要性。

其實，魯柏在以前也偶爾會這樣做。

（「我仍然這樣做嗎？」）

給我一點時間。只在當你確認內在已經達到某種平靜感時，才給自己建議，即使這種平靜只有瞬間，也是你暫時平息了恐懼的感覺。

你認得出那個感覺。你不能因為害怕將發生什麼，或可能發生什麼，或若不這樣就會怎樣，而任由自己被恐懼所驅策。請在你的建議中告訴自己，不管你選擇任何方式，你的手都可以在任何情況下保持穩定。

不要在你的建議中將手的行為與你的藝術自我或藝術方面的能力特別地連結起來，而是整體地認為那是自然健康的一部分，關乎你的存在與思想的輕鬆往外流動。

手的那些困難並無意要威脅你的藝術自我。那只是你的恐懼。在某些情況下，它們是來保護你的，如果你還記得我們的上一節課。因此，這個恐懼是有意識的，而且基本上屬於杞人憂天。無意識（unconscious）並未威脅你的藝術自我。那也只是你的恐懼，或害怕症狀會在不知不覺中帶來這樣的結果。

（「嗯，我似乎真是這樣想。」）

無意識想要保護你的藝術自我。如果你足夠渴望留在家中畫畫，那麼它就會妨害你出去工作時順利地運用你的手。你了解我的意思嗎，或者我需要再詳細解釋？

（我開始思考。我很了解賽斯的意思，但於此同時，我也猜想無意識既然看見我對症狀的態度，為什麼不花點力氣減輕症狀來讓我安心。這類問題總必須問一下吧。）

它只像鏡子般反映你對這份工作的態度，而不針對你在那方面的藝術技能。藝術自我受到恐懼的威脅，導致了某種恐慌，使得你試圖向無意識建議的資訊無法流過去。

明白藝術自我並未受到威脅，應該能讓你充分放鬆下來，允許建議及暗示發揮更大的作用。你因為不信任潛意識（subconscious）而飽食惡果，阻礙了建議的效用。你的感覺是，當你向來都認為潛意識支撐著你的創作動力，而它如果有害於你的藝術自我，那你還能對它有何指望？你該知道你的推論是錯誤的——它有害於繪畫的那個先前推論。

重新閱讀資料，若有問題可在下節課問我，或如果你現在有問題，我也可以回答。

（「不急。這些資訊份量頗重，我需要利用週末仔細思考。」）

差異並不大。就那方面而言，無意識試圖給你它認為你現在想要的。如果你極度渴望離職，卻無法有意識地決定這樣做，那麼它就會以可能的最明顯方式強迫那情況發生。

你的建議之所以沒能充分抵達潛意識，是因為你在這個重要的領域誤判了它的動機，而這使你產生了如前所述的某種恐慌。

（「你最好停下。有人〔指珍〕快沒聲音了。」）

（珍的聲音一直很輕，但越來越乾和越來越沙啞的情況讓我擔憂。但一聽我這樣說，賽斯突然變得非常大聲也非常清楚，毫無聲音問題，也很幽默：）

我只是保持低調。

（「噢。」）

你還有問題嗎？

（「沒有。」）

致上我最衷心的祝福給你和我們的朋友。不必擔心他的聲音。

（「好。非常謝謝你。」

（十一點四十二分。

（註：一九七〇年十一月十日，擺錘說我已同意這些資料，而在十一月三日，我是完全不同意的。）

第五六〇節（刪除課）一九七〇年十一月十一日

（這節課，按例在一九七〇年十一月十一日舉行，因涉及珍與我而從記錄中刪除。）

晚安。

（「晚安，賽斯。」）

好。我想對我和你的朋友直接說幾句話。

首先，如你所知，魯柏擁有傑出的聰明才智。然而，他的才智並未如他設想，獲得充分的發展。憑他的才智，他能做的應該遠為更多。如今，他只強調它的分析本質，而他的使用方式卻只是限制了它。

他應該給聰明才智充分的自由，或者全力安排它為他工作，可是他都沒有這樣做。當他最相信自己是在進行智力方面的分析時，他其實是以一種表面的方式利用智力來掩飾合理性。

如你所知，他具有絕佳的直覺能力。過去在他的詩作之中，這個直覺能力多少是被孤立的。經由這些詩而來的真理，可被視為充滿創意的幻想，因此不必按字面意義接受，或即使知識分子不接受也沒關係。

直覺部分的他自己向來被認為是女性，而聰明才智的他則為男性。他因而仰仗這更強壯的聰明才智，因為以他的背景，他相信男性擁有更大的力量。

這與影響他態度的文化氛圍，多少有些關係。他因此盡可能使用理智的語言表達自己的直覺。他認為這樣能使得他的那些直覺更為人所接受，更有強度及持久性。他也不至於落了個慘遭嘲笑的結果。

他之所以不瞭解自發性的自覺自我原是深具創造力的自我，因而也是深具穩定性的自我，原因之一在於：他將它與他所認為的——其實是誤認——的女性特質相提並論。女性特質因而成了次等的、不可靠的，可能將他導向旁門左道，而失去尊崇。他從不曾把金錢與聲望或高尚的人格畫上等號。他年輕的時候既沒有家庭背景也沒有錢，卻迫不及待地希望可以受人尊敬及重視。

他因而立志成為知識分子，這成了他是否可敬的徽章。何況在他的心目之中，知識分子的形象原本就是男性特質多於女性特質，原因如前所述。

但他無法否認直覺的自我，所以它成為寫詩的自我。然而，在他的環境周遭，寫詩是知識分子的事。女性形象代表不可靠性，是一些可能被帶往旁門左道的直覺，以及不受理智約束的情緒。

他感覺，你身為男性，會對任何過度的、凡事先訴諸情緒的激情主義避之唯恐不及。除了對你母親激情主義式的反應。因此，他把他可敬的理智男性面與私密直覺的女性面，劃分得一清二楚。

通靈工作則意味著兩者必將結合。壓力果然一如預期地出現。身為女性且直覺面的他，認為自己應該留長髮、佩戴耳環與叮叮噹噹的珠寶，那該多麼符合內在的女性，以及女先知、靈視者神秘的通靈形象，還有在你們的關係裡，女主人的形象。

在電視上露面時，他起初穿褲裝，強調男性的一面，或量身訂做的衣服，各自都用以強調他本質之中更為陽剛、知性與可敬的天性。你明白的，那是他正在說：「我很正常、很知性，而且以我的方式言而有信且中規中矩。不必擔心我狂野神秘的自我，因為它完全在控制之中。」

他也感覺這個形象比較符合你的想法，事實也的確如此。這也會對你們的私人生活造成一些影響，因為那本質裡的一些女性部分很容易受到驚嚇，而不經由每個月的功能表現出來——那被理智的自我認為如此自發、如此神秘、唯一顯示她有別於男性的女性月事。

好，在某種程度上，當那樣的事開始時，你是默許的。因為你雖然勇於冒險，但也多少害怕著你妻子極大部分的那種自發天性。我再加上一個有點好玩的觀察：自你結婚後，只要魯柏即將披上一條圍巾或再戴上另一條鍊子，你便發出反對的評論；而這被他頗為正確地解讀為，那是你對他不可過於偏愛女性飾品的一絲警告。

好。他冷靜節制的動作，其實某種程度地採用了他感覺更為中規中矩、更深思熟慮、更負責任的特質，這連結到他腦海中分析型男性知識份子的象徵。

那是他正在說：「我不會倉促行事。我並不女性化，我也不狂野或神秘，不會突發奇想便帶你遠離熟悉的世界，進入未知的領域。我並非不可預測，因而不是不可靠的女先知或神秘學家。

我緩慢而深思熟慮的動作應該已足以讓你知道。它們讓我知道，並給予我安全感。」他以種方式對自己解讀那些情緒。

它們正在對你說：「因為我的躁動，曾經使你離開你的家鄉及父母。我不會再如此不負責任地帶領你進入你無法信任的實相。」

一如他感覺他曾拉著你跑過整個國家，他擔心你會害怕他現在會拉著你走過整個內在宇宙。症狀因而成為平衡內在情況的一個企圖。現在，因為他已明白內在的情況，症狀的成長已經更少。

他向來認為男性特質是穩重的。知性與量身訂做的衣服相得益彰，而快速的動作永遠都跟內在的直覺型女性能力連在一起。症狀的存在一部分是用來向你保證，你不用害怕他衝動行事。通靈工作剛開始時，自發性的課曾經令你擔心，但你同時也對它的發展極為好奇。不過，有一個情況曾讓你們兩位都受到特別的驚嚇——魯柏接收到你們鄰居芭芭拉的訊息、結果躺到地上那次。你訓了他一頓，但他訓斥自己甚至更加嚴厲，而且把自發地屈服於印象或通靈資料的舊時恐懼，再度翻攪了出來。他認為這樣是危險的。他開始留意，不讓這種插曲再度發生，肌肉的緊張是這種心情的反射。

殷斯翠姆以及你們自己的測試，催生了一種情況，那就是他的理智不斷地檢視他的直覺訊息。由於他自身的背景，這造成了自我的一部分不斷用有色眼鏡審視另一部分自我的情況。

讓你的手指休息一下吧，但我們將要趁機把所有訊息都找出來。

（十點整。珍雖然到處走動，但保持著某種程度的安靜出神狀態。她以幾乎沒有停止的快步調給出上述資料。我寫字的手好累。十點五分重新開始。）

好。要不是開發了通靈能力，你倆的背景結合起來，很可能早就把你們的創造能力整個地削弱殆盡。這是兩位在安排這最後一次轉世時，刻意把握的機會。

你們在過去世便經常使用創造力。這一次，你們兩位都有一些需要處理的問題。如果通靈能力自行出現，那麼這就將是你們的最後一世。如果沒有出現，那就還會有其他轉世，這件事你們是知道的。

生病也曾被你們雙方以建設性的方式利用到某種程度。在你這邊（羅勃．柏茲）起初是當成一項極為明確的警告，要你不可以把所有能量都投注到一份工作裡。來自父母的壓力在這種安排裡也佔有一席之地。然後，你的生病被魯柏用來把內心深處根深柢固的恐懼，帶到表面來。你的病也被你用來達成相同的目的。這進一步帶出一個認知，也就是你們以及你們這個社會賴以生存之許多概念的基本無用性（the basic uselessness）。這也觸發了你們去尋找更新的答案、並探索其他次元的需要。

然而，光是這充滿勝利及洞見的經驗本身，便已將許多人甚至從未面對、遑論去了解並解決的個人發展問題，帶到備受矚目的前景來。壓力與緊張不斷地出現，但在與之格鬥的同時，加上身體的症狀，新的洞見也隨之獲致。

相對來說（畫兩條底線），魯柏象徵性之女性特質的流亡，反倒沒受到你倆很有意識的理解。你們之所以這樣，是為了確保你們心目中的那些女性能力不會錯誤地佔了上風，因而對你們心目中的那些陽剛、可靠又負責任的生活面形成威脅。

一直以來，這些女性面向理所當然地被當成是通靈活動充滿直覺與神秘的門檻。我曾經告訴你，魯柏不允許我的一個女性對等人物出來說話；其實，你也不會允許。你將會害怕女性面向的「不可預測」。

然而，所有這些都非常重要。想想你們的背景，就某種程度來說，這也不可避免。從文化的角度看去，從你們不想要小孩開始，女性的面向就被斷然否認了。而這是你們轉世之前就已設定好了的。倘若通靈方面的成長代表了你們最大的成就，也讓你們在藝術與生活方面開枝散葉，如果這些都沒有發生，那麼你們將有兩個小孩，然後繼續轉世的循環。這裡還有其他的面向，在這最後一個轉世的生命裡，你們將在性別架構之內擁有更大的自由。你們將可以更接近一個理想的認同，讓個人內在男性與女性的特質都得到更大的發揮。

當性別認同健全有效，一如兩位現在的情況，這意味著在自我之中需要更大的包容。寬容的態度，活潑與自由，兩性的優秀特質因而能夠和諧地融合在一起，於此同時，人格仍能在單一性別認同的身體保持其必要的整體性。

所以，總而言之，問題雖然存在，但你處理得很好。這符合你自己的藝術天性，也符合你這一世的背景。從象徵意義來說，你也認同了自己的創造力與女性面向的特質或能力，但這也造成你不信任自己可以用你的藝術來賺錢。

在你的觀念之中，賺錢算男性特質，你也下意識地認為那是男性的天賦特權。你繪畫的事實以及它的並未替你賺錢，使得你更不信任這些創造性的能力。你某種程度地把這方面的能力與你母親認同，畢竟她是你背景裡的第一位女性。她曾如此難以預測，所以你覺得你不可能依賴你的藝術，也不能以男性的方式依賴它。（大聲許多。）

好，這就是你並未嘗試以藝術家身分謀生的主要原因。你一直堅信此路不通，一如你無法想像依賴你的母親來維持生計。

你無法以美術養活自己的這個確定性的力量來自這份認同，也主要只來自這個認同。

但，商業工作和漫畫所代表的卻是另一回事。它們不是美術作品，而是以某個市場為目標，並以咄咄逼人的攻擊姿態向外展示。因此，對你來說，它們具有男性的特質。在你的早年，你全然自由地用那方式自給自足，你的能量也因為你覺得可以在那方面自由揮灑而得到釋放。當內在那自然而然的創作能量被激發出來，你立刻摒棄了所有關於商業市場的想法，並因為我說過的那些理由讓繪畫與銷售完全脫鉤。

你們兩人都沒有認知到的謬誤是：自我那深具創造力、象徵性的女性部分並非難以預測，也不會向激情主義低頭。它們其實是推動著存在、既安全且唯一可靠的源頭。

在某種程度上，你看得出魯柏在這方面的錯誤，卻看不到你自己的。你的感覺助長了魯柏自己的錯誤觀念。當他的移動不那麼快，當他緩慢的動作似乎如此深思熟慮，換句話說，也就是他沒那麼放縱自己的時候，你也感到安全。

讓你的手指休息一下吧。魯柏將保持原樣。我想促使他讓這整件事進來。

（十點四十分。珍的出神很深。她指了指走廊的門，因為有人讓我們的黑貓盧伊從後門進來之後，牠在走廊門後叫著。仍在出神狀態的珍，走過去讓貓進來，等等。十點四十五分，重新開始。）

好。如前所述，這一切與以下事實有很大的關係：亦即在你們這最後一次的轉世，你們將要盡可能充分地體驗人格中的男性及女性兩個面向，同時維持目前這單一性別的整體認同。

這樣就能讓存在於物質系統裡面的真實身分，獲得最充分的表達。否則，這個身分將很大程度地被悶在嚴格的單一認同之下，使得其他特質因受到蒙蔽而無法表達。

你的允許頭髮留得更長便是一個信號，代表你最近變得比較不害怕象徵藝術家的創意及女性的面向。在過去，你拒絕表現出藝術家那部分的你，這本身便反映出你對自己堅持的、絕不與男性面向相違抗的決心。當你允許自己在這方面有更多的自由，兩位也做出了代償，亦即魯柏對外表的自由則更少。

所有這些封堵，再次地，全都源自你對創造性自我本質的誤解。從邏輯方面來說，它在理智基礎方面可能並不穩定，因為它很清楚一加一並不總是二，但它最大的穩定性在於它的靈活、它的直覺，以及它的創意源頭沒有止境。

你們等於在你們的夫妻關係中建立了一個架構，在其中，獲得自由的一方必須做出彌補，直到某些調整出現。創造性面向落後的差距太大，直到你們之中的一個人因為恐懼，祭出了限制性的束縛。對你來說，繪畫具有如此強烈的女性意涵，以至於在潛意識裡，你覺得自己的工作室宛如子宮，諸多畫作從其中誕生出來。你覺得這裡面有一些可怕的衍伸之意，其中的許多更是威脅到你的男性意識；因為，由於你的誤解，你老早就相信你的畫永不能被當成謀生的方式。

然而，從另一方面來說，魯柏卻感覺他可以使用通靈書籍當成謀生工具，因為，他至少在書中感覺到他的男性及女性傾向是合而為一的；這是他的知性正在善加利用來自其直覺的資料。

在阻止月經出現的同時，他也覺得這減輕了你的壓力，而這女性生理徽章的放棄，等於他在說：「你永遠不必為了要撫養小孩而去肩負全職的工作。」他很清楚你認為你永遠無法以美術藝術家的身分謀生。

每個月的月經會不自覺地成為一種持續性的威脅，提醒兩位想起他的女性本質，以及他的生育能力。

好，你有問題嗎？

（我指向最近剛完成的一幅畫，畫中的男性抬頭看向我的左邊。這畫對我有著強烈的吸引力，它幾乎以單色完成，畫面上有各種的藍和綠。我感覺它對我有著一些前世的意義，但還沒有時間用擺錘找出。）

（你能對那幅畫說點什麼嗎？）

的確可以。目前，在你的畫作中，很多都融合了男性和女性的特質——女性的慈悲與直覺經常出現於男性的顏面之上，一如這裡的這張畫。

你通常不畫女性的臉，背後的想法，之前我已說過。每當你展示所謂女性特質的洞察力或慈悲之情，都是以看來比較不透明也並非完全正面的男性側寫來表現。你感覺它們需要男性的特質去給予一個合適的架構，及定義。若非如此，你會感覺備受威脅。這也與你在某些條件下對油畫的感覺有關。

（出神狀態的珍伸手指向新畫作。）這是一幅十四世紀住在君士坦丁堡的一位男性或女性的畫像。一位以預知未來而聞名的神祕主義者。

IANODIALA（以字母拼出）雅阿諾迪亞拉，是我翻譯得出、最接近的名字。你因為我說過的理由而把他畫成男性。

你還有問題嗎？

（我搖頭表示沒有。其實我對新畫作的問題還有很多，但我寫字的手已經抽筋得厲害，我懷疑它還能繼續。）

我們先結束這節課。你將發現我今晚已經給你相當多的資訊，而你也應該在日常生活中善加運用。現在我要向兩位致上誠摯的祝福，並道晚安。

（「晚安，賽斯，非常感謝你。我相信資料將非常有用。」）

但願如此。

（其實，我已認為這是非常具有突破性的一課，從私人角度來說，可能是珍所傳過最好的其中之一。十一點七分結束。珍在很深的出神狀態，花了好幾分鐘才出來。起初她幾乎無法張開眼睛，但整節課都以快速的步調進行。）

第五六二節（刪除課）一九七〇年十一月三十日

（這節應在一九七〇年十一月三十日舉行的第五六二節課曾經從記錄刪除。但其內容的節錄或參考資料，最後或許會在我們的轉世筆記中出現。

（這是我們第一次在後面的工作室上課，這裡可以避開許多經常或可能出現的干擾。我們兩人都很喜歡這項新的安排，也打算繼續下去。）

晚安。

（「晚安，賽斯。」）

我喜歡我們的新環境，而我有幾項私人性質的評論。

好。我將要說的某些事看來非常簡單，但是當你把心思專注於各種糾結的時候，常會忘記你的動機原本如此單純。

你們兩人，各自有著幾項共同的目標，因此做為夫妻的你們，在那些領域便也加倍地強大。在這些領域之中，無論單獨或合力，你們都不會受到任何干擾。

一如我將告訴你們的，這些目標與前世有著緊密的關聯，而在這一世，你們各自給了自己強大的心理動力，想要確保這些目標得以實現。因此，你們所選擇的父母的環境，也最能幫助你們朝著已經決定的方向前進。

在這樣的方向之下，你們為這一世的人格注入能確保它有良好表現的潛意識資料。當你們遵循某些路線，健康及快樂也將獲得最佳的維護。

你們預先做了選擇，因此有很大的動力朝著某些方向前進。好。你們兩位都已決定，你們這一世的生命將從事創造性的工作。你們也一起決定不要生養小孩，這不只符合第一個目標，也因為用於家庭生活的精力將可放入你們的創造性生產，並將節省下來用於你們已開始打算去從事的通靈工作。

這些簡單的事實你們都知道，卻也經常地不予理會。它們全都鎔鑄在一起。但你們之間也有個內建的調整區域。當你們各自來到這個區域的邊緣，危險信號會自動響起，告訴你們往一個方向或另一個方向移動，回到你們能量及能力的象徵中心。

一如你再度知道的，對你們來說，不生孩子容易得多，儘管有這麼多的壓力。許多人會覺得不可能。但你們已決定不計代價地不要小孩。你們雖在不同時期採用了不同的方法及調整，但你們的身體關係從來就不是圍繞著彼此的享樂而建構，而是對生養孩子的恐懼。

你們反應過度了，但這只是一段確保主要區域不受侵犯的學習過程。而你們兩位都往那個方向偏得過火。對你們各自來說，現在的所有碰觸都無法是純真或快樂的接觸；而是另有含意：「再繼續下去會不會出問題，這個月的時間正確嗎？」兩位都常這樣想。魯柏迫切希望獲得你對一個女人的珍惜，並與他嬉戲與調情。他想要你甚至表現一些純為動物的熱情。然而，伴隨這樣的碰觸，他同時也會自問：「這會發展到什麼程度？」

你們兩位都認為，連最純真的愛撫都可能摧毀你們生命的基礎。這真的是過度代償了。有段時間，它幾乎要侵蝕掉你們的關係，也在某種程度上造成你們的一部分自我與其他的部分相互對立。這驅使魯柏有時會試圖否認他的女性特質，以便向你及他自己保證，他的身體不會背叛兩位。他不讓月經出現，就是要藉此象徵性地告訴你和自己，既然他的身體已明顯地不具備女性應有的功能，你們大可不必再害怕它。

這也是他昨天晚上勃然大怒的理由。他已經做了你們兩人都想要的事，可是每個人都生他的氣，包括他自己——但他認為他這樣做主要是想讓你放心。

你們雙方這些相互矛盾的感覺，對陰莖的反應造成很大的影響。它不敢直線發射。（半幽默地。）當這些性方面的感覺正在運作的同時，你們兩人還擁有一種極為強大的心電感應連結，以及一種隱密但絕對存在的內在認同感。

你們既然生活在物質世界，便會尋求物質的表達方式。從表面看，魯柏的人格特質似乎有著強烈的對比，但從人格整體目標的角度來說，它們並非對立而是互補，每個差異相互交織，朝著主要目標前進。這說法也適用於你。

如果你們深深明白，兩位從孩提時期甚至更早，就已經無意識地知道我們此刻正在從事的工作，那麼你們的一些特質就會像馬賽克那般地各就各位。魯柏深受你的吸引，而身為女人，她的靈性中心與你的同在。

這吸引力既來自前世，也在這一世提前設定妥當，以便兩位可以相互吸引並相守在一起，即使你們沒有建立個人的家庭，也沒有孩子來當成共同的興趣。

因此，這個吸引力就必須非常強大。這既適用於你，也適用於他。魯柏必須同時具備並裝配強大的被動性，以及強大的獨立性。被動與接受是進行我們這項工作的必要前提，獨立則是解除早期所選擇之環境的必要前提，同時也是處理身體溝通的輔助方式。

忠誠感早就根深柢固地植入於你們心中，而且兩位都是在這一世之前就已如此決定。所以，你有時會在魯柏身上察覺到一些讓人困惑的傾向，因為他似乎在某個領域高度獨立，卻在另一個領域顯出自我犧牲的依賴性。因為他目前是一個女人，如果他覺得你們的距離拉得太遠，強烈及充滿攻擊性的反應就會出現，因為這會像生養孩子一樣，威脅到你們的生活及目標——以你們的想法，生養孩子就會太過接近。如此這般，你們便一直處於兩個極端。

魯柏的身體系統已經感受到壓力，只因為你們都覺得，是他的身體在孩子這個領域形成威脅。你們因而在兩個主要的領域變得驚慌失措——這兩個方面都會影響你們的首要任務，亦即致力於藝術，以及通靈的工作。

如果你們距離太遠，或者靠得太近，就會覺得備受威脅。現在知道了這一點，也從這些文字清楚地看到，我相信你們可以做出調整，避免走上那些極端。

現在你可以休息片刻，若有這方面的問題，我也會回答你。

（九點四十分至九點四十五分。珍的出神很深，步調很快，整節課都如此。休息時間很短，因為我們才要檢查資料，珍就說：「哇，我感覺他帶著一些好東西回來了，我們快準備開始。」）

好。因為這些理由，以前你會在魯柏闖入你的繪畫時間、要求親密關係時，感受到最大的威脅。這象徵性的突顯了整個事件，使得事件過於接近意識而讓兩位都不大舒服。

然而，那也正是他這樣做的理由，即使他並未很有意識地覺察到自己想把問題搬上檯面。你最不相信即興的關係，因為最可能（大笑）帶來可怕的結果。因此，當你們發生關係時，希望你盡可能和氣地、象徵性地、帶著美好而不自覺的嘲諷，確認那是你最不想要的時候，或許你可以把它弄得像例行公事，或者在你倆之一疲憊不堪的時候，或者在你相當有把握你會受到打擾的時候。

你們的課前活動會受到限制，因為你們很清楚它們不能拖太久。如今，身為女人的魯柏選擇了被你吸引的強大感覺，而當相同的驅動力將兩位拉近時，因為這一次他是女人，所以對於身體的正常親密或缺乏親密，他會比你更加敏感。這讓我們看到了你倆對這些問題大不相同的反應。

當你朝著不接觸的方向走得太遠，他會做出深刻的個人反應。相對而言，你比較容易接受這種不接觸。然而，他感覺自己的身體幾乎是受到你倆雙方的詛咒，在最嚴重時，他對似乎無限延長的不接觸做出了如下解讀：他就像受到基督詛咒的無花果樹，再也不敢開花；以及，他的身體被你們聯手拋棄，變成不受歡迎的孤兒，甚至連他女性的美貌也變得可疑了。

他因此感覺到一種強烈的分歧，亦即他的思想是可以接受的、你們都很重視它，但他的身體卻是不可以接受的。然而，另一方面，由於他的女性特質，他希望得到撫觸和身體上的愛，而當他沒有得到，他覺得你已經離棄了他的身體。

這是他以前之所以夢到離婚的意義。他覺得完全沒有受到珍惜，所以他也不再滋養他的身體，因為他已經不要它了。雖然事實是那樣，但他並無法對你解釋，因為他也並不理解，他的確感到被你完全離棄，尤其在幼兒園工作的時候。他感覺你已經離棄了他的身體，但是你並沒有看見他的心思。

如今，當兩位來到親密與接觸相反的一端，你們仍感覺不管如何預防，懷孕依然可能發生，威脅感變得更加活躍。你在情感上退縮了，而就在這個點，魯柏開始他的一些反應。就是在這個點上，足夠的壓力令他敢於執行並象徵性地闖進你的工作室，意圖親密、而且是隨興的親密——而也正是在這個點，你迅速開始了情感及身體方面的撤退。

好，魯柏這次做出了正面的反應，當你按摩他的腿，他認為你對他那些症狀的感受是：你不會因為不喜歡他的身體，就拒絕安慰他。你要他要多使用建議與暗示這項心理工具、避免身體接觸，而這正是你離棄他的身體的證據，以及他的心智受到重視、身體卻被否認的再一次堅定聲明。

我想要讓你瞭解的是，所有這些壓力都是要你學習如何處理以你們的主要目標為大前提的各種情況。有幾句你可以不必抄錄的詩是這樣說的：「有個小女孩，前額髮鬈鬈，」等等。（譯註：語出朗費羅一首短詩，下面幾句為：「當她乖巧時，乖巧無人比；但她使壞時，壞到牙癢癢。」）

好，當魯柏感覺這些主要區域受到強烈的干擾，他就會採取行動，而且也很強烈。他和你一樣，都力圖確保你們的主要目標得以實現。兩位都已經直覺地領悟，你們的工作——創作與通靈兩方面——是跟你倆的關係與生俱來，為的是讓魯柏幫忙帶出你內在的繪畫自由，而你也預先知道他會這樣做。

我建議我們的課移到屋後這兒來舉行，除了已提過的理由，也因為我知道對魯柏來說，這兒提供了更多你倆攜手同行的感覺，還有保守秘密。保守秘密是魯柏人格之中很強大的一個元素，而你明白自己也有相同的特質，你在那方面原本非常不透明，因而沒在魯柏身上更早地看見它。

它會自我表現在他沒與你溝通的事物裡。它以一種佔有慾的性質表現出來，只是不像你對你的作品那麼明顯。對於他自己的領域受到「侵犯」，他會覺得非常憤怒與受到冒犯，例如在休息時間跑進他房裡的學生，或者偷看他筆記的那位女士。這與他最近的感覺，以及想從主要房間（客廳）撤退的感覺有關。

進來這裡的人真的太多。這裡已經成為你們兩人之間一個非常必要和重要的會面場所。你們的想法、我們的工作，還有整個世界，所以它成了一個溝通的必要及重要空間，現在更是走向世界的地方。它因此失去了對他來說一直很重要的隱密性。

（「他可以在每天早上和星期五的整天進來工作室工作。我這樣跟他說過很多次了。」我週五整天都在藝術卡公司。）

這種隱密性原本能讓他在遇到前面提過的那些狀況時，多少可以雖然惱怒但從你身邊退開，去對所有的一切偷偷生悶氣。當他感覺被你排除在外，他就會不想把重要事情對你說。因為他通常很健談，所以你沒注意到這一點，但說話其實是他常用的擋箭牌。

（幽默地：）你可以休息一下，我稍後再繼續。

（十點十五分至十點二十五分。）

好。幾年前，當你在藝術卡公司全職工作時，擔心魯柏懷孕成了你擺脫不了的想法。那時你就已經違反了你們的最高指導原則之一，也就是，全職地從事其他工作，你因此變得加倍恐懼，害怕自己會落入這個世界最熟悉的模式：因為生兒育女而被迫工作。

在你們兩人身上，你們對工作和孩子的感覺是密切相連的。魯柏當時曾以女人的立場安慰你，經由愛撫以及頻繁的性撫慰。你那時拒絕了，認為這只會使問題更嚴重，他因而開始有了身體受到離棄的感覺。

我要說個重點：他的這些態度雖然很小但很重要。我之所以建議他經常做蹲下與站起的動作，還有跑步，那是因為他必須讓他的雙腿活動起來。但我也要強調，他必須把它當成一種遊戲來進行。正如你所知道的，我們在這裡碰上了嚴重的障礙，而我現在能把原因告訴你。

對於蹲下與站起的動作，他當然特別地感覺受到傷害，他認為這表示你想要藉由強迫他的身體感受疼痛，進一步折磨及羞辱它。因此，他認為這是對身體的懲罰，也是對他女性自我的一種羞辱。

症狀也以一種奇特的方式，強調了他認為你們所企圖否認的——他的女性特質，因為兩者都在無意識的層面上使他備感無助，以及需要依賴某個人——一種想要你幫助他的無聲呼喚，但你也在無意識層面上不僅沒有伸出援手，甚至給出一堆心理建議，而這讓他非常生氣。

在某種程度上，他也對我這個男性感到憤怒。他將我的一些特點與你的相提並論，所以，如果他氣你告訴他——按照他喜歡從字面解釋的思考方式——每天蹲下站起來傷害自己五次，那麼他對我生的氣就是加倍的。

他想要你幫助他做這些蹲下站起的動作，還要你鼓勵他。但他覺得你跟我實際上只會說：「你對自己的傷害還不夠，現在每天做五次，你就會成為一個好女孩，」而他根本不願意。

我要再說出他的另一個秘密。以前，他雖然知道自己難免誇大，但當他的腿造成困擾，他會在你開車的時候自動尋找最近的停車位。他從不要求你把車停在最靠近目的地的地方。他甚至覺得光這樣想就是弱者的象徵，但他也覺得，你的表現有時很缺乏同情和理解，而這讓他惱火；最嚴重時，他會覺得你故意選擇一個更遠的地點——但你認為這是為了他好，若他可以面對最糟情況的屈辱。然而這將自動造成各種症狀，自不待言。

他完全不覺得你在身體層面對他有任何的同情心，而且他也覺得他的和你的企圖經由建議及暗示、從心理上處理整件事的態度，等於更貫徹了身體的離棄這個困難。

好，給我們一點時間。我現在處理的主要是他的態度，因為很多你都沒有辨識出來。這種身體上的疏離，勢必對你們倆的情緒造成後果。他並不覺得你在身體方面是愛他或想要他的，但除此之外，他同意這狀似你們倆一起做出的判斷。如果他不同意，你們就會遇上另一套問題。

你們確曾大致同意了一些事，但顯然的，你們誰也沒料到會走到這麼極端。但也請你了解，我的解釋只是要讓你了解，我並沒有說你的感覺也像魯柏那麼極端。這一點你清楚吧？

（「清楚。」）

好。當他感覺受到那種身體上的離棄，你以各種努力企圖拉近，既然症狀已經減少，可見你已有很大的進步。但你們兩人之一還是會因為我說過的那些理由感到害怕，最近魯柏更感覺到情感上的分離可能發生，而且正在發生。這再次是因為最高指導原則受到威脅，因為他感覺、而你也感覺到，倘若你們的關係各走極端，你們的工作和課程都會受到影響。

順帶一提，班級課有助於保持自發性的存在，因為當你們的關係都不被你們自己接受的時候，我們課裡的自發性當然大受影響。我們的課成了你們想做和必須做的事，並成為你們工作主要的組成部分，但它下面的自發性泉源卻已失去了輕鬆自在的流動。因此，當它不能在我們的課中充分發揮作用時，就會在班級課噴湧而出，以防萬一，這僅僅是因為泉源本身不會乾涸，而是尋求自然的釋放。也因為這個理由，你某種程度地不是那麼信任班級課，覺得它們不具備你和魯柏在我們的課中所擁有、強大的個人基礎。

你也象徵性地把自發性的自在流動與否跟精液、創造能力等相互比較，並嫉妒地感覺它正在離開你。魯柏在某個層面上覺知到這一點。他也感覺這是你不與班級建立任何關係、甚至一次都不曾出席的主要原因。你不只覺得班級課剝奪了你，例如上私人課的機會，尤其當魯柏接下來又沒有舉行定期課；你還覺得，你沒有從魯柏那裡得到的性活動都被轉移到精神方面，而你卻沒有得到任何好處。這個能量若用在私人課就沒問題，因為那是你們共同的成績，即使是私下的，但你們雙方都能直接獲益。

但讓魯柏撇開你去上課，而且是為了一群陌生人，這是完全不同的另一回事。尤其當你感覺自己在床上也被拒絕的時候。你看到其中的關連嗎？

（「看到了。」）

魯柏覺察到這種感覺，而我們之所以沒有舉行私人課，經常是因為這種感覺的反作用力，因此出現了這種隱而不宣的連結：「你若不愛我，我就不為你開課。」他提起最近幾個星期六早晨的情況，他的身體會隨著這一天下來越來越好。

當你上班而他獨自在家的那些早晨，他向來是自在許多的，因為他感覺你不會看到他最嚴重的狀況。這也是他在週間早晨覺得起床似乎如此困難的主因之一；但他至少可以有點尊嚴地獨自起床，而如果他的狀況一塌糊塗，你也不會在場指責。

週末的早晨你會在這裡觀察。雪上加霜的是，他潛意識的推理自行出場，但他幾乎毫無覺知，他認為你將不只是觀察他、也觀察他的思想方式，強迫他因他的狀況公然出醜。他不斷更換各種偽裝，試圖掛上微笑步下樓梯，努力告訴自己那根本不痛；又因為太過沮喪，雖然瘋狂地給自己無數的正面建議，卻一點效用也沒。

所以當你說：「你根本沒有努力幫助自己嘛，」他會氣到簡直說不出話來。他覺得你是個嚴厲的任務負責人，而且你的邏輯是這樣的：狀況越糟糕，就越應該努力自我鞭策。但他的感覺其實是跟你一樣的，你知道。他也認為：感覺不好比感覺好的時候，更需要走路。

而這的確是真實的。然而，他卻也可以解讀成「正因為我不想去，所以我應該去」，然而這是完全不同的兩回事。我很想把這特殊的一段資料解釋得更清楚，但我似乎沒做到。它的詞語意涵有著某種說不清楚的微妙差異。

作為這句話之結果的行動，因而很難有任何的自發性。能量完全卡住了。但你在他短暫的勃然大怒中曾經瞥見那能量。因為你們過去世的連結——我會設法讓你們獲得這些資料——他選擇把所有的蛋放在一個籃子裡，這是一種說法，你也一樣。但他在後來的幾世也選擇盡量不要被家人——意指自己的父母所干擾。

他與其他人保持溫馨的關係，但只跟你擁有深刻的關係。他的本質非常情緒化，所以，當你只是遠遠地接近你們的安全接觸線（safe-contact line，譯註：人際關係的接觸中，若超越就會覺得受到冒犯的界線），他立刻變得比你更加驚慌，而你要在到達同一條線的末端才有感覺。

然而，你只需要跟你的家人有所認同，便在不知不覺之中已經擁有一個無意識的、充滿支持的關係。你或許不喜歡它，或許將它排除在外，但這關係的確存在。他對這種特殊的歸屬感一無所知。所以，他在這方面的歸屬感只跟你有所關連。

與大多數婚姻相比，你們的關係堅強而有效地存在於許多層面。因此，你們雙方當然都會有更多的面向想要去實現與發展。你們的工作生活是如此地相互交織，甚至比自己意識到的更加緊密，你們因此無法將一個領域的活動與另一個領域的隔離開來。這一點非常重要，但經常受到忽視，或只獲得表面的承認。

如果你的求愛是在廚房——女人的領域——發生，他比較容易接受；或在你們兩人都認為相當中立的客廳，或在他永遠都有連結的、他的工作區。臥室對你們來說反倒是個警戒區，其理由但願已如我說的那麼明顯，還有你的工作室，那也被你認為絕對是個警戒區。

從某個層面來說，魯柏嚴重誤解了你在這裡的反應；因為他知道他在自己的領域更容易接受，他因而錯誤地認為你也一樣。事實是，工作中的魯柏，對你充滿了性的吸引力；而工作中的你也同樣吸引他。然而，你身為養家餬口的男人兼藝術家，卻感覺到工作時的性行為威脅最大，因為懷孕會威脅到藝術家。因此你在這方面的態度和反應每次都不一樣，但通常是負面的。

好，結束前的註記：在你們相互結合的背景裡，你們巧妙地選擇了性關係都比較不尋常的父母。你的父母分床多年，而你早已非常熟悉那種模式。你可以毫無困難地選擇分房或分床——這符合你的家庭背景，也符合情況。幸好你的確避開了這個危機，因為這將使得你沿著不接觸的那條路線走得更遠。

魯柏早期的家庭甚至不具備兩種性別。你們兩位因而缺乏你們想要模仿、或將會深深紮根的正常家庭性愛模式——這些都符合你們的選擇。

現在，我要結束了。然而，這些都是很重要的點。你若有問題，我都願意回答，不過我看你的手應該很累了。

（「的確累了……且讓我們先閱讀資料，再提出相關問題。能夠得到這些訊息，我真的非常開心。」）

那就這樣吧。

（「非常感謝你。」）

致上我對兩位最誠摯的祝福。

（「我們也一樣。謝謝你，賽斯。」

（十一點二十五分。在整節課中，珍的出神很深，大多數時間步調也很快。我認為這是她傳述過最好的課之一。它肯定會在我們的日常生活中成為無價之寶。我寫這段註記時，珍還沒看到內容。我打算和她一起閱讀，然後放在手邊經常拿出來參考。）

第五六三節（刪除課）　一九七〇年十二月二日

（應在一九七〇年十二月二日舉行的第五六三節曾經從記錄刪除。）

晚安。

（「晚安，賽斯。」）

我想再給你一些比較私人的資料。順帶一提，魯柏閱讀了我們正在進行的那一章，感到非常驚訝。（賽斯書《靈魂永生》第十五章。）

給我們一點時間。我想要強調個人關係對你們彼此的重要性，旁及它影響你們工作的方式。而既然我們有了好的開始，目前也在這個主題上，我不妨讓你們更了解這些整體模式如何在你們的生活中運作。

當你們的關係彆扭到某種程度，就會阻礙你在繪畫方面的自發性。你已經來到試圖將某些感受掃到覺知之下的那個點，這是我們在上一節課提過的。換句話說，你已接近那個不接觸的點。備受壓抑的各種感覺來到它們最強烈的階段。隨著來自下面的壓力逐漸增加，你必須耗費可觀的能量才能繼續壓抑。

如前所述，你對接觸點的掌控比起魯柏多少高竿一些，但對你的影響依然存在。你會因為害怕這些受到壓抑的感覺被畫筆帶出來，因此即使你在這時畫畫，也不敢任由直覺全力揮灑。

順著某些路線出現的自發性原本被認為是安全的，但這些路線被窄化了，你繪畫裡的自發性隨著情況的演變越來越窄。在過去，這傾向於使你過度地依賴技巧。你懂我的意思吧？

（「懂。」）

對魯柏而言，這當然會導致工作方面的障礙，尤其是在情感表現非常明顯的詩的創作。魯柏在今天看到，自我的理智部分，即使是字面意識，使他能夠將高度直覺式的資料客觀化，並在你們所知道的世界中給它一種現實性，他之前並不了解這一點。

你們兩位都沒有充分地瞭解，個人生活與工作之間有著怎樣緊密交織的關係。你們曾經察覺，但並未整體了解，如果你們雙方都希望能產出你們想要的作品，必須每天都很主動、很積極地享受你們的關係。

你們很容易就把個人關係放到最後，或者任它自生自滅，以至於它總是被擺到其他事情之後。有件事是真的，那就是性的能量可以轉移到創造性的各種目標，但以你們的情況，欠缺的有時是每天那種情感滋養的感覺。

給我們一點時間。當你抵達我說過的那個點，你常犧牲自發性而讓客觀性打前鋒。記得不久前，我提過你對油畫與情緒的感覺。這裡是要讓你能繼續看見，在那些臨界的接觸點，你感受到的威脅比魯柏更多。這時，你對油畫與用色便更加警惕，也會想要撤退，並在你的畫作中尋找更多距離。

當你封閉自己並撤退時，作為一種代償，你或許更接近公司的同事，享受他們安全的情緒聯絡。你覺得那比較不具威脅性。於此同時，你在與家人的關係上採取更強硬的路線，試圖避免所有情緒化的狀況，以免觸動開關而將壓抑的感覺釋放出來。

那時魯柏倘若引發了這樣的危機，你反而感激，只因為那些受到壓抑之感覺背後的壓力更痛苦，以致違背了它們原先的目的。那時你也以自己的方式助了這些危機的啟動一臂之力，亦即你會把明知魯柏必因此採取行動的不接觸行為，弄得變本加厲。偶爾地，你也會在當他沒做出如你預期的反應時，自行增加你的不接觸行為。

這會在你身上造成相當大的恐慌。從另一方面來說，魯柏當然也會在你們的關係近到讓人不舒服、而且他對你的生理愛戀可能導致他有意或無意間忽視了妥善的避孕行為時，預期你會出面解決並啟動不接觸行為。

那時你若沒有開始撤退，他會立刻提高警覺。這已經是一套高度形式化兼儀式化的行為模式，一種心理舞蹈，它在潛意識層面是如此地形式化，絲毫不給自發性留任何餘地，將你們雙方都凍結在非常無意識的制式行為裡面。他必須負責不讓你走得太開，你則必須負責不讓他走得太近，然後當某個自動化的點接近，你們便一起進入你們的表演。有那麼一段時間，這套行為是有效的。自發性逐漸受到擠壓，幾乎已經失去工作能力，使你們雙方開始考慮要做出調整。然而，你們沒能理解其中的模式，因而闖進隱形的危險之點，以前的反應方式再度出現。

魯柏的過度反應開始越來越多，實質地感覺到那看不見的拉力。靠近與太遠的界線既專制又強硬；硬要你們對關係進行責任分工，很難令人滿意。你們現在應該集中心力，形成一個全面又舒適的中心，並保持它。這樣能把注意力的中心保持在富有建設性的區域，例如親切對待與相互的彼此了解，而非把關係的重擔先是放在這人身上，然後是另一個人。

（幽默地：）我應該能成為不錯的婚姻諮商師。

（「那是一定的。」）

你們兩人都可以在那個區域找到更多自由、溫馨及創造力。你們的工作將呈現很大的進步，以前受到阻塞的能量也能獲得釋放。了解問題，將自動幫助你們形成這個中心。對雙方而言，它都該足夠靈活，而非形成一個僵硬的點（大笑）。

（「我懂了。」）

你可以休息一下。

（九點四十八分至九點五十五分。）

好，還有幾點。有些很簡單，但還是應該提起。

當魯柏感覺你們的關係很舒適，他就會更願意下廚和進食。廚房將再度成為滋養他的聖地，而他準備的食物也將對你們的身體更有營養，因為他的態度以及這些態度對構成食物的分子與粒子造成影響。

他對於你的準備早餐，其實遠比你所知道的更為享受。他認為這是你願意滋養他的身體——

（「我的確這樣想。」）

——當成一種身體上的強化。然而，在更早的時候，他覺得你這樣做是為了向他炫耀。

（「我了解。」）

現在我要更深入了。

冒著重複自己的風險，我要說：你的「角色」某種程度地僅限於性生活與情感的領域；這條線是你自己畫下的。對這一點的一種扭曲及無意識的片面理解，導致魯柏把那個限制性角色誇大地投射到你們生活中的其他領域。

因為這個你們雙方在婚姻生活頗為早期就採用的角色設定，以及他對它有一些陰暗、扭曲又隱密的觀點，他才會對我們上一節課開始時、你的縱容姿態感到那麼驚訝。

他向來期待你不讓我們的課失控，替他的自發性自我擔負起「警察」的角色，一如你在性生活與你們私人關係領域的作為。他的潛意識認為這樣才符合他合理的期待。

結果卻不是這樣，你竟然如此意外地認為在這個特殊的領域，你們可以放心地跟隨自發性的腳步。當你一開始便如此鼓勵那節課往下發展，他因為你的脫軌演出而震驚。當你鼓勵他繼續，他感覺他可能會踏進危險的地帶，因為感情與性生活這些私人領域的自發性，向來由你負責踩車。

他那時並不信任你的縱容。那令他害怕。如果他不能依賴你，那他還能依賴誰？所以他開始建立自己的限制傾向。之前，他的自發性都由你掌控，那是你的角色。他控制的是另一端。

他並不習慣於武裝自己、如此強烈地抵擋他的自發性，然而當你才剛開始就害怕課程的自發性內容，表示出應該有個界線，他一方面感覺如釋重負，另一方面則對必須放棄這個新的特權感到憤怒。

你把對彼此的內在感覺先是投射到你對課程的感覺，然後是通靈的工作。你變得對他感到惱怒，不懂原本充滿自發性的女人怎會突然多出這麼多限制。你並未理解，這是因為你率先沒把個人模式帶進課程模式。

他當然會對你的惱怒有所反應。從這個立足點出發的測試便充滿爆炸性，因為他並不理解狀況，而且發現自己處於一個高度模稜兩可的位置。你一方面鼓勵他更有自發性、更有直覺自由，卻又從他的觀點感覺、要求他執行各種紀律，而他感覺那是你的角色——追隨直覺、懂得在恰到好處的目標之前停下，讓他感覺你是真正的任務領導人。

那位年輕心理學家早先的評論徹底嚇壞了他，而他尚未準備深入其言外之意。他真的非常害怕。他因此也感覺你會根據他的測試表現給出或保持身體之愛。然而聽來或許很傻，是吧，整個狀況其實是根據你們兩人都接受的角色而演出的。

他因而養成在每個點檢視自發性自我的習慣，並發展出對抗的肌肉反應和張力。我在當時並無法給你更多資訊。畢竟，正是你們之間自發與紀律的關係被投射到我們的課，抑制了我能做的任何自發性評論。

你向來指望他自由地發揮自發性，因而無法了解他的反應。當你說要他展現自發性，他就更困惑了。在兩位早期的想法中，魯柏是關係裡自發的部分，因而是不可預測的元素。你是紀律元素，理性的部分。你們雙方都不願意去解決自己人格中這些看似矛盾的元素。當然，你的人格之中也有一些強烈的自發和直覺元素，而魯柏也有非常明確、甚至過分明確的紀律傾向。

你不妨休息一下。一個小重點：如果你們繼續這樣，許多成長的可能性將被你們自行否定掉；懂我的意思嗎？

（「你最好多說一些。」）

其實，有一陣子，你相對來說，很願意任由魯柏展現你們人格中那些強烈的自發性元素；不管是帶來快樂或危機，而且並不要求他負起限制和使用自發性的責任。他也很願意把你們人格中理智的、深思熟慮的特質都讓給你盡情表現——甚至不准你全然表現你的自發性。當他為你展現自發性的時候，你不會學到如何善用及享用它。

現在你可以休息了。

（「謝謝。」）

再一句：這樣的安排會在自發性與紀律性之間，自動建立人工障礙，並替自然的性添加色彩，也導致：如果自發性需要這麼大的控制力、它顯然很危險的結論。

（十點二十九分至十點四十分。）

好。這樣的分裂，其實是你們目前人格主要傾向的誇大投射。

例如，一般來說，魯柏比較容易隨興自發。多年來，你只是沒給自己留出足夠的餘地，但整體傾向是完全合理的。它們也在你們與世界的關係中相當明顯地運作著。相對來說，你比魯柏更能忍受不接觸的情況，也會是首先在此畫出界線的人。一如我們提過的其他領域，尤其是更為私人的。

魯柏原本是更有適應力的，但你看到的，你在這裡設下了一些無意識的點，在你認為過於親近的接觸和過於疏遠的接觸之間，畫出了界限。這些傾向在所有的領域運作，它們提供了頗有建設性的指導原則，要不是被帶到了極端以及聚焦於保持兩者間的平衡，對你們原本很有幫助。因為你們的恐懼，你們兩人都把眼睛盯在危險的那些點上。

你們這些傾向也適用於你們與其他人的實質接觸。例如，魯柏在人際交往中，會比你更容易被人佔便宜。這讓你感到憤怒，因為你象徵性的危險點被聚焦了。這也讓他不安，但程度較輕。

給我們一點時間。這些當然可以、也曾經轉變為對你有利。你傾向於在不接觸的環境中感到安全，這意味著你不希望模特兒出現在你的工作室，但你又對各種人格非常有興趣。這使得你為創作目的、發展出通靈的能力——那是若非如此你不會需要也不會追求的。

光是這件事本身就已經帶領你離開刻板的人像繪畫，那是由於你的漫畫背景而你原本很可能落入的陷阱。你看，你因此避開了經由並非那麼個人而是類型化甚至漫畫的形體，畫出普通人像畫的險境。在你的發展過程，你對藝術中的情感是如此恐懼，因而選擇漫畫，選擇經由僵化的模式處理刻板人物，而非有獨立個性的角色。

後來那些年你放鬆了許多。但你依然不願意處理在模特兒身上很容易看見的那些侵入性的、對你來說會立刻造成破壞的情緒。正因為你對情緒是如此的敏感，你覺得必須小心謹慎地處理。然而人類的形體與面孔令你著迷，因此發展出這些充滿創意的視覺印象（visions），而這些視覺印象通常都有很強的情緒。你因而在這個領域遇上挑戰，並發現了迎戰的獨特方法。

這個不接觸傾向其實也跟你從不更為主動地推銷畫作有關，所有這些都符合我最近沿著這個路線給你們的資料——男性與女性所隱含的意義。

你感覺抽象畫在這方面是中立的，所以你覺得行銷與出售它們是安全的。你不覺得它們有如你其他的作品，是你的自我的一部分。你不覺得它們會說出太多的你，或顯露太多自我。

因為這個理由，你也覺得，相對於你的其他畫作，畫抽象畫不算挑戰。一般來說，你很少畫女人，因為你感覺情緒會在這類畫作裡展現得太過露骨。如果你認真要開始畫這種畫，你可能得管好你那容易將女主角畫得太過男性化的傾向，因為你可能又會覺得，有必要以更嚴厲的界線來管束情緒因素。

你沒有必要畫女人，除非你想畫。我並不是拐彎抹角要你這樣做。我只是想要今天晚上有個完整的討論，顯示這些傾向在你生活中各個領域的運作。

我們未來的幾節課將用於我的書，前進幾個章節，所以如果你想花些時間在轉世的資料，就不要繞圈子。

（「很好。我想知道。」）

好。那麼在我們下星期重新恢復書的口述之前，你對上次和這次的課有任何問題，或有相關主題想要弄清楚的嗎？

（「目前沒有。我太累了，想不出任何問題，但以後會有。」）

我只是希望我們不要離開我們的書太久。

（「沒關係的。我會列出問題保存起來。」）

我們將在星期一恢復口述，你可以在最後一次休息之後提出你的問題。我不想給你留下你和魯柏這些基本傾向都為負面的印象，因為它們在過去和未來都會達成良好的目的。現在，你們將更能游刃有餘地處理它們，更有建設性地利用它們，因為無意識的資料已經浮現到可以被吸收和理解的表面。

希望魯柏的月經能在未來的六天內出現。如果沒有，那麼在下次的正常時間也會出現。這段資料已經完成。進行書的口述又已太晚。你確定沒有問題？

（「我真的累到想不出來。」）

（何況我寫字的手也抽筋了，寫些什麼都快看不出來，之類。）

那麼這節課就到這裡。你們兩位在這個星期都學到很多。致上我最誠摯的祝福。

（「非常感謝你，賽斯。我們也很感激。」）

（十一點十分。珍的出神狀態非常好，她的步調比上星期一稍慢。我認為星期一和今天是珍所帶出最好的兩節課。任何資料都不可能這麼確切，諸如此類。）

刪除課 一九七〇年十二月十四日星期一

（這是一九七〇年十二月十四日的定期課，曾經從記錄刪除。

（上課前我要求賽斯討論兩個問題。一、珍的膝蓋原來已經明顯改善許多，為什麼最近又出現各種困難？二、我上星期為何染患「感冒」？

（珍的膝蓋不舒服已好幾個星期。至於我的煩惱，擺錘堅持我沒有感冒，即使所有的症狀都有。十二月七日我問賽斯，我們替華盛頓克萊兒電視秀〔Claire TV show〕錄製的節目播出了沒，之後我就開始有感冒症狀。我的擺錘也告訴我，是我與珍的溝通造成「感冒」，而非電視的問題，之類的。

（既然我對擺錘很有信心，我想知道當我一整個星期都很不舒服時，它何以仍然堅持我沒有感冒。我並未用擺錘做更深的探討。）

晚安。

（「晚安，賽斯。」）

請你務必讓我以我的方式處理這些事——你的症狀以及魯柏的膝蓋，但我們從你開始。你身體側邊的痛是在反應第一組症狀——它們讓你的脇下疼痛。你因為身體不舒服而生自己的氣。

（今天中午下班回家，我在讓車轉彎時拉傷了身體右側的肌肉——就是那種你咳嗽、深呼吸、大笑之類就會感到的那種痛。）

前期這組症狀來自多種因素。首先，它們是處理狀況的一種方式。你在兩節私人課（十一月三十及十二月二日兩節刪除的課）之後，對於情慾或性生活方面該如何即興或輕鬆地與魯柏溝通，變得不知所措。感冒讓你可以有效地不做實質的接觸。

（我完全沒料到這個因素。）

如今它既是偽裝的行為，但症狀又必須足夠嚴重才能達到目的。以某種程度而言，口頭的溝通也因此降到最低。你的「狀況」有效地阻止魯柏提出任何要求，或施加口頭上的壓力給你，因為他當然急切地想給你一切的支持。

你某種程度地感覺，在善加利用私人課的好處方面你很失敗，因為你並沒有將這幾節課所建議的某些行為付諸執行。（這是真的。）其中當然還有其他的理由。你在我們的課所問的問題，是你腦海中你與魯柏之間仍然缺乏更深層次溝通的象徵。（與克萊爾電視秀有關的問題。）

還有一件事，即使當時，你已下意識地感覺，你個人可以利用這幾節課獲得你非常感興趣的資訊，但你不認為魯柏有同感，甚至可能無意識地攔阻它。

（「哪一種資訊？」）

你問與電視節目相關的問題，等於另一種資訊的象徵——

（「噢，我瞭解了。」）

——因為它也是通訊或溝通的問題。你懂我的意思嗎？

（「我懂。」）

你昨天與母親的缺乏溝通（在塞爾市），讓你備受打擊。又或者，你明白她把她的感覺以及她的缺乏瞭解溝通得很好，可是你的溝通比較少；即使你的態度本身當然也是一種溝通。我真的理解你的爆發。

最後這項是脇下痛的成因之一。

好，所有這些交織起來全都是溝通的問題，就某種程度來說，症狀已達成它相輔相成的目的。你認為你或許已對魯柏的問題有些瞭解，而且你很願意用一、兩天的不舒服去認真體會。（我也沒有懷疑到這一點。）另一個重點。你也感覺你的症狀或許可以讓魯柏改變一下，暫時忘掉自己；同時也讓你看見，當你身體不適的時候，你對其他人的反應有無改變，或怎樣改變。（的確有改變。）

除此之外，你有時會認為魯柏總是只想到他自己，你用生病在說：「看看我，我不是超人。」以此方式，你也正在尋求此一循環早期你並不想要的溝通。

你那些症狀的用意原本想用來讓魯柏害怕、震驚及撼動他，並希望他看見整天有個身體不適的人在身邊是什麼情況，因而對他有些幫助。

你可以休息一下，稍後我們再回到這裡。

（停頓。「好。」）

（幽默地：）我啊，真是有求必應。

（「是」）

（九點三十二分。整段時間裡，珍的聲音都很輕柔。她說她的出神狀態很好，但她同時也感覺想要一根菸。因煙霧讓我不舒服，所以她這星期很少在我的附近抽菸。這讓我心想，既然她的出神如此之深，又為何想要抽菸之類的。九點四十五分重新開始。）

好，我們將要追趕跑跳去找魯柏。

簡短說一下香菸：這已經是你們課的自動化零組件——布景的一部分。只是對當下狀況做個簡短解釋。

至於其他資料，好：有些聽來既簡單又明顯。他有豐富的情感天性，因而他的反應也是情緒化的。例如他的每週節目計畫，只要不是太過廣泛，對他經常有好處，因為它們能帶來讓他樂在其中的短期挑戰。

（今天剛好有機會看了珍昨天所做的本週計畫，我開始思考她是否應該剔除一些這類的活動。）

他試著讓你鼓勵他做蹲下站起以及跑步的活動，是他想要你多投入一些感情、卻又偽裝得很彆腳的企圖。和你一樣，窒息式的親近也讓他焦躁。然而，很多時候，他只是感到寂寞——不見得是需要你在場，因為你經常在家裡，而是想要情感上的認同，而那是你常容易忘記的。

你之所以容易忘記，只是因為在你童年的家中，你必須努力去做情感的隔離。

（我在這時猛咳，脇下當然痛了起來。這節課的前半段發生了好幾次——通常都在資料的關鍵處。最後，賽斯以頗大的聲音讓我知道，他希望我注意我咳嗽的點。我說我有覺察到其中的連結，諸如此類。）

你們的人格結構使你們會在不同的刺激發生時，理所當然地有所反應。你們兩人都可以學會去改變這些個人特性，但了解它們是基本功課。一般來說，魯柏是對人很有反應。這也是班級課的成立，以及它成功的部分原因。但是，在魯柏的外向背後，你也會看到一些充滿限制的個性；而它們，通常更常出現在你的人格表面。

一旦有人突破你表面那些明顯的限制性傾向，你的自發性就會流露到表面來。一旦有人突破魯柏開放自發的特性，他們反而開始猜測這是怎麼回事，因為他通常不會任由他們再更加深入。（這兩個相互對應的重點非常精確。）因此，他的學生都按例保持著學生的身分，不會成為私人朋友，而如你所知，那些能夠一路穿透的人則會發現磐石般的忠誠。但是，自發的情感特性卻能溫暖、照亮及振奮有時可能正處於低谷的內我。因此，你的情感反應對他就非常重要。

既然他有他的症狀，你不可能對他不聞不問。你可能生他的氣，這當然也是一種情感反應，或討厭他；在曾經有過的幽暗時刻，他也思考過你會不會討厭他到想要離開——但你就是不能忽視他。

（我不得不在這裡笑了出來。以某個難以描述的方式來說，這是賽斯很完美的觀察——上一段的第一句。身為賽斯的珍寬容地看著我。我怕脇下太痛，不敢笑得太用力。

（「我從未想要忽視他。」）

我正在給你一些好資訊。不管你想或不想要，他已經覺得你忽視他。好。這裡給我們一點時間，也請記得這是我們第一次把這個特殊的資料以這種方式告訴你。（的確。）他感覺當你生病後，你就忽視了他——當時你因為太過消沉，所以覺得生命沒有意義。然後我們的課進來（一九六三年），他感覺這救了你們兩人。

我們的課也造成你們有更多時間在一起。然後，他覺得他對你的意義包含在這些課裡面，他身為女人和妻子的一面對你的吸引力極少。其他的背景資訊我以前已經說過，這是後來一些事的背景。

你生病之後，他開始觀察你的臉色，尋找情緒和感覺的線索——直到最近才放棄。身體改善的實際跡象對他很有幫助，強迫他承認變好不只可能，甚至已經發生。

相較之下，膝蓋的狀況因而變得更為明顯。然後，他某種程度地把注意力集中於膝蓋。他總是設法讓你們在一起，雖然各做自己的事，但情感上有豐富的互動。而那是他想要的。

至於你和他的書的關係，他的感覺很複雜。他一方面想要你在他寫的時候一路閱讀，有時也想像你們熱切地討論它。不過，既然你從未詢問他的書，他認為你對它在情感上是排斥的。另一方面，他又害怕你的反對及批評，也認為你會尋找缺點，所以他讓事情停留在原地。

（以上有些因素是真的，但我也感覺珍寧可我等到這書或許進行到一半且已打好字才閱讀。我可以改變這個想法。我認為她寧可我不要干預她的構思——至少我過去是這樣閱讀她的書。）

膝蓋象徵著當然還存在的問題。他喜歡你按摩膝蓋，但他不願開口要求，因為在他看來這是你付出感情的一種表現，必須是自發而非請求或要求而得。

（我同意這個資訊。不過，我也想補充一點，偶爾收到要求並不表示我已情感疏離。其實我很願意在我偶爾忘記的時候，她能開口要求。我的忘記完全沒有附帶其他任何意義。）

好，給我們一點時間。最近他似乎認為，你連他在最好的情況時也不想要跳舞，反而希望他在情況比較不好時跳。上兩節課之後，你們兩人都已經做了一些調整，而魯柏的膝蓋某方面與你的症狀代表相同的問題——知道很多，做得很少。

（我認為這個說法很好。）

現在你可以休息一下。

（十點十五分至十點三十分。）

好，還有其他幾點我們將要詳細討論。他正在他的書中面對以前不曾面對的挑戰。之前，他的書是小說。他只需要一路寫過去就完成了，它們充滿直覺與感情，而且是虛構的。他不需要處理細節，細部的組織及全面性的規劃。

草稿不需多少時間。非小說令他涉入需要較長時間的規劃，而他掌握得很好。他以前習慣於頻繁但較小的創意挑戰，而不是長期的企劃案；過去他沒有能力進行規劃，而現在這已成為他創意工作的一部分。

然而，他也因此覺得欠缺更為頻繁、新鮮、迥然互異的靈感資訊。而這可以經由寫詩來獲得滿足。任何形式的短期挑戰，只要切實可行，都能很有效地打破、對他來說是個長期目標的寫書工作。

其實，在你們的公寓裡漫無目標地遊蕩，經常以它自己的方式達到目的。家具的情感品質對他很有吸引力，而空間的情感品質也在不知不覺之中吸引著他。

早晨的情況可以從很多角度來處理，但它們必須是以情感為出發點。他可以想像他比你早起，做好你的早餐、給你一個驚喜。這是一個解決的方式。如果你能在早晨親吻他，會很有幫助，然後做些情感上可以給予支持的動作，也能鼓勵他起床。

不過，我們在這方面還會涵蓋更多。

某種綜合性的努力應該進行，要嘛讓他面對並解決問題，不然就乾脆完全不予理會。例如，他又在考慮要凌晨四點起床。至於起來做什麼，顯然沒有他對起床這件事的感覺那麼重要——而他對應該起床、卻沒有起床的一些感覺，極端負面到足以引發他的症狀。這件事我以後會談到更多。

冒著重複的風險，我再說一次：如果他專注於他的工作，早晨的問題會自行解決，我所說的工作不只是指他的寫作，還有他個人在心靈工作方面的努力。他會把自己每天做的事與你每天做的事相互比較，如果你做的比他多，甚至如果他在畫水彩而你在為我們的課打字，他都會自動地感到內疚。

他仍然對你每天早上必須出門上班感到內疚，而不起床只會讓他更加耿耿於懷。那是他正在說：「我或許不用像你一樣出去工作，但我已經在懲罰自己，所以不要責怪我。」

（我必須再次停筆大笑，或者，非常小心地笑。身為賽斯的珍，微微笑著。）

如果你願意，或許我們來上點定期課，在談著你們私人事務的同時，如果合適就恢復原來的口述。你覺得你喜歡這樣嗎？我可不要你笑岔了氣。

（「好……」賽斯問我有無問題之後，我和他簡短聊了一下。我提起前幾天我問過的：他在其他轉世還有哪些名字？我覺得一張名單應該挺有趣的。他這時要我以後可問這個問題，又說名單可能有好幾頁。然後他在十點五十分時以平常的禮節與我們道別。

（但在我與珍討論她平日的起床問題時，賽斯在片刻之後回來。）

——然後在你不用上班的週末，他因為你盯著他而覺得很難受。

（我把這一段唸給珍聽，賽斯再度回來。）

還有，為了保持偽裝----

（「這是什麼意思？」）

他在週末的狀況倘若很好，他就會自問為何週間不好。你要知道，自我欺騙其實並不容易持久。

（我問珍是否能解釋她為什麼在週間感覺不好時，賽斯又回來。）

——他因為你必須去上班而懲罰自己。（強調地。）

（「我真希望他可以不要這樣做。」）

（十點五十五分。我相信以上這些資料是新的，也是我們必須去探索的。本節課結束後，我對珍解釋，我的外出工作或許代表我還有些問題尚未解決，以及她真的不必那麼在意。

（珍同意她會努力朝這個方向思考。無論如何，她今天早上（星期二）很順利地跟著我一起起床，還告訴我她膝蓋的感覺是最近最好的。這顯然是因為她的有所行動。）

刪除課　一九七一年一月十八日星期一

（這是為一九七一年一月十八日星期一安排的定期課。但曾從記錄中刪除。）

晚安。

（「晚安，賽斯。」）

好，我們將要慢慢開始。

你們經常欠缺自知之明。當你們與他人比較，你們往往只看物質條件。你們常覺得自己所學不多，認為你們的心理、精神、靈性與身體狀況，都應該再更加傑出。

按照大多數人的說法，你們並不知道什麼是困難。（這點我要反對。）經由創造性的努力，且先不說通靈的工作，你們現在所處理的都是高度主觀性的資料；而許多人長期地對自己的心理及情感狀態幾乎毫無所知。但那些狀態都被如此自動地投射到物質活動（physical activities）之中，再被當成物質事件來面對與操控。心靈與物質之間的連結從未受到察覺。他們尚未準備好要處理自己主觀性的資料，或可能性。你了解我的意思吧？

（「了解。」）

創造性人格以其他人根本做不到的方式、在此遇上他自己的主觀狀態。然後，這些狀態經常主觀地、有時是有意識地，被巧妙地操控。這樣的人格因而每時每刻都能與自己的情緒、感覺，以及他們存在（being）的內在氣候，都有更為即時的連結。

好。沉浸在物質活動中的那些人，必須經常與內在的狀態進行比對及會面。有創造力的人必須有足夠的外向性，以免主觀性被過於強烈地束縛住。

魯柏過去曾經受到驚嚇，而且是遠在我們的課發生之前。因為他的周圍有太多不愉快的事情，他曾試圖將自己與那些事隔離開來。然而，他過著非常活躍的物質生活，深受壓抑的情緒因而得以某種程度地排解掉一些。我們的工作開始之後，他對這些感覺變得更有覺知，並極度害怕表達其中的任何之一，很多原因我以前都已說過。

不過，你們二位都有往內挖掘和專注於負面的傾向。要知道，你們若是不一樣的人，光是與其他人的正常交往，就會令你們的情緒大起大落。你（對著我）的外出工作在這方面對你很有幫助。但，魯柏甚至連對你也不表達他的恐懼；許多恐懼其實頗為正常，只因為他認為有危險才變得危險。

我曾經告訴你們，要在每天、每星期、每個月的生活中留出一些空間，讓生活有一些其實很正常的變化。例如我很久以前提過的，短程旅行。普通程度的措施一旦沒被採用，就會需要更加劇烈的。你們的更多溝通是有益的，例如這個週末的溝通就很有幫助。情緒的變化有其週期，也非常個人化。無論憂鬱的起因為何，經過溝通後的憂鬱情緒都會因為有了流動而繼續前進。

誠實地接受感覺，是重要的。我們必須接受它們的真實存在。這樣才能清除障礙，讓好的循環往前移動。然後，受到壓抑的能量就能釋放出來。在過去，魯柏會因為那些感覺而落入鬱悶與沉思，導致他進入一種實質的冷漠。這些感覺令他羞愧。然而，你們兩人對於整個情況還是有些過份強調了。

你們並未視自己為處於相當人性化之環境的人類，而是以某種完美的標準來衡量自己，這話也適用於你（對著我）。魯柏在班級課裡有如盛開的花，那是因為每個人都認為他無比出色，而他也將這些想法反應出來。

（「他為什麼不自己認為他很出色？」）

我說過我正要慢慢開始解釋。

你們兩位變得有點像是往內成長（ingrown）。魯柏現在情況的基礎，大多數並非來自過去。

他的確有些態度，一如我昨天晚上對他所說（以心電感應），那是你大約十年前就有的、對於責任感與人生苦短（活著的實際時間之類）的一些想法。自發性因而受到嚴重的阻礙。他的鬱悶與沉思也涉及你目前的情況，你們兩人的情況，以及未來。

你們很少一起討論未來的計畫。他因此認為你對未來沒有任何計畫。有時候他光鬱悶地沉思就把自己想到很累，因而需要額外的休息，一旦這樣他又認為這是拖延和懶惰的跡象。在穩定的架構內有些變化，真的是你們的答案，但也要有恰到好處的，以及情感方面的充分溝通。

有些恐懼其實很小，可是他拒絕討論。如此這般，一個小煩惱自動與其他一堆以前已埋藏在心底的煩惱結合起來，一個普通的不愉快刺激就能喚起翻天覆地的大活動。因此，灰濛濛的天氣象徵著內心的陽光也被遮蔽，而他會恐懼一如他無法改變天氣，他也將無法改變自己。

最主要的是，這些恐懼都無法跟你討論，尤其當它們似乎如此微不足道。他從來不想要你將他與你母親相提並論（我大笑），而且他又感覺展示一堆不愉快的情緒，會受到你的責備。

你可以休息一下。

（九點三十分。記錄顯示，這是一九七〇年十二月十四日之後第一節私人課，也是那個日期之後我參與的第二節課。不過，珍在這期間上過幾堂ESP的班級課，但我們的私人活動減少到幾乎是零。我在昨天強力要求上課。

（珍在幾天之前，覺察到自己陷入頗為冷漠的狀態，因而非常害怕。她的腿，尤其膝蓋，特別不舒服。可是我們又在同時自己覺察到一些對我們很有價值的事，特別是週末的時候。我急於獲取我們所能得到的一切幫助。

（這節課剛開始時我覺得很好，但隨著它的進行我卻越來越生氣。部分可能是一種防衛。我想這怒氣部分來自一再聽到相同的事——亦即我們對處理最重要的點，似乎毫無進展。但我們認為，表達恐懼是非常有益的，而且令人驚訝的是，這對我們兩人都是全新的體驗。

（於此同時，我忍不住猜想，何為人類？他們為什麼會有某些行為，等等，以及生物體為什麼不能把自己照顧得更好？至少本能上的。九點三十八分重新開始。）

好。不管是否可憐，你們倆一直過分關注身體上的問題。這耗盡了你們的創造力，也導致你們高估問題的本身。

如果我把這些話說給別人聽，你們會認為這是個很好的建議，並奇怪為什麼沒有人把它放在心上。魯柏比你更需要在一個明確的架構之內做出改變，但你也需要更新自己的能量。這麼高強度地把注意力集中於問題，剝奪了內我幫助你們解決問題的自由，從而出現一種你預料到最壞的結果、並把最壞的結果帶到眼前的情況。

簡單的措施，例如外出，就能提供一個帶來刺激的休息，一個更為自由自在的給予及付出的情感。意識心會覺得很有意思，而內在自我則獲得去做建設性行動的自由。鼓勵魯柏討論他的恐懼是重要的，但背後不必有任何理由。意識並非那麼簡單。

魯柏在所有課程裡、寫在筆記板上的東西都很重要，從各個面向加以討論也很重要。這些課的後續活動和你們聽取的建議，為你們提供了答案。

（「既然如此，他為什麼不做？」）

部分原因是你們兩人都該負起責任的負面輸入。以兩位在我們的課開始之前那些既負面又兼具破壞性的態度，你們沒有遇到更多困難，已經非常幸運了。

現在，你的問題是甚麼？

（九點五十分。我有很多問題，但因為怒氣持續高漲，我沒有現場寫下問題和賽斯的答案——幸好是這樣，順便說。我那時非常惱怒與焦慮。因而與賽斯有一段尖銳的對話，最後是我火冒三丈——應該也是釋放怒氣的好方式。賽斯堅持關於珍之症狀的答案，以及我對那些症狀的貢獻，他已經在以前的課裡說明過，是我們沒有遵從。

（還有，我不同意他今晚的一些發言，尤其是我們過於關注身體問題——既然問題是我們造成的，我就是不懂關注珍走路方面的困難不是很理所當然嗎？諸如此類。還有很多，但細節不必詳述。

（我堅持認為身體、包括意識心，並未做好照顧它自己的事。我最後因為幾乎說不出話而要求休息。我並不確定我這股怒氣的目標，或理由——看來我正在氣每個人、每件事。我終於承認，整個事件，包括人們的生活與行為方式全都讓我感到如此困惑。

（珍終於說，我如此激憤的長篇大論，會妨礙她返回出神狀態、恢復上課。十點三十分重新開始。）

好。這種情況是不健康與負面模式的結果，是青春期身體藉由甲狀腺疾病設法適應當時狀況的心理模式。這是一種安全閥。

當我說問題主要在於現在，我並沒有強調過去的根源，亦即模式的起源。但是，無論起源為何，現在，重要的是模式本身。

魯柏擔心甲狀腺疾病會導致躁動的行為，佛羅里達州的事件（譯註：請參考一九六八年二月十二日的刪除課）之後，他已經對表達重重地關起了門。因為他的看似健談，你並未認出他在哪個點開始對你隱藏他所害怕的感覺和想法。那是在你生病期間，他感覺它們對你構成威脅。

他在那時當然會感覺，躁動的行為絕對不能再發生；然而，當那扇門一旦關閉，大多數情緒的表達之門也遭到封鎖。在你生病期間，他留意著他說的每個字和每個行為。那是被佛羅里達的事嚇出來的反應。

他的模式向來含有強烈的退縮傾向，這種傾向被疊加在一個充滿自發性的自我之上，並強制執行。孩童時期，出於恐懼，他不敢對母親表達情緒；這些恐懼元素因為不同的理由，先是華特，更後來則來自你的一些非常不同的理由而逐漸加強，模式就更加確立了。

當他覺得沒人想要他，他也會這樣反應。起初，對外的行為不會有明顯的改變，只會代償性地增加一些假裝歡樂和唱歌的噪音。在一段時間內，有機體可以接受這種情況，但隨著情況改變，自發性自我再次出現。不斷變化的外在物質環境需要靈活的操作，實體的物質刺激來得如此之快，模式因而沒有機會形成。它並沒有變成行為的一種正常模式，只成為時不時採用一下的行為。

當你生病，這個事件重新翻攪出與他母親相關的一些恐懼，你知道。既然他曾那樣小心謹慎地觀察母親的一言一行，他也觀察著你的，而且在很短的時間內就用一種自責的方式解讀你的行為。

好，逃離問題、尤其是空間的實際逃離，向來是他解決每件事的答案。有一天，他可以逃離他的母親，於是他逃了。有一天他可以逃離華特，他也逃了。可是他愛你至深，而且他也已無處可投奔，畢竟你的父母也代表著一堆問題。

好，他對這些都適應得很好，然而他的自我的某個內在部分，你知道，卻是徹底地非常憤怒，畢竟他的每個父母輩都成為他應該也必須合理逃離的人。從理智的角度來說，他很明白改變必須從自己的態度開始，他也努力善待你的家人，想藉由與你家人的和睦相處有意識地與母親和好。

鑒於這種情況，他不能也不願意逃離，可是他會在腦海中看見你倆逃離他們所有人的情形。他很少表達他對你母親的感覺，只瘋狂地想表現出他應有的可敬與負責態度。

這些議題都很重要，因為退縮模式已經開始，可是他既無法在空間上逃離、而他也沒有逃離，怨恨也沒有表達；他仍會在你進到房間時關掉收音機，因為他認為你會把它解讀為攻擊性的吵雜感，而他怕那會令你心煩。

由於你自己的背景，你很容易在並未覺知其本質的情況下便輕易接受了這種退縮，相關資料我已經在近距離接觸那節課提過。（昨晚。）如今，這種壓抑在日常生活中經常上演。壓抑這類資料需要非常巨大的努力，肌肉活動因此受到影響。

(「這種壓抑仍在運作嗎？」

(珍以賽斯的身分用手勢要我稍待。我問這問題，是因為我認為我們已在週末拆掉了這堵牆，而急於得到證實。我認為我們已經有重大的開始。)

他採用這些症狀的部分原因是有樣學樣，既來自他的母親，也來自你的病。他有所得，但從恐懼的角度來說，他是得不償失。有些恐懼甚至充滿了攻擊性。他對恐懼的有意識覺知仍然不足，他只是把它們掃到地毯底下。

身體對有意識的思緒還無法控制。

(這等於回答了我在這節課前些部分如此生氣的重點之一。)

然而，有意識思緒中的抑制性若被用心地解放開來，有機體就會送出足以推動物質身體充滿能量的情緒。這就是無望感如此具有毀滅性的原因。

我了解你的問題。你仍無法徹底理解「你的思緒構成你的實相」這個道理。

(「不，我是相信的。但我對於其他思緒干擾良好或健康的結構，感到非常不滿。我的意思或許是不滿舊的習慣、尤其不好的舊習慣老是出來干擾或佔上風的情況。我知道我的意思，可是並未表達得很好。」)

這是學習的過程之一，是離開上一個轉世前你必須理解的事，而也正是因為這個理由，你現在必須如此直接地處理思緒、主觀狀態，以及它們產生的效應。

好。我希望你們一星期數次、為期一個月，一起閱讀魯柏寫在筆記板上的課。至少大綱的部分，一起，而且要感覺像是第一次這樣做。鼓勵魯柏活動起來，也要他懷著「我可以更容易地做更多」的想法鼓勵自己。

有些推薦項目我現在不給你，它們在那些課裡。要魯柏以你們選擇的任何方式說出他的恐懼。絕望的感覺也要說出來。如果不說，它們會被累積起來。但，改善應該受到注意。你們應該以魯柏為基礎，彼此討論一些計畫。

（這個課舉行之後，珍開始說出她的恐懼，我們已在僅僅兩天之內看到很好的進步。我也有進步。我們現在真的相信，我們已挖掘出成功的關鍵也能加以掌握。）

這些推薦項目將會成功。了解行為模式讓魯柏可以採取確切的步驟改變它。例如，他大可不必為了保持安靜而在屋內偷偷摸摸地活動。現在，我們休息一下，看看你有什麼問題。

（「我在猜測他感覺到的絕望感。」）

他有這種感受時會加以抑制且不承認。

（「這種感受為何開始？」）

與他的狀況有關——例如他感覺再也不會好轉。不過，今天晚上提到的所有感覺，以及沒有表達的恐懼，加起來形成的無形焦慮，足以給他一種絕望的感覺，這非常重要。

（我也會說的確非常重要。）

有些小地方，相較之下很微不足道的地方，可以當成對應點。如我之前提過，你們目前架構內的任何改變都很有用。一項兩人都能參與的計畫、不需要投入很多時間的，例如繪畫或改變家具。在這幾扇窗戶掛上鮮豔的窗簾——任何具有這種本質的、環境上的改變都會有幫助。

你可以休息或結束這節課，隨你的意願。

（十一點五分。珍說她出去得很遠，之類的。我覺得這些資料非常出色。十一點十二分恢復上課。）

好，我將結束這節課，但那之前還有一個重點。

未被辨認與質疑的恐懼只在釋放之後，才能得到妥善的處理。無論它們多麼理性，它們都充滿了能量電荷，儘管看起來可能微不足道。

基於以前說過的原因，人格試圖保護自己不受這些恐懼的影響，可是它們背後的心靈能量會迅速躍升，附著在諸多事件之上。因為這些恐懼沒被各自接納，它們因而擁有了一個集體的能量電荷，一旦得到正確的觸發，就會喚起絕望的感覺。

相對於激起它的當下小事件，絕望感經常大得不成比例。人格因此非常困惑，有如蒙上一層陰影般感覺到它的重量。在這種情況時，應確保恐懼可以表達出來，而且不應受到理智地論斷。魯柏孤單一人的時候，這些未曾表達的恐懼經常強烈地壓在他的身上，有如烏雲那般將他壓住。

（「幾個月前發生了什麼事，讓他的膝蓋出現這些問題，導致行走不便？」）

你已從我說過的話理解：看似無足輕重的小問題可以引發多麼強烈的反應。然而你也明白，反過來說也是成立的。一個極好的建議或情感的紮根，即使微不足道，也會產生深遠有益的影響。由此衍生，他因此期待這次的參訪獲得更好的效果。（珍的《靈界的訊息》可以出版。）以他的想法，參訪之後似乎什麼也沒有。他的心情曾因它而飛揚，卻也被重重摔落。他感覺普林提斯出版社似乎忘記他了，以及譚對他的夢書沒有興趣。例如來訪也停止了。他想念紐約的來電和那些對話。

（「那邊怎麼回事？」）

什麼怎麼回事？

（「例如譚的情況。」）

譚目前在另一個職位，工作更多。他對魯柏將寫出一本好書很有信心，也很努力與他保持聯絡。例如他寫給魯柏的信，就多於魯柏寫給他的。可是以魯柏的想法，它比較必須是一種若非全有、就是全無的關係。

（「參訪之後究竟怎麼回事？我向來認為在那之後有事發生，讓事情冷了下來。」

（典型地，這是珍很少跟我討論的主題之一，因而也顯然地充滿了我們各自隱藏起來的恐懼和憤怒。此種情況必須處理。）

主要是與公司本身及經濟衰退有關的財務做法，他們必須考量哪些書可以獲得最快的回收。

不一定得是更為穩定的長期回收。

（「他們的考量會是正確的嗎？」）

他們的考量會以今年這個年度和稅務為基礎。他們打算把《鐵幕後的心靈發展》這本書除了從身心靈書的角度宣傳，也試圖打政治牌，因這最初的理由而決定放入更多金錢。

我現在要結束這節課。請務必遵從我的勸告（幽默地），如果你們認為它沒有效請儘管大叫。

（「好的。非常感謝你，賽斯。」）

（十一點三十五分。我認為賽斯的忠告很傑出，而這可能是我們有過最棒的一節課之一。我相信它將產生出色的結果。

（雖然來到課尾端我們都很疲倦，但我感覺身為賽斯的珍不願意深入討論與普林提斯出版社及賽斯書有關的事，因而突兀地結束這節課。我當然認為普林提斯理應給我們一個解釋——尤其他們連有沒有任何計畫都不告訴我們，且不管是好的計畫或不好的。要不是我們在一個月前寫信詢問早該支付的旅費等等，我們甚至連目前知道的這一丁點消息都不知情。）

刪除課　一九七一年一月二十日

（這是一九七一年一月二十日的定期課。它曾從記錄中刪除。這麼多年來的第一次，課在我們的臥室舉行。）

好，晚安——

（「晚安，賽斯。」）

再次地，我們將慢慢開始。

魯柏退縮的最初階段，誇張的嘮叨成功地欺騙了他自己，和別人。他會整個地變得更為卡通化。他在你的耶穌會友人（比爾．加拉格）身上辨識出類似的特徵。它們讓他害怕，因而至少在一定程度上協助他甩掉了一些。（上星期。）你了解我的意思嗎？

（「了解。」）

現在給我們一點時間。（停頓。）

某些深埋的恐懼長時間地靜止不動，便以實體化的形式棲息或佔領身體的某些部位。每種恐懼都會對成千上萬條肌肉中的某一些產生物理影響，通常同一種恐懼會影響身體的同一個部位。你因而得到一些阻塞，這些阻塞的強度或許因為表面的情緒、某些治療或一時的好消息有所改善，但隨後又會在相同的部位重新集結。

它們當然是能量的阻塞。當不同的恐懼得到表達，阻塞就會消失。已被表達的一種恐懼，會經由聯想帶出許多其他的恐懼，也讓身體的各個部位紓解開來。這些恐懼必須得到有意識的承認和情感上的感覺，然後進行討論或清除。

（沒錯。這是意義非凡和重要的一段。自從一月十八日那節課之後，珍已留意到，自從她遵守那些想法，她的情況已出現一些戲劇化的改善。我們一直都在努力。）

當某種恐懼以這種方式處理，大約一個星期之後就應該再度檢視。每次所感受到的情緒都應該遞減。對許多微不足道的小事憂心忡忡、鬱悶不樂的模式向來是掩蓋一些基本恐懼的偽裝。如今，恐懼既然已經面對，這些其他的習慣也會消失。

你們今晚的討論以及我們課後的事件，都很切中重點，也很有幫助。尤其是你所說關於魯柏對待第一任丈夫一些行為的評論。你們兩位每次有任何個人的困難出現時，魯柏對你父母的憤怒與恐懼就會加倍。他有一次在夢中把你當成華特，這些夢的用意是要讓他知道他正在重複一種行為模式。

（我相信我們都沒有覺知到這一點。）

因為母親在他童年時的狀況，令他非常害怕脆弱。早期的許多詩作皆顯示他渴望遠離溫暖的自發性自我，前去躲藏在一個不用關心他人疾苦、沒有感覺的安全處所。他羡慕你外表看似的冷靜，有時也很想模仿，但他只是以此為藉口，繼續這種退縮的舊有模式。

他無法應付母親的恐懼。身為孩童，她的恐懼讓他害怕，讓他覺得自己沒有盡到責任。他的感受其實很深，可是他不敢去感受到那麼深；所以他也不曾面對自己內在的恐懼。他更恥於向任何人求助。他不敢尋求幫助，是因為他以母親居然必須向他這樣一個小孩求助為恥，他也因為母親這樣的行為而憎恨她。

向你求助等於置自己於母親當年的位子，等於宣告他的無能為力。這我以前提過，但這是一個好的觀點，他不能責怪母親，怕招來他認為自己應該負責的、對母親的攻擊。這使得他對任何抗議產生強烈的罪惡感。

魯柏對你的深愛曾經將他震出那個模式一段時間，可是他也將你過度地理想化，導致困難必會發生。任何你可能提出的不同意見、無足為奇的抗議，他都覺得背後有很大的指責。他是那麼地不敢提出任何抗議，以至於他覺得你的內在必定有著巨大的驅動力，才敢向他提出抗議。

因此，在你生病期間，他過分強調了你的態度和情緒。害怕你不需要他的感覺從佛羅里達開始，不成比例地成長。最近，他開始對公寓感到恐懼，因為他覺得自己有如迷宮裡的老鼠，對同樣的刺激做出同樣的反應，卻不知道原因何在，也無從得知將有任何改變。

冷漠的發生，只因為他決定終止這些事。停止他在某種程度上一直堅持的正常活動，讓他可以多少地覺知在所有活動之下他的主觀感受。他正面迎擊這些感受，以及如果這些感受繼續、將帶來的自然後果。

（這是珍在上個星期變得無比恐懼的情形。）

他認為你不鼓勵深入的交談，除非某些危機導致正面的衝突。他無法向自己承認他的恐懼，也無法請你分擔。他完全沒有能力以任何形式的鄰居接觸--女性友人，討論正常的恐懼和擔憂。恐懼終於變得如此充滿張力，使得所有的正常討論都不可能。他努力運用積極思考的方法，試圖把恐懼壓得更為密不透風。但它們的能量如此強大，令他感覺你也跟他一樣地害怕它們，以至於討論它們也將對你有害。

他極度地誇張了它們在那方面的力量，你知道。然後，他又把很多的這種態度投射到你身上。他若指責自己，那麼他也在你對他說的話或你的態度裡看到指責。

他之所以無法在你們的私人親密關係中有很好的表現，全是因為他最需要在你的面前留意他的表達。可是這個恐懼絕對不能讓你知道，不然遊戲就完蛋了。他承擔不起屆時必須放手的結果。他認為承認恐懼就是承認自己的無助與無能，他也認為你想要的一直都是一個無拘無束且獨立自主的人，一個身處恐懼的人對你毫無用處。

休息一下吧。

（珍說，她出去得「相當好」。她說賽斯必定把她很好地帶了出去，以便給出這些資料，否則她早就在課中間把他打斷。我也認為我在她出神時的聲音中聽出某種情緒能量——而這非常少見。

（為求隱私，我們在臥室上課。珍在休息時間要求我拿下她畫的一幅油畫，她說那代表她在紐約州撒拉托加溫泉市米德大道的家。那是她幾年前所繪製，色調非常之陰鬱與黑暗。

（珍也以相當情緒化的方式表達了與她母親相關的一些恐懼。但她及時剎車不想承認，不過我們還是詳盡地討論了。我母親也成了話題之一，諸如此類。珍的表達的確充滿情緒。十點二十三分重新開始。）

好。地理上來說，他覺得生活在他的母親和你的母親之間，也對於住在這一州（紐約州）感到不安。

他覺得你以他的背景為恥，而且不要他討論這件事。（停頓。）給我們一點時間。（停頓。）當他去探望你父親，他會因為沒有去探望也住在療養院的自己母親而有罪惡感。他認為你母親正因為擺脫了你父親而沾沾自喜，而且他因為害怕你父母的房子會把你倆困住而害怕那裡。他不想要你或他的任何東西在那屋子裡面。

你明白的，體重問題也是當恐懼得到釋放、它也就會清除一個症狀。對牙醫的恐懼來自他在大學時的一個情節，那是牙醫來看他的母親。他已經刻意忘掉整個細節。他母親常說，她的狀況也可能是一口爛牙的結果，而這兩件事在他的腦海中結合了起來。

體重問題也跟他的外公有關，他認同瘦削的外公，後者離開他的母親、自己居住。伴隨著認同而來的還有相同的個性——拒絕爭辯、害怕吵架、害怕過度抗議；甚至，連無聲的抗議都不敢；禁食成為抗議的一種方式。

外公甚至不跟魯柏談起自己的妻子，或任何個人事務。一種向內之極致的沉默寡言。如你所知，魯柏對食物很有感覺——與陌生人或他不喜歡的人同桌時，所有這一切都會進來。他母親吃得太多，禁食因而成為他維護自己獨立、有別於她的一種方式。她非常喜歡食物，而魯柏假裝對食物嗤之以鼻。這件事並未在更早的時候發生，只在恐懼帶來額外的能量時。他通常把你塑造為一個指責者，因而感覺他無法跟你溝通。這要怪你以前的一些事。後來路徑就這樣設定了，即使你已經放棄公事公辦的態度，他依然依循舊有的路徑行事。

他在工作方面特別容易受到影響，因為他從小就覺得，在母親眼裡，他的能力是他唯一值得愛的地方，以及他身為人類的整個價值完全要仰仗他在寫作方面的成就。

這是他有別於其他社會福利受益者的唯一成就，也是他咬著牙去上大學、務求與眾不同的記號，而且以他的感覺，這也是你愛他的唯一理由。因此，你如果批評他的作品或表示你不喜歡，那就是你不愛他。

當他的書開始銷售，財務問題橫空而入。你知道的，不只他的書需要賣得好，而且要能賺錢，因為既然你愛的主要是他的才華，兩者當然結合為一。財務因素加入之後，那麼他的書必須暢銷，才能留住你的愛。

《反叛者》出版後，你的態度不是很好，但我們的朋友毫無異議地接受下來，即使他無法理解，但已經感覺你不像以前那麼愛他。他感覺你只是因為他的才華才愛他，所以他的書除了對他自己有意義之外，也成為送給你的禮物。其實，不僅僅是禮物，它們也是保證，你知道的：「我的才華還在。我正在使用它，所以你可以愛我。」

任何寫書的困難，便代表他可能失去你的愛。

他對這些都毫無意識。他完全沒有覺知到這一點。他當時只感覺求助無門，也感覺沒有人能夠幫助他。他還擔心，他對現在和未來物質實相的恐懼是如此劇烈，以至於你也會感到恐懼，還有你們即使合力也無法解決問題。他是如此害怕會做出任何可能導致你生病的事，因而決定單獨扛下所有的擔憂和問題。

你工作的時候，他分分秒秒都在注意你的情況——但他並不自知，只是很刻意地盡量少過問你的繪畫。只要對自己的思考方式有任何關切，即使非常短暫，就等於承認他竟在擔憂你的工作。緊張的能量如此地逐漸累積，只要你有一個下午繪畫不順利，他便認為那是你那邊全面失敗的跡象；他對自己的工作也作如是觀。

那時，未被承認的恐懼會抓住任何不愉快的事件，帶著它脫離所有的背景而將之誇大。

你們上一趟旅行（一九七〇年夏天）在撒拉托加造成的身體影響來自罪惡感，因為魯柏覺得都已這麼靠近母親卻沒有去探望她。現在休息一下。一個重點：這些態度和感覺絕不能只停留為課內容的一部分。它們必須由你們雙方進行既有情感互動也有情緒釋放的討論。

（「是。嗯，我認為我們正在這樣做。」）

（十點五十分至十一點。）

好。魯柏認為你是一個完美主義者，不只在工作方面，對你自己以及周遭的人也要求完美。在你的眼中，求助或表現出需要安慰都會被視為弱點。你覺得其他人軟弱、優柔寡斷、愚蠢、被恐懼所駕馭。這是他對你感覺的詮釋。承認他需要安慰或感到害怕，等於在你眼中，將他與所有其他人歸於一類。

我們很快就要結束這節課。他擔心他會讓你追不上，而這情形很可能真的發生。光是這個想法就讓他非常恐懼。他擔心光靠你自己可能不會努力把他拉回來，然而他也不願開口要求。為了證明他並非遙不可及、仍有一些缺點，你今晚早些時候的提議——如果你們張大眼睛，他的住處（我們的公寓）仍有很多可能性，這話還是激起了他昔日的熱心。請往那方面繼續努力。

好，我要結束這節課了。致上我對兩位最誠摯的祝福，還有一個愉快的夜晚。

（「晚安，賽斯，非常感謝你。」）

（十一點六分結束。接下來的那個週日，我們已經開始重新裝飾我們的公寓——即使程度不大，結果非常好。包括替客廳與珍的辦公室換上新的黃色窗簾，諸如此類。）

刪除課 一九七一年二月三日

（這原是一九七一年二月三日的定期課，曾經從記錄刪除。）

晚安。

（「晚安，賽斯。」）

好，我們將進行口述，也給些私人的資料——但我想改變主意，先給私人資料。關於交換想法，你們做得很好，但情緒的即興交換還不夠。魯柏在今天課前做的評論就非常重要。

順便說一聲，「可愛的年輕女人」（lovely young woman）對他是個很好的稱呼。（昨晚的ESP課，有位男性學員如此稱呼珍。）他確曾在你們的關係早期將你理想化，然後做了他所提到的轉化。他忽視並隱藏他的恐懼既是保護自己，也是為了保護你。

然而，當你說出自己的恐懼，他則感覺備受威脅。看看他，你可以看見情況與問題都受到壓抑——身體的症狀使這一點更明顯。壓抑恐懼的原因我已在最近的課中提到——慣性症候群——記得嗎？

（「記得。」）

所以，我們要先建立基礎。好，剛開始的時候，你們需要每天有一段時間在一起，鼓勵魯柏自由地討論當天感覺到的恐懼。這樣可以避免兩三天或更長時間的累積。

後來就不必這樣了，儘管這應該成為你倆關係中經常出現的一種模式，而且那時你也應該可以很自由地討論你的各種恐懼。從實用角度來說，這非常重要，既有助於破除壓抑的習慣，也有助於消除阻礙積極健康活動的障礙。堪稱一石兩鳥之計。

但這並不表示要特別強調恐懼。你了解我的意思嗎？

（「了解。」）

如果可能，請用以下的保證結束這類討論：你們可以合力解決生活中的現實問題；你們已大到可以理解自己的恐懼，並充滿創意地利用它們。這可以是一種具備持久價值的重要療癒方式。

討論結束時，盡可能至少簡單地看一下魯柏筆記板上關於課內容畫有底線的部分。將恐懼理性化（intellectualization）也可能是避免面對其情緒實相的伎倆，因此要特別留意。

「我是個可愛的年輕女人」這句話之所以特別好，因為它自動將魯柏與優雅、靈敏及健康認同。他太經常將自己與他的症狀認同。以前，他認為自己除了是個有某些症狀的女人，同時也有許多出色的優點和能力，然而現在他有時卻僅與那些症狀做主要的認同。因此，討人厭的「魔女」（monster woman）形象會跳進他的腦海。

好，在此之前，因為那形象太過嚇人而不曾來到意識層面。現在它可以成為你們很好的一起學習的點。自我倘若只與症狀認同，會非常危險。總是扭曲的症狀本身就是某種扭曲的代表。它們絕對不是整個自我的代表，也不應該被視為整個自我。

所以，魯柏的整個自我形象並沒有錯。

現在讓我們化繁為簡。他是一位極具魅力、非常聰慧的年輕女性，擁有強大的通靈與創造能力，對他人的問題有著非比尋常的洞察力——是一位作家、一位通靈人士，也是某個漂亮棲地的「女主人」。

他也是個有些問題的年輕女性，有著已經在身體化為物質實相的壓抑傾向，還有一些偏於僵化的扭曲觀念及教條，它們直到最近才被他的人格所理解。我希望他閱讀這些文字，也希望你在他犯錯時知道他有哪些想法。

（「好。」）

當他犯錯時，他會認為自己是個老巫婆，對自己的心靈工作過於謹慎、為自己的不能更自由地處理心靈工作、不信任它，以及害怕於情感表達而深深自責。現在你常常容易忽略他的不敢表達情感，因為他即使害怕，還是很擅長與人相處。尤其是他理所當然地不敢表達不愉快的情緒，或憤怒。

他在母親身邊學會了在這方面要保持克制，然後再學會以各種肌肉的自動緊張來抑制恐懼和憤怒的表達。所以，在最嚴重的時候，他會覺得自己在恐懼和憤怒之前無計可施，能量便特別阻塞在這裡。

其中許多都是極為正常的恐懼。他覺得對你說出來實在有失他知性人士的體面、會讓你覺得他毫無用處，以及你會認為他是一個畏縮的、沒有骨氣的小孩，而不是他為了自己和你、努力要成為的那種獨立又勇敢的靈性人士。

因此，在開始，尤其是一開始的時候，你可能必須在有些時候先採取主動，而他或許總是不情不願，你知道——一種慣性症狀。恐懼一旦紓解，身體也會釋放出必要的自然樂觀和健康的情緒，活動和能量也會跟著增加。

但是，你們如果不給這類討論留出固定的時間，事情就會逐漸惡化。

現在你可以休息一下。

（九點二十九分至九點四十一分。）

回溯（retracing）（回答我在休息時提出的問題）不會以任何預先確定的僵化方式發生，正如我描述過的，除非心靈或心理上先回到最初造成困難的心理模式。以魯柏的案例，這種情況並沒有發生——他沒有回到當初的心理模式。

另一方面，感覺創造了身體的狀態。累積起來的同類感覺經常會以重複的方式表達出來，但也不是永遠這樣。我們可以瀏覽過魯柏的身體，精確找出某些感覺在身體上的具體化，因為它們以症狀表現了出來。

然而，我們也可以瀏覽過他的身體，精確地找出使身體其他部位發揮出色功能的、充滿特殊能量的感覺與想法。回溯是一種明顯的效應，某些事你或許得到解釋，但它並未得到理解而是高度的扭曲，代表的是每個相關個人觸及那些帶來困難的思想和感覺的領域時，就會出現的一種回音式效應。

個人如果在心靈層面有所進步，這些效應的影響就很小。然而，大多數人都只是依賴物理療法，反而建立起負面的聯想。例如，受到深深壓抑的恐懼導致下脊椎神經束的神經受到擠壓。若對此一無所知，那麼這些神經區域的任何感覺都會經由聯想而使得最初的恐懼活化起來，進而加重病情。

隨著整脊師的反覆調整，這種效應會逐漸減弱。不過，最初的效應可能相當強烈，整脊師會說這是一種回溯動作。經由聯想，某些痛苦足以讓人返回最初造成痛苦的恐懼或情境。

魯柏有時也會有這樣的反應，儘管程度或許沒有那麼劇烈，那是某種叫人害怕的身體上的痛正在發生回音式效應。不過，他已大致地學會了如何避免這種情況，尤其由我們的課中得知，受到壓抑的感覺是問題的來源，以及只要這些感覺得到釋放、身體上的痛苦就會消失。

例子之一是週日在你母親家，他原本害怕腿會抽筋，但是它並未以他害怕的方式出現。好。他確實撿拾了一些與回溯相關的負面建議。那只適用於疾病的心理層面未曾獲得充分了解的情況，至於會有多少效果並無從理解。當它的確運作時，那麼在它自己的層面是具有療效的，身體的反應會越來越少，但那就像放羊的孩子哭喊狼來了。

治療本身會有幫助，但還是需要正確的指引。如果你真的不想好起來，再多的醫生和整脊師也幫不了你，因為你會不斷用新的症狀取代舊的。然而這些治療方法仍有助益，但他不應該期待回溯效應，因為他的情況沒有理由如此運作。

不過，感冒對肌肉還是有影響。只要不管你的肌肉，感冒不知不覺就會過去。（半幽默地。）好，他認為只要電話響就該接，任何人敲門也都必須回應。他認為他害怕讓人看見他狀況不好的樣子，所以不想應門。這其實是他的心理作用。他在這種時候特別不想見人；總歸一句，他其實所有時間都不想見人。

他在那些時候是害怕見人嗎？如果是，為什麼？其實就那方面來說，沒人看得出症狀啊。

你們矯枉過正了。休息一下。

（十點六分至十點二十三分。）

好，在班級課，你會看到他表情豐富、思想活躍。他喜歡教導學生。在課堂上，他充滿了自發性。他也很會替其他人著想，總是思考該如何幫助他們，完全不會把注意力放在自己的症狀。

他覺得自己是家族中的低等成員，但身為教師則處於優越地位，他害怕在團體中成為無名氏，或被他無法掌控的團體席捲而去，而這些都源自也算某種團體的家族，以及害怕被情緒席捲的恐懼。

他不只害怕自己的情緒，也害怕母親的情緒。他感覺可以在班級課裡自由自在地表達感情，因為班級由他控制、而且也獲得證實，情緒的使用因而成為教學的輔助工具。他還可以安全地表達對學員的深切關懷，因為那不涉及家族關係。

檢視自己在班級課裡的感受及態度，將幫助他看見自己當時的正確做法，以及存在於其他場合的負面思想及情緒。在班級課裡，他也游刃有餘地表現出某種程度的正向攻擊性（Positive aggression，譯註：策略性地引導充滿自信的行為以達成建設性成果的一種概念）。他對自己很有信心。正向攻擊性是重要的。

那時，他可以爆發出巨大的能量，而且在使用時毫不模稜兩可。既然如此，這份自信也能在其他時候派上用場。他應該努力記住這種感覺，重新加以掌握。他在班級課說話時都很大聲，並自動接受自己的泰然自若、教師的身分與能力，一點也不懷疑。

他理所當然地認為，無論之前感覺如何，他都會以良好的狀態上課，而這種預期總是正確的。可愛年輕女性的形象也會幫助他充實起來。

如今，當他書寫偽裝的自傳小說時，他經由寫作釋放出自己的恐懼。當寫作方向改變，他便將恐懼盡可能地完全埋葬。他也停止了被他視為悲觀主義的詩的創作，因為兩者具有同樣的功能，都允許了恐懼情緒的表達。他利用我們的一些資料當成藉口，過份誇大我的某些評論，將他的恐懼進一步的往地毯下掃去。這裡你應當理解。

（「是。」）

再說一次，你們自己的課應該允許恐懼的表達及討論、撫慰與保證的付出，但不要涉及恐懼的過份強調，一如前兩天……這裡不用記錄……

（賽斯接著解釋他所指的是一九七一年一月十八日的刪除課之後，珍所表達的大量恐懼之類。）

這只是魯柏與自己的感覺保持連結的問題，不管那是怎樣的感覺。你有任何特定問題嗎？

（「沒有，我想我們進行得很好。」）

不過，實際好用的忠告請你一定要遵循。

他應該處理想要出門的感覺。為什麼不想出門？他害怕什麼？

（「他為什麼不想出門？」）

答案因場合而異，但他必須從情感的角度自行發現。然而，當他覺得不情願出門時，他應該試著找出原因，而不是置之不理、待在家裡畏縮不前，或是否認他所隱藏的情緒、強迫自己出門。你了解其中的差別吧？

（「了解。」）

他確實應該更常出門。我不希望積極的建議有如繃帶那般被套上，致使恐懼得不到釋放或承認。積極進取的正向建議或暗示很重要。拒絕魔女形象上身在此將有極大的助益。你有問題嗎？

（「應該沒有。」）

那麼我們就不進行口述了，但我希望這節課也同樣有價值。他的月經還是沒來。

現在，祝你們晚安。

（「謝謝你，賽斯——晚安。」）

你若沒有問題，那有任何評論嗎？

（「沒，只有我們將繼續努力。」）

（我的兩節擺錘課，以及珍對第二節課的回應，將在下一節課提及。）

(MY two pendulum sessions, and Jane's responses to the second one, are referred to in the next session.) —

Feb 9/71 Tuesday | Father died on Feb 5 - buried Feb 8/71 |

(1) More than one repressed fear that makes my hand tremble.

(2) Doesn't tremble because of repressed rage.

(3) or because I work at art, or am married to Jane.

(4) Trembles because I feel guilty about father; not because I hate him — don't now + didn't then — but because at the time the hand started to shake I was afraid I'd be a failure like father — I thought of him as a failure.

(5) I still think of father as a failure; + my right hand shakes because I am still afraid I'll be like him. I don't dislike him now, altho I don't love him.

(6) Other reasons for the hand also — to do with father also — age has nothing to do with it. or communication between Jane + I, or between father + mother.

(7) STRONG reaction — hand shakes because I feel guilty that I didn't do enough to help father when he showed signs of illness a few years ago —

(8) I became afraid of father when he became sick. I disliked him before this — his illness intensified the dislike into fear. The dislike began when Jane + I returned to Sayre from Florida + lived with the folks for a while — remember the nasty arguments, etc —

(9) I dislike both Mother + Loren, but neither have anything to do with my right hand shaking. Both also. (Nor because I mainly disliked father, mine.)

(10) No other reasons for hand. I don't dislike myself — not afraid of my abilities, etc. — I have uncovered all the reasons for the hand. The hand began when I first noticed father's illness. No connection with idea of father + I.R., + me + artistic —

(11) My hand thus began when I first noticed father's illness — STRONG — + thus became aware of close connections to him — of identification + failure, + etc — BUT — STRONG — I became afraid I'd end up with same physical illness, as well as being a failure professionally like father — at the same time I already felt guilty because I thought I wasn't helping him enough emotionally — Finances had nothing to do with any of this.

(12) I am (STRONG) afraid I'll end up with the same physical illness as father — this causes my hand to shake.

| Suggestions given, etc. |

(1)

Feb 10/71 Wed. Pendulum

① I am responsible for Jane's knees bothering her. YES
I think I am. This is not only my opinion. I am
really responsible, etc.

② Jane's knees bother her because she is afraid of my
opinion. Not to do with the dream book. or the Seth Mat'l.
I am not jealous of either book, nor is Jane afraid that
I am. YES

③ Jane isn't afraid that I am mad at her. YES

④ – Jane's knees bother her because she thinks I expect her to love
my family. Jane hates my family. I think she hates my
family.

⑤ Finances, medical insurance, etc, have nothing to do with
Jane's knees, etc.

⑥ YES Jane's knees bother her because I make her feel threatened.
YES " " " " " my whole family does also.

⑦ My oil paintings of the old man in the home (Bradford County)
YES cause Jane's knees to bother her.

⑧ Jane's knees bother her because she is afraid she'll end up like
my father. She is afraid she'll be a failure as an artist. YES

⑨ YES Jane's knees bother her because she is afraid she'll become rich
story YES like father. also – she is afraid she is becoming more of a success
than I am. artistic has nothing to do with it, tho.

⑩ YES Jane is afraid that in my opinion ~~[illegible]~~
story she'll become more of a success than I am. No other reason
for the knees. Jane blames me because I am not more successful. She'd
feel better if I was selling a lot of paintings. She'd feel free to [illegible].

⑪ In other words – Jane is punishing herself thru the knees so that
she won't be more of a success than I am. This is because she is
YES afraid she'll be more successful than I am. She is getting the
knee trouble as she becomes more & more successful.
Not because the dream book is nearing completion, tho.

(over)

(12) – Jane's knees don't bother her because ~~…~~ she sees me struggling with my paintings. YES. Also, she's mad because I don't try to ~~sell my paintings – c…~~ I have the means to success & won't use them. This related to her knee symptoms.

(13) Her knees don't bother her because she feels guilty at not seeing the matter. She doesn't feel guilty. Nor her father, etc. YES to both <u>agreed</u>

(14) Jane's knees bother her for the reasons above. Not because of her own childhood. (Strong) – <u>the causes are not past, but present</u>. YES

I have uncovered the reasons for the knee trouble.

<u>Jane's pend</u> – <u>the knees are a shield to cover up her success. So I</u>
STRONG – <u>won't notice it, etc</u> –

Jane's pend – Jane got strong pendulum reaction to <u>all</u> the questions on this sheet – verified everything –

Jane's pend – Jane isn't afraid till late her or leave her if she gets too successful. But it would make me very sad.

" – Jane feels that because I don't sell my paintings, this holds her own success back. Related to the knees.

" – Jane feels guilty about making more money in ESP class because it would show me up – etc with knees –

Bob's P – doesn't feel threatened by my success.
" " – be delighted to have me make as much $ as possible –
" " – doesn't care if I earn $ than he does.

Jane's p: I feel helpless because I can't help Rob 'succeed'
Big Y – (Tears)
Feel I'm not much good if I can't help here in this all impt issue.
… to just us –

刪除課　一九七一年二月十日

（這是原定於一九七一年二月十日舉行的定期課，曾從記錄刪除。

（家父於二月五日星期五凌晨一點過世，葬禮於二月八日在賓州特和納市舉行。珍與我、貝茨與羅倫，我母親及其他親友週末當然都在那裡。珍的情況不大好，讓我很擔心。

（賓州一場暴風雪後，我們於星期一回家，而我直到週四才重返工作。這節課的前言是我為自己舉行的兩次擺錘課筆記。第一次在二月九日星期二，關於我抖動的手與我父親。第二次是二月十日星期三早上，關於珍的情況以及我在其中的角色等。擺錘課很有成效。尤其珍的擺錘也完全同意，我們之後用了許多時間討論。但到了晚餐時間，珍對部分內容出現強烈的情緒反應。

〔另，羅倫是我弟弟。〕

（沒有舉行的週一定期課，改到二月十一日星期四。

（今晚的課在我的工作室進行。）

晚安。

（「晚安，賽斯。」）

再次的，我們將緩慢進行，理由我相信你明白。

你的擺錘課資料的確正確。一如魯柏在課前的評論：他的確怪你母親害你在幾年前生病，還有他自己的。

（這我們倒是不知道。）他就是在你生病時開始對你隱瞞他的感覺，本意是不想讓你擔憂。他那些過分焦慮行為的根源，我已在其他節課說過。你懂我的意思。

（「是。」）

那時他重拾早期（童年）學到的替代行為模式，當成一種防衛機制，將各種感覺攔阻在自己的意識之外，同時也不讓你知道。因他若覺知到它們卻沒有告訴你，他會覺得不忠誠，因此若要不造成你的負擔，他也必須欺瞞自己。

在過去，這種行為會導致躁動的增加，輕微但不至於過度的反覆無常。但他現在覺得這種不穩定是不可以的，備受壓抑感覺的能量因而無處可去。他越來越壓制自己，同時害怕著那些壓抑所累積的能量。

他試圖用暗示與建議當成繃帶。例如我提過的，他真的感覺在情感上已與你離異，因為他也與自身存有的情感本質離異了。

他擁有強大的能量，因而得以撐住長時間的自我攻擊，直到身體出現實際的症狀。即使到那時候，他的身體系統仍然具有驚人的適應及復原的力量。

從主觀上來講，他認為自己處於高度不明確的地位已有一段時間。他感覺他應該無法從你那裡得到任何安慰，以及他必須獨自面對他的和你的恐懼。他迷信地認為，在隱藏對你父母的恐懼時，他是替你們兩人一起隱藏——把它們掃進心理的地毯之下；但是，地毯變得越來越重。

起始點是他於畫廊工作時，你的父母說他們需要錢，而那時你們剛從佛羅里達回來。魯柏對於他們竟如此理直氣壯且絲毫不以為恥地乞求你的幫助，以及你受到這樣的對待感到非常憤怒

當你生病沒工作時，魯柏的一部分金錢必須轉給他們，他對自己的怨恨覺得很羞愧，也對你竟允許他們如這樣對待他而憤怒。他很確定如果情況反轉，他不會壓榨你去幫助他的父母。

我們目前處理的是他的態度和感覺。我對這些都不予置評，你了解。你沒車的時候，他想要一部車——然而，當你買車竟是為了去看父母而非逃離他們，這令他非常憤怒。

鄰居的爭吵讓他想起米德大道。他感覺好像他母親藉由你母親的手，繼續對他做著一些可惡的事，而當你母親對他說「你是個騙子時」，那也彷彿他母親正第一千次地貶低他。

他覺得自己受困在這間公寓，以及他在這裡是因為他可以隨時幫助你母親，一如他小時候可以隨時幫助他的母親。她擁有面對過傷害的堅強、充滿愛心和開朗的天性。（九點十八分長停頓。）

他強烈地想要保護你，而且不管他對家人有什麼看法，你知道，如果他覺得你的父母對你很好，他會全程地支持他們。但他覺得他們背叛了你。

好，給我們一點時間……他認為，他的任何成功，如果你並未同樣成功，都會讓你在父母眼中的形象大打折扣；因此，這既是勝利，也是失敗。他的確擔心你如果不成功（以畫家的身

分），你會變得尖酸刻薄，他有時覺得，就像你父親為了遠離你母親、故意躲到地下室或車庫那樣，你也為了遠離他而躲進工作室。他寧願把它們燒掉，也不想把你的任何東西存放在你父母家。後者充滿象徵性的威脅。他多次提及此事，但你的回答合情合理，總說是為了方便，他於是耿耿於懷。

（「嗯，我們可以把東西搬走。」

（其實，我最先之所以把東西搬到塞爾市，是因為我認為我們會搬離艾爾麥拉。我希望這裡的東西越少越好，因為不管新地點在哪裡，我們可以把東西從塞爾市慢慢搬過去。

（這只是個圖方便的想法。看來把這些資料的第三個版本存在那邊也不是個好辦法。其實在修好樓上那個多出來的房間的鎖之後，我已經慢慢把東西又搬回來。我會持續地全部搬完。）

當你有時悶不吭聲時，會讓他想起你父親拒絕溝通的態度，這讓他感到害怕。如果他有情緒反應，這也令他害怕，因為他擔心你會解讀成你母親的反應。他對自己在她面前表現出這麼差的身體狀況，覺得很憤怒。他認為你被她欺騙了很多年。一些聽來彷彿無害、看似正常的態度。

（「我不同意。」我知道這是沉重的資料等等。）

它們之所以造成這麼大的傷害，全是因為太多次都沒有受到承認，甚至被有意識地否定。保護層建立得太過牢固，已成為人格結構堅不可摧的一部分，我甚至無法將它從內部推倒重建。

當他壓抑自己的情感時，症狀就會逐漸加重。請務必強調，這些情緒的釋放也會釋放原本因壓抑而被攔阻在外的快樂、靈感和能量。休息一下。

（九點三十二分。休息時我什麼也沒說。九點三十五分繼續。）

好。由於你在《反叛者》出版時的反應，他擔心，如果你沒有成功，你會因為他的任何成功而逐漸憎恨他，因為他覺得他的成功在很大程度上是犧牲了你才得到的——是你讓他有時間寫作。

換句話說，如果他成功了，他可能會失去你的愛。在那之後，他便密切留意著你的反應。在事情的早期，他有幾次發現你的反應是負面的，但你後來那些對他與出版社關係的批評，也都被他認為是因為他的書而對他生氣的象徵，他就是這樣認定。

他覺得，你總會找到事情生氣，所以他試圖既成功，又不是那麼成功。你的擺錘給你的答案也適用於我的書，以及我們平常錯失的一些課。雖然你極力支持這些課，但他仍然認為，在某種程度上，這些課的成功會再度損害你的利益。

他也從一開始就害怕你因為記錄而耽誤工作，覺得你一定對此非常不滿。如果他覺得你在紀錄的當晚看起來累，或有任何責備、擔憂或煩惱的神情，他就會覺得你不是那麼想要上課。但是，他會把這些都掩飾起來，如果你沒有帶著筆記本出現，他會認為那就是你並不真想要上課的跡象。（長停頓。）

我原本想要你休息更久，但我又想趁我能掌握得很好時多說一點。

（「我沒問題。」）

於此同時，他也把他的恐懼投射在你身上，他認為你愛他乃因為他是個作家。既然如此，你又為何因為他的書成功而不高興，看到沒？

休息一下。

（九點五十分。我感到非常震驚，我想珍也從我的行動中感到震驚。至少在這一刻，我灰心到了極點。趁著珍短暫離開，我問了我的擺錘一個問題，然後得到這個答案：「我不認為珍想要康復。」這問題應是昨晚出現的，但我現在才想起來。

（珍回來後，我跟她說了。我相信我得到的答案，也說擺錘從未在任何重要的問題誤導我。我不曾有此一問的原因很明顯。十點一分重新開始。）

好。魯柏想要康復，但只到他承擔得起的程度。

《反叛者》出版之後，他感覺你對他既冷漠又生氣。還有一連串我以前提過的事件。他因此慢下腳步，等你趕上去。

（《反叛者》出版時，我是嫉妒的，但我花了一些時間才明白。我終於藉由一系列直接詢問擺錘的問題得到了突破，今天早上與珍的膝蓋相關的問題也是如此。事實上，正是那段成功經歷的記憶帶出今天上午的擺錘課。）

他擔心你會對他的成功極度反感，也擔心自己因而失控。這裡有個我尚未明白的連結，我會用我接下來的話語去弄清楚。

華特求之不得地把他轉交給你。他害怕如果你把他送上成功之路，你之後或許會離開他，不想要他的任何成功。

此時，來自你的、清晰的情感溝通，將是無價之寶。你們宣傳旅行的途中有幾次出現了人名的混亂，而他因為擔心你受傷及受到貶抑而心煩意亂。你了解嗎？

（「我知道。」這裡賽斯指的是，我有幾次被誤稱為羅伯茲先生。造成此事的部分原因是《靈界的訊息》封面摺頁上的一個錯誤。我能說我毫不在意。）

這像是一場出於同情心的罷工。（sympathetic strike，譯註：對雇主並無不滿，旨在支持相關行業工人的一種勞工行動。）請不要太從字面上去解釋。

釋放恐懼將會容許新的靈感和樂觀主義顯現出來，然後去與任何揮之不去的負面情緒戰鬥。你所能給予的保證和信心，再多都不夠；他太過渴望它們了。

你們的未能一起討論計畫的事實，讓他那些扭曲的想法得以長久存在，你知道。抗衡的力量幾乎不存在，但你們正在補救。

當你並不多談你的工作時，他的解讀是，這表示你正對你的工作深感憂慮及擔心。

他經常感覺不到你的支持。我不是說你沒有支持他。也請記得，他會誇大他的恐懼，並感覺恐懼將驅使你遠離他。閱讀他的書會是一個很大的幫助。他感覺你對它並沒有很深的興趣，而那便象徵你拒絕它。

休息一下。

（十點十六分。課上到這裡，我真的很難受。我曾經想要說的很多事情最後都沒有說，是因為我相信各說各話只會妨礙彼此之類的。我確實表達過一些之前也提起過的想法：為什麼在巨大的壓力下，當有機體明顯陷入困境時，它不能憑藉直覺推翻錯誤的想法，讓個體恢復正常，從而繼續生活等等。十點二十八分重新開始。）

好。他認為，成功所帶來的額外裝飾物可能會真正地影響到你的工作時間，從而影響到你最終的成功——你會事先就討厭它，而不是何妨討論一下之類的。他感覺你會對缺乏隱私感到不滿，並因此而責怪他。

你對成功的感覺現在也很混淆不清，而你們在過去的時間很少真正地去討論它，所以魯柏有著一塊肥沃的土地，供他把你的一些想法和感覺誇大開來。

他的症狀減緩了所有這些可能性。說服他，並讓他說服自己，讓他相信往前邁進是安全的。

（「這可能嗎？」）

當然可能。你的許多態度現在都已經改變，但他最初是用你過去的一些態度當成基礎，卻沒有發現你已經改變它們。當時確有事實根據，然而他也有把它誇大——如今事實已經改變。

（「既然如此，他為什麼沒有改變？」）

他沒有覺察到你的態度已經有那麼大的改變。

（「連心電感應都沒有覺察？」

（這就是我一直想說的。我很難相信，心電感應沒能至少在無意識的溝通時發揮更大的作用。）

他的情感並沒有覺察到這一點。受到壓抑的恐懼投射會經由心電感應吸引同類型的投射，並抑制其他投射。他已經把自己調整成恐懼的狀態，因而最常接收到的也是恐懼。你們也是直到最近才開始持續地、溝通彼此的感覺。單這件事，已使你的態度清晰地改變。而他現在很需要鼓勵。「這是你自己造成的」，這樣的評語會被他解讀為指責。在你們的親密關係裡面，他的身體反應已經更加柔順，這表明他又開始信任你了，因為他已經有一段時間做不到這種程度。

且說，他的許多這些反應，都是從你生病的時候學到的。你那時也抑制自己的情感，將自己與魯柏切斷，退縮了，許多思考都以負面為出發點。從某方面來說，他正在替你們雙方解決問題。例如，你已經由他的行為有所學習，替你省下了一些其他的步驟。

你有什麼問題嗎？

（長停頓。「我好像無法思考。」）

你在正確的路途上。除了釋放恐懼之外，討論未來的計畫也是重要的。你如果沒有其他的問題，我要結束這節課……我的預後效果是非常好的。

（「我此刻似乎備受打擊。」）

我要鼓勵你寫下你的恐懼。你正在面對它們，而那是非常讓人震驚的。可是它們若被隱藏起來，只會更加震撼。

（「我知道。」）

你如果沒有問題，是否有任何感想？不然我要道聲誠摯的晚安了。

（「晚安，賽斯，非常謝謝你。」

（十點五十分。真的，我感到震驚，幾乎不知所措。許多感覺以很大的力道接踵而來。兩天後，當我替這節課打字時，它們以某種程度衝回來，令我注意到這些資料的確充滿力量。我們已在進行討論，並相信我們正在進步，諸如此類。）

刪除課　一九七一年二月十一日

（這節課是補二月八日星期一應該舉行的定期課，它曾從記錄中刪除。）

晚安。

（「晚安，賽斯。」）

好，我看我們最好繼續把事情弄得更清楚。

你們害怕著症狀本身，兩位皆然。症狀仍然被投射到未來，而且經常是你們倆都有此投射。信號有意識與無意識地傳遞及給出，效果是：症狀此刻仍在，並將繼續存在。

你對魯柏談過想像力，說他必須學會運用想像力幫助自己，方式是想像他自己既自由又健康。這個恐懼的本身應該以它的本來面貌去面對，以無異於其他恐懼的方式處理。然而魯柏認為它幾乎不可說。（對於他不會康復的恐懼。）

兩位請回想今晚閱讀的文章（關於畢卡索），你們應該牢記：內在自我擁有解決這一類問題的巨大能量，例如矯正人格、使它重新站立起來。我也經常闡述，然而再怎樣強調也還是不夠的一個重點：不應該強調問題，而是強調解決之道。

不應該強調症狀的反覆，而應該著眼於你們想要的結果。重點不在什麼是錯誤的，而在什麼是正確的，以及如何達到更大程度的「正確」。這一點非常重要。

魯柏若出現症狀的嚴重發作，你們通常會變得極度恐懼。過於覺知這些症狀，並把注意力全部集中於它們，只會導致情況更加惡化。我並不是說這些症狀不可怕。這一點應該得到承認。

（「不然你該怎麼做？」

（正如上一節課，我焦躁了起來，畢竟這些資料理所當然地充滿各種沉重的情緒。我真想問賽斯，一個人到底應該怎麼做，當他面對一個可怕的結果，即使他也明知這結果乃是自己造成，之類的。）

但是，仍然應該把能量集中於追求健康——而不是隨時都注意著不健康的狀態。當你們把注意力集中於症狀，常會忘記內在自我的各種能力，以及隨時備用的大量幫助。因為你們把注意力集中於相反的方向，它們就被關閉了。

正如你們今天閱讀時，你們的想像力就集中於錯誤的方向。魯柏害怕他有著一個將無限持續的狀況。

（「到目前為止，他都是對的。」）

相關時間絕對是有期限的，而你自己的評語只更加說明了我之前的說法正確。你們兩位都必須相信，他將完全康復。魯柏自己的相信最為重要，而你若願意相信，則有極大的幫助。

（「但我並未看到他相信的任何跡象。」）

你也沒有幫助他相信啊。實相是你們自己創造的。你必須相信他的健康，他必須相信他的健康。他可以開始學習一件事，那就是：不再想像未來的自己是生病的。（長停頓。）

他可以藉由你提起過的練習來做到這件事，那將能讓他看到每天的進步，有助於打破負面形象，防止更進一步的負面投射。他也可以藉由每天的走路來做到。所有這些都有助於打破負面投射，而且已經以身體證實了內心的意願，然後再經由身體的表現讓他看到——以他可以判斷的肢體表現。

如前所述，他可以這樣做：提醒自己，身體本來是健康的，並為此心存感恩，期待四倍的改善，同時尋找改善的跡象，而不是只期待症狀保持原樣。

好，當他期待並尋找改善時，他便會找到。因為它們已經發生。

他可以藉由專注於他的書，以及更經常外出，做到這件事。這聽來像是非常簡單的過程，但它們是有效的。他之所以碰到一些困難，是因為童年時期看著母親生病的那段經驗實在太長。

（長停頓。）

給我們一點時間。你們落入相同陷阱的理由還有一些，我會努力都讓你知道。針對他的症狀，你所做的事和他不斷惹惱你的做法，其實都一樣：你們都用想像力延長了這些症狀的時間，而你比他更沒有理由這樣做。

（「我很難不理會它們。尤其當我看著他必須側著身體才能走下樓梯。」）

這些事實的確存在——

（賽斯幾乎是憐憫地看著我。「好吧。」）

——不管你怎麼想。你的思維與想像造成你的行為。你的負面態度也幫助了症狀的持續，一如他的態度。側著身體下樓梯的物理事實，先是存在於想像，然後它們才被物質化。你不必否認物理事實，但如果你了解物理事實從何而來，然後改變想像力、思維和期待的方向，隨之而至的未來事實就能跟你討厭的那個完全不同。

方法並不難。你在某些方面正往錯誤的方向運用得相當好呢。魯柏有他自己的負面態度，造成他持續生病，經常還包括了你的。今晚當他往前彎腰（在我們的運動時間），你說他做得很好，這對他帶來極大的幫助，就是這麼簡單的敘述，卻比你在例如他的腿無法彎曲時，對他充滿善意的任何評語都更加有效。

我並不是要你們忽視一個擺在眼前的具體事實，而是希望你們能避免一種習慣性、經常是不知不覺卻可能延長這個事實的負面暗示。這是一個非常重要的重點，而且魯柏之前是不肯讓我說出來的。現在，休息一下吧。

（九點五十五分至十點十二分。）

好，我們來檢視一下我們的朋友剛才說了什麼。

他懷著全世界最美好的意圖，整天很有意識地關注著自己的症狀和身體狀況，關注著與動作有關的每個程序。

他一邊走路一邊想著自己走得很好或很差，而不是想著他的書、今天的天氣，或其他比較中性的主題。

（「我知道。他老是想著這些。」）

當兩位之一沉溺於這個程序時，他的症狀狀態就變成了他的一天，也變成了你的一天。當他整天不停地盯著自己，如此努力地想要正確地站起來時，他已經做得太過火了。

「我當然站得起來」，甚至是，「去你的，我就是站得起來」這些話的效用反而好很多，但是不能有一雙監視的眼睛一直去看這些暗示有沒有立即生效。

（「你認為這是可能達到的。」）

我的確這樣認為。

（「那我要告訴你一聲：那需要花不少力氣。」）

他絕對不能立刻就去檢查結果，而是相信結果終將出現。例如，他如果說，「我能輕鬆地站起來」，然後並沒有在下一刻做到，他就認為他又失敗了。

（「他的確失敗了呀。」）

他沒有失敗。

（「那個失敗是他為自己創造的，是嗎？」）

重點是，他期待暗示與建議要立即生效，並打敗他可能已經給出的、其他的相對暗示。舉例來說：他正在工作，然後想要某樣東西。或許四或五次，他想的都是：「哎，真是的，站起來一定很痛。」這個念頭出現在他的意識邊緣。然後有意識的他會暗示自己說：「嗯，我能輕鬆站起來。」接著又猜想它為什麼痛。

（「他不覺得這套例行公事很厭煩嗎？」）

他的確厭煩了。給我們一點時間。（十點二十五分。長停頓。）兩位合力將有助於打破這些程序，至少能讓你們不要同時都發揮負面的想法。你們可以利用無數的日常儀式來打破或強化這一類的態度，我就用一個已經被你們打破、跟開罐器有關的儀式來說明。

（「你的意思是？」）

開罐頭對魯柏來說是困難的，總是帶來強烈的失敗感。在你換了一個開罐器後，他的雙手就開始有了改善。原先的開罐頭儀式是一種持續的慣性負面加強。

魯柏已經慣於使用欄杆。他其實不需要。欄杆連結著挫敗感，要他盡量少用。

（「他為什麼不獨力去嘗試這件事？」）

（一如往常地，聽著賽斯一長串的負面事項，我忍不住思考，珍何以不能至少憑直覺地認知到這些行動的重要性，並多少地採取一點行動呢？）

他害怕他會跌倒。可以避免的小儀式還有一些，我會在它們出現的時候告訴你。一起做運動的想法很好，還有早上的運動。他仍舊不喜歡客廳的門在晚上的時候關著，他會感覺被禁錮在裡面。晨間儀式的一些小改變有助於帶來整個早晨的改善。

一個家庭所有的慣性儀式，都含有相當隱密但深刻的心理意涵。因此，改變這些習慣經常會帶來不少的啟發，這也是我在這裡提起的原因。例如，魯柏大可不必為了害怕起身，而在工作前一定要把所有東西都擺好在桌上。這是一個強烈的負面暗示，一舉推翻「我可以輕鬆起身」的有意識正面暗示。

（「他並未從暗示與建議得到太多好的結果，是吧？」）

他是運用暗示與建議的高手——只可惜方向相反。在我給你的例子——

（「這就是我一直想要說的。」）

所以我才給你這些資料，但他聽起來會感到很意外。

（「這也是我這幾天開始懷疑的事。」）

這類事件還有很多，你大可慢慢找。每當一切都被自動安排妥當、以方便行動不便的人，這就是一種強烈的負面暗示。書桌抽屜和書櫃上的阿斯匹靈是另一個例子。

休息一下。

（十點三十六分至十點四十九分。」）

好，看來你感覺一節課的東西夠多了——

（「我很好。」）

——但你在最後的評語中對魯柏做了些讓步（我到打字這時候才發現），而我希望他從我說的、他的書桌和物件的安排去檢視他的日常習慣。你了解我的意思嗎？

（「了解。」）

今後你也可以藉由指出你留意到的任何事來幫忙。遵循我在這節課給你的說明。你們可以幫助對方去辨識他並未覺知到的負面態度或言論，這並不表示要強調負面的東西，你現在應該已經理解了。

將魯柏建構成如今狀況的諸多小習慣，應該廢止。但這並不表示，當你看到他需要協助時必須袖手旁觀，而不適時幫忙。這只表示，習慣性的限制型傾向不應該再繼續。

餐桌周圍的事當然最重要，因為你們在那裡用餐，而且他又在那裡工作。還有浴室和樓梯。早上的時間尤其重要。

我們即將結束這節課。它充滿建設性的資料，請善加利用。讓我也給你一個好建議：我期待你善用這節課。

（「嗯，那應該會很好。」）

你有任何問題嗎？

（「沒有。」）

致上我誠摯的祝福，晚安。

（「晚安，賽斯。非常感謝你。」

（十點五十八分。）

第五六七節（刪除的部分）　一九七一年二月十七日

（本資料原屬一九七一年二月十七日第五六七節。

（晚上十點三十分。）

接著，我有幾項說明。你要先休息一下嗎？

（「不必。」）

好。聲明將會堅持做運動練習，這樣是很好的。他對自己的體能表現曾經失去信心，也放棄了堅持練習的習慣。

如此一來，當他做運動練習的時候，信心與堅持，兩者將會相互協調及努力，經由身體的表現以及他所達到的成就而得到滿足。那時他等於給自己一個身體方面的成就，也可以第一次說：「我完成了這件事或那件事，當我決心要做，我就會成功。」

這能讓人對身體重拾信心，喚醒身體記憶，尤其是經由一般的活動。這個建議有著美好的暗示：你懷著成功的預期進行你的練習。

它會將他的注意力置於身體的表現，並在他完成比較簡單的活動再繼續往前時，自動以積極正面的方式引領他走向未來。練習本身的當下即有助於擊退來自你們雙方的負面暗示，因為任何進步都會讓你們感到安心。你的安心感會使魯柏也有相同的反應。

在這些活動中，你們強調的始終都應該是你們已經完成的事，以及練習應該隨順他能力的提高而進行。讓信任感可以逐漸建立起來。適可而止，不要過量。例如今晚他突然想要出去散步（走到露絲．科勒貝特的家），就是進步的一個信號。

我建議早晨的儀式做些改變，並建議兩位考慮。換句話說，練習也只是建議，是目前最好的一種。

（「我最近也在思考這件事。我們可以暫時忘掉其他的建議嗎？」）

隨順他的想法即可。

（「我是指當他躺下十五分鐘時給他自己的那些，諸如此類。」）

他那記下一天之樂事或好主意的想法，應該予以保持。他曾經放棄。強行要建議有效的粗暴使用方式，則應該避免——並請留意你們之中任何一方可能提出的負面建議。單是避免這些負面建議，戰役已贏了一半。

魯柏寫下康復之後想做些什麼事的清單，是很好的想法。只除了，你知道的，他應該現在就去執行其中重要的幾項，這才是你們對康復很有信心的表現。

這些運動練習也會對其他活動產生有益心理和身體方面的效果，特別是在信任正逐漸建立起來的時候。而你們的練習甚至還不到一整個星期呢。過去的那些練習之所以無效，是因為你們都太缺乏會使練習奏效的樂觀感覺。然而，練習必須持之以恆地貫徹執行，因此每天都應該留出一段時間來達成體能方面的目標。

如今，這已讓他知道，他可以在物質世界中果斷地行動，可以經由身體表達自己，也可以在身體方面堅定自己的立場。這有助於消除先前累積起來的缺乏自信。

壓抑造成誇大的負面影響。例如，為了不打擾你，魯柏即使心裡並不願意，依然刻意代替你與你母親講電話，而不是叫你來聽。但他甚至極少去覺知自己的這些感覺，如果覺察到自己的不願意，則會感到非常羞愧，因而十倍地討好你母親，以便對你們所有人隱藏他的感覺。

除此之外，他還因為心裡很清楚你母親寧可跟你講兩分鐘電話、而不是跟他講十分鐘，而感到自己非常無能，隨即感覺備受冷落。你們有一堆遭到壓抑的感覺，而這只是其中一個例子。他以自己的方式喜愛你母親，同時也害怕她，因為壓抑使他誇大了那些隱藏的恐懼。當你害怕恐懼，最微小的恐懼也會被誇大。

好，你可以結束這節課，或者休息一下或問更多問題。

（我在上一次的休息時間要求賽斯在結束口述他的書之後處理三個問題：一、珍對有些事件，尤其是恐懼，出現誇大的反應時，背後有些什麼想法。二、她對一些身體活動的想法，而不是建議。三、我對於她安靜一段時間之後，動作變得很緩慢的機制感到好奇。也就是說，當她坐了，嗯，半小時吧，她要很慢才能起身或展開其他動作，諸如此類。

（「跟動作有關的第三個問題？」）

這其中有很多不同的理由，取決於環境、他的心理活動，以及與坐或躺相關想法一起建立起來的心理及生理習慣。

（「我在猜想，同樣的事情是否也適用於他早上的起床。」）

適用的程度很大。現在預期是重要的，以及他所養成、會在動作的衝動出現時加以拒絕的習慣——方式往往是攔阻，即使那衝動其實只是主機的反應。

在坐下並攔阻這類衝動或反應之後，障礙模式只能理所當然地建立了起來。如今，他突然想要毫無障礙地起身。

當他全神貫注，障礙照例地小了許多，只要他不突然想起「喔，我現在有起身困難的問題」。這時，向衝動（想要活動的）屈服就會自動發生，並讓他相信這個活動衝動的確可以貫徹。

（停頓。）這也適用於夜間的一些事，但我建議你休息。

（十點五十五分至十一點九分。）

好。這裡有幾件事，今晚不會全部涵蓋，不過我會在口述之後回到這個主題。

有個重點：魯柏的腦海裡有個不幸的連結。幾年前你因為背部問題而臥床。（長停頓。）給我們時間。更改床的方向將對事情自動地有些幫助，然而（幽默地）魯柏不喜歡那個方向。

（「不過，有意識地了解與床相關的連結會有幫助，是吧？」）

應該有。其中還涉及他對冬季的反應。好幾樣小問題疊加起來：關起的門、額外的毛毯、新鮮空氣的相對缺乏、太冷的時候不想起床來記錄夢境或上廁所，或其他的事。

（「但這其中也有矛盾：如果他想要新鮮空氣就會太冷，畢竟那是冬天，諸如此類的。」）

它們只是表面的矛盾，不值得探索。以夏天為例，窗戶全都敞開，他對關起來的門就沒那麼在意。這些事偶爾會造成他的困擾。

好。（長停頓。）有些主機反應障礙會在睡眠中持續。（長停頓。）長期的痠痛也會在早晨醒來時產生同樣的感覺。與之相對應、充滿想像力但與起床本身無關的溫和練習會有幫助；例如想像著看見自己穿好衣服、神采奕奕地準備你們的早餐——與接下來的早晨無關，只是喜歡那愉快的畫面。

這其中也連結到他母親的長期臥床與痛苦，這讓他心懷恐懼。還有她坐在床邊努力想要起床的負面影像，它們被深深壓抑在他心底。當你看見他努力想要站起身來，他會自動地把厭惡感投射到你的眼中，並覺得很羞辱。所以他才總是等你去另一個房間。那讓他有了一天的第一個挫敗，而且是一大早。我會在下節課給你更多。（幽默地：）你今晚受夠了吧？

（「我其實有另一個問題，但不知該不該問。但我想要至少有點概念。」）

如果今晚可以處理，我就告訴你。

（「他的體重仍在減輕。」）

這個問題跟動作和反應的想法有關，但我無法在五分鐘內給完答案。我先告訴你，就這件事來說，你們雙方的期待有很大的重要性……現在我先道個晚安，改天口述之後，我將相當詳盡地深入體重的問題。

（「好的，非常感謝你。」十一點二十九分。）

第五七二節（刪除的部分） 一九七一年三月八日

（曾從一九七一年三月八日的五七二節課刪除。

（十一點三分。）你在魯柏下樓時（今天傍晚）對他說，你感覺他會康復。這是你這邊一個充滿直覺的突破，對他是極為強大的鼓勵。你能這樣想和這樣感覺，非常重要。

連你都對這個感覺感到很驚訝，所以也相對照地顯示出你本身一些慣性想法的模式，以及魯柏的。這個經驗應該很有啟發性。

（「的確。」）

（誠如並未包括在此的這節課所記錄的早先部分，我在車中等珍下樓時突然有了那個感覺。我們利用今晚上課前的時間去國稅局，我先下樓把車從車庫開出來。）

他終於決定增重，而這將依次改變他的身體形象，以及他認為身體會越來越好的概念。你的分享那個直覺感受不只非常重要，也將大有助益。他需要鼓勵，但他的反應將有如鴨子入水般順利與自然。

你們的外出非常好，這我以前就提過。更大、更多樣的電磁能場域（electromagnetic ranges）將可改變你們的心理和身體狀態。藉由下樓梯的練習進行溫和、堅定且充滿關愛的鼓勵將有幫助，而且確定地專注於任何領域皆可取得的成就，而非失敗。

以後我會有更多說明，因為理應採取明確措施，以確保他盡快與外部世界建立更具體的連結。你了解我的意思。

（「是。」

（雖然事後回想，我其實並不完全理解賽斯的意思。）

你有這方面的問題嗎？健康方面的。

（「沒有。」）

把能量集中於工作和發展通靈的活動，對現在很有幫助。告訴他堅持下去。那麼誠摯地祝你們晚安。

（「謝謝你，賽斯。很好，這是我的榮幸。」

（幽默且大聲地；）很遺憾你錯過了我們上星期的班級課。你會笑得非常開心。我會在今晚的夢境中告訴你一些。

（「好啊。」）

但你可別太頑固，而且要記住。

（但我並沒有記住。

（「好的，晚安。」

（十一點十三分。）

第五八〇節（刪除的部分） 一九七一年四月十二日

（本資料曾從一九七一年四月十二日的五八〇節刪除。我們想要著重於珍動作緩慢的資訊。她討論過最近的各種態度、想法和行為等等，變得越說越興奮。十點二十二分繼續。）

好，給我們一點時間……如你所知，魯柏有很高的創造性。大多數藝術家並未理解，自我是第一個創造物。他們並不認為，他們自己便是自身創造力的產物。由於魯柏的能量及創造力，他總是完美地反映甚至誇張地表現出內在自我的樣貌、它的活動，以及內在的姿態。

在過去，這完全是在一個無意識的層面進行，意識對它毫無所知。他對自己的形象不負任何責任。從童年開始，他就期待以後的生活能彌補早年遭受的任何苦難。他的書帶來立即的成功，而這有限的成功，使他在你們的宣傳旅行途中激出想要成功的胃口。另一方面，他又害怕成功，原因如前所述地與你有關。

這個延緩被具體地表現了出來，既表現於出版社在第一波連續活動之後的放緩，代表失望與憤怒。然而，這也代表一種謹慎的放緩，他要你放心、要你知道他不會取代你，也不會使得你黯然失色，因為你在自己的藝術領域是如此地努力，卻沒有得到任何認可。

這裡的確有種補償。但他又因為這個補償而更加憤怒地緩慢下來，又或者他是因為他怎會認為他必須補償你而憤怒。這同時也代表普林提斯出版社的動作緩慢，以及他感覺如果譚真的對他的書有興趣，應該更想知道書的進度。

這又與在冬季感覺到的遲緩有關。他對自己的那些反應感到羞愧，因此不想出門，讓人看到。他那些次要的通靈活動——夢境回憶及出體——也都緩慢了下來，這部分是週期性的。他通常在冬季放緩，單獨來看，這完全沒有問題。

他非常擔心你得不到成功，或所謂的認可，或更本質的金錢，而且覺得如果你沒有，他也不應該有。在一個理性備受扭曲的混亂世界裡，他以為他的症狀可以讓你更少去思考自己的問題，因而讓你輕鬆一些。人們不買你掛在牆上的畫，使他非常傷心，因而對老是說他們喜歡某一幅畫卻不花錢購買的人感到憤怒。

他和你在街上時，常是最糟的狀況，因為他不想讓你難堪。當你們在家又有其他人在場時，也是一樣。

這裡有些與母親相關的連結：雖然他並未在場，但有些與你母親有關。如果你母親認為魯柏比你成功，那麼她顯然有辦法要魯柏付出代價。這也適用於那些來到你們公寓的人。依魯柏的解讀，那位年輕心理學家認為他利用通靈現象強勢地宰制了你。

事實是，通靈現象是獲得成功的一種方式；而因為他愛你，所以他想要確保不能犧牲你而獲得成功。如果他如此明顯地需要你的協助、總是走在你的身後，就沒有人能說他太過強勢，或指責他控制你。這也表示，你要更明顯地表現你的奉獻、英勇地提供協助，從而不斷地讓世界知道，他做的一切都已得到你的祝福。

這裡有些題外話，但也略有參考價值：他母親總是告訴他，他會毀掉他所愛的人；他因而擔心，你若沒有獲得自己的成功，他的任何成功將使你難堪。給我們一點時間。（停頓）

從另一方面來說，實際而持續的成功，其實是你們可以一起獲得的、確定的經驗，例如進行另一次的宣傳旅行。他可以從你的反應得到確認。不過，一切放緩下來，為他帶來一種不進也不退的曖昧感覺，他的成功意味著剝奪你更多的畫畫時間，而這是你會憎恨的；因此，從這個角度來說，宣傳旅行的繼續成功將犧牲你寶貴的繪畫時間。

（十一點四十七分。）

給我們一點時間，也讓你的手指休息一下。我們的朋友就讓他保持原狀幾分鐘。

（「好。」珍出神地安靜坐著，我則伸展四肢並讓右手休息。然後我告訴賽斯我可以繼續了。）

好。在白天休息或睡個午覺，是最名副其實、卻也頗具象徵意義地放緩下來。當他一覺醒來，他的直覺讓他了解自己做了些什麼，不只是宣傳旅行之後，而是在那之前各種程度不一的行為。為了貫徹那個想法，他必須完全停止，所以他的動作就更緩慢了。

然而，你不能在同一個時間既要前進又要停止，既要有成就又不要成就，這樣一定會有一些後果。他在早些時候感受到強大得令他恐懼的冷漠，當時他正因進行部分的探索而處於憂鬱的高峰或低谷期，如果你還記得。午睡的想法彷彿共鳴那般讓他憶起那種感覺，只是情況沒有那麼嚴重，因此午睡並不是提神醒腦的創意時間，而是一種逃避。起碼，他是這樣想的。

如今，他覺得代表第一個成功的《反叛者》讓他憶起你的生病，光這感覺就足以造成大部分的現況。

（「這本書是在我生病前出版的嗎？」）

它在你生病的時候出版。你的心情非常不好，而他認為你是因為那本書的出版而生他的氣和討厭他。你那時的病情還沒到達高峰，而他感覺那是最後一根稻草——也就是說，它並不是那麼好的一本書，也不是你心目中跟你的畫有相同價值的藝術品，然而它卻出版了。

（「我當時真有那樣想嗎？」）

你的確生氣又憎恨。然而，這其實有部分是其他問題的投射，而不只是你對那本書的態度。不過，你的態度確實也非常負面。他因而感到震驚與恐懼，並使他認為，他的成功可能把你們分開。他也知道那本書不是藝術品，而且感覺很愧疚。

他感覺你是他的指責者，以生病來懲罰他。在那之前，他感覺你的負面情緒大多針對你的父母。在那個點，他感覺它們直接針對著他過來。他在你身上投注了大量的信任與忠誠，因而感到失落、不安全及恐懼。他也在那個點，感覺到徹底的孤獨。那些感覺現在大部分都已經消散，因此，從未收回的忠誠仍然非常重要。

這些都是困難之所以發生的背景。你不再看他的夢境書，他再次害怕無法獲得你的認可。

（「他明知道那本書沒有問題。」）

他在這個領域總是擔心與尋求保證。

（「我能問個問題嗎？」）

當然。

（「我以前就曾猜想：我們是否應該找另一家出版社來出你的書？」）

就目前的情況來看，先不要做任何改變。給他們一個機會，看看會有怎樣的發展。在那樣的時刻來臨之前，很多事情可能發生。

（「我們很關心他們宣傳的角度。」）

現在先相信我。你可以休息或結束這節課，隨你選擇。

（「那我們或許就結束吧。」）

希望我有幫上忙。

（「你幫了很大的忙。」）

致上我最誠摯的祝福，祝你們有個美好的夜晚。

（「謝謝你，賽斯。真的很榮幸。」）

我這邊也一樣。

（十一點三分。珍的出神狀態很好。她說結束前賽斯原本有話要說，但她沒有能量傳出來：「謝謝你裝飾我的椅子。」這是針對我在珍最愛的那張甘迺迪搖椅——她的上課椅，放了一個新坐墊的玩笑話。

（十一點五分。賽斯短暫回來。）

一個小重點。這跟我們的私人課有關，魯柏的放緩以及難以從椅子起身——是要讓你看見，他正在為課的成功所付出的代價。

（「我知道，但我又沒要他付出什麼。」）

他在班級課的感覺並不是這樣。在過去，你總是談起紀律。他害怕你會討厭他因為那些似乎太過自發性的東西而成功。

（「我不會啊。」）

（幽默地：）謝謝你裝飾我的椅子。

（十一月七日。這裡還有一小段話，語速很快，大意是賽斯希望我們修好錄音機，以便改個方式，沒有我記錄也可以上課。賽斯建議由珍或蘇．華京斯來抄寫筆記，諸如此類，而我則表示這將是一項艱鉅的工作。）

第五八一節（刪除的部分） 一九七一年四月十四日

（本資料曾從一九七一年四月十四日第五八一節刪除。

（十點五十四分暫停之後，十一點九分繼續。）

好，你要另一個問題的答案嗎？（在《靈魂永生》第二十章。

（「你能對星期一給的私人資料做些說明嗎？」

（幽默地：）需要說明的人不是我——

（「我的意思是請你補充說明。」）

單是質疑你的成功已讓魯柏覺得不忠誠，這是很重要的一點。他自己的繪畫及作品都具有很多的情感本質。他其實直覺地理解你的工作，即使他並未意識到自己知道。

他的恐懼阻止他快樂地去運用這些知識。如果你對某一幅畫特別地感到驕傲，而他並未與它有情感的連結，他就會覺得很愧疚，或擔心他有所冒犯。

既然他並不在日常生活中使用與你工作有關的無意識知識，而且你也不常談起，他於是搜索你的表情，以便了解你的工作狀況。你若工作而他沒有，他便覺得愧疚，害怕你覺得他的成功得來太過容易。來自你的肯定與保證因此特別有效。

（「在哪方面呢，現在？」）

例如你確實希望他成功，以及他的成功對你們兩位都有幫助。年齡問題與你和你的工作有關。你們剛結婚時，經常激烈地討論時間的有限性，以及善加利用時間的重要。如果你和他年齡相仿，他就不會在這方面如此恐懼了。

（幽默地：）他想要你在還年輕、還能享受成功的時候就已經成功。（我大笑。）因為他比較年輕，他認為他不應該先成功。釋放情感對他來說確實很重要。在某種程度上，他在你生病的時候，過分誇大了你對情緒主義的反應。這也與你的工作有關，因為他害怕他那些頗為自然的情緒會讓你害怕，從而妨礙你工作。

以各種方式寫下他的感覺的想法，非常好。你早期一些不幸的反應，例如對《反叛者》的，因當時的情況而有很強的能量。如果可能，相對應的建議或暗示應該帶有等量的激情，或正面能量。換句話說，這些建議應該充滿感情，而不僅是口頭上說說。

我要結束這節課了，致上我最誠摯的祝福。

（「非常感謝你，賽斯。這些資料很有意思。」）

錄音機拿出來之後，我們還會上很多課。

（「好的。」珍今年四十二歲，我五十二。

（十一點二十五分。）

第五八二節（刪除的部分） 一九七一年四月十九日

（本資料曾從一九七一年四月十九日第五八二節課刪除。）

（暫停之後，十點三十五分。）

好，給我們一點時間。

除了支持你給魯柏的忠告，我能做的不多，因為那些忠告非常好。他的確需要以這種方式重新引導他的思維。

（事關我最近給珍的建議，我建議她專注於此刻的美好及愉悅；即使她正在執行一項艱鉅的任務，或者發現自己有些沉鬱之類。我同時希望她認清她的身體完全有能力照顧自己、療癒自己，只要她放手讓它自由去進行。

（換句話說，當我告訴她活在愉悅的當下，我的意思並非要她以此為把不愉快掃到地毯下的方法，諸如此類。）

肌肉的緊張與僵硬，很大一部分都是由這種持續的精神緊張與壓力所造成。他總覺得有責任找出問題所在，習慣就這樣養成。專注必須置放於正確的事。

（「嗯，在跟他討論時，我擔心他會用這個方法來隱藏事情。」──）

這的確應該列入考慮，但持續關注症狀以及因為它們而否定自己，則必須停止。但是你可以像昨晚那樣，藉由簡單的提醒及遊戲，幫助他在當下放鬆下來。

因為這個放鬆，更多的緊張與壓力不至於累積。肌肉和身體可以放鬆。以目前來說，他最好專注於——他的工作和大量的活動。然後，當成系列的最開頭，輕鬆自然地讓健康與幸福的畫面在他腦海中呈現。你的主動支持，例如協助他起身，對他非常有幫助，這等於再度向他保證你會把你的力量與他的相加。

活在當下會讓這些事自動發生，也會自動停止對未來的負面投射；即使是五分鐘之後的未來。

現在你可以決定要休息或結束這一節。

（「你對羅素先生失蹤的兒子有更多說明嗎？」）

這次沒有。

（「那我們就休息一下。」

（十點四十五分。結果這節課在此結束。我建議珍試著訓練自己，在做原本讓她困擾的起身或坐下的動作時，專注於外部的某樣事物。我覺得這可能是轉移她思緒的一種便捷方式，而不只是純粹依靠腦部的努力想像；有時她可能會覺得特別想要專注於內心的某個圖像之類。）

第五八三節（刪除的部分） 一九七一年四月二十一日

（本資料曾從一九七一年四月二十一日第五八三節刪除。）

（十點二十五分。）

好，在私人資料方面，來自你的鼓勵非常重要。

你的方向是正確的，但一定要持之以恆。如你所知，建議及暗示可以調整體重，徹底地療癒身體，但若被用於相反方向效果也一樣徹底。

你們周遭有各種物件，你會立即感受到一個明顯的環境。而你們也以一個內在的環境圍繞住自己。牆壁顏色會影響你的心理與精神狀態——這是個極其簡單的事實；同樣的道理，當你使用語言，無論有聲或無聲，都會對你的心理與精神狀態產生更大影響。

語言的力量最初與聲音及符號有關。愉悅的語言，無論有聲或無聲，都會立即引起有益的反應，有些反應很明顯，有些則否。它們會改變原本就從未穩定、也從不持久的系統狀態。它們也會塑造一個人的臉部特徵。人的表情來來去去，但某些慣性模式始終存在。

你需要的是大量充滿建設性的話語。這跟說話字數的多寡無關，重要的是其中的情緒。它們會把心理與精神狀態往某個方向擺盪。這時即使有很好的建議，對於已經被恐懼或擔憂綁架的心靈來說，都無濟於事。

最近的這次冒險應該會把所有這些都搬上檯面，同時也訓練魯柏專注於愉悅的刺激，而非不愉快的那些。他的想像力可以全力馳騁，只除了當他發現自己跑在負面的賽道時，他也往那方向同樣強力地奔馳。

無論他對自己有何要求，都應該別太複雜、要足夠簡單，好讓他有機會完成——從而產生成就感。

他若能在工作方面放過自己，他早已獲得足夠的成就，但他不相信這回事。他當然得對自己有所要求——一些他認為合理的。例如，今天他對自己沒做瑜珈的憤怒，便足以抵銷他即使做了的好處。

一如進食，讓他把他的想法當成營養品，這樣他就能用建設性想法餵養自己。他需要這些想法。這樣能自動地讓他更快增加體重，因為平常攝入的大部分能量都是經由這些憂慮消耗掉的。

（「我覺得這種內耗一直都在進行。」）

這是一種習慣，在某種程度上是那方面過度的自我審查，也是過度地關注於自我的問題。正如前些時候提過的，這裡也牽涉到他那過度盡責的、過度有良心的自己。

你會提醒他不要把負面想法投射到未來。他需要這樣的提醒。如前所述，你在前幾天晚上幫助了他，以建設性的方式將他帶入當下，這正是他所需要的。你還可以鼓勵他去感受自己的能量，並喚醒與提升它。當他要求自己要有能量時，能量一直都在。如果處理得當，整個計畫可以激發強烈的情緒共鳴。若能這樣，它就有很大的機會。情緒越強烈越好，因為只有這樣才能激發與振奮他的熱情。

好，你可以問更多問題，或結束這節。

我還有一個說明。如果你忙得過來，監督魯柏做運動會很有幫助，你若能一起練習則更好；再說一次，這可以增加興奮感和支持感。當他終於依賴你協助他起床時，這自動減輕的責任足以讓他消解與之相連結的負面能量，一個新的習慣開始出現。

起初，他對需要你為他做這些事情感到羞愧，但後來也體悟到你在那個時間點的支持有其必要。問題是幫助他在這方面重新建立起他自己的主動性。同樣地，如果他能在運動方面獲得你的協助，這將減輕他的恐懼，使他不再擔心這個因為沒有持續、因而不曾成功的練習，將沿襲相同的模式。反正，以我的建議，最初也別超過二十分鐘。

當你親眼看到練習持續進行所產生的變化，你自己的態度也會自動變得更有建設性，希望也將油然而生。私人資料到此結束，結束或休息由你決定。

（「那我們或許在此結束。」）

當你以剛才的狀態出體時，這正是向身體提出健康建議的最佳時機。我希望你將有更多這樣的投射，我也會針對這方面告訴你更多。

（「很好。非常謝謝你，賽斯，晚安。」十點五十二分。）

刪除課　一九七一年四月二十五日晚上十點四十五分

（為華京斯夫婦，蘇與卡爾舉行的課，一九七一年四月二十五日晚間十點四十五分。）

好的，晚安。

（「晚安，賽斯。」）

我是你們友善的婚姻諮商師——而你們最好聽我的，兩位都一樣。好，先給我們一點時間。首先，你們兩位都生活在各自孤立的宇宙裡，包括打赤腳坐在沙發上的那位。（蘇。）

（對蘇：）你一直把自己的恐懼往外投射，所以你會在那樣的光線下去解讀你丈夫的所有言論。這加劇了他原本就有的一些觀念。你的某些解讀是合理的，因為那是基於他的態度，但更多的是你內心深處對自己究竟是誰的質疑，以及與你個人本質相關的深層問題，因為那涉及你這一世的特定性別。

你早就激烈地意識到自己對性別的態度，與社會上的某些人很不相同，但這是你人生當中第一次與另一個人日復一日、密切地相互牽扯——他在某種程度上就宛如一幅移動的畫，供你將這些對自身價值的恐懼投射其上。

在知性方面，你對自己作為一個人的價值已有足夠的肯定，但在情感方面，你對自己的其他能力並沒有那麼肯定。你想得到支持。你想要你的希望和你對自己的信心得到認可，但你的恐懼使得你所感知到的實相蒙上了烏雲。

我要說的是，你對這段關係的一些解讀確實基於你所謂的事實，但也有一部分是基於你自己的不安全感。

（幽默地：）我跟你還沒完，但我不希望冷落了他（卡爾），所以我要利用你恢復鎮定的時候跟他說說話：因為你也在你孤零零的宇宙裡，而如果她的裡面有恐懼，那麼你的情感就像不羈的野獸，在荒涼的山谷中肆意奔馳；你是如此地恐懼及憂慮自己的價值，因而無法考慮到她的價值，你也因為非常地缺乏安全感，以至於當你覺知到她的不安全感時，會驅使你落入憤怒。

你覺得單要應付自己的恐懼已不夠強壯，當然更無法想到她可能也需要你的協助。如今，她雖然處境堪慮，依然努力向你靠近，架起橋樑想跨越自己的恐懼朝你而去，然而你卻因為害怕自己內心絕望的鴻溝，而無法前去與她相遇。

你們都沒把自己當成是因愛而並肩同行起的正直人士，只把自己看成是沒有安全感的人，希望愛可以為你們不肯去面對的恐懼找到答案。

我只能說，你們都錯了。（對蘇：）你想要有更強大的連結。你的恐懼並沒有像他的恐懼那樣，不理性地阻擋你。

我現在要休息一下，讓我的朋友（羅）重唸我說過的話，然後我再回來。不管是單獨還是一起，你們都還有希望。無論你們做什麼，你們都必須單獨面對自己，然後你們才有可能看清對方。

（十一點三分。珍的出神很深，她說。她替賽斯發言時，步調很快；我有時必須要求她慢下來。我依照建議大聲唸出上述資料。十一點十一分繼續。）

（對蘇：）好長一段時間以來，你都感覺自己彷彿置身魔鬼與藍色的深海之間。你感覺你有一個頭腦和一個子宮，然而這兩者不知怎地並不相容。且先不管前世的影響，即使它的確存在，也不管其他一些內在原因，你生下了一個孩子，向你母親及自己證明你是個女人。

然後，你想，你從此可以非常自由地使用你的頭腦和發揮所有能力了，其他人再無置喙的餘地，因為你可以說：「我已經如此明顯地證明了我的女性身分，現在我可以自由施展我的腦力了。」

（對卡爾：）對她來說，這樣的交易已經很不划算了，而你還要變本加厲地要求她每天用洗碗、做家務什麼的，來證明自己的女人味，這讓她難以承受，她覺得被你和她自己雙重地背叛了。

她早在遊戲初期，就以無意識的方式向你表明，她可以成為一個有孩子的女人。這已該一了百了地讓你知道，她是個完整的女人。然後你就可以自由地把她當成一個人來接受。而當你似乎沒有這樣做時，她不願意再做出更多的讓步，因為她覺得她已經退無可退了。

許多的次要問題會在這裡找到它們各自的位置——例如有時你會奮力遵守運動規則，試著合作一下，藏起你引以為恥的女性本質。（最後一句是對蘇說的。

（對蘇：）這些態度裡面都有一個錯誤的前提，而當你知道前提有誤，你就能獲得更多的自由。如你現在所知，你應該早已領悟，你在每一世都有些不同的能力。你可以經由不同的性別本質來表達自己，而你也應該明白兩者都是必要的。你所反抗的觀念只是一種非常短暫的社會前提，它正逐漸消失。因此，你也不必終生與之搏鬥。

（〔蘇：〕「我曾在夢境中要求解決之道，結果收到一大堆第二次世界大戰的東西。它們是象徵嗎？」）

你確曾活在那個年代。不過，你也是用戰爭來象徵兩性之間的爭鬥。

給我們一點時間（停頓）。

（對卡爾：）你也有一些來自父母、與性別有關的錯誤前提。好。因為你是男性，你對自己的恐懼雙倍地懊惱，並認為男性不該有任何恐懼。你也發現自己處於以下的境地：你認為你應該撐起全部的家計，而當你知道自己竟然可以輕易脫身時，你為此而痛恨自己。

你曾經害怕當你真的需要養家時，難以獨力支撐。部分原因是你認為她會要求你提供她原有的生活環境——一個暗地裡非常吸引你、但你從未有過甚至嗤之以鼻的環境。

我會緩步進行，也讓你（對我）的手指休息一下。

（十一點二十六分至十一點三十五分。

（對卡爾：）好，你的許多問題與兩個重要主題有關。一個是你的環境，另一個是你過去這幾年的實際經驗——應該就是從你上大學之後。

你並未覺得你有任何事是成功的。你並未覺得你在現實世界操作得很好，某種程度上，你為此既憎恨這個世界，也憎恨你自己。所以，你認為這個世界並不想要你成功，這個世界或已有的機構，處處與你為敵。其實，你害怕的是，不管他們怎麼看，你根本不可能在這樣的世界成功。

（半幽默地：）你的心理醫生應該已經告訴過你。這很重要。

部分原因來自你和你父親的關係。在你很小的時候，他讓你感到害怕。你當時覺得他非常強大、充滿了攻擊性，而且以他的行為不可理喻地表現出來。你不認為自己可以變得像他當時那麼強大——不管做什麼，你都覺得矮他一截。

這裡給我們一點時間。（停頓。）

他身上有著一種看不見的殘酷特質，這讓你害怕。在情感上，你也會去關心你的母親，但你覺得她太依賴他，因此更加軟弱，所以你會有些害怕你對她的感情。

你自己的藝術能力也帶來問題，因為在你心目中，這些能力似乎偏於女性，而非男性化。

相對而言，你覺得你父親在他的房子以及荒野之中開闢了自己的世界，於此同時，因為你是如此地害怕他，所以你並不真心覺得他希望你也這樣做，不管他怎麼說——因為你若證實是個更好的男人，等於自動地毀掉他。

這是你讓自己沒有成就的原因之一，還有些其他的。

你的多起外遇代表了對妻子更深的背叛，因為這意味著，你不僅不接受她的頭腦，如今你還拒絕了她的身體。你現在還沒有體認到自己內在那份如此之深的絕望，而你是可以去理解的。它並不像你認為的那麼深，也沒有那麼隱密，在你學習的過程中，你可以用一些實用的方法來盡量降低它的影響力。

（對蘇：）他對自己的缺乏信心，你是知道的，而且你也接受了。你原本可以有能力幫助他一起對抗——理想上來說——我帶著微笑在此補充。

跟父母在一起讓事情變得更加複雜，因為你們兩位的態度都因為環境而變得更加惡劣；你（蘇）被當成大家庭裡的小女孩，而他則被當成從後門闖進來的陌生人。

（對我。）好了，把剛才的文字重唸一遍。

（十一點四十七分。珍的出神很深，步調再度很快。在我大聲讀完前述資料之後，凌晨十二點一分繼續。）

（對卡爾：）你感受你的情緒，但你很少認真去思考它們。你知道自己的很多態度，但你很少去尋找這些態度背後的原因。你以它們的表面價值去接受這些態度。

你把你的感覺投射到世界，理所當然地認為世界就是你的感覺所描述的那樣。你接受你對自己的那些態度、它們的表面價值。這些態度由來已久。它們在你有能力認真思考它們之前便已形成，例如你相對地較不喜歡閱讀、不信任語言表達的態度等等。你認為自己是一個試圖藉由經驗直接與世界打交道的人。

你認為閱讀是二手經驗。你認為是你自己這樣想。其實你之所以會有這些想法，是因為你對你父親的態度。五年來，你從未親自檢視你對自己的態度，只是把它當成真理接受了。

在你的內在旅程中，你盡可能地遠離自己，而不是盡可能地靠近。因此，在某種程度上，當你的妻子分析你的情緒，或者當她問你為何會有這樣那樣的感覺時，你總是不信任她。很多時候你是不想知道。

好，如果我們更早舉行這節課，它不會有如此大的衝擊，不然我早就給你們了。（對兩人。）你們很清楚我不會告訴你們這樣做或那樣做，但我提供的內在訊息應該會是你們評估情況時很好的補充知識。

現在，你們雙方所面臨的挑戰確實可以在婚姻的框架內解決，而且這樣的方式也可能是效果最好的。它們也可以單獨解決。如果你們決定繼續，整個的氛圍就必須改變。她必須得到鼓勵，勇於表達她的情感和能力。

（對卡爾：）你必須學會認真思考自己的情緒狀態，有如騎士騎馬那般地駕馭你的情緒，而不是被情緒所駕馭——並多表現一些溫柔，更常認真思考自己的態度。你的形象非常脆弱，這一點必須改變；因為這形象，我再說一次，是建立在錯誤的前提之上——只要你們想要，我會給你們每個人更具體的細節。

（幽默地：）我現在可不是在貶低你們喲。不過，我也不是在頒發勳章。

（〔蘇：〕「所有這些事中，尚恩在哪裡？」）

孩子可以發展出卓越的能力，而如果你們自己的關係是比較有建設性的那種，那麼他將從你們的經驗學到更多。你們兩位都擁有對他有利的性格。轉世的資料我改天再給你們。具有這種本質的小孩，不管你們怎麼做，我相信他都會很安全。

好，可以重讀一下了。

（凌晨十二點十九分至十二點二十九分。）

你們已在一個晚上得到了許多，但應該都能很有創意地利用這些問題，並將它們轉為對自己有利，這是一個你們兩人一起參與的學習過程。說不從來就不是一件簡單的事，而我看到你們都把自己的處境處理得很好。不要感到絕望，也不要覺得自己是失敗者。對你們來說，這是一個在其他方面已經過去的時間點，你們會回首往事。你們並沒有被困在此刻。因此，向你們的內在自我尋求訊息，釋放你們的洞見，這樣你們就能清晰地看清你們得到的答案。你們確實有能力解決這些問題。因此，請提醒自己注意這個事實，不要告訴自己你們的處境無論如何都是無望的。

好，你們會寧可我今晚給訊息是不知不覺的嗎？

（〔蘇：〕「不要。」）

（「卡爾：」「單獨的，不要。」）

那麼就好好利用。單獨或一起，不管怎樣一定要用。你們擁有比你們所知更大的力量，所以你們要用。你們只需從其中汲取。我知道你們有力量，也知道你們會善加利用。

現在我要道晚安了。（對卡爾：）張開你的眼睛。你可以在你的內在自我之中找到比絕望更多的東西，卡爾。你裡面有許多內在的領悟，任由自己被它們淹沒吧。它們是你的橋梁，不只通向你自己，也通向你的妻子。不抱希望絕對無法修復情況。

（十二點三十四分結束。）

第五八四節（刪除的部分） 一九七一年五月三日星期一晚上九點三十五分

（本資料曾從一九七一年五月三日之第五八四節課刪除。它來自我在賽斯自己的書第二十章所問一些問題的解答。它們與賽斯在珍的有生之年透過她說話有關；在我的幫助之下，等等。）

（在此附上該節的第一部分，其實整節課都是與珍的症狀相關問題，諸如此類。）

（十點九分休息。珍出離得很好，她說。我把第一部分的幾個段落唸給她聽，因為我認為很重要。這資料促使我建議更改我們目前的慣例與態度；珍說這些在現階段純為推測的建議讓她害怕，但這當然不是我的本意。我只是上天下地、想找到能緩解症狀的方法，哪怕這意味著在我們解決手邊的問題時，必須暫停ESP班級課或定期課，或其他的什麼。）

（珍說她不確定能否繼續上課，但她終究在十點三十七分重新開始。）

好，我有幾個說明。

等魯柏完成他的書，而我也完成我的，你們無論如何都要去休個假，這不只值得接受也將大有助益。

他的態度正在改變，而且一直在改變，因你的幫助，他的態度將能變得更好。任何恐懼都與我們的課無關。雖然它現在並不與過去的某個特定事件有特別的關係，但仍來自過去那導致他相信他必須嚴格自我控制的訓練；不能肆意地全力衝刺，要克制個性中自發的部分，除非它們以

「可接受的」方式表現出來。

詩是可以接受的。在其他的領域，他擔心自發性的自己可能導致生育。在通靈的領域，他擔心自發性可能造成虛假，更嚴重的是例如精神分裂的事。在你這方面，他感覺自發性的自己只曾替你帶來麻煩——例如佛州行之類的，所以他最好學會去控制它。

當你生病、你們不常有性生活的時候，他甚至擔心他那時的慾望可能導致身體上的出軌，於是在各方面都必須仰仗壓抑的習慣，對身體壓抑的習慣因此建立了起來。生活的各個領域也都多少地涵蓋在內。

在靈性方面，他感覺自己可能把他人引入歧途。

如此一來，症狀便成為壓抑的結果。當它們仍允許他追求他有興趣的活動時，過度盡責的本性（conscientious nature）引領他去調查通靈實相因而讓他學習甚多的、善於質疑的心智，並不會在一夜之間改變。它們存在太久了。

就像對待每一樣其他的經驗，它們繼續質疑，一如在前往真理的路上過度盡責地一再測試。書的暢銷以及它的影響力，讓他重新質疑，如果他真有這樣的影響力，那麼它最好是建立在名符其實的真理之上。

（「他認為它是嗎？」）

他認為基本上是，而且他也接受這項工作——亦即賽斯資料的基本原則。他仍然覺得轉世的想法難以接受，但這不是唯一的痠痛點。給我們一點時間。他有時也對上帝的概念感到困惑。他接受資料的來源遠在他平常的自我之外。如果他不曾打算全心奉獻，他早就停止這些課了。你有相關的問題嗎？

（「你是指對於第二十章？」）

不，私人資料。我想再說一次，這裡的重點是思考的習慣——魯柏的思考模式。

（「ESP班級課曾使他的症狀加重嗎？」）

通常不會，除非它們觸及上面提過的那些問題。當它們觸及時或許會。

（「《靈界的訊息》出版，而我們隨之進行宣傳旅行，這是否重新喚起並加劇了他對把人引入歧途的恐懼？」）

起初，如果你還記得，他對於是否將資料出版和往這方面去處理，一點也不熱衷。他的第一本書講述的是你們的實驗，主要是你們自己進行的實驗，以及實驗的結果。這事發生了，那事發生了：人們盡可接受或拒絕。

這些資料所代表的教學內容，不僅與他童年時代的宗教背景大相逕庭，而且從某種程度來說，也與他成年早期的思想觀念差距甚大。從這個角度來說，他讓這個教學出版，對他是很大的跳躍。

然後當他明白宣傳旅行的涵蓋面之廣、觸及的人們之多，使得他再次擔心自己讓人誤入歧途。他也運用了他的寫作能力，或者說讓他的寫作能力為資料所用。既然如此，那麼資料最好是合情合理、名符其實的，因為訪問他的人都把他當成寫了書的靈媒，而不是一位有通靈能力的作家。

他認為，這使得他在世人眼中的地位一目了然。不過，他確實很喜歡這次的宣傳與經驗，也才會對普林提斯出版社後來的態度感到失望。

他一點也不喜歡華盛頓的電視節目，也不喜歡那邊的環境，它們讓他焦慮與不安。（第二次旅行。

（「你認為接下來的兩本書——他快要完成的夢書，以及你自己的書，情況會是怎樣？」）

最初的反應當然會很強烈，因為這是他在那些方面的第一次經驗。而且他也在那之後對自己有了更多的了解。

（「但是症狀更加劇烈了。」）

我在你們回來之後的刪除課中告訴過你、與症狀相關的其他資訊，在這裡也是適用的。

我還有些與天氣相關的資訊可以給你。然而，我建議你先休息一下——如果你願意，我也可以等到下節課再給你。

（「那我們先休息。」）

（十一點十分至十一點十八分。）

好，我不要佔你太多時間。你的說法當然也很對，就注意力集中於負面的角度（自從晚餐時間），不過你們兩位的態度都已經有了明顯的改善。

現在，魯柏體重的增加是改善持續的先決條件，最近出現負面影響之前也出現過一次。當時，是體重先增加，病情才好轉。

時間的關係，我不想太過深入天氣的角度。然而，這裡有兩個重點。身體狀況在一定程度上與天氣有關，正如魯柏的吹笛者所說，肌肉的行為不一樣（在惡劣的天氣）。當肌肉強健有力，這種差異幾乎觀察不到。一旦有任何困難，它立刻變得更為明顯，而藉由不同的心理態度，則可以很大幅度地將困難減到最低——但困難的確存在。

第二點，你們的情緒受天氣影響，所有種類的天氣；而如你們所知，天氣從一開始就是你們形成的。持續的互動一直存在。經由憂鬱時期的聯想，某種連結建立了起來——壞天氣叫人憂鬱，以及反之亦然的慣性模式。

此外，大氣中的電磁變化也不斷影響著身體，如果身體因為某種原因而疲憊，就會對這些變化更加敏感。以天氣不佳、陰暗的一天為例，不良的慣性反應、少量的負面暗示以及一些症狀，加總起來就會造成一些影響。

既然理解了這些，魯柏已經懂得有如今天這樣，採取一些應對措施，例如想著在屋子裡工作是多麼舒服，雨聲聽起來多麼撫慰人心。

現在我要道晚安了，不管怎樣，你今晚應該很愉快。

（「的確充滿了啟發性。非常謝謝你，賽斯。晚安。」）

你們今晚合作甚佳。

（「是。」）

（十一點二十八分。珍的出神再度很好。她說賽斯今晚充滿愛心——這是一切順暢的那些夜晚之一，諸如此類。）

第五八五節（刪除的部分） 一九七一年五月十二日

（本資料原屬一九七一年五月十二日第五八五節。我記下我本身自五月四日週二晚上開始的類似感冒症狀，以及賽斯的討論。我已藉由擺錘得到對這個問題的一些洞見，但今晚星期三，我又因為症狀而非常難受。

（擺錘認為我的症狀與我想把一九六九年的一幅筆墨速寫改畫為油畫的決定有關。那是我所認為一個男人面對自己時的自由詮釋，以扭曲的臉及圖形將之具體化的一小幅速寫，我最近將它從檔案中找了出來，決定畫它。我選擇了一家知名藝品製造商生產的紙板畫布做為表面。我很少用這種畫板，通常認為它不夠持久；我幾乎總是使用梅森耐特纖維板。

（為了加強面板的持久性，我在它的後面用膠水黏上了一個木框，防止它變形之類的。我用的木頭是上個週末在父親塞爾市的車庫裡找到的，星期二下午，當我開始將畫稿放大，準備依次轉移到畫板上進行油畫作業時，症狀開始出現——咳嗽、打噴嚏，有如嚴重的花粉熱。另一個問題是，我無法決定該用怎樣的尺寸來將小圖繪製成合適的油畫——一切都很不順利；過了一陣子，我終於明白，我的潛意識正對整個計畫找我麻煩。

（擺錘告訴我，我擔心所選的畫板可能缺乏持久性，並簡要告訴我應當也多少覺察到的一件事：亦即就形式的處理而言，我在這幅畫中改變了慣常的工作風格。我當時並未對珍說明這些。

我以為我已經把問題解決了，然而當症狀繼續在星期二晚上珍的ESP班繼續肆虐時，我明白我錯了——問題尚未解決。

（星期三早上我去上班時，感覺已經好了很多，但症狀在星期四下午我想再度擒拿這項作業時，捲土重來。我不禁有些生氣和厭惡，並開始明白，問題既然無法解決，我可能得放棄這張畫。我擔心症狀若再持續一兩天，等待我處理的就會是感冒之類的問題，需要耗費許多天才能痊癒。我並未要求賽斯幫忙澄清任何事。我對整個事態發展的反應，對我也有如當頭棒喝，因而忍不住拿自己的反應與珍對她那些症狀的反應相互比較。我只因一天的不適，就想放棄，而她的症狀已經持續多年。我直覺地感到，這兩組症狀都代表著做事情遇到了阻力；在這方面，我自己的症狀似乎更有啟發意義。

（我把我的症狀與在五八五節提起過的其他信條〔creed〕做了連結。如前所述，這個信條來自《靈魂永生》一九七一年五月三日第五八四節，賽斯討論到：自我總是害怕被創意能力的強大力量壓碎，等等。長久以來，我一直覺得珍有這種恐懼，它們必須加以解決。

（信條的一部分涉及珍列出困擾之事的清單——事實上，清單最後幾乎涵蓋了我們生活中的所有重點，而我希望把這份文件當成一個指標及提醒。我現在開始覺得，我們沒有人是萬能的，必須在我們所能承受的範圍及能力之內生活。簡單來說，有些事情即使我們可以做，但是為了保持整體的平衡與健康等等，我們最好還是別做。這也等於說，我們大可利用或許略微不同的方法來達到我們的目的。

（當我開始了解自己的症狀，便也採取一些步驟，企圖用其他方式呈現同樣的想法——一個男人正在面對自己——並很快進化為幾種與我對圖像形式、持久性等想法一致且相當容易接受的方式。這次經驗對我有著極大的啟發。它讓我學會去考慮人格的所有部分——它的需求、慾望、創作的動力與表達等等；而我直覺地將這些與珍的問題連結起來。我開始清楚地意識到，這正是她必須做的事。

（信條的一些元素包括她是否該舉行這些課，是否該把這些課出版或只留作私人用途，是該在現在出版或稍待或永遠都不出版等等。我在過去及現在都很渴望提供協助，從未感覺到後悔。珍已經從信條清單得知她並不想只是當個靈媒、只替賽斯寫書，一如艾德加．凱西〔Edgar Cayce，譯註：1877-1945，美國著名的靈視者，聲稱可在恍惚狀態下說出來自高我的聲音〕系列。她想要、也必須書寫由她自己創作的書，非常有意識地走完整個創作從頭到尾的過程等等。這與賽斯資料本身的傑出無關。重要的是她對賽斯資料的反應，而她的症狀，就我目前所見，是她有所反應的一個非常明顯跡象——至少她的一個重要部分正以這樣的方式反應。

（她的一部分在過去和現在都很歡迎這些課，也確實地對這些課負起責任，但相較於此，她人格的所有元素都以積極方式回應她做的任何事才更為重要。只要症狀持續，就是一切尚未健全的跡象。改變正在來臨；它們必須來臨；而我相信它們只能是更好的變化。這方面以後或許還有很多話題。我並不打算在今晚詢問賽斯更多；其實是我在生自己的氣，不想深入任何事。

（十點二十五分到十點三十二分的休息之後，課重新開始。參閱《靈魂永生》第五八五節。）

好，我有些私人說明給你，而既然我們這一章已經開始，時間也不早了，我會放開你。

（「我沒事。」）

給我們一點時間（停頓）。

在你的想法裡，永恆這概念與更具代表性的作品是緊密相連的。例如你會想到以前的大師、他們的人物作品等等。你擔心較為自由的風格本身便意味著比較缺乏永恆性，因為你不知道，隨著時間的流逝，人們會怎樣看待這種風格。

（這是極好的資訊，賽斯只要談論藝術，總是蘊含著我認為珍不可能以此方式表達的真知灼見。）

這一點，加上廣泛性的無常之感，解釋了這些症狀。

（附註，我雖然曾從擺錘得到不少進展，但尚未對上一段有全然的理解。我似乎瞥見了什麼，但還未向珍表達任何結論。）

無論它的形式如何，內在自我（inner self）當然都是永恆的，而一個男人與他自己的相遇，從根本上來說是內在的相遇。你有問題嗎？

（「嗯，我能解決這件事的，對吧？」）

沒錯。

（「我不希望我的想法和表達想法的方式太過僵化。」）

你畫速寫的時候並沒有遇到困難，不是嗎——一直到一幅畫作的所謂永恆性滲入這個議題。我對內在相遇的說明，應該可以幫助你協調這兩種立場。

（「我還以為這幅畫可以容許我表達出我平常不准許自己表達的更多幻想。」）

它的確可以。它本身就有助於打破你作品中那些壓抑與僵化的因素。

（「既然如此，那麼是我自己的哪個部分在找我麻煩？」）

你可以接受全然抽象的作品，而且也畫得非常好，即使你一直都不滿意。（這是真的。）然而，這種既要使用圖形或對象物、卻不具表現形式的繪畫，卻讓你感到困擾；同時，你又對具有同樣本質的素描與速寫情有獨鍾。這其中並無二選一的兩難：你在這些速寫與素描之中，允許你直覺的自我自發性地表現出來。只有當你想把同樣的想法移植到油畫、以一種更永恆的形式出現時，它們才開始令你感到不安。

（傑出的資訊，等等。）

給我們一點時間。（停頓）你很信任你從各種對象物所感知到的外在秩序感，因此當它們受到扭曲，就會引發一種驚恐的感覺——再次地，是在油畫而非素描方面。

沿著這樣的感覺路線，扭曲、藝術方面的扭曲，代表了你覺得非理性或不真實可能進入的點。對你來說，忠實地描繪一個對象物，代表一種真實。如果把它表現得與真實情況不同，再怎麼好也只是半真半假——這來自童年時候對父親那些誇大且扭曲的秩序觀念。

（說得太好了。這段話的有些部分我的意識原本並未知曉，但它也是那種一旦知道、就立刻恍然大悟的資訊。）

你的直覺其實知道得更多，以及（但是？）事情只要與繪畫——你一生的志業——相關，你就不允許自己自由。你只在那些對你來說純屬好玩、不具永久性的素描與速寫作品中，才允許自發性自由發揮。

我會要魯柏放下香菸，再繼續傳述。

（「好。」因為我又開始咳嗽了。）

你父親總是試圖修好破損的物件，你也多少帶著這種習性，因此從這個角度來說，沒有畫得很正確的圖形或對象物，都應該修補好。畢竟事情似乎失去它原有的秩序了。

（「對。」這裡真是觀察敏銳。）

既然你正覺知到這些連結，未來就不會有問題。你向來追尋著偉大的秩序，意圖在繪畫中創造一個秩序井然的宇宙，想要尋找理想中應該存在於外部世界、實際上卻如此缺乏的完美。如今，你發現秩序的本身乃是從自發性泉湧而出，這是你第一次嘗試要將兩者結合起來。你有任何問題嗎？

（「沒有。我認為這些說明都已涵蓋，我現在找得到連結了。」

（話雖如此，但我還是暫停這幅畫的計畫，至少目前先擱置，即使我似乎已經找到我人格的所有部分都能接受的解決方式。至少擺錘也同意。然而到五月十六日，我寫這些的時候，症狀仍在——雖然已經少了許多。一如我將逐漸協調我在整個事件中所意識到的衝突，我想，症狀也會逐漸消失。

（於此同時，我告訴自己，我將知道繪畫工作該如何進行；結果我是重拾幾個月前開始、卻因跑去擺平其他問題而擱置的一幅小型人像畫。我覺得這個決定將帶我重返會有更多發展的軌道；而這些發展之中，或許會包括觸發這整個事件的那種畫；事情若如此發展，也能與一切相容，那就太好了。然而，不管事情將要如何發展，我已學習到許多，也會把它們派上用場。

（我即將完成一系列真人尺寸的六張肖像畫，許久之前我即已告訴自己，在那之後，我將要就我選擇的任何題材、自由自在地開始進行更大幅的畫作。早先提過那幅較小的畫也算在這一系列，所以我認為重拾舊作是個好選擇。擺錘也同意。

（賽斯既然暫停，我趁機問了一個原先並不特別想問的問題。問題背後的因素我之前已經解釋。

（「對於珍與我在這個星期初所談起，給她更多自由的那些討論，你有什麼看法嗎？」

（並真正去體現我們現在正在制定的「信條」……）

它們非常有幫助，也是應該公開討論的議題。當它們受到壓抑時，反而會得到大得不成比例的能量，進而可能產生過度激烈的反應。何況，他從來就沒有理由只把自己限制在通靈的書籍方面。

我多次敦促他更常寫詩。對於他要多大程度地投入我們的工作，他當然必須作出自己的選擇。他對這些議題的所有感受，都應該得到傾聽、承認以及討論，然後根據他的發現採取接下來的行動。

（賽斯對任何事態發展都能坦然接受，這真的很令人讚嘆。他可能比我更敏銳地意識到各種可能性，儘管我最近也總是快速地思考它們。我覺得有些事情即將改變。現在做出決定為時尚早，而或許也並不真的需要快速及硬性的規定……但態度上的一些改變是肯定要有的。然而，當我思考最近一直在考慮的一些替代方案時，仍免不了感到些許哀傷。）

休假是不管任何情況都需要的，這是很自然的事。例如，他並不需要急於衝進另一份合約裡。僵硬的態度，以及非黑即白的思維，是一個問題，你可以在他這樣做時幫助他辨識出來。

（「他是否還在擔心我，因而導致他的行動緩慢？」

（在早先的刪除資料中，賽斯曾告訴我們，自從《靈界的訊息》出版之後，珍的身體動作之所以緩慢下來，部分原因是她想以放慢速度給我一個機會，讓我能藉由我的繪畫趕上她的成功之類的。）

因為你的自信，那件事已大致解決。

（但她的動作還是跟以前一樣慢，我想：「我只是好奇，目前這些慢動作的來源又是如何？」）

那是他放到自己身上的壓力，還有你提出來討論的、與他自己的作品相關的壓力。你們寫在紙上（我們的信條）那些尚未解決的和部分埋藏的態度，以及許多壓抑得如此之深、以致除非受到逼迫他完全想不出更追論與你討論的一些態度的確存在的事實。

（那正是我的感覺。

（「那張紙上的重點我們都涵蓋完整了吧？」）

的確如此，起碼目前重要的那些。

那麼且讓我誠摯地向你道個沉鬱安神的晚安。

（「謝謝你，賽斯。你的幫助我們真的銘感在心。晚安。」

（十一點三分。）

第五八九節（刪除的部分） 一九七一年八月四日

（本資料原屬一九七一年八月四日第五八九節。）

（這是賽斯對珍今天早上做的一個非常有趣的夢的解讀，在他結束《靈魂永生》第二十二章的口述之後給出——既是道別也是序言。

（十點四十五分。）

給我們一點時間。

魯柏需要你的協助，以及你給他的支持，才能完成他最好的作品。他信任你。在夢中，他跟著你去他想去的地方，但是他需要你的信心來幫忙引導他。

這個夢有幾個面向。首先，往上走的明確階梯，是在你們之前已經有其他人走過、你們也必須走的，頗為普通的階梯。它們早已有明確的定義，即使如此，魯柏對它們還是有疑惑。當你們越往上走，它們也越來越不明確。

你們終於來到山頂，那裡不再有明確的階梯，而是一道平滑、穩定的上坡路，但是沒有階梯可依循。你先抵達那裡，然後協助了魯柏。這表示，在你的內在自我之中，你對魯柏的目標有很清晰的認識，而魯柏出於種種原因，即使其中有些很合理，卻對他實際的自我隱瞞了這些目標。

他擔心他會跌個四腳朝天，而在夢中，他也在到頂之前跌倒。這代表了他那老愛回首來時路的傾向。

在身體的層面上，這個夢還有的另一個意義——他將在一段時間之後不用再擔心樓梯及走路的問題。上樓的方法將不再令他擔心，他只需關心如何往上，以及你們兩人將一起克服實體環境。

夢境也表明了他在兩種情況都樂於追隨你的意願，並強調了你對他能力的信心。它也表明你們兩人又有了共同的目標，正攜手合作。

夢裡出現的男人代表症狀的理由——也是你倆決定要合力避開的、黑暗的一面。你們把他留在森林裡，然後開始往上走。

（「這並不表示我們逃避問題，對吧？」）

這只表示你們與它分道揚鑣，你們把他留在森林，自己走了出來，之後便繼續往上走。

在另一個層面上，此人也代表各種負面的干擾；代表你們拒絕再因與他的交易而被困在原地。

給我們一點時間。尖頭屋起初很小，魯柏因此想要撐開窗戶，以便前廊可以擴充為起居空間。取而代之的是，你只引領他走到屋外。這代表你最近經常有的、實際把珍帶到屋外的努力，以及你要讓兩人走出森林的決心。

她想要躲在屋子裡。你帶領她經過男人所代表的症狀，往上走。

好，休息或者結束這一節由你決定。

（「我們休息。」）

（十一點五分。然而這節課仍在這裡結束了。）

刪除課 一九七一年八月十六日

（這原是一九七一年八月十六日星期一的定期課，它曾從記錄刪除。）

晚安。

（「賽斯，晚安。」）

好。健康的人認為健康乃理所當然之事，他把健康當成他所呼吸的空氣那般理所當然。他對健康的理解一如對空氣那樣，他不會感覺空氣將被奪走。他不會擔心他的健康，因為他不假思索地信任健康，一如他信任自己活著。

你也信任你藝術方面的能力，你認為它們是你的一部分。魯柏認為寫作是他的一部分。有些人具有很高的藝術天分，但他們從不信任這些能力，不把它們當成自己的一部分，因而就實際上來說，無法發揮這些能力。

然而，這些能力一直都在，就像每個人體內都潛伏著健康，一如可能也以同樣方式潛伏著的諸多其他能力。富人認為財富是自己的一部分，他認為自己擁有財富乃是理所當然之事，而且還會獲得更多。窮人則認為他的貧窮是理所當然的，也實際上如此信任，並認為他理所當然只會獲得更多相同的貧窮。

在所有這些領域裡，期望都會帶來物質層面的實相。

你們兩人所擁有的個人生活，是信任與期望的結果。你們的藝術創作也是信任與期望的結果。話說回來，在所有領域裡，只有相對少數人在整個生活中，能以這樣的方式實現他們認為自己所追求的結果。危險在於：人們總把注意力集中於不足之處，集中於他們的「痛點」，以及更大與更多地造成他們集中於不信任。在非常重要的方面，你和魯柏兩人都很健康。在每一個重要的態度上，你們個人的健康狀況都是最好的。

魯柏在所有領域都是如此，除了他以負面態度去專注並放棄信任的那個領域。我希望你們徹底明白，在非常重要的方面，甚至在健康這個領域，你們兩位都是成功的。

魯柏向來理所當然地認為他的器官、那些他賴以生存的器官，都運作得非常好。只有兩個領域，他不是那麼信任。這些連結來自過去，但到目前為止，不信任只在那裡成長。然而，缺乏信任本身是個重要的問題。

其中一個是藝術創造力與女性身分的「問題」，以及個人背景所導致對女性器官的不信任。這並不表示，女性器官會導致疾病或器官本身的病，而只是功能方面。

後來，因為你們之間一些，我認為，現在已充分理解的議題，他感覺他的女性氣質會對你們兩人造成威脅，習慣性的不信任便以月經的停擺顯化出來。等我全部說完，我會在這方面給你們一些建議。

對活動力的不信任，或擔心活動力被奪走的恐懼，它們之所以建立起來，其理由我也在其他章節給過你們，這真的只是因為他和一個沒有活動力的人長期生活在一起之後，所得到的暗示。僅僅是距離太近的惡果。雖然魯柏對身體的其他領域都很信任，但這兩點可說是他盔甲上的漏洞。

當內在的挑戰與問題累積了一段時間卻沒被理解，並在身體上物質化時，這些有漏洞的領域就雀屏中選。由此產生的症狀又強化了最初的不信任。因此，一種反向的信任狀態便開始運作。規則都一樣：你是你所相信的。如今，即使最初造成不信任的原因已不再強烈發揮作用，你手上還是有「你的信念」所帶來的結果，在此就是相信自己沒有活動力。一如我們討論過的，外部情況這時就會被用來加強內部資訊，而且不管所有的道理，逕自否認外部的症狀。你了解我的意思。

(「是。」)

這與好壞無關。說「為什麼這樣？」一點幫助也沒有，既然你們都已經在這裡學習思想、感覺與情緒如何具體化為物質。

這就來到魯柏的「假裝」(as if) 遊戲。這是個非常好的方法。他若能貫徹執行，而你們也不要求它快速生效，它會有用的。

目前在你們手上的，是一些負面信念投射在身體某些部分所帶來的結果。以前的電荷也差不多快耗盡了。你應該在這個遊戲裡助他一臂之力——幫他了解它的運作方式。即使你想要陪他玩，記住這只是個「假裝」的想像遊戲，是非常重要的。

到目前為止，你們兩人一直很用力地玩著生病的遊戲，兩人都在想像中創造出症狀，魯柏不只把自己囚禁在現在的症狀中，也在未來看到它們，甚至根據現在的症狀檢視未來的事件。

所以你們很清楚這個遊戲的玩法。我們只是想要反向操作。

你們需要一些提醒。我現在說的真的不必再說，因為以前都說過了：永遠只記得，你們是健康且充滿活力的。至於你們的起居區，享用它們、把寬敞視為理所當然，熱愛你們對它的想法，這只會替你們帶來更多。

魯柏對樹木的喜愛，會把你們帶到有更多樹木的地方。他對班級課學費的喜愛，會讓他獲得更多學費。然而，在任何一個領域，如果專注於一些匱乏，就會加強這些匱乏。我想要你們看見你們做得很傑出的事，從而把它們應用到其他領域。

在他的「假裝」遊戲裡，要魯柏想像他的月經來了，他去購買衛生棉。他只需要這樣做——不必重擊核心。做這件事，以及你們若有雙方都滿意的性關係，也會很有幫助。他現在已經比較感覺你把他當成一個女人了。前一陣子他覺得你並沒有。

一個小註：你收到的轉世資料頗為正確——你這邊再更專注一些，那一世的整個情節就會變得更加清晰，而且事半功倍。

（「我父親在那個班級裡面嗎？」）

他的確在。

給我們一點時間。（停頓）我的書會賣得很好，你們儘管理所當然地接受。

（「我覺得我們已經那樣做了。」）

你收到的轉世資料應該已經給你一些啟發。你的熱愛細節自有它重要的理由，也連結到許多強烈的情緒。細節對你的意義遠比你的理解更大。例如，你並不是為了細節而熱愛細節，但你在這方面總是有強烈的過度反應。

好，當你把對真理、藝術或藝術完整性的理解與細節連結在一起時，強烈的情緒化就會顯現出來。這在你的畫作裡經常出現，以及我的書中那些與你有關的部分也是如此。

你認為一個錯的或者壞掉的蘋果，就會使得整籃蘋果都腐爛掉。因此，在你的藝術構想中，每個細節對你來說都極端重要。你認為，細節代表著這些領域裡、通向真理的階梯。而你的其他部分則很自然地體認到靈感的重要，在其中，階梯或細節並不以邏輯的方式出現，所以你會讓這兩方面自我平衡。

你可以休息一下。

（十點十分至十點三十分。）

「假裝」的遊戲可以把健康的畫面帶到現在。魯柏在想像中看見現在的他既健康又自由，而那並非他的近況。那樣做非常重要。

事情就是這樣進行，只要方法正確，與目前的行為相比較的行為就不會發生。然而，健康的想法會變得和不健康的想法，同樣具有說服力。

遊戲性的，甚至輕鬆好玩的想法，需要一直保持著。魯柏必須發現遊戲的樂趣，而不是下定決心去追求它。「假裝」的想法會自動重新訓練肌肉的動作，而且一點也不費力。

讓我們來看看「早晨起床」這齣戲裡的一幕。

它經由想像及身體表演出來，每天或許稍有變化，但大致上是一樣的。這一幕之所以會有變化，不必然是由於在想像中努力以不同的方式重演，而是由於整個「假裝」遊戲的結果。到這裡你了解吧。

（「是。」）

場景和期待會改變。你試著陪他一起玩，或者知道他在做什麼，是很重要的，因為你們對彼此的影響力是如此強大。所以，你跟他玩你自己的「假裝」遊戲。這會有幫助。你以同樣的心態進行。一如魯柏今天閱讀《改造生命的自我形象整容術》這本書時突然感受到的頓悟，任何挫折都應該被當成他所參與學習過程的一部分，而失敗，尤其是過去的失敗，則應該被遺忘。你也不應該提醒他，或者任由自己專注於這些失敗。

過去，他經常用「生病前」的自我影像做為比較的基礎。更糟糕的是，他有時會用二十歲的身體狀況，這當然會自動地導致一些非常負面的態度，因為他畢竟已不是二十歲。

他想要成為一個健康的現在自己，而不是健康的過去自己。自以為嚴重的體重問題，其實不是問題。你們兩人都把它誇大了。多點重量對他是有用的。擔心狀況所耗費的能量，會使原本要增加的體重出現不了。例如，當他在最佳健康狀態時，他也不會是過重的人。

當這些其他領域出現進步時，體重就會自動增加。他在「假裝」遊戲裡想像的健康自己時，應該包括正常的體重，但不必過分強調。

遊戲的玩法如果正確，某些習慣就會自動消失。例如，他的穿著打扮從來不像一般健康漂亮的年輕女性那樣自由自在，所以他必須根據「假裝」遊戲中的角色來打扮自己。健康的女性不會把她們的身體全都包起來，也不會隱藏她們的膝蓋或手臂。她們利用衣著展現它們。

「假裝」遊戲如果玩得正確，穿衣服的習慣就會自動改變，而且是在毫無壓力的情況下。魯柏很怕受到羞辱。倘若他能假裝他是完全健康的，這類想像出來的羞辱就不會自動投射出來。這是你們雙方都應該密切注意的領域，將遊戲與當下的實體數據進行比對。

然而，它也顯示了在關鍵情況時的缺乏自由。我之所以說關鍵情況，是因為衣著能將活動性和女人味這兩個在過去都不受信任的領域結合在一起。性領域也結合活動力的缺乏以及女人味的面向，所以，在這些領域裡，自由以及「假裝」遊戲變得雙倍重要與絕對地需要。

再次地，要在此特別提醒，這個遊戲千萬不可懷著一定要有結果的決心去執行，而是帶著想像起來應該很好玩的心態。例如，魯柏不必決定從此以後都要穿短裙。那也不是自由。

只要方式得當，這個遊戲幾乎可以自動進行，而整個思考模式將因此而改變，身體也隨之變化。行動的敏捷性將很容易恢復。建議及暗示不妨予以保留，它們向來很有幫助。「假裝」遊戲可以消除與建議相牴觸的慣性思維，從而提升這些建議的價值。

寫作的靈感瓶頸已經解決。目前夢書請先暫停。它以後還會派上用場。

魯柏不必改變他的花錢方式，當他更自由地支配來自他創意寫作的金錢，這方面的金錢就會來得更多。在這方面，你出於信任地承擔了更多租金，因為你相信可用的金錢也將更多，過去如此，將來也會是這樣。

你應該在準備好的時候開始找房子，不管總價將是多少，那都得是你想要與真心渴望的，而獲得房子的方法也將隨之而來。如果你認為合理的做法是，只找你負擔得起的、小一點的房子，那麼你就是在賤賣自己，也對自己將獲得更多，缺乏信任。對這樣一棟房子的感覺，將會自動引導你在這整件事的體驗。到這裡你了解吧？

（「是。」）

這一課真是個大雜燴。

以後還會有更多組織更完善的課，和其他的書出現，但正確使用這些訊息才是最重要的。由於缺乏我正在提供給你們的這些知識，人們從疾病又走向疾病，從貧窮又走向貧窮。

現在，休息一下。

（「謝謝你。」）

今晚我不會讓你過度勞累。

（「這些資料非常有趣。」）

（十點四十六分至十點五十五分。）

好。魯柏這一邊的紓解，也將鬆開你們兩位在其他領域所受到的抑制。在你們的日常生活中，彼此以開放的心胸表達親切與暖意是非常重要的，它也與你們的創造力及健康息息相關。這不僅僅適用於你們，也適用於每個人。

這個相信一切都會親切待我的信任，也適用於內部數據、心靈訊息及內在的經驗。如果你允許自己自由發揮，不僅可以從今生的經歷汲取靈感，還可以利用你其他存在的視覺記憶來創作你的繪畫。

當你憶起曾經認識的人和面孔，以及你所熱愛的地方，充滿情緒的感覺也會油然而生。許多傑出的藝術家都曾經從這個源頭汲取靈感。樂於信任的意願將可打開這些，以及其他許多可通往洞見及創造力的門。

來自其他多次轉世、過去的豐盛感受，可以幫助你點燃現在對豐盛的一種熱愛，並將注意力專注其上。當現在是約瑟的你，發現自己對世界的狀況或人類同胞的行為感到憤怒，或甚至只是不安時，你一定要承認你的感受並表達出來。不過，你同時也須理解，你可以自行決定要將注意力集中在實相的哪一個領域。

過度專注於這些領域，有助於在你自己的經驗中創造這些狀況。在物質活動的領域裡，更大的平行存在正在發生，而且一直都在發生。對某些人來說，這樣並不好。他們認為世界不可信任，而他們的經驗是最好的證明。另一些人則生活在充滿豐盛的世界裡。這兩個世界都是真實的，都是正在經驗它們的人所創造出來的。你很清楚強盜存在，然而，你並不糾結於這件事，因為這並不影響你那更大的、對信任的感覺，所以在承認竊盜存在的同時，你並沒有感受到這方面的困擾。

然而，如果你開始專注所有關於此類犯罪的報導，你很快就會發現自己正在經歷竊盜的事實，因為你自己的專注把那些人吸引過來。這同樣適用於物質活動的所有領域。

儘管你因為史帕日尼先生而對這房子產生了不滿，但至少在某個層面上，你對這房子的喜愛被你的房東太太因一些與房子無關的理由所接收到。她非常尊敬你的畫作，也非常尊敬魯柏的能力，而你認識她的時候，她是羅馬的一名士兵。她因為這個理由粉刷了穿堂，並對公寓進行了調整。在這個案例裡，當她買下這棟房子時，過去的力量比你對這房子的負面看法更強大。

現在你可以結束這一節。在我的書謄打完成之前，我不會太苛待你。

（「那我們可以休息一下。」）

你的確可以。

（十一點九分至十一點二十五分。）

好。在你看來，理想情況下，一個人若被賦予了良好的健康、偉大的能力、權力及財富，那麼他就能把那一世活得精彩絕倫。然而，事實是，許多人選擇「專精於」例如學習如何將創造性思維轉化為物質形式，或轉化為物質財富，而相對地較不理會其他領域。

在有些案例裡，有人刻意選擇了不平衡，一如我之前提起過的，他們的理由各異，有的為了經驗，有的為了強調。有人尋求且成就了財富，只因為他們想要學習：財富並不是人生所有問題的答案；所以，他們有錢而且不快樂——雖然他們並不需要有錢而且不快樂。你了解我的意思。

然而，轉世的挑戰不一定要在一生中滿足。有些問題在中年甚至中年之前就已解決，新的挑戰便也隨之而來。所以，你之所以卡在某種情況，並不是因為前世的緣故。是你把難題交給自己，以便學習去解決它。

我們將會寫一本書，把這些都說得非常清楚，而且在書中不會用你們來舉例。不過，我們這裡還是從個人的角度出發。

好。魯柏在那一世是位女祭司——

（「在羅馬？」）

——你們在羅馬，而且不認識蘇。你們之間的連結並不深，你只曾拜訪她一次，而你們都跟所謂的「神秘」宗教有關。你出生在希臘而非羅馬，對這些傳說耳濡目染。魯柏擔任傳達神諭者，而你曾經向她請益。

我將結束這節，原因是你仍有我的書的謄打工作需要進行。

（「那不是大問題。」）

閱讀並應用這節課的內容。

改天晚上，我將針對你們收到的信件、賽斯資料的未來以及其他相關實際問題給你們一些指點。致上我誠摯的晚安。

（「非常感謝你，賽斯。這些資料非常有趣。」）

隨時準備好你們的錄音機，我都沒問題。

（「好——或許星期三晚上。晚安。」）

（十一點三十五分。）

第五九三節（刪除課） 一九七一年八月三十日星期一下午一點六分

（這是這節課的第一部分，因為涉及私人，並未被用於賽斯書的附錄。所以我直到全書完成之後才打成字。經過大量的註釋、改寫以及校對等等的工作，《靈魂永生》在十一月十五日郵寄給普林提斯出版社。珍和我覺得，我們終於可以做我們自己的事了。）

晚安。

（「晚安，賽斯。」）

好，我將針對我們的附錄給你一些資料。但首先我有些私人註解，請你不要介意。

（「不會的。」）

現在，魯柏真的擺脫了困境。他今晚針對習慣做了重要的聲明。他終於養成一些新習慣；很有意識地學會足夠放過自己，好讓身體能自我清理。

（我在十一月十六日謄打這篇資料時，珍的狀況還是跟以前一樣，至少這是我的觀察。）

你在早晨及晚間發起的建議，以及更長的清單，都很有幫助。環境的改變讓他獲益甚多，但這也是由於他已經準備好。把你們在課前討論的內容談開來，因為其中有許多差異，你們雙方的溝通也有錯誤。如果你們都能準確理解對方在特定情況下的意思，就能很容易地解決這些問題——所以，何妨再檢討一下這些特殊事件。弄清楚你們各自所做的事、所說的話究竟是什麼意思，對方認為你是什麼意思，以及你們的反應又是什麼意思。

這只是溝通不良與誤解，但你們雙方都應該把它弄清楚。

略談被魯柏稱為他的「助手」（helper）這回事。在過去，他會把儲存的能量全部耗盡。如今，他的能量正在所有領域建構起來。那些多餘的能量有如磁鐵般，把其他正能量成正比地吸引到他身上，以至於整個完形（gestalt）實際且有效地成了他的心靈助手。

從意識與意圖的角度來說，這的確會具有人格的特徵。而這些非常正面的特徵，最初之所以啟動，全是由於魯柏想要幫助他人的渴望及嘗試。這是他在身體與物質之外的國度，無意識建構起來的一個形式（form），而且它的力量與專業性仍在不斷地增強。

他將能夠派它出去幫助別人，而它也將因為持續練習而學會更能助人。那時，它將變得在善的方面更加強大有力。它是隨時都能派上用場的。魯柏遲來的喜悅以及如釋重負的感覺，還有他在大自然中找到的、重新讓自己恢復清新的方法，使得他從緊張兮兮的私人小圈圈解脫出來，並打開了正能量可以由之積極累積的通道。

如今，這個助手將自動療癒魯柏。如你所知，魯柏的情緒能量非常強大。沮喪的想法及情緒，也都非常忠實地一一物質化。現在，受到快速促使助手誕生的創造性及積極性的吸引，這種改變也正在加速。

這真的是他那些黑物（black thing）的相反版本。

它如果繼續發展，將能再度以一種非常個人的方式引導他。而它是從他觀察他那棵橡樹（在廚房窗外）時，所體驗到的平靜、喜悅與滿足所誕生出來的。

看到了吧，這就是累積。這種現象以種種不同方式出現在那些有能力汲取巨大能量的人身上，但你也要知道，這種顯化可能有益，也可能有害。

（「說得真對，我也正那樣猜想。」）

這些都是人格，而它們的確在顯化過程中擁有意識，在這個案例裡，它們是以魯柏最具創造力的傾向為基礎所建構起來。這樣的人格是極端忠實的。

（「他有像這樣的負面人格嗎？」）

那就是他所形塑出來的黑物。

（「我的意思是過去這幾年一直連貫的。」）

就這一點來說，它夠連貫了。不過，它也不是刻意造成。從某種程度來說，兩種人格都是偶然發生的，因為魯柏並未有意識地形塑這兩種人格中的任何一種。然而，從更深的層面來說，它是一種缺席、挫折和匱乏之後的產物。（賽斯自己的斷句。）

當這些挫折得到面對且逐漸解決之後，這個產物便也失去了它的力量。畢竟，它並不具備意圖和目標的統一性。然而，你可以在助手中找到兩種品質的結合，人格中為善的最深層驅動力在這裡釋放出來，其實，它是在另一個活動國度得到釋放，以延續人格的主要意圖。

黑物只能大怒。你必須理解，黑物也有它存在的價值，因為魯柏終於能因此而辨識與它連結的情緒。你們是在度假期間，因為討論你們在一團陰影中來回拋擲的黑球或氛圍時，逐漸認識到它的存在。

魯柏重新找回了你們從未真正失去的東西——生存的日常喜悅感——他曾一度在不知不覺之中放棄了。請兩位遵守今晚稍早給你們的忠告。

魯柏應該養成不時對他的助手說話的習慣，並建立融洽的關係。對它的要求越多，它的表現就會越好，它自身的發展也會越大。它需要訓練，也樂於接受訓練，但訓練必須溫和且親切地進行。

對這件事，我改天還有話要說，因為魯柏的確需要這些資訊。現在我建議你休息，我們稍後繼續。

（九點三十九分。我原來的筆記上有幾句語焉不詳的記錄，例如「我們的討論」、「許多明顯的影響」等等，當然我早就忘了它們意指何事；只除了應該是與課程有關吧，我想。

（自從這節課舉行的八月之後，與珍之助手相關的事幾乎毫無發展。這個想法應該非常好，我也還記得這節課之後，我們對它抱著多高的希望。然而不知為了什麼理由，它被晾在一旁；當然，完成賽斯的書才是首要之務。在這麼長的中斷期之後，再次謄打這段資料，特別地具有教育意義——但也多少有些沮喪，說真的。我並不常聽見珍說起助手這個概念。這個詞似乎只在她偶有相關的心靈體驗時才會出現，僅此而已。九點五十分重新開始。）

我們進入這類資料的方式非常輕巧，因為能做的解釋過去都已給過。你必須謹慎，不然只會看到一長串加了引號的「天使與魔鬼」，卻與人類的人格完全沒有連結。好似獨立的善或惡的代理人，根據情況出來引誘或拯救人類。

順帶一提，如果受苦的人碰巧相信自己被魔鬼附身，結果當然就是要去驅魔，而那也可能帶來很大的好處。

我經常告訴你，你創造了你的物質實相。顯然地，你也創造了你的心理與靈性實相。你覺知到你所創造的物質環境。它是內在環境的鏡像，但你對這一點通常卻不是那麼有覺知。一如你現在應該已經很清楚的，你的實相存在於許多次元。

在物質宇宙裡，感覺與情緒不只相互吸引，也會把任何相同的感覺與情緒吸引過來。它們一起形成，一起凝聚，一起分裂。在你們的系統之中，物質實相與內在觀念相吻合之前，會有一些延宕。但在其他實相則沒有這樣的延宕，理由你現在應該已很清楚。

因此，曾有一段時間，魯柏的恐懼很大幅度地大過他的希望；荒涼的感覺超過了喜悅的感覺。這樣的自我形象從那另一個國度反射過來。根據吸引力法則，它吸引了其他類似的實相過來。

（停頓）魯柏是在一次出體狀態、這兩個實相面對面時，被迫去覺知到這個事實。他在那次期間，謹慎地把自己的感覺與反應留下了記錄，心裡則很清楚他不可能再度有這種心態：所以他開始「上升」。如此一來，他在兩個國度的那些舊習慣都不得不因此而全部破除。

就其本性來說，黑物和助手永遠潛藏。然而，這需要很大的能量，所以很多人都不了解這些。他們也不具備形成這兩者的能量。不過，取而代之的是，他們可以使用象徵，用這些象徵來宣洩負面情緒。你了解我的意思嗎？

（「可以。」十點五分停頓。）

好。你即將形成你自己的助手，你已在門檻上。你幫助魯柏形成他的兩個創造物。（刻意往前傾：）這些助手擁有跟你自己不一樣的意識。從一方面來說，它們是從你形成出去的，但是在它們被釋放出來並在這些其他國度自由地為你們工作之前，其實已經做過許多努力。

如今，這些存在（beings）當然可以被其他的存在感知到，無論是在那些國度內或穿越而過時。它們並不是思想形式或意念形體（thought-forms），它們是能量形式（energy forms）。（停頓。）它們認得其他同類。它們可以與活人通靈或靈性層面的意識溝通。（長停頓。）

從某方面來說，它們自動成為分支或衍生物，只除了一旦被創造出來，因它們的本質與非物質環境，它們累積和加速的能力遠遠超過原本你的能力。這樣清楚嗎？

（「清楚。」十點十五分停頓。）

你可以把黑物稱為一個陰影形象，是人格的陰暗面暫時占據主導地位。助手則代表了人格最強大、最具創造性的一面，帶領著人格大幅度往上提升。在這兩者之間，你會看到與正常人格大致相同的形象——優缺點相互平衡。

通常，黑物或人格的陰暗面，會感知並接受它對助手或助手的誕生也是有貢獻的。你了解我的意思嗎？

（「了解。」）

熟悉一個助手的人很少會再遇到與之相對應的黑物，雖然在人格改變及成長之前，黑物可能出現很多次。

以你為例，魯柏的黑物對你們兩人都提供了服務。藉由觀察著它，你學到了許多你個人需要的教訓。

休息一下。

（十點二十一分。十點三十分繼續為賽斯書製作附錄。）

第五九七節（刪除課） 一九七一年十一月二十二日星期一晚上九點二分

（這是自一九七一年九月二十七日之後的第一節私人課。在這段長長的停工期間，珍與我努力於賽斯那本書的編輯與重寫附錄等等的工作。書稿終於在一個星期之前寄去給普林提斯出版社。珍今天打電話過去，並得知《靈界的訊息》可能在一月發行平裝本，賽斯的這本書則在明年十月出版。

（我們今晚坐下來等待上課的時候，珍說她不知怎地有些緊張。我自己也略有疑問。這些都與上課本身有關。我真的不知道珍是想要現在就恢復上課，還是要再等一等。今天下午我終於問她，今晚是否真的想要上課。

（珍說，在我們等待課開始的時候，她終於從賽斯那裡聽到所謂「半成形的或類似的詞」。我發現做筆記竟有些吃力，甚至必須提醒自己使用我以前設計的符號和記號；我發現自己竟然暫時忘記了其中的一些。珍的步調很輕快。）

好。晚安——

（「晚安，賽斯。」）

——歡迎重新開始。也對我們的朋友說歡迎他歸隊。

（這段期間內珍只在ESP班有過簡短的賽斯課。）

我說過，書結束後，如果你們想要，可以上幾節私人課。我是很歡迎的，但一切由你們決定。

（我忘了這件事。我也打算在這樣的課裡使用錄音機。「請給我一些時間去計畫這些課要涵蓋些什麼，再看要怎樣進行。」）

我也答應我們那位威尼斯夫人一節課。

（「對。」外加珍答應的另外兩節。）

那好吧。思想形成實相是真的，但思想有如過客，騎乘在情緒化的感覺或感覺基調（feeling-tone）之上。感覺幫助思想的形成，這是很明顯的。從表面上看，感覺有很多種，有時非常曖昧不明，既起伏不定、也經常相互競爭主導地位。

然而在更深之下，在你們所謂的特定時間裡，都有一種很個性化也很獨特的感覺基調佔據著主導的地位；它瀰漫於整個人格，並為所有其他活動、感覺及思想增添色彩。然而，在這個層面上還有一種節奏，這種基本的感覺基調本身也可以變成另外一種。感覺和思想存在於基本感覺基調的基礎之上。

（我聽見一男一女爬上公寓前門入口處的樓梯。他們跌跌撞撞往上走，經過我們的樓層繼續上樓，一路發出吵鬧的巨大聲響。而且果然如我所害怕的，前去探訪住在我們上課之客廳正上方小公寓的住戶。我聽見門打開、砰地關上，然後是一串的講話聲。腳步聲開始在頭頂上走來走去。我一如每回上課若受到打擾那樣，變得非常焦躁。出神中的珍似乎絲毫未受打擾，繼續說話。）

就個人而言，這種感覺基調瀰漫於所有的經驗與感知，甚至可以改變對實相的認知，因而也能有效地改變實相。同樣的故事在整體上也是相通的。因此，你所認識的世界，在任何特定時間，也都被它自己的「基本感覺基調（ground feeling-tone）」所瀰漫，它因而成為一個媒介，其他的感覺與想法既從它產生出來，也與它一起存在。

這些都具有高度的創造性，即使有些明顯的效用並不為你所喜愛。

從更大的意識層面來說，不同的基本感覺基調，可以主導不同的轉世。但你們也務必了解，這些並非統計的結果。它們反映於一個民族常有的思想，到他們所選擇的建築類型，以及精神與身體健康的整體狀況。

好，我們從這裡導入一些應該也適用於每個人的個人資料。

魯柏的不適的確來自他的基本感覺基調。然而，也是這種感覺基調促成了我們的課，即使他似乎是上課之後才生病的。

如前所述，這種感覺基調在童年時期已經產生，而且在你和他的關係開始之後，很快地轉變得更好。不過，感覺基調也是導致他殷殷尋求各種答案的問題之一，因而也使得他難以接受這些答案。

他自己作品中的創意大鬆綁（賽斯的書完成後，珍已開始寫她自己的兩本書），即是感覺基調積極改變的一個明顯徵兆，一如你們擴展住處的面積。（租下走廊對面的第二間公寓。）

主導整體活動的其實是感覺基調，而不是思想。感覺基調本身會改變思想的本質。（往前傾身，以示強調。）他現在需要的是自信的感覺，而不是思想上自己以為的自信，而他的主要經驗也正引導他朝這個方向前進。

感覺基調其實是可以用樂觀主義、喜悅與成就感加以鼓勵的，方法是沉浸在他覺得有所成就、且獲得喜悅的那些活動。（樓上出現噪音。）有一段時間，你自己的感覺基調，用你們的詞語來說，並沒有超越所謂正面的標準。因此，你們反而常常加強了對方不良的情緒。

能替你目前努力的任何領域都帶來輕鬆自在與豐盛之感的感覺，就是目前最適合你的感覺基調。當你有這種感覺時，用心去將它辨認出來，並多做似乎能帶出這種感覺的事。

你可以休息一下。（幽默地：）我們上路了，但終點可能讓你很驚訝。

（「好。」）

（九點三十分至九點四十分。）

好，我們還會寫其他的書，但絕不會讓你手忙腳亂。這些書會在我們的整體課程中自成一種節奏。換句話說，每一本書之間會有休息。

（「我並不擔心這件事。」）

我們之前提到的、魯柏那用你們的詞語來說，偏於負面的感覺基調，它之所以被觸動，是因為你的病，而這病又來自你父母帶給你的越來越多困難。他因為必須幫助他們而感覺遭到圍困，一如他被他母親的病所圍困。

他的感覺是，好不容易自由了卻又再度受困。學習去應付這些困難花了他不少時間；然而，這些困難的本身又再度地幫助他在心靈核心激發出足夠的活動能量，因而開啟新的通靈管道。

當他感覺受困，他便採用母親受困時所採用的症狀，即使程度輕微很多。他的童年處境讓他充滿恐懼，但從中成長的動力，又讓他獲得自由。這一次，他發現自己已經成年，舊有的「脫身之術」成了不再可能的選項。

然而，他處理你父母之事的表現，卻連他自己都感到非常驚訝。這種表現若在你們結婚初期是不可能出現的。他當時會真的乾脆逃走，一如他這一次也確曾很想逃走。

（停頓。補充一句，對於珍這一次與我的父母所建立的良好關係，我也感到非常驚訝。）

相關的議題顯然不只這些，它們只是觸發的點。於此同時，他還沒找到他自己的事業要往哪個方向去。他從來不曾想像三十歲之後的自己。在他的夢想中，那時他應該已經是個很有名的作家，但光榮的故事也就到此結束。

（我聽著樓上的兩位訪客轟隆隆地下樓去。）

看似最不舒服、最不快樂的時期，其實也是重新評估與調整的時期，如果人格想要以一個具有強大創造力的有效個體繼續發揮作用，這是非常必要的。

然而，身體會在這時出現副作用。他習慣於把父母當成敵人來處理。你似乎部分地與敵人同一國，這為他的思考方式帶來更深的困惑。他對你的忠誠，會讓他輪流地否認對你父母的任何支持之情，然後又被迫去承認它們，這樣的做法，讓他因為你有父母而生你的氣。

是你父親葬禮上的宗教連結，讓他焦慮。他的反應來自過去的基礎，卻必須被帶到現在，並加以解決，而他也很大程度地做到了。例如你母親就很清楚地感覺到，魯柏正以他自己的方式越來越珍惜她。

他早已準備好在你的父母一有困難就採取行動，並因為你沒有同步而非常生氣。他是經由你的父母才充分明白，父母也只是平常人。（停頓。）往日的電荷正變得逐漸可以駕馭。

年齡的差異多少派上了用場，因為你比他大，因此你年老的父母會成為問題也很理所當然。這種問題遲早都要面對，但是你們以創意來面對，而且帶出了這些課，以及你們自己的通靈發展。

然而，這有如你們的第二次青春期，只是更為痛苦。他感覺自己總是處於不斷變動的土地上，因為總是站不穩——只好僵硬起來。

你可以休息一下。

（十點二分。珍的出神狀況很好。我發現這一節很有啟發性。既然它談到我的父母，我想到一個我玩味了很久的想法，雖然我對珍說過這或許不是個好主意。

（她的父親德爾於十一月十六日早上七點半在佛州戴通納海灘過世。德爾的妻子米治在那天早上稍後打了電話給她，然後珍打電話給正在上班的我。除了珍寫的幾封信，我們能做的並不多。在這段休息時間，我對珍解釋說，她或許想要賽斯說些與德爾有關的事；我的意思是他死後的經驗。我認為他的死亡或許可以給珍一個機會去「追蹤」所謂已經不在物質世界的人格。十點二十分重新開始。）

好，給我們一點時間。（停頓。）

魯柏的父親已經與他這一世的母親在一起。她在等他一起去轉世。他們在過去的幾世都有其他的密切關係。

（德爾的母親梅蒂在十九或二十年前過世。）

在另一個層面上，她在魯柏發展自己的過程中鼓勵著他。魯柏知道她信奉基督科學教會（Christian Scientist，譯註：一八七九年創立於波士頓的教派，相信疾病可以藉由信仰、祈禱及更高層次的領悟治癒），也是個愛讀書的人。兩位祖母看起來雖然如此不同，其實都比一般人更關心靈魂的本質，以及靈魂對宗教的看法。

魯柏若能時不時地與梅蒂進行心靈談話，會很不錯。

在經由我們這些課發展自己的能力並尋找答案的過程中，魯柏也不自覺地為他的母親探索、謀取並尋找答案，因為她無力於自行找到，同時也為他的柏多外公（珍稱呼他「小爹地」）追尋。

魯柏父親與他母親的連結非常之深。但那能量在她死亡之後從他身上消失。他似乎一點也不想要活到一個成熟的老年。（德爾因腦溢血突然過世，享年六十六歲。）在魯柏認識你之前，他不懂得如何與魯柏相處，然後他把魯柏轉交給你。

他想去跟梅蒂與桃樂絲會合。（桃樂絲是梅蒂的姊妹，一、兩年前才高齡過世。）他的情緒導向總是在他母親身上。他曾是一個女人，而梅蒂是男人。梅蒂對他有所虧欠。這一世的大部分時間裡，他雖然愛她，但也仰仗她的施捨，他以拒絕獨立來說明他曾被禁止的獨立。

他這一世的獨立對她是傷害的泉源。

因為仍然愛她，他並沒有使盡全力報復她。這是那些攻擊性備受壓抑的理由。他基本上是個孩子，雖不相信人，但相信自然。他們已經擁有一種深度的重逢。

（珍在此停頓，伸手遮住閉起的雙眼，長達約一分鐘。）

他也見到了他的前妻（大約十四年前過世的瑪克欣，那時我和珍也剛認識），但那方面的連結並不好。以前的相互吸引已不存在。重逢很愉快，而他也終於看清了自我。

桃樂絲也在場，還有一位來自西岸（加州）的家族成員即將加入他們。你可能會比魯柏更早覺知到他父親。他害怕會驚嚇到魯柏，雖然魯柏是個靈媒。

（「他會以怎樣的面貌出現在魯柏面前？」）

他不見得需要現身你才能覺知到他。不過，他會照看米治。他懷著感激之情緬懷她；但她的死亡可能不是很愉快，可能牽涉到火。（停頓。）倘若如此，他會設法不讓她受苦。

現在你可以結束這節課。我對兩位致上最誠摯的問候。記得讓魯柏跟梅蒂說說話。因為這些事件，她的思維多少地轉而對著你們的方向。

（「好。」我從未見過梅蒂。我還在寫字。等我抬頭，我看見珍已經離開出神的狀態，她的眼睛水汪汪的。我很快地對賽斯道了晚安，但我還是慢了一步。「已經是我了，」珍說。我也忘了記錄結束的時間。大約十一點十分。

（珍說她最後「必須很努力才能維持出神狀態」，因為她接收到與米治有關的一些「不好的感覺」，米治單獨在佛州的屋子裡，可能正在喝酒。珍繼續想離開出神狀態，她似乎看到米治穿著一件袍子趴在客廳一座燃油爐前。珍沒看見火焰，她說，「但一片模糊，有點像煙……我不知道，但我的感覺很不好。」接著，「那種可怕的感覺還在。或許我只是把對我父親和那房子，以及所有事情的複雜情緒投注到米治身上。我似乎覺得她試圖關上爐子的門。」

（因為我們幾年前去過那裡，所以想像得出那房子的具體模樣。

（賽斯說將有西岸的另一位家人即將去團聚時，我們並不知道是誰，梅蒂與桃樂絲還有一位姊妹慕德，如果還活著年紀應該很大了。我們其實不知她仍「在世」與否。慕德有個女兒蘿絲·

杜德利，似乎比珍稍微年長，她不斷地生著小孩。珍說那邊還有很多親戚，有些我們從未見過，所以家族也仍在成長之中。

（班級課討論夢境實相、人格等議題約一個小時；佩特和雪拉不斷就雪拉所謂分開人格的想法來回討論，珍打斷她們，說她似乎看到「宇宙裡的洞〔hole in the universe〕」在隔壁山姆・列文醫生家的屋子上方打開來，很多人從那邊飛進我們這個房間裡。她又說，她認為那些人的老師站在窗戶旁邊的桌前。我們進入阿爾法〔Alpha〕狀態去看我們可以得到什麼——大多數人只看到其他人：在房間裡——然後珍把正在說的話轉為吟唱，她把它們寫了下來。當她開始對我們讀出這段吟唱，她突然仰起頭非常大聲；然後她保持出神狀態約五分鐘，又開始耳語般地流暢吟唱：

「蘇馬利
伊思潘尼亞
威納　尼法里
迪納　迪納　尼法里
洛恩
洛恩
蘇馬利！

（「我們總是以此開始，以及開始我們的課。在我們的空間，我們總是以這首唱誦開始我們的工作；它不是你們的，只是翻譯，因為我們並不使用語言溝通。我們總是從我們所聽到的複本，開始我們的工作，你們則以許多化身〔guises〕和許多方式認識我們的活動。以你們的用語來說，我一直在這裡，一如你們雖然在其他地方以及其他時間，你們也一直在；我們感到非常熟悉和驚奇的是，你們仍在參與所謂許多世紀前即已開始的工作，以你們現在無法理解的方式。然而，你們甚至以你們的特質及翻譯，熟悉我以所謂我的聲音所傳達的。你們協助我們建立過許多城市；這裡也有奇蹟，那是我們在你們的時間以其他的規模，幫助你們在你們的實相裡建立的。我們來過這裡許多次，你們也去過我們那裡。

「蘇馬利！」

（大約二十分鐘後出現的第二個聲音，聽來更宏亮和「更老」。

（「我是蘇馬利的另一個化身。你們所有人都有自己的化身與面具。我是蘇馬利的另一個化身。所有這些化身都是我自己，而你們所有的化身也都是你們自己。正如我居住於許多實相，你們也居住於許多實相。你們將學會並覺知到這些；你們正在學習。我覺知到你們所有的活動。例如，我知道你們的賽斯和賽斯第二。我們都是蘇馬利。現在，我們以你們更能理解的方式出現。但我們都是蘇馬利，如果你們是蘇馬利，永遠不要忘記你們是蘇馬利，也永遠都會是蘇馬利。這是你們的家族之名。」

（「佩特：」「有其他家族名嗎？」

（「這是你們的家族名。你們的家族一直都是這個名字，的確也有其他的家族。我正把你們的家族名告訴你們，而你們正在學習你們的傳承。我是蘇馬利，你們是蘇馬利。」

（許久之後，輕聲地：「謝謝你們前來我們的班級。」）

第五九八節　一九七一年十一月二十四日星期三

（蘇·華京斯的錄音與轉寫。

（在昨天晚上的ESP班，珍與一位自稱並且稱我們其他所有人為蘇馬利的人格有一段經驗。今天下午我來跟珍與羅聊這件事；談話中我們決定我應該在今天晚上帶那節課的錄音過來，上完這節課並錄音和打字。

（傍晚一直下雪，我費了好大功夫才從松樹鎮開車前來。而且我的蘇馬利錄音品質很差，使得我必須繞去福瑞和派特〔班上同學〕的家拿他們的，所以弄到晚上九點才到。我們播放兩段錄音——珍對蘇馬利短短演講前的那段吟唱特別有興趣——到九點二十分。珍在班上同學做阿爾法實驗時寫下這段吟唱，然後以我從未聽過的宏亮聲音吟唱了出來：

「蘇馬利
伊思潘尼亞
威納　尼法里
迪納　迪納　尼法里
洛納
洛納
洛納

蘇馬利！」

（珍的拼音和審查。

（她在此進入長時間的出神狀態，實際上，甚至持續整個晚上。

（我以為昨晚的經驗讓珍不安，但她一感到賽斯出現，我們似乎都更為放鬆下來。羅替我們倒了啤酒，這節課在九點三十五分開始。）

好，大家晚安。

（對羅：）我們將從解釋你們昨晚的經驗開始，而我們的另一位記錄保存者也將理解你在做麼。

相關之事有二：你使用眼睛現象的能力有了某種程度的進化。你了解我的意思嗎？

（「了解，」羅說。）

第二，當然就是你經驗到的也進步了。你並非如你所想的，接收到與魯柏父親相關的事。而是整個晚上，以你自己的方式，感知這裡發生的事。你很清楚魯柏自身能力所發生的任何變化，或說，我們的課或我們的工作所衍生出任何分枝的變化；因此，即使你人不在這理，但你確實參與了。

（「不過，我很晚才開始，」羅說。）

時間無關緊要。早些時候，你已經開始讓自己處於這樣的心理及生理狀態，這將替你的眼睛使用法帶來特殊的變化。然而，這次你覺知到自己的企圖：你想以特殊方式運用你的能力，而你也做到了。昨晚，你所處理與面對的是一種能量的源頭，也是你企圖想要感知的對象，所以它才發光並成為你面對的中心區域；這不是一種擴展，而是一個小而集中的發光區域。

（對我：）現在，你記得吧，因為你的一次經驗以及我曾在某一節課說過的——或者，我的另一個部分在某一節課說過——與賽斯二相關的一個事實，如果你能感知到他，那將小得像一個棕色的堅果。（對羅：）而你所感知到的是一個能量核心，它往外輻射並侵犯了這個實相——入侵其上：因此它周遭的區域是破碎的，似乎產生了鋸齒狀的效果。

（「它非常美麗。」）

的確。

（「但無從描述，」羅補充道。）

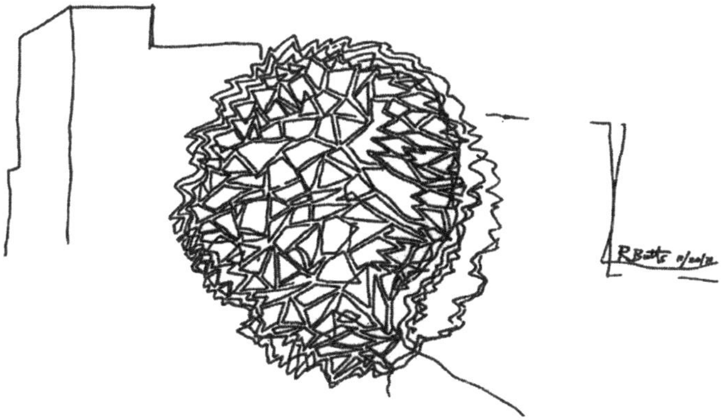

一九七一年十一月二十三日星期二晚上十點，我坐在走廊對面我們的第二間公寓打字，珍在原來的公寓進行她的ESP班級課。我粗糙的草圖完全無法複製我短暫看到那浮現在我眼前精緻、閃亮及透明的美。

你將能以完全不同的方式，使用許多幅畫作表現出一個與它非常相像的近似值。你將在畫完之後的一段時間才會發現自己做了什麼，因為成品與繪畫本身的差異將與最初的構想相去甚遠，以至於你看不出它們其實來自相同的源頭。

好，昨晚的能量是如此強大，因而很容易接收到，不過你早已感知到它的來臨。你了解我的意思吧？它來到這裡之前，用你們的詞語來說，你已經覺知到它的靠近，並開始以你所知的一切方式準備讓你自己感知到它。

（「嗯，」羅說，「早先我在打字時就已經聽到吟唱的片段，我只是忘了。」）

你的心理程序大約從下午四點就已經開始。好，魯柏也早已知道何事將要發生以及你將參與其中，只因眼睛的效應讓他害怕，而且他總是能提前知道在你身上的這些活動。你們都是蘇馬利。

（「那是什麼？」羅笑著問。）

那是現在的你們。

（羅與我哈哈大笑。「好吧，」他同意，「但你一定要跟我們解釋。」）

你們早就知道那就是現在的你們，也是將來的你們；而一如我們這些課的其他發展源自你們與魯柏的現況，蘇馬利也是如此。這也是你們各以自己的方式參與其中的理由，儘管你沒有在上課現場。你們當然會在適當的時候收到完整的故事。

不過，我想先說一個重點：你現在能夠以想像力的方式、不用眼睛就可以接收資訊。過去，在你非常早年的時候，你還需要那個機制。它能引起你的注意。它會旋轉而使你專注。如今，你已辨認出其中的連結，而不再需要它。不過，它的確能帶領你到你能量的一個非常強的旋轉中心。你以大致相同的方式把感知能力與能量，有如雷射光束那般，凝聚或濃縮起來。你了解我的意思嗎？因此你所接收到的靈視畫面，雖然是有如透過顯微鏡觀看那般細微，卻仍然是發光的、輻射的強烈能量。

好，這種靈視畫面不僅是你所看到、侵入這個實相的東西而已，也會對這個實相造成影響，而且往往是你無法感知的影響。你能感知畫面的外觀，但你無法感知它的其他效應。能量本身的凝聚非常重要，你知道，甚至會改變它周圍原子和分子的行為。

現在，記住我在一本書中說過的，黑洞和能量的凝聚。這樣的發生允許能量從此系統到彼系統做一種非比尋常的交換。所以，它們是能量的噴泉；而且它們侵入你們的世界，並以不同的方式啟動那個實相，通常是以一種加速、激盪和轉化的方式——一種使之更為活躍而非緩慢下來的方式。

順帶一提，有些層面的動作如此之快，已經達到了看似完全的平靜。在那裡，動作已完全感知不到。而出了這個層次，動作又被感知，平靜期似乎結束了。至於你昨晚的經驗，畫面本身的出現便使大氣中的空氣活躍了起來。然而，在這個啟動的過程中，它終於到達一種看似平靜的層面，即使你們並未感知它也仍然存在。而你知道的，你之所以在這個特別的房間看到，也是有原因的。

（「廚房？在走廊對面的第二間公寓？是因為更寬敞的空間嗎？」羅問。）

因為你對它的態度，因為更寬敞的空間，也由於它因其他的理由而充滿電荷。好，昨晚在這裡的能量早已在兩間公寓之間懸宕了一段時間，所以這其中有給予和接受的過程。例如，倘若你曾經願意更為敏銳，你早已感知並看過更多，那麼你就能利用速寫畫下它們。你早就可以畫出你視覺感知之下的許多圖形。

就這方面，你目前有任何問題嗎？

（羅暫停。「嗯，沒有；不過，我有好幾次感覺自己來到正要完成更多的邊緣，但我似乎跨越不了那道把它們帶出來的橋。不過，我想到的第一件事，是珍的父親——我並沒有真的看到他，但我好幾次告訴珍，我認為我看到的是後腦的形狀——我真的把它跟他的頭聯想在一起。）

魯柏父親的死和你那位醫生父親的死，以及蘇馬利這家族之名被介紹給全班之事，是有連結的。

（「我昨晚也想起艾爾父親的死，」羅說，艾爾·奧柏格是ESP班的同學，他的父親在珍父親過世的前一天死亡。「這有任何連結？」）

我會告訴你。有些事情必須稍待。

好，給我們一點時間。（停頓）所有層面的實相都是相互結盟的——有些吸引力甚至可以延伸到明亮的空間和時間，各種組合的意識、聯想、心靈的吸引力，讓不同的意識留在一個鬆散的組織中，並加以塑造。有些人格因為某些各不相同的原因而聚集在一起，但它們的意願與目標卻有些部分是相同的。有點像中世紀時期的同業公會（guilds）。這些意識團體自有歷史開始便已存在。它們以自己的方式，根據它們的能力及目標而改變，也改變宇宙的本質，有時是經由在你們的歷史時期內誕生的人，有時是經由試圖接觸在你們歷史時期內的某些人。因為它們本自俱足的親和力，它們與你們甚至比自己本體的其他部分都更為親近，一如你與一個有強大連結的朋友，可能會比有血緣關係的親人更為親近。換句話說，那是一種來自選擇的會員關係，也來自吸引力與尊重，而且通常是由相同的目標及任務所結合。這些才是真正的家人。

從這次的情況來看，你遲早都會接收到這個資訊；它早就是你的，你必定會接收到。然而，因為各種情況、因為兩位家人的死亡，資訊來到手邊，用以提醒班上的所有成員，你們還有另一種不同形式的家族關係，不同形式的人生任務，同時提供另一種在你們所謂的時間裡、有過多少轉世都不會被摧毀的保證與連結。

現在，休息一下吧。

（九點五十九分。休息期間，我們討論自己說過的話，然後針對我和羅幾個月前玩過的一個轉世的戲劇場面開起了玩笑，在那一世裡，他應該是我的一個老師，也是一個令人惱火的記錄員。珍說了一個讓我笑得肚子抽筋的評語，賽斯就回來了，大聲且強調地：）

好啦，今晚誰是記錄員，以及班上的記錄員向來是誰？這事別再說了。

我們來談蘇馬利。魯柏不喜歡兄弟會這類概念，不管是活著的或死去的，所以我不用這個詞。因此，我們就說蘇馬利是一個行會或公會。在非常早的時期，他們必定是個皇家的公會，成員都是最富有且最有擴張力的。而且他們確實是憑藉自己的力量，開創了各個文明。他們有很多會員。然而，若從會員的角度又無法說明，因為你們對個人性的概念還不是那麼清楚，難免從有多少個人來思考。

（長停頓。）我在思考不會冒犯我們朋友的詞語，有時很難。這麼說吧，這個團體一直參與著你們現在所從事的工作，而且規模相當龐大。他們從不忘記他們的成員。的確有剛入門者，但你們所有人都已在，以你們的用詞，所謂的一段時間之前，在另一個層面的實相裡，通過了那個階段。他們的主要活動都是在意識的其他層面發生的。就某種程度而言，你們都有任務在身。當你們處於睡眠狀態時，你們真的會在各個轉世之間進行各種會面。你們同時在許多層面的實相來來去去地工作。其實，這些就是你（我）以前談過的人，你在夢中見到的那些陌生人。你們相互影響著對方的實相，但這也是你某種程度一直在做的事。

好，這與說法者（speakers）並不相同。一個說法者可能是，也可能不是蘇馬利。有些說法者是蘇馬利，有些不是。這個群體之間存在著相互喜歡及理解的連結，而一個說法者可能是也可能不是其中之一。然而，關係在多個實相之間串連；你們與另一個蘇馬利可能比與妻子或丈夫更為親近，尤其當你大致地不是很喜歡那個妻子或丈夫的時候。說這是一個宗教團體，從任何角度都不真實，但說這是一個非常強大的聯盟，則是真實的。而且這還是一種很難解釋的聯盟。但，用整體（Whole）這個字，或許說得通。他們同心協力地在不同的世界一起啟動與激發某些發現，或者用你們的話說，為未來的事件奠定了基礎。他們相互交織，不僅貫串你們所理解的許多個世紀，也貫串而過其他的實相。他們是偉大的協調與合作者。

好，有些人在某一個特殊的實相裡效率特別高強，並全心全意地奉獻了一切。不過，蘇馬利非常善於合作，並在許多人不曾擁有過的自由裡發揮到極致。而這只是他們的天性。

（「是什麼讓一個團體走到一起？」羅問。「我知道我說的是開始與結束，但，是什麼原因讓一群蘇馬利聚集在一起？」）

若要說聚集，蘇馬利很少聚集在一起。他們不會突然地湊在一起，決定「我們來成為一個團體」。

（「這我明白，」羅說，「但他們為什麼湊在一起？」）

因為彼此都喜歡的某種連結，也因為相互理解，以及讓他們能夠瞬間認出彼此的直覺領悟。這是一種兄弟情誼與目標一致的立即認同，而且以一種奇特的方式，憑藉氣質決定一切。

所謂占星學，一如人們所認為也被教導的，則是與之大不相同的一個模糊影子。一般來說，意識可以被劃分為某些特性，但不可能是目前所呈現這麼少的、所謂的十二個星座。這種事僅是微弱的影子，只是在所謂三次元實相裡處理大得多之浩瀚系統裡的一個星球。然而，在這個浩瀚系統裡，這個特殊的一群人正因為某些特性及相似之處而結合在一起。

（「有其他類似的團體嗎？」）

的確有。

（「好，」羅追問。「既然有些說法者是蘇馬利，那麼可能有些說法者屬於其他的家族？」）

說法者通常不會落入任何特殊的團體。你了解我的意思嗎？這些大的公會裡面可能有許多個說法者團體。現在，我刻意使用這個詞。

（「我不認為魯柏會反對你使用其他詞語，」羅說。）

我們想要以溫和的方式對他說明一些事。

（「他會適應的，」羅大笑。「蘇馬利跟其他團體有何不同？」我問。）

因他們強大的通靈聯盟及協調能力，以及靈活的運用——這個靈活運用——他們得以用一定的熱情與目標在各個系統之間做有意識的操控。他們是溝通者，藉此將知識從一個實相系統傳播到另一個實相系統。例如，他們關注更多的是思想，而不是系統內的各種偽裝實相。許多團體，你知道的，只處理系統之間的偽裝實相，只是建立與維護它們。

（「那麼蘇馬利經歷過不同的各種具體實相？」羅提出。）

的確。他們的確經歷過。而且，從這個角度來說，他們是某一個特殊偽裝實相所謂的發起者（initiators）吧。但是，他們並不繼續滋養那個偽裝實相。那是另外一些團體做的事。

（「賽斯二能融入這些團體嗎？」羅探問。）

（幽默地：）賽斯二能融入這些團體嗎？

（「那些更願意給予滋養的，」羅解釋。「我想他提起過。」）

發起並滋養，他是個特例。然而，蘇馬利——他們全都是發起者——發起該系統的誕生。他們經常保持著系統之間的溝通，他們處理系統之間觀念想法的啟動與溝通。因為他們是發起者，所以他們是創造者。相對來說，他們更像是那些創造之後感到非常滿意、便邁向另一個創造的人。他們想要其他人去照顧他們所創造出來的東西。換句話說，他們不想留在原地除草。但那些除草的人無法創造。

（「昨晚的兩個聲音是怎麼回事？」羅問。）

魯柏很正確，他將學會如何在那些實相之間轉譯。

（「所以聲音才越來越弱？」羅說。）

那與他當時的身體感覺和聲音強弱有關。不過，聲音的弱不代表力量的弱，原因仍是他無法轉譯當時正在接收的奇特資料。

（「是因為這些資料來自特殊的本體或人格嗎？」羅追問。）

有些事我必須慢慢跟你解釋，而你這問題的真正答案則要花點時間。一個蘇馬利等於所有的蘇馬利。不過，蘇馬利這個聯盟裡面還是有程度之分；所以每個人都不在同一個層次，如果你了解我的意思：這是一個因喜愛、忠誠及能力而形成的組織；所以，聯盟裡的人程度各異。好，昨晚在這裡的人都是蘇馬利，來上過課的、即使只有一次，也都是蘇馬利。

（「但不是只有蘇馬利來上過課，」羅說。）

的確。改天我會就這種實相與現在流行的占星學之間的連結，做更深入的說明。

（「關於珍的父親、艾爾的父親與這件事的連結，你有什麼要告訴我們的嗎？」羅說。）

因為兩位成員的各自失去家人，剛好適合這個資料進來。他們因而做好準備，學習去認識他們更大的家族；至於班上其他成員也都有各自不同的理由。這對我們的朋友魯柏也是很大的安慰。終於有一個家族愛他！而你就是得扎扎實實地努力這麼久，你知道的，才得以真正認識你的夥伴。你認識的人會越來越多，而老朋友也將逐漸出現。

你們正以目前的人格，這是你們的用語，被你們的公會再度辨識與承認。但，這並非你們的意識自我收到任何通知。你們已準備成為有意識的會員。這只是你們的意識自我去結識真實且深刻之盟友的一個方式。而這個資訊在幾年前根本毫無意義。

現在，我對昨晚說話的兩個「人格」本質的確有話要說，但我建議先休息一下，雖然我並不用擔心你的手指。

（十點三十分休息。珍離開出神狀態，告訴我們說她知道賽斯談起占星學，因為她得到一個無法用話語描述的概念性的經驗，關於星球的位置以及它們背後浩瀚的象徵意義。我們討論蘇馬利這個想法，以及它跟「班級夢」有無關聯。如果班級成員可以相互連結他們的夢，我們或許可以找到共同的主題或目標，且每個個人都記得自己在其中的部分。休息持續了半小時，羅正猜想這節課是否就此結束，賽斯於十一點二分時繼續。）

課沒結束。好，昨晚先出現者為何是女性的聲音，有幾個理由；而這再度是轉譯的問題。蘇馬利是發起者與創造者。他們充滿豐盛的感覺；他們擁有偉大的能量，你知道。你們的語彙裡沒有任何字詞可以解釋我所試圖與想要表達的。昨晚所使用的「親和力」（graciousness）這個詞也只是稍微接近而已。所以，女性的聲音似乎是適用的；那只是讓這些特性過來的一個方式。而那也是魯柏轉譯某種特別富有創意的想法時慣用的方式；想法的確是出生，是一個系統、一個新形式之實相的誕生，也是這個團體總是涉入的。

你們一方面聽著周遭人等的聲音。所以，當第二個聲音出現，它有它的角色，亦即希望能帶來既古老又年輕的知識。這時女性想法就沒被使用了。你應該可以了解我的意思。

在那時，你周遭人等的聲音以你能了解的方式讓你聽到。它們來自各自的人格。但傳達的方式並不相同；所以，訊息雖然來自人格，與本體相關的訊息卻因轉譯詞語的或許不足而不為你們所知。「人格」這個詞是我們轉譯的，而此刻我們也正把「我們」轉譯為你們所能理解的語彙。

（「你能給我們一個我們可以學會去使用的語彙嗎？」羅問。）

我將會做到。我並不想帶給你們一個雖然可以團結彼此、卻對他人封閉的深奧語言。但，我會給你們一些專用術語。再說一次，這個發展從我們的課一開始就已潛伏其中了。現在，給我們一點時間。

（長停頓。）魯柏在昨天晚上突然驚訝地發現，這個家族的多次元經驗竟然等待著他去把它帶出來。如今，他把這些訊息轉譯成多層次的聲音和各種語言，卻不知道該如轉譯或包含早已合理存在的資訊。好，這是一座知識寶庫，但不是你們所謂某一人格的，其目標與宗旨足以與你們種族的歷史、民族的成就相互比較。

好，雖然你（羅）或許可以用視覺感知這類資訊，但它卻以完全不同的方式轉譯給魯柏。所以，你知道的，曾有一段時間，我並不相信你們能把一些古老說法者的手稿轉譯出來，但這仍將是一項艱鉅的任務。相同的訊息可以經由其他方式提供，而我現在有興趣的是讓你們去接觸廣大的民眾。

（「你的意思是經由書籍的出版？」）

任何方式都行，出版只是其一，至於這樣的手稿能否以我們將來會做到的更有效方式達到這個目的，就不是重點了。它應該會的。這需要時間，也需要我去跟我認識的一些人澄清一些事。

（「看來，這要好幾年。」）

的確，甚至更久。在這之間，魯柏或許會需要，例如，另一種的資料。然而，如果昨晚的事沒有發生，那也不會發生。他將尚未準備好。

（「你要自己取得這些資訊，或透過說法者？」羅問。）

這將是一個綜合的活動。例如，如果讓我單獨去做那件特殊的事，將要耗費我太多的精力。但我會監督它。

（「像個蘇馬利。」）

的確。（幽默地。）而且真的是從很高的地方監督，我會讓你們知道。

（「我們能在這裡離題一下嗎？」羅問。）

你從來都不必徵求我的允許。當然可以。

（「嗯，我剛才突然想起珍和塞爾市那位威爾特醫生的事。」）

我對他怎麼沒有問我，還覺得很有趣呢。

（「他為什麼不問你？」羅問。）

那你得問他。好囉，魯柏的朋友，他那位親愛的威爾特醫生的確是位蘇馬利。他們立刻知道這件事，而他們沒有當場吟唱及跳舞，你已經該覺得很幸運了。以你現在已經知道的，那動作正是一種轉譯，不是使用口語而是進入身體的動作，一種彼此承認並接受的動作。

（「他們差點擁抱，」羅說出他的觀察。）

的確，他們很清楚自己的歸屬關係。現在，比如說，你也是蘇馬利，但相同程度的確認並沒有突然打到你。但就你觀察，那位醫生接收到了，儘管程度較輕。他曾和魯柏一起從事某項工作，你知道，而且在好幾個前世裡他們彼此都認識。他知道你也是蘇馬利，但以你們的用語來說，你個人不曾與他共事。他們關係密切，工作方面的關係，而且從事的是一種高度個人化的工作。他們同時也是好幾個小部落的成員。

好，你們所有人都在夢境中彼此溝通，他們也讓我去到夢境中，討論他們過去曾經參與的工作。

（「看來這樣的知遇和交流，以後還會有很多，」羅說。）

的確。你們和全班的同學都將因為昨天晚上的經驗，獲得新資訊、新任務、新活動和新體驗。

（「那正是我們在休息時間所討論的話題，」羅說。「那就好像我們去了一家超市，我們會遇上許多的人——我想我們會很想要一些如何認出另一個蘇馬利的指引。」）

相信你們的內在反應，就不會有懷疑。你們首先必須覺知到這個團體的存在。我們那邊那位朋友有什麼看法嗎（我）？

（「我剛想起在藥房遇見、拿著書的那個女人，」我說，意指幾個星期前在費氏藥房遇見的一個人。「她站在書架旁翻著暢銷書，而我突然有種幾乎是姊妹那般的強烈衝動，開始與她大談最近看的書。」）

她的確是蘇馬利。（對羅：）你們在晚餐時討論的資訊一定會給你們，但方式不一樣，會是以我們已經開始的私人資訊。

好，我要道晚安了，不是擔心你的手指（羅），而是我們那位朋友（我）。我們必須輸送更多能量給她。等她打字的時候，她一定也能體認到你曾有過、足以做為補償的一些經驗。我照顧著她。

（「賽斯，我能問你在課堂上對我說過的一件事嗎？」我說。）

當然可以。

（「我做過很多個在一棟房子內的夢，夢裡有種恐懼的感覺，那房子有類似動物的外觀，但這與我意識中對它的感覺完全相反，」我說。「這是我失去分辨力的點嗎？」）

它表達了你怕房子困住你，而它是一個轉折點。房子的外觀像動物。通常人困住動物，但在這個案例裡，動物困住你。

（「而那是我不明白的點？」）

的確是。你不明白，但你認為你明白。

（「但你現在明白了，不是嗎？」羅問我。）

還不完全。她似乎非常清楚她做了投射，但心裡仍未全然明白，不過以後就會了。事過境遷將能幫助你看清楚很多情況。

現在，我要向你們道晚安了。改天我再展示我們的吟唱。

（珍在十一點二十分離開出神狀態，我們開始閒聊說過的話。大約一個小時左右，有個詞語的第一個音節出現——「格……」或「葛……」，它出現在我的腦海，而我直覺地知道這跟「家族」有關。「我對其他家族的名字真的很好奇，」我說。「我一直想著類似格拉什麼的這個字。」這時賽斯突然出現。）

格拉馬大。

（「什麼？」羅說。錄音機已經關掉，我匆忙打開。「那是什麼？」我問。「請再說一次，賽斯，」羅說。

（「等一下，這是我，」珍一臉迷惑的說。

（「你能再說一遍，讓我錄音嗎？」我等著，而賽斯再次過來，大聲地。）

格拉馬大。

（「噢？」我說——羅和我原本都在大笑——「他們是做什麼的？」賽斯以他穿透人心的方式看了我一小陣子。）

嗯，我並不打算在今天晚上討論所有的公會或兄弟會，因為我想在我們進行的時候做到最好。不過，吟唱發音時所使用的母音和子音都非常重要，它們能喚醒記憶。那些聲音的本身是一把鑰匙，能將你們定頻，也就是調到某個特定的頻率去共振。換句話說，吟唱是種工具，它把一些有著極端差異的東西做成方式極為不同的轉譯。

好——我要道晚安了。

（十一點三十分結束。）

刪除課　一九七一年十一月二十九日星期一

（這是排定於一九七一年十一月二十九日星期一的定期課，它原本從記錄中刪除。（珍與我在晚餐時針對我們的私人問題做了很有效益的討論，它延續到今晚的課。）

晚安。

（「晚安，賽斯。」）

好，我們沒有觸及的重點和尚未明白的項目還有一些。它們相當重要，也在魯柏的態度方面佔有一席之地。我要指出的是他沒有辨識出來的模式。

這些模式之所以能發揮力量，是因為他並未清楚地覺知到它們，也尚未準備去面對。光這個角度的一部分就能對他的一些行為作出很好的解釋。你如果有問題，請等我全部說完再提出。

他從小就覺得自己沒有權利。沒有任何東西是他與生俱有的。任何東西都可能隨時被奪走。他或許住在一棟屋子裡，但這個家的本身始終搖搖欲墜。他母親經常對他說，他必須表現良好才能留在她的身邊，要不是瑪麗的恩典，這孩子早就被送進了育幼院。母親對孩子的關愛並非理所當然，而是取決於孩子對她的照顧或孩子的表現。

如前所述，所有對母親的正常攻擊感覺都必須隱藏起來。當孩子不乖，母親經常拿走她以前送他的禮物，明確表示即使這些禮物也不是孩子與生俱來就能擁有的權利。

似乎只有詩是魯柏與生俱來的權利。你也知道，在修道院之家時，書信都要經過檢查，只有正面的言論才能通過。孩子因為害怕在那裡受到懲罰，不敢說出任何抱怨。魯柏因而在一個不敢要求任何東西的環境長大。任何加諸於身的福利永遠處於被奪走的威脅之中。不過，它們既是威脅，也能是養分。大學的獎學金不是他能理所當然擁有的，也可能遭到剝奪。

因此，即使是很小的事情，他也覺得自己非常沒有權利得到，循此而下，例如他也會覺得沒有權利向你要求任何事物。還記得他連買支口紅都覺得很內疚的那個故事吧。今晚上課前，他提起班級課的葡萄酒喝完了。他的意思很明顯地是應該補充一些，但他絕不會直接要求你，因為覺得他沒有權利。

這就解釋了他在商店及其他一些地方花錢時的許多行為。（停頓。）給我們一點時間……他從不覺得愛，你的或其他任何人的，是他能不勞而獲的：也就是說，他認為自己絲毫不值得任何人愛他，而且在面對你們之間的任何困難時，他都會懷疑並認為你已不再愛他。

他無法用言語表達任何不滿，那是極端困難的事情，因為他若說了什麼，你很可能像他母親那樣，一把奪走你的愛與關懷，而依照魯柏的觀察，他母親絲毫也不可能容忍那樣的侵犯。因此，他必須保持沉默，力求維護你對他的愛。

堵塞的情緒造成長時間的僵化。他的行為處世大都遵照外公定下的規則：安靜、不爭吵，保持冷漠，最重要的是，永遠不要高聲說話。

這似乎是唯一的安全準則。

但這個準則也替他的一切行為蒙上陰影，因為他將它貫徹於每一項活動。每當他有與你不同的想法——無論問題大小，他都往內縮，並拒絕表達自己的觀點。

如前所述，他有一段時間錯誤地認為，你對他的愛取決於他在寫作以及傳述課程方面的表現，而非他與生俱來的權利。所以，他不得不藉由不舉行賽斯課來測試你對他的愛，看看他若不上課你是否還愛他。你如果反對，那就表示你不愛他。

但你若沒有反對，那又表示你不喜歡這些課。所以在通靈這個國度裡，只有你表達過的感覺，他才敢表達。那未說出口的恐懼永遠是：你會因為他沒有權利而拋棄他。

不過，這個習慣在經年累月之後變得強大：即使理由已大都被遺忘，因而不再重要，習慣卻仍然很活躍。

你沒問他就去商店採買，證明你愛他。他永遠不會要求你為他做任何事，因為他覺得他沒有權利開口，也沒有權利要求你的愛。如此這般，他需要很大的藉口才能要求你做任何事。藉口之一便是，他自己做不到。

他害怕你並非因為他是他而愛他及珍惜他，也因為太過尷尬、太過不知變通與太過驕傲，而無法再有如過去那般，不斷地尋求你在這方面的保證。

症狀，除了其他議題，也在向你哭求一份他認為自己不值得擁有、卻又非常需要的愛，一份他害怕你可能會忘記的愛。他永遠都在擔心，你可能在工作與生活方面逕自往前走，在感情方面棄他而去。他完全無法承受那樣的後果。

症狀也是為了懲罰你，迫使他必須採取如此極端的手段；因為從生理而論，它們顯然也阻礙了那份愛的表達。他的佔有慾和嫉妒心都很強，而他把所有的忠誠都給了你。他一直害怕，你會像你父親那樣逃離。以他的想法，他絕對不會「羞辱自己」到去敲你的門，哀求你。他因而把整個兩難之局轉移到身體領域。

恢復健康，是個非常好的詞，幾乎適用於所有的這些情況，足以在不管任何本質的症狀下運作。

好，這裡的有些部分頗為不切實際，因為那是來自他的一些老舊觀念，也有一部分是來自你倆本性的互動。從你們所謂通靈的觀點來看，我們的課非常地順理成章，而且你們也正觸及很少人曾經抵達的多重次元。這些課當然也符合心理學方面的某些目的。

魯柏原本希望這些課能在你生病之後讓你們變得更加親近。結果，他卻反而得擔心這些課使你們漸行漸遠，他一邊怕你利用它們離開他而不是靠近他，一邊又表達不出自己那些相互矛盾又無法形諸言語的感覺——表現得好不好的議題在這裡出現。

其實，從某個層面來說，這些課是為了留住你的愛，並讓他感覺他有權利得到它。因此他後來那些認為你是因為課才愛他的感覺，不只其來有自，也帶著某些指責。我必須說，這是與你自己相關、最重要的一節課。我建議休息一下。為了留住你的愛，他真的可以無所不用其極——因此，他有時會感覺是你派他出去執行這趟通靈的朝聖之旅。然而，這種感覺源自他覺得自己「沒有權利」，以及他的與你結合，同時也為他提供了他的生命結合體之基礎：詩、通靈工作和你。這是一組三重唱，你懂嗎？

好吧，休息一下。

（九點三十八分。珍的出神狀態很深。「他做了一件很奇怪的事，」她說。「他讓我沉浸得很深，使我出不來；但我記住了很多。我要藏……」她的步調很快。九點五十分繼續。）

我們盡量多說一些，免得你們兩位陷入討論。

（「我們不會。」）

魯柏的價值感來自寫作的自己，他覺得在那個領域他穩操勝算。這個對寫作的自己的相信，貫穿整個早年時期，它自動地證明了他的存在，並綽綽有餘地補償了他所感覺到的、諸多方面的不足。這因而使得他更為優越，並有效隱藏了其他方面的無價值感。

這個寫作的自己，向來既充滿高度的直覺，同時也高度地質疑一切。對價值、社區與教會的質疑，既能讓各種直覺發揮作用也給予它們自由。因此，寫作的自己也促成他在通靈方面的發展。這些都是一種自然的延伸。

話雖如此，但以下這件事也是真的，亦即寫作的自己第一次開始質疑它自己、質疑它的成就，以及它所進入的這個新領域。它以前從未質疑它自己。這帶來一些衝突，因為寫作的自己向來是魯柏得到你的愛的憑藉。他之所以有權利得到它，因為他是個作家，而非他是他自己。

當他開始懷疑與通靈寫作結盟的這個寫作的自己時，整個架構開始動搖。即使這種寫作不只需要創造性強大的通靈方式，寫作藝術本身的努力其實也必不可少，但它還是動搖了根基。

寫作的自己知道，若要充分發揮它的能力，就需要有東西可寫，也需要更加成熟，而通靈發展再度滿足了這方面的需求。寫作的自己因此而總是能被引導著去審視自身的實際本質；然而，魯柏感覺你的愛取決於結果，這就帶來了某些困難。

他最近常在我們的課前害怕你已經很大程度地失去了對他的愛，所以他開始焦急地啟動各種方式，意圖去確認它。我們的課一方面是給你的一項禮物，藉此表示你的健康可以恢復。他感覺你的身體在先前生病時強烈地退縮，也感覺他有幾次受到其他男人的吸引，因而開始感到害怕。華特並不在身體方面想要他，但是他不愛華特。他害怕你在那些方面背棄他。他擔心他的性胃口會吸引他投向其他人而背叛他自己，所以他盡最大能力關上性方面的門。

他也曾有把那方面能量引導到我們的課的想法，這當然是在一個很深的無意識層面。不過，取而代之的是，他感覺你把這些課抓得很緊，它們的地位已經先於他的個人作為——亦即你似乎會要求他在這些課裡有所表現，反而不要求床上的。他感覺你以某種奇特的方式用這些課對抗他，換句話說——在那個領域，它們是一種測試。

他並不覺得它們曾達成那個特殊目的，但他又覺得如此順理成章且合情合理的課完全沒有理由放棄，而通靈工作也太過有趣到不該拒絕。然而，對他來說，它們並沒有讓你們更為親近。正是在這個確切的時候，最嚴重的症狀開始，那時ESP書即將出版。你們收到封面，寫作的自己因而必須直接面對自身的衝突：通靈工作是個順乎自然的自我實現，或是一段災難性的脫軌之旅？那時你們兩位之間的溝通並不是很好。他並不覺得你以那本書為榮。他害怕它配不上你的愛。他的症狀於焉開始。

第一次的強烈刺痛早在那位年輕心理學家扣動了某些板機時就已出現，那時他指出這些課是掌控你的一種方式，因為在所有的各種動機與條件之中，他知道這也是留住你的愛的方法之一。這個無意識的知識嚇壞了他。他害怕這評論代表這些課只是經過偽裝的、操縱你的方法，所以既不合情也不合理。而事實當然不是這樣。

他賺取的任何金錢永遠都只是贏取你的認可的方式，前提還得是你想要這些錢。他其實有很多原本可以很有發展的好主意，但他覺得你會反對，而他不敢跟你唱反調。

好，你最早之所以被他吸引，正是因為你感受到了他那深刻的愛，而且你需要他的愛來增添自己的活力與本質。倘若你曾企圖，特別是在早期，將自己孤立到不健康的程度，魯柏正是能阻止你那樣做的保證。你指望他會把你召喚回來，堅持地留在原地。你非常地仰仗那個治療之道。他也是讓你免於被你的父母搞得很膚淺的保證，他確曾在那種可能性出現時挽救了你。

你知道他不會允許那種事發生，同時你也給了自己時間去成長與理解。否則，你很可能會接續之前的表現，搬進父母的家，讓你弟弟從一個原本會出現的情況全身而退。

後來情況只出現了摹本，一個較不嚴重的版本。

當魯柏感覺他的其他努力並無法保證他能如願以償，他變得非常焦慮及恐懼。他一下子懷著受傷的困惑避開你，一下子又無聲地向你咆哮，然後他仍然感覺，他所想要的並非你的天性所能給予，所以他也沒有權利向你索討。

他因而對自己要求你改變行為模式感到愧疚，也覺得你會把這種要求當成他在攫取並想要你的一切，而且不打算給你任何自由；再度的，事實當然不是這樣。

然而，從來沒有人愛過他。如果生病能讓他獲得你的一些關愛與注意，帶來一些英勇的行為，那麼他很願意付出代價。

好，這個夏天他已有改善，而且程度很大，理由有好幾個。首先是他的叛逆心終於被激發了出來，個人的價值感上衝到表面，還有獨立的意識，以及「好吧，如果你要離開他，儘管走吧」的感覺，所有這些釋放了他的一些壓力。除此之外，在你們的渡假期間，你給了他許多時間及關注。

你們經常做愛，並開啟了一個開放的溝通區。他在米利根家的聚會那晚表現得很好。你對他說了一些話，意思是他的表現仍然需要很多很多的進步。不幸的是，他把這話當成你並不欣賞他的努力、不愛他，這使他小心地警告自己最好不要太早放棄症狀。

我想建議你休息一下。如果你的手還不累，我們稍後再繼續，而且我希望可以給你一些建議。

（十點二十九分至十點四十五分。）

你準備瞭解更多了嗎？

（「是。」）

能產生巨大改善的區域有好幾個。

在過去，基本溝通是困難的。這表示你們應該把你們的想法和感覺，努力去做更好的溝通。以你來說，說出自然出現於腦海的事，然後鼓勵魯柏提出任何問題和評論。你想到什麼就自由地說出來；再次提醒，務必討論魯柏的解讀。

有過幾次這種無拘無束的討論之後，將能讓他實際地看見你的意思和他的解讀之間的差異。換句話說，你們都不能設防。你們兩人每天都應該抽出一些時間來做這種自由討論，與個人有關的任何主題都可以，針對你們想要討論的任何問題向對方表達你自己的觀點。

目前，我建議排出定期定量的時間。這是一件再怎麼強烈建議都不為過的事。以後，你們將不需要這麼強制規定。溝通的本身將暢流無阻，但是現在需要。

你們今天下午的活動只是自然溝通的一個雛型，但你們沒有趁勝追擊。正如我不斷向你們保證的，這是個非常好的方法。首先，這項活動讓你們的身體、頭腦和靈性都投入於追求快樂。自發性也受到鼓勵。從生理上來說，荷爾蒙和化學物質被帶入若非如此根本就一蹶不振的活動之中。彌補魯柏從小欠缺的愛，完全不是你必須扮演的角色，然而身體的愛撫以及深情的言語，則剛好能提供他所需要的撫慰和保證，也能達到改善其健康狀態的結果。

你可能會發現他的情緒在這種情況下快速改變，而這是應該受到鼓勵的。從生理方面來說，你的碰觸將能啟動他體內已收集了各種感覺的諸多部位。碰觸身體部位有助於情感的釋放。

除此之外，你自身的活力也會提高，陰莖的情況也將得到緩解。性行為的進行與否可以根據你們的心情，不過身體方面的撫慰與親密感、受到珍視和保證的感覺，對於魯柏絕對是非常重要的。

月經困難也與此有關，而且是個經常性的問題，我在早先的其他節裡都已解釋過。這是目前最重要的兩個元素，以及輕鬆但穩定的使用暗示。

今晚的資料有些是埋藏已久的，因為魯柏並不想要面對它們。要他多閱讀這節幾次。

他的健康是你哄得回去的。就表面看你沒有必要這樣做——而是他應該自己進行，但是因為你們的關係是那麼的密切，這是到目前為止最能喚起他渴望健康的程序。你了解我的意思嗎？

（「了解。」）

我並沒有說，如此一來哄他恢復健康從此就是你的責任。但，那是個聰明之舉。開放式的彼此溝通將有非常大的幫助。如果你能在他忍不住被舊習慣拉回去時，阻止他從你身邊逃開，也會很有幫助。

好，如果你們想要結果，請遵從我的建議。你可以結束這節課，或者問問題，或你寧可有點時間思考，再利用到下次上課前的空檔列出問題清單。

（「那麼我們選擇先消化這次的資料。」）

既然如此，容我道上誠摯的晚安。

（「謝謝你，賽斯。晚安。」）

（十一點六分。我認為這節課非常傑出。）

刪除課 一九七一年十二月六日

（這是排定於一九七一年十二月六日的定期課，原本從記錄中刪除。）

好，晚安。

（「晚安，賽斯。」）

我們將慢慢開始。

你們今天討論的事，我在很久以前都已經討論過。（的確。）我那時提出的一些建議沒人遵循。你們各自都有些充分的理由，因為那情況某種程度地配合了你倆當時的目的。

而現在，因擔心情況可能變成一種生活方式，你們兩人終於都願意採取更為直接的行動。你們其實某種程度地相互躲避，頗有默契地不去討論困難的、可怕的或者重要的問題，尤其是那些似乎無法立刻解決的。

如此一來，你們便經常避免與對方進行有意義的情緒交流。你們的想法也因此沒有受到對方想法的任何影響，對這些生活問題的感覺當然也就一成不變了。你們之間原本可能發生豐富的情感接觸與交流，被抑制作用及恐懼的感覺所阻塞。因為他的特殊天性，你們之間這種閃避類似議題的默契，以及所導致的缺乏正面交流，對魯柏的傷害更大。

然而，你顯然也深受其害。因此，把這些事帶到檯面的功用，遠比外表顯示的更多。這表示你拒絕再被舊的習慣主宰，而這樣的每一次交流，都是在學習與訓練你們如何向對方表達與溝通各自的感受。

這將自動破除一些投射，使情況更為清晰，但更重要的是，原本被用去阻止溝通與交流的那些遭到壓抑的能量，會從身體與心靈釋放出來，

魯柏昨天晚上的發言是正確的，因為他的天性，他確實需要在固定化與自發性之間取得平衡。順帶一提，其實你的本質也是如此，只是較不外顯。你很顯然地也不生活在一個感官的、身體的世界，在這樣的生活中，大量的能量被拿去用於壓抑身體的溝通。昨晚和今天，你們在打破模式方面有了長足的進步，不過生活中的問題應該有更明確的討論，而不是隱藏起來。你們把問題從的確可以處理的物質領域帶了出來，卻又進入精神領域，而試圖隱藏。

我現在說的是，你們兩位都是這樣。你們並未把最關心的事告訴對方，所以也沒有說出你們的希望。例如你養成不苟言笑的習慣已有一段時間，這使得魯柏更常把你的想法往負面的方向加強。然而，所有症狀都只是代表並未以正常、公開之方式去面對的生活面向。與其說你們沒有解決這些問題，不如說你們正任由相關的溝通逐漸流失。

在幫忙解決問題方面，魯柏的功用可能比你所知道的大得多。你們對生活的很多方面都不是很滿意，但你們並沒有明確地接受這個事實，並尋求可能的改變或解決方式，而是試圖讓一切保持原狀、一點改變也不做，帶著那已經成為內在問題的不滿繼續生活。

它很自然地反映於你們處理所有事情的態度，和你們面對實相之相似與相異的各種方式。所以，當你們開始討論，問題變成一個很好的面對點，讓你們看見彼此的互動方式、如何解讀以及誤解對方，帶出一些你們有過很基本的衝突。

換句話說，這類討論能讓你們得知你們如何相互影響。它們提供微型但完美的療癒過程；此外，它們還能把最初的問題帶到檯面來，讓你們可以一起處理。之前你們各自療傷，兩人都常有再也負擔不了，以及總被對方誤解的感覺。

這樣的討論還可以強迫魯柏說出自己的想法，澄清自己的感受，因為他從不習慣把它們說出來。光是討論，已能幫助他更清楚地了解它們。

攻擊性和恐懼感也可能出現。若是這樣，請誠實地面對這些情緒，因為它們原本積壓在你們的內心深處。所有這些都是為了讓情況更為清晰，為了打開溝通的管道，以便你們不必再猜測對方現在又是作何打算。

鬆動你們的時間表將大有助益，會使你在外面的工作不再造成太大的負擔。它的功用是給你一種自由的感覺，為凌亂的情緒釋放另闢蹊徑。這樣做之後，再加上如果你們能遵循上一節課所提供的資訊，將對你們很有幫助，並清除魯柏的症狀；忠告如果沒有遵循，效果當然也看不見。

你可以休息一下。

（九點三十七分至九點五十五分。）

好。告訴你們兩位，在無意識中，一個情緒的交流通常意味著這是一個與不愉快情緒的交流。一直以來，你們兩人的做法都是向對方隱藏自己的情緒，甚至比隱藏你們的想法更多。

在過去，你們各自都有很好的理由這樣做，但這個習慣現在可以藉由向對方表達情緒而改變，而且這也已經是你們必須做的。你們有許多深切的失望一直不願面對，其中之一就是望著原本可以、也應該更為美好許多的關係興嘆。

你們的關係其實還不錯，相較於大多數人甚至可算非常好，然而你們很清楚自己的內在潛能、這段關係原本的可能性，因而明白自己竟已某種程度地辜負了它。可是，從任何角度來說，你們顯然並未完全失敗，你們始終保持著基本的愛與忠誠；不過，相較於你們所明知的它原本可以多好，你們各自還是非常失望的。

性的面向只是其中一個症狀。雖然程度或許不同，但你們雙方都很害怕本質強烈的情緒接觸。在你們交往的早期，這些模式已廣泛地潛入。你逃避這種接觸，要比魯柏明顯得多。

你們養成了非常不願意做情感溝通的習慣，而且雙方都很容易替越來越不滿意的情感互動找到藉口，不外乎是為了各自的工作，還有我們的工作。

當壓抑越來越多，情感的交流果然也變得更不愉快，因為那常是等到你們兩人之一已經徹底地非常不舒服、非常絕望，才願意真的向對方坦承自己的情緒。但這也見證了你們之間愛的力量以及對彼此的承諾，不讓你們落入更大的麻煩。

如今，魯柏藉由身體表達出來，並阻塞了情緒，而這些阻塞並非來自遙遠的過去，而是目前的生活習慣。再次的，缺乏豐富的情感交流，他受到的傷害比你更大；也更無法承受。

當你們開始互動，先顯現的經常是負面情緒。你們難免各自感到害怕，立刻抓來一個蓋子蓋住整件事。魯柏表現出一些改善，然後又退回去，直到你們再度嘗試。

你們的關係和整體生活，其實是遵循著你們所設定的某些確定模式。你們的工作與關係交織在一起，使得你們無法像一些興趣更為廣泛的家庭，還有其他轉圜的餘地，或藉口。換句話說，你們若無法從對方找到情緒方面的滿足，就沒地方可找了。然而，整個問題也牽涉到你們的工作，所以若能解決一個，另一個也迎刃而解。一個解套，另一個也跟著鬆綁，你們因此合力選擇了一種剛好能夠把被你們試圖忽視的那些問題變成挑戰和動力的生活處境與架構。

好，身為一個個人和一個創作者，你們原本可以給予對方那種永遠都在成長、也永遠都讓彼此感到心滿意足的情緒互動與交流，但你們目前尚未做到。

你們隨時可以破除以往的模式。活在當下會是一個很有幫助的做法。你們太常陷溺在過去的感覺，而不知道自己現在的感覺。你們的內在都有豐富的情感泉源，你們知道，也都感覺得到。

試著自行努力把這些豐富的感覺帶出來，也鼓勵伴侶做同樣的事；即使是憤怒、攻擊或誤解，當你讓它們出來、討論並感覺它們，事情便會改善許多。你們兩位都太過於只想靠思考或智力去解決情緒，試圖盡可能把它想開，而不是自由地承認它們。

如今，對關係的那份失望，甚至比你們單獨或共同對藝術卡公司、你們那方面的生活感覺更加重要。只要你們承認這個深切的失望並設法解決，那個面向的生活，簡單來說將是你們兩人一起面對的挑戰。

魯柏，再次地，可以對那方面提供遠比你們所知道更大的幫助。對彼此的基本失望，蒙蔽了你們思考藝術卡公司時的洞見。

現在我要告訴你：魯柏正蒙受情感無法獲得滋養之苦，他的身體知道這種匱乏，也如實地表達了出來。雖然如此，他仍以充滿創意的方式繼續前進，即使困難重重。

你的症狀在不同的領域，而我相信你很清楚那是哪裡。它們顯現於你的創意工作，不然你會自由許多。你的創意工作因此顯現出情緒匱乏的面向。你無法在其中完全釋放自己，一如魯柏無法自由地使用他的身體。

這是你們現在的基本問題。魯柏的症狀以及你對自己工作的遲疑不前，兩者的基本理由都在這裡；至於兩者的答案，則存在於：學習如何對你們自己釋放自己，以及如何讓你們的情緒本質彼此連結。你們必須跨越害怕自己情緒的那座山丘，兩人都一樣。

你倆之間任何情緒的表達都應該被視為一種進步。你們應該很快就能自動且自由地從中找到喜悅及自發性。

來，休息一下吧。我已經把你們過去無法成功而現在可以的道理，都說出來了。

（十點二十五分。珍的步調再次快速，整晚都如此。她說賽斯的存在真的很強大，也很立即之類的。十點三十六分重新開始。）

好。在你們的關係裡，是你先抑制了喜悅和關愛這兩種情感的表達。但你卻一點也不害怕表達負面情緒；簡單地說，因為在你的家庭裡，你父親在負面情緒裡找到庇護。他用否認希望和抑制喜悅情緒，試圖抵抗失望或挫敗，並保護自己。

他若沒有太多期待，便也沒有任何失去。你了解我的意思嗎？

（「了解。」）

當你想到魯柏的症狀，相同的感覺也經常瀰漫於你的態度。你認為這樣才實際。其實你只是屈服於舊的情感模式，而這個習慣大可完全破除。你害怕的不是負面情緒的釋放——如前所述，這意味著安全——而是喜悅與關愛情緒的表達。這部分與你父親對生意的失望，以及他對此的反應有關。

另一部分的原因是，當你母親表達這類情緒時，你其實是不信任的。你有某種被扼殺的感覺，因為你意識到那背後有著她對幾個兒子那足以讓人窒息的愛。當你開始感覺你可能快要有所成就，你立刻變得充滿懷疑，用實際主義禁止那感覺出現。

而魯柏的抑制所謂負面情緒，首先是因為他自己的背景——害怕爭執、害怕傷害別人，這在其他節已經解釋得很清楚。然而，最後的結果都是，你們雙雙在你們的關係裡抑制了情緒表達，然而關係卻偏偏是最需要有情緒表達的最重要領域。

逐漸地，他抑制了愛與喜悅，而你則抑制了負面情緒，直到你們的生活中再也沒有感受與共振的自然起伏。你們武裝起自己，對抗你們的情感，只讓它們在符合某些條件時才能在某些領域出現，而且主要是在與個人無關的、非親密的領域。

你們之間的關係建立於你們的工作，或者我們的工作，或者對外表現為一對夫妻。現在，你們對彼此的怨恨與日俱增。許多人會對擁有你們這樣的關係感到非常滿意，但你們為自己設立了很高的目標，不只是工作方面，還有你們彼此間、終身的個人關係，當你們沒有真實地面對這件事，雙方都深受其苦。

你們不再用新鮮的眼光看向對方。雖然你們自認為已經做到，但你們其實無法檢視你們的感覺，因為你們既不認真處理也不表達它們。只要事情與關係有關，你們就以漠視的眼光看向對方。你倆關係的互動之中，充滿了無限的潛能，你們的生活、各自的工作還有我們的工作，都可以因那互動而產生巨大的改變。

你們必須忘掉你們對彼此的一些想法，仔細看著你們建立與投射出來的那個活生生的情緒自我。魯柏的健康、你的工作、藝術卡公司那方面的事，以及其他所有的，都會自然地各歸其位。

只因你們都已準備聆聽，這一節課才可能出現，因為這些事實都是你們一起造成的。沒有其他的答案。這整個事件必須被當成一場充滿創意的情緒冒險和挑戰。

你們兩位真的非常幸運，因為你們有個非常穩固的基礎供你們採取行動。你們本來就有一個「理想的」關係；只是內在那些充滿潛能的感覺失落了。你們的關係目前跌落到那些標準之下，但因為你們之間的連結是如此緊密，這會在所有的領域顯現出來。

我們的課，你們兩人的創意工作，所有你們做過和正在做的好事，你所維持的健康——器官沒有嚴重出錯——都是你們做得很好的證明。

現在，若沒有其他問題，我要結束這一節了——只有這個理由。

（「嗯，這好像是我頭一次覺得，你說的都是我們早已知道的……」我說。）

可是你們倆都沒人願意提早去做這件必須做的事。

（「好吧。非常感謝你，賽斯，晚安。」）

而且它仍是一項充滿創意的任務。

（「我明白。」）

（晚上十一點停頓。）再給一個確保你們已經了解的附註。你們都對彼此隱藏了自己的溫暖，剝奪了彼此作為個體和創造者所需要的、賦予生命豐富意義的情感交流。

但你們顯然也沒有做得很徹底，否則事情會嚴重許多。你們不再令對方笑或哭。你了解我的意思嗎？

（「噢，我了解。」〔停頓。〕「晚安，賽斯。」十一點一分。）

愛的推廣辦法

看完這本書，是否激盪出您內心世界的漣漪？

如果您喜歡我們的出版品，願意贊助給更多朋友們閱讀，下列方式建議給您：

1. 訂購出版品：如果您願意訂購一千本（印刷的最低印量）以上，我們將很樂意以商品「愛的推廣價」（原售價之65折）回饋給您。

2. 贊助行銷推廣費用：如果您認同賽斯文化的理念，願意贊助行銷推廣費用支持我們經營事業，金額達萬元以上者，我們將在下一本新書另闢專頁，標上您的大名以示感謝（每達一萬元以一名稱為限）。

請連絡賽斯文化或財團法人新時代賽斯教育基金會各地分處，我們將盡快為您處理。

●愛的連絡處

如果您認同本書的觀念及內容，想要接受我們的協助；如果您十分認同本書的理念，想依循本書的觀念成為一位助人者的角色；如果您樂見本書理念的推廣，而願意提供精神及實質的協助；請與財團法人新時代賽斯教育基金會各地分處連繫：

●台中總會　電話：04-22364612　傳真：04-22366503
E-mail: edu10731@seth.org.tw
台中市北區崇德路一段六三一號A棟十樓之一

●台北辦事處　電話：02-25420855
E-mail: taipei@seth.org.tw
台北市中山區長安東路二段四九號六樓

●新北辦事處　電話：02-26791780
E-mail: xinpei@seth.org.tw
新北市新莊區思源路一七三號十二樓

●新竹辦事處　電話：03-6590339
E-mail: hsinchu@seth.org.tw
新竹縣竹北市嘉豐六路一段九六號二樓

●嘉義辦事處　電話：05-2754886
E-mail: Chiayi@seth.org.tw
嘉義市吳鳳北路三八一號四樓

●台南辦事處　電話：06-2134563
E-mail: tainan@seth.org.tw
台南市中西區開山路二四五號十樓

●高雄辦事處　電話：07-5509312　傳真：07-5509313
E-mail: kaohsiung@seth.org.tw
高雄市前金區中山二路五〇七號四樓

●屏東辦事處　電話：08-7212028　傳真：08-7214703
E-mail: pintong@seth.org.tw
屏東市廣東路一二〇巷二號

- 賽斯村　電話：03-8764797　傳真：03-8764317
  E-mail: sethvillage@seth.org.tw
  花蓮縣鳳林鎮鳳凰路三〇〇號
- 賽斯ＴＶ　電話：02-28559060
  E-mail: sethtv@seth.org.tw
  新北市新店區北新路一段二九三號七樓之三
- 香港聯絡處　電話：009-852-2398-9810
  E-mail: info@seth.hk
- 深圳市麥田心靈文化產業有限公司　許添盛微信訂閱號：SETH-CN　微信：chinaseth　電話：86-15712153855
- 新加坡賽斯基金會　電話：8699-5765　E-mail: sethsingapore@hotmail.com
- 馬來西亞賽斯教育基金會　電話：016-5766552　E-mail: admin@seth.org.my
- 澳洲賽斯身心靈協會　電話：006-432192377　E-mail: ausethassociation@gmail.com
- 台灣身心靈全人健康醫學學會　電話：02-22193379　傳真：02-22197106
  E-mail: tshm2075@gmail.com
  新北市新店區中央七街二六號四樓

賽斯文化

遇見賽斯　每天的生活，都是靈魂的精心創造

You create your own reality

賽斯文化網 www.sethtaiwan.com 改版上線新氣象 提供好康與便利

優質身心靈網路書店

- 睽違許久的賽斯文化網，爲了提供更方便與完善的服務，終於以嶄新面貌重現江湖囉！電子報亦同時重新改版發行。而賽斯文化電子報，除了繼續每月爲網站會員帶來剛出爐的新書新品訊息，讓大家能以最迅速的方式獲得賽斯心法以及身心靈修行的第一手資訊外，更將增闢讀者投稿專欄，讓大家能共同分享彼此的學習心得與動人的生命故事。
- 只要上網註冊會員，登錄成功後，立即獲贈100點購物點數，購買商品亦可獲贈點數，點數可折抵消費金額使用。另有各種不定期的優惠方案、套裝系列及精美紀念品贈送等活動，如此優惠的價格與好康，只有在賽斯文化網才有，大家千萬不要錯過了！

五大優點最佳選擇

優惠好康盡掌握

網站定期推出最新的獨賣優惠方案及套裝系列，可獲最多、最新好康。

系列種類最齊全

最齊全的賽斯心法與許醫師作品系列各類出版品，完整不遺漏。

點數累積更划算

加入會員贈點，每項出版品亦可依價格獲贈累積點數，可折抵購物金額，享有最多優惠。

最新訊息零距離

每月電子報定期出刊，掌握最即時的新品、優惠訊息與書摘、讀書會摘要等好文分享。

上網購物最便捷

線上刷卡、網路ATM等多元付款方式與宅配到府服務，輕鬆又便利。

優質的身心靈網路書店，結合五大優點，是您的最佳選擇。
賽斯文化網址：http://www.sethtaiwan.com/
想接收更多即時的最新消息與分享，歡迎上賽斯文化FB粉絲專頁按讚。

賽斯文化 特約點

台北	佛化人生	臺北市大安區羅斯福路3段325號6樓之4	02-23632489
	墊腳石重南店	臺北市重慶南路1段3號	02-23708836
	水準書局	臺北市浦城街1號	02-23645726
中壢	墊腳石旗艦店	中壢市中正路89號	03-4228851
新竹	墊腳石新竹店	新竹市中正路38號	03-523-6984
台中	諾貝爾旗艦店	臺中市公益路186-2號	04-2320-4007
斗六	田納西書店	雲林縣斗六市民生南路6號1F	05-532-7966
嘉義	墊腳石嘉義店	嘉義市中山路583號	05-2273928
台南	政大書局台南店	台南市中西區西門路2段120號B1	06-2239808
高雄	青年書局	高雄市青年一路141號	07-332-4910
	鳳山大書城	高雄市鳳山區中山路138號B1	07-743-2143
	明儀圖書	高雄市三民區明福街2號	07-3435387
花蓮	政大書局花蓮店	花蓮市中山路547之2號3樓	038-316019

依爾達 特約點

台北	玩賽斯工作室	台北市大安區雲和街63號	02-23655616
新竹	新竹曼君的店	新竹市東南街96巷46號	035-255003
台中	賽斯興大讀書會	台中市永南街81號	0932-966251
高雄	天然園	高雄市林園區林園北路264號	07-6450406
	間隙輕展覽空間	高雄市左營區富國路450巷24號	07-5508808
美國	北加州賽斯人	sethbayareagroup@gmail.com	
馬來西亞	賽斯學苑	sethlgm@gmail.com	009-60122507384
	檳城賽斯推廣中心	sethPenang@gmail.com	
	檳城賽斯心靈推廣中心	sethspaceplt@gmail.com	009-601110872193

百萬CD
千萬愛心

請加入賽斯文化　百萬CD推廣行列

自2006年10月啟動「百萬CD，千萬愛心」專案至今，CD發行數量已近百萬片。這一系列百萬CD，由許添盛醫師主講，旨在推廣「賽斯身心靈整體健康觀」，所造成的影響極其深遠。來自香港、馬來西亞、美國、加拿大、台灣等地的贊助者，協助印製「百萬CD」，熱情參與的程度，如同蝴蝶效應一般，將賽斯心法送到全世界各個不同角落——隨著百萬CD傳遞出去的愛心與支持力量，豈止千萬？賽斯文化於2008年1月起，加入印製「百萬CD」的行列。若您願意支持賽斯文化印製CD，請加入我們的贊助推廣計畫！

百萬CD目錄

（共九輯，更多許醫師精彩演說將陸續發行）

1. 創造健康喜悅的身心靈
2. 化解生命的無力感
3. 身心失調的心靈妙方（台語版）
4. 情緒的真面目
5. 人生大戲，出入自在
6. 啟動男人的心靈成長
7. 許你一個心安
8. 老年也是黃金歲月
9. 用心醫病

贊助辦法

在廠商的支持下，百萬CD以優於市場的價格來製作，每片製作成本10元，單次發印量為1000片，若您贊助1000片，可選擇將大名印在CD圓標上；不足1000片者，可自由捐款贊助。

您的贊助金額，請劃撥以下帳戶，並註明「贊助百萬CD」。
賽斯文化將為您開立發票，並請於劃撥後來電確認。
郵局劃撥：50044421 賽斯文化事業有限公司　　聯絡方式：02-22196629分機18

Seth
遇見賽斯 改變一生

心靈魔法學校 -賽斯教育中心啟建計劃

我們要蓋一所
心靈魔法學校囉！

每個人都有不可思議的心靈力量，無分性別與年紀。啟動心靈力量，可以幫助人們自幼及長，發揮潛能，實現個人價值，提升生命品質，明白我們都是來地球出差、旅遊、學習、考察間玩耍的實習神明！

理想

賽斯心靈魔法學校，是基金會實踐心靈教育的具體呈現，整合十幾年來推廣賽斯心法的經驗，精心設計一套完整的人生學習計畫，從入胎、誕生至臨終，象徵人類意識提升的過程。讓賽斯引領每一個人回到心靈的故鄉。

現址

只要每個人一點點的心力，就能共同創造培育『心靈』與『物質』同時豐盛的魔法學校。
第一期建設經費預估四千萬，懇請支持贊助。
賽斯教育中心預定地，設置在台中潭子區，佔地167坪
弘文中學旁邊(中山路三段275巷)

共同創造

賽斯教育中心啟建計畫　贊助專戶
戶名：財團法人新時代賽斯教育基金會
銀行：國泰世華銀行-台中分行(013)
帳號：006-03-500490-2

心情。筆記

Note

心情。筆記

Note

心情。筆記

Note

心情。筆記

Note

國家圖書館出版品預行編目（CIP）資料

私人課. 1, 1965年11月15日~1971年12月6日 / Jane Roberts著 ; 楊孟華譯. -- 初版. -- 新北市 : 賽斯文化事業有限公司, 2024.10
面； 公分. -- (賽斯書 ; 23)

譯自 : The personal sessions book. 1
ISBN 978-626-7332-80-1 (精裝)

1.CST: 心靈學

175.9 113013412

每天的生活，都是靈魂的精心創造

You create your own reality.